A
Geneva School Reader
in Linguistics

Indiana University Studies
in the
HISTORY AND THEORY OF LINGUISTICS

Editorial Committee:

THOMAS A. SEBEOK (Chairman), Indiana University
CHARLES A. FERGUSON, Stanford University
ERIC P. HAMP, University of Chicago
DELL H. HYMES, University of Pennsylvania
JOHN LOTZ, Center for Applied Linguistics
ROBERT P. STOCKWELL, University of California, Los Angeles

A
Geneva School Reader
in Linguistics

Edited by ROBERT GODEL

INDIANA UNIVERSITY PRESS

Bloomington & London

CONTENTS

SERGE KARCEVSKI
(1884-1955)

ANDRÉ BURGER
(1896-   )

HENRI FREI
(1899-   )

ROBERT GODEL
(1902-   )

EDMOND SOLLBERGER
(1920-   )

FÉLIX KAHN
(1929-   )

FOREWORD

Saussure's testamentary *Cours* — alongside with such clas-
sics as Aristotle's *Physica*, Ptolemy's *Almagest*, Newton's
Principia, Lavoisier's *Chemistry*, Lyell's *Geology*, Darwin's
Origin — fully meets Thomas S. Kuhn's twin criteria for a 'paradigm': Saussure's achievement was "sufficiently unprecedented
to attract an enduring group of adherents away from competing
modes of scientific activity," and, simultaneously, "it was sufficiently open-ended to leave all sorts of problems for the re-
defined group of practitioners to resolve." Normal linguistics
— to extend Kuhn's analysis of the structure of scientific revo-
lutions — consists of cleaning-up operations which engage most
of us in the profession throughout our careers. In the first half
of this century (perhaps until the emergence, in the late 1950's,
of the Chomsky paradigm, now itself deep in its second-
generation mopping-up phase) normal linguistic research was
directed, more or less, to the iterative articulation of those
phenomena, theory and application, that were inspired by the
Saussurean paradigm.

This *Reader* provides us with a crucial, if unavoidably fragmentary, picture of the aftermath of the Saussurean revolution:
fragmentary because the *Cours*, as any hieratic text, constrained
linguists, all over the Continent, to test it by means of a number
of alternative formulations; but crucial because, among the
rival schools that professed their allegiance to the Geneva master, the one represented in this book lies physically and perhaps
spiritually as well closest to its source. The Geneva school,
the Prague school (to which Vachek's *Reader* was devoted), the
Copenhagen school, the Moscow group, doctrinally linked to Geneva through the intermediary of Karcevskij, and the Paris
group, long dominated by Meillet, all formed segments of the
network of nearly fifty years of commitment to the teachings of
Saussure. On this side of the Atlantic, Bloomfield (whose selected papers will also soon appear in our series), expressed
his awareness and appreciation of the *Cours*, eight years after

its publication, as a "clear and rigorous demonstration of fundamental principles."

The necessary preludes to the posing of fresh problems and the development of novel techniques, that are the prerequisites, it seems, for the post-revolutionary resumption of routine science, are not the concerns of this book. The doldrums which herald the dawn of any new paradigm, involving the practically wholesale destruction of the immediately antecedent one in the course of a period of pronounced professional and often personal distress, form still further fascinating chapters of the history of linguistics, to which this series hopes to make contributions from time to time. The pre-Saussurean era will gain partial definition from Stankiewicz's introduction to the de Courtenay *Reader*, likewise shortly to be published. The germinal role of Kruszewski is now eminently clear, while the influence of Whitney has merely been hinted at in a 1964 lecture at Indiana University by Godel; both merit book-length treatments along lines we are currently exploring.

Washington, D.C.   Thomas A. Sebeok
April 19, 1969

A
Geneva School Reader
in Linguistics

Université de Genève

THE GENEVA SCHOOL OF LINGUISTICS:
A BIOBIBLIOGRAPHICAL RECORD*

MANUEL MOURELLE-LEMA

I. Introduction

Just over a half century after the death of the great Genevese linguist, Ferdinand de Saussure, we still lack a definitive study of his work and of the influence he exercised on the field of general linguistics. Specialized studies have been undertaken since his death, however, in particular by his former students in Geneva.

As its title implies, this study is in no way an attempt to offer the reader a critical evaluation of what has been called the Saussurian School of Geneva. Instead I have aimed at providing a frame of reference for the school. I have tried to make available to both professors and students of linguistics a succinct biography and bibliography of the leading figures of the Geneva School. The authors are presented in chronological order according to their dates of birth. The extracts of those linguists no longer alive (de Saussure, Bally, Sechehaye, and Karcevski) have been selected by Professors Frei and Godel; the others have been chosen by their own authors. I have referred only sparingly to the existing bibliographical studies of the

*First published in the *Anuario de Filología,* Año V, No. 5 (1966) of the University of Zulia (Maracaibo), Venezuela. The study appears here both revised and expanded. Abbreviations used: BSLP = *Bulletin de la Société de Linguistique de Paris* (Paris, 1871 and following years); CFS = *Cahiers Ferdinand de Saussure* (Geneva, 1941 and following years); CLG = F. de Saussure, *Cours de linguistique générale,* published by Charles Bally and Albert Sechehaye with the collaboration of Albert Riedlinger (Lausanne-Paris: Payot et Cie., 1916); JPs = *Journal de Psychologie normale et pathologique* (Paris: Alcan, 1904 and following years); MSLP = *Mémoires de la Société de Linguistique de Paris* (Paris, 1868 and following years); and TCLP = *Travaux du Cercle linguistique de Prague* (Prague, 1929 and following years).

1

School. In this regard the reader may consult R. Godel's *Les sources manuscrites du Cours de linguistique générale de F. de Saussure*,[1] and the bibliography compiled by Rudolf Engler in his studies *Théorie et critique d'un principe saussurien: l'arbitraire du signe*[2] and *Compléments à l'arbitraire*.[3]

The linguistic testament of F. de Saussure first appeared in 1916 with the publication of the *Cours de linguistique générale*, thanks to the joint efforts of his disciples Charles Bally and Albert Sechehaye. The work of the Genevese scholar, in view of its originality and its innovations in the linguistic field, was not easy to understand. It was chiefly after 1937 that de Saussure's doctrines came under fire, bringing about a valuable contribution to their clarification. In 1937 and 1939, the physician and linguist E. Pichon[4] and the comparativist E. Benveniste[5] both launched attacks against the principle of the arbitrary nature of the sign.[6] The reply was not long in forthcoming. In 1940 Bally answered them with an article on *L'arbitraire du signe*[7] in which he elucidated and developed de Saussure's ideas in regard to a knotty problem: the difference between the concepts of value and meaning, which must respectively be attributed to "language" and to "acts of speaking."[8] Sechehaye in turn took his stand on the matter in 1940.[9] In 1942 a new offensive was launched by Eric Buyssens in a study[10] in which he criticized the triple dichotomy established by de Saussure between the domains of "language" and "speech," between synchronic and diachronic linguistics, and between the study of internal and external elements of language. Buyssens considered the theoretical basis of such a dichotomy false and felt that the system depending on it, although internally coherent, was erroneous in its whole. These assertions brought forth a reasoned reply from Sechehaye,[11] aiming at a clarification of the problem.

But in other parts of Europe the *Cours de linguistique générale* found a readier assent. Its influence is obvious in the work of such linguists of the Prague School as N. Trubetzkoy and S. Karcevski; and the leader of the "glossematist" school of Copenhagen, L. Hjelmslev, constantly acknowledged his dependence on the Saussurian principles.

In the United States, de Saussure's ideas, though less widely diffused than in Europe, were perhaps better understood: it will suffice to mention, in this respect, L. Bloomfield's review of the CLG, 2nd edition,[12] and Rulon Wells' thoroughgoing and keen study, *De Saussure's System of Linguistics*.[13]

Praiseworthy contributions to the exegesis of de Saussure's theories were made in the work of Charles Bally, who as early as 1913 had published a study entitled *Ferdinand de Saussure et l'état actuel des études linguistiques.*[14] In 1916, with Sechehaye, he published the CLG, and in 1922, in collaboration with Léopold Gautier, *Recueil des publications scientifiques de F. de Saussure.*[15]

Albert Sechehaye, aside from collaborating with Bally in the publication of the *Cours*, published the article *Les problèmes de la langue à la lumière d'une théorie nouvelle* (a review of the *Cours*) in 1917,[16] *L'école genevoise de linguistique générale* in 1927,[17] and *Les trois linguistiques saussuriennes* in 1940,[18] undertaking in this last study an examination of de Saussure's most essential doctrine as contained in the *Cours.*[19]

Henri Frei, the present professor of general linguistics at the University of Geneva, examined de Saussure's theories in his article *La linguistique saussurienne à Genève depuis 1939.*[20] In 1950, in reply to E. Buyssens' *Mise au point de quelques notions fondamentales de la phonologie,*[21] which presented a further criticism of de Saussure's doctrines, Frei brought out another study entitled *Saussure contre Saussure?*[22]

The year 1957 saw the publication of *Les sources manuscrites du Cours de linguistique générale de F. de Saussure,* [23] the doctoral thesis of Robert Godel, also a professor at the University of Geneva. Later Godel wrote *Nouveaux documents saussuriens: les cahiers E. Constantin,*[24] and more recently *L'école saussurienne de Genève.*[25] He has also published *Notes inédites de F. de Saussure*[26] and *2e cours de linguistique générale (1908-1909): Introduction,*[27] all of which works have contributed notably to the study of the great Genevese linguist.[28]

II. Ferdinand de Saussure and his work[29]

On October 27, 1876, were held the inaugural ceremonies of the University of Geneva, which had taken the place of the "Académie" founded in 1559 by Calvin. In the program of the Faculty of Letters, as prescribed by Article 125 of the *Loi sur l'Instruction Publique* of October 19, 1872, we find the discipline of *linguistique,* which had been absent from the curriculum of the Académie until that date. Joseph Wertheimer, born in Soultz (Haut-Rhin) in 1833, and appointed Professor in 1874, gave courses in Linguistics as well as in Comparative Philology from 1873 on.[30]

Ferdinand-Mongin de Saussure (1857-1913), who gave the science of language an impulse unparalleled by that of any other linguist of his epoch, was gifted with a genius as meticulous as it was humble. Concerning his life there is little to be said. Born in Geneva on November 26, 1857, he took his Doctorate in Philosophy in 1880 at the University of Leipzig, where he made the acquaintance of the Neogrammarians. After having taught for ten years in Paris,[31] where he gave French linguistic studies "une impulsion nouvelle et extrêmement féconde," in Seche-haye's words, and where he produced such eminent disciples as Grammont, Meillet, Boyer, and Gauthiot, we find him in Geneva as "professeur extraordinaire d'histoire et comparaison des langues indo-européennes" in October of 1891, "professeur ordinaire de sanscrit et des langues indo-européennes" in Oc-tober of 1896, and professor of general linguistics in February 1907.

De Saussure's revolutionary doctrines were collected in the *Cours de linguistique générale*. Completely original, they were never published by de Saussure himself. As A. Sechehaye has observed,

> On sait que, d'une manière générale, à force d'être dif-ficile avec lui-même et préoccupé d'aboutir à de grandes vues synthétiques, il n'écrivait presque plus depuis qu'il avait donné le *Mémoire* et sa thèse de doctorat sur *Le génitif absolu en sanscrit*. A peine a-t-il, dans quelques articles égrenés, fait connaître quelque chose des vues originales dont il nourrissait son enseignement oral.[32]

But the publication by Ch. Bally and A. Sechehaye of the CLG, a work based on notes taken by students, not only gave the study of linguistics a renovating stimulus of transcendental pro-portions, but also gave the Geneva scholar the renown he so richly deserved. To quote Sechehaye, the CLG "peut passer à bon droit pour une des contributions les plus originales et les plus fortes qui ait jamais été apportée à la solution du problème linguistique."[33]

De Saussure, spanning two epochs, was like Bloomfield in-fluenced by the linguistic school that immediately preceded him:

the *Junggrammatiker*. It is obvious that the influence of the
Neogrammarians on linguistics was far from negligible. Thanks
to them, the oversimplified and rudimentary theory of Schlei-
cher, positing that languages, like plants and animals, are natu-
ral living organisms, was permanently discredited; languages
began to be considered as collective products of speech com-
munities. For the Neogrammarians, language reflected both
the human spirit and society. They therefore undertook to de-
velop on the one hand a psychological, and on the other hand a
sociological, study of language. The Neogrammarians, in fact —
and notably Hermann Paul — emphasized psychological motiva-
tions of linguistic phenomena. In this regard we may mention
the work of the psychologist W. Wundt, *Völkerpsychologie*
(Leipzig, 1900), and of Delbrück, who was inspired by Wundt's
example. Sociological linguistics was first propounded by
Whitney (1827-1894), the specialist on American Indians and the
author, among other studies, of a work published in 1875: *The
Life and Growth of Language*. De Saussure was strongly influenced by the American scholar, and his followers have continued to devote their attention to the social aspects of language.
In this field, mention should be made of Antoine Meillet (1866-
1936), who devoted an appreciable amount of space to sociological considerations in his *Linguistique historique et linguistique
générale*.

From de Saussure's viewpoint, the main drawback of psychological linguistics was that it failed to consider language as
a self-contained object. In point of fact, language had not been
treated as an independent field of study before de Saussure. In
a note dating from 1908, he commented:

> La seule idée suffisante serait de poser le fait gram-
> matical en lui-même et dans ce qui le distingue de tout autre
> acte psychologique, ou en outre logique. Plus l'auteur prend
> de peine à abattre ce qui lui semble une barrière illégitime
> entre la forme pensée et la pensée, plus il semble s'éloigner
> de son propre but, qui serait de fixer le champ de l'expres-
> sion et d'en concevoir les lois, non dans ce qu'elles ont de
> commun avec notre psychisme en général, mais dans ce
> qu'elles ont au contraire de spécifique et d'absolument unique
> dans le phénomène de la langue.[34]

As to the sociology of language, de Saussure was closer in

spirit to the Neogrammarians. He felt that language could be examined only within a social context. It should nonetheless be noted that a certain degree of contradiction is to be found in de Saussure's work: in a number of texts he states that social attributes are external rather than internal factors in language. For many contemporary linguists — the Structuralists — a language can be visualized independently of the society which uses it. Such is, for example, the case with Indo-European and Germanic.[35]

Since 1916 F. de Saussure's name has achieved world renown within the field of linguistics as a result of the *Cours de linguistique générale*. Before that he was known as the author of the *Mémoire sur le système primitif des voyelles dans les langues indo-européennes*.[36] He also published additional studies, consisting almost entirely of articles on philology. All of these papers are gathered in the *Recueil des publications scientifiques*, pages 399 to 599.

De Saussure's earliest published articles date from 1877. They appeared in the *Mémoires de la Société de linguistique de Paris*, of which he had become a member on May 13, 1876.[37] In 1878, at the age of twenty-one, he wrote his first work, the *Mémoire* mentioned above, which deservedly made him famous as a linguist; and in 1881 he followed it up with *De l'emploi du génitif absolu en sanscrit*,[38] his doctoral thesis presented at Leipzig the year before. The article *Comparatifs et superlatifs germaniques du type "inferus, infimus"*[39] and the short article 'Αγαμέμνων[40] also date from 1881. On December 3, 1881, he read a paper on *La phonétique du patois fribourgeois de la Suisse romande* before the Linguistic Society of Paris. A short summary of the lecture appeared in the *Bulletin*.[41]

His later published works are rarer and generally of shorter length. From 1884: *Védique "libug'a," paléoslave "lobuzati"; "Sūdo"; Vieux haut allemand "murg," "murgi"*;[42] and a more extensive study: *Une loi rythmique de la langue grecque.*[43] Further publications include 'Αδήν; *Variétés ("Lūdus"; Grec ἀλκυών, allemand "Schwalbe";* Νυστάζω; Λύθρον; 'Ιμβηρις); Κρήνη; Βουκόλος; *Sanscrit "stōkás"; Sur un point de la phonétique des consonnes en indo-européen; Un ancien comparatif de* σώφρων, *et Gotique "wilwan."*[44]

In 1892 he published: *Les formes du nom de nombre "six" en indo-européen;* Φρυκτός; Λιγύς; *Vieux prussien siran "le coeur"; Traitement de l'ū en vieux prussien; Les féminins en -ū du vieux prussien; Gotique ᵽarf, ᵽaúrban "avoir besoin";* 'Ακέων; Τετίημαι; 'Επιτηδές; περί = ὑπερι; 'Ηνία; 'Οκρυόεις; 'Γγιῆς; χ, ψ *pour "ks," "ps"; Attique* -ρη- *pour* -ρα-; -υμνο- *pour* -ομνο-?; *Lituanien kùmsté "le poing."* [45]

In 1894: *A propos de l'accentuation lituanienne (Intonation et accent proprement dit),* [46] and *Sur le nominatif pluriel et le génitif singulier de la déclinaison consonantique en lituanien.* [47]

From 1896 and 1898 respectively date: *Accentuation lituanienne* [48] and *Inscriptions phrygiennes.* [49] And from 1905: *D'ωμήλυσις à Τριπτόλεμος, remarques étymologiques.* [50] Between 1909 and 1912 he published *Sur les composés latins du type "agricola,"* [51] the article *Alamans* in the Dictionnaire historique, géographique et statistique du Canton de Vaud, [52] and *Adjectifs indo-européens du type "caecus" "aveugle."* [53]

Among the posthumous publications of F. de Saussure, one should first mention the *Cours de linguistique générale,* published for the first time in 1916, [54] of which the following translations have been made: into Japanese by H. Kobayashi; [55] German, by Herm. Lommel; [56] Russian, by A. M. Suxotin, revised and annotated by R. J. Šor, with a foreword by D. S. Vvedienski; [57] Spanish, by Amado Alonso, [58] with a preface and notes by the translator; English, by Wade Baskin; [59] Polish, by Krystina Kasprzyk. [60] We should also mention the critical edition of the CLG which is being prepared by Rudolf Engler, and the fact that an Italian translation,with an introduction and commentary, by Tullio De Mauro was published in 1967. [61] And finally mention should be made of *Le nom de la ville d'Oron à l'époque romaine,* [62] and of *Notes inédites de F. de Saussure.* [63]

III. De Saussure's Genevese disciples

The expression "école genevoise," according to A. Sechehaye, was first used in 1908 at a gathering organized in de Saussure's honor by his friends and students. [64] There can be no doubt that this linguistic movement has enjoyed a richly creative life and exercised over the years a dynamic influence on the science of language, nor that its foremost representatives have been disciples of de Saussure: Ch. Bally and A. Sechehaye. Today the trend is represented by the highly original contributions of H. Frei, and by his colleagues A. Burger and R. Godel.

Among de Saussure's most intimate disciples, Charles
Bally, successor to his master in the chair of general linguistics, first embarked on the path of scholarship through philological research, specifically, in Greek philology.[65] His first
published work was his doctoral thesis, *De Euripidis tragoe-
diarum partibus lyricis quaestiones.*[66] During the period in
which he was principally concerned with philology, he published
the following studies: *Les langues classiques sont-elles des
langues mortes?;*[67] in 1900, Πάρνοψ and *De quelques noms grecs
de localités;*[68] between 1903 and 1906: 'Ακρασία: *Etude de
phonétique grecque;*[69] *Contribution à la théorie du z voyelle;*[70]
Alternance λ/ρ, and *Traitement de* -δμ- *en grec;*[71] and finally
Les diphtongues longues de l'Attique.[72]

In 1908 Bally published *Accent grec, accent védique, accent
indo-européen,*[73] a unique work, which in spite of the author's
scholarly duties as professor of general linguistics and Indo-
European studies from 1913 onward, was followed by an equally
informative study on the subject: *L'expression des idées de
sphère personnelle et de solidarité dans les langues indo-
européennes.*[74]

In the *Précis de stylistique,*[75] published in 1905, we already
note the influence of Bally's master — to quote Sechehaye, "le
goût et même la passion des problèmes généraux abordés avec
une méthode sûre, sans hardiesse inconsidérée, mais sans timi-
dité."[76] The *Traité de stylistique française*[77] followed within
this field of research and many specialized articles as well:
La stylistique française de 1905 à 1909;[78] *L'étude systématique
des moyens d'expression;*[79] *La stylistique et l'enseignement
secondaire;*[80] *Stylistique et linguistique générale;*[81] *Stylistique
générale et stylistique française, 1909-1913;*[82] *Le style indirect
libre en français moderne;*[83] *Figures de pensée et formes linguistiques;*[84] *L'enseignement de la langue maternelle et la formation de l'esprit.*[85]

In addition to Bally's importance for the language student
who is primarily interested in philological and stylistic studies,
his exhaustive research in the field of general linguistics is also
especially outstanding. Having made the acquaintance of de
Saussure at the age of thirty, Bally had been initiated in linguistic studies by one of the foremost linguists in the world, for
whom he never failed to profess the most profound admiration.
De Saussure's approach and methods marked Bally's life's
work, and were the inspiration for his personal investigations.[86]

If de Saussure had distinguished between "diachronic" and "synchronic" linguistic phenomena — which are mutually complementary — Bally was to favor consistently the second of the two ways of visualizing language:

'Bally fut résolument synchroniste et staticien,' remarks J. Vendryes, 'et en cela se montre révolutionnaire. Peut-être même sa réaction contre l'histoire fut-elle excessive. Sans doute il ne contestait pas la légitimité de la linguistique historique, dont la merveilleuse réussite éclatait d'ailleurs à tous les yeux. Mais il concevait et il prétendait instituer une linguistique statique dont toute considération historique fût bannie.'[87]

Bally's static linguistics, from which all reference to a historical point of view is excluded,[88] is at once psychological and sociological. It is psychological because the living language with which Bally was occupied, in reaction against the comparativist school, can only exist in the minds of its speakers: "La linguistique statique," to quote Vendryes once more, "est donc essentiellement psychologique, car rien n'est dit qui n'ait été pensé."[89] On the other hand, it is sociological: language is a social institution, a product of social activity. "Language" — in opposition to "speech," which is of necessity personal and which expresses individual habits of molding language — exists apart from the speaker, even if it is but the sum total of all preexisting "speech."

Language was examined from the affective viewpoint in Bally's celebrated book *Le langage et la vie*,[90] published in 1913, which soon became the subject of serious criticism: "On lui reprocha surtout, en affirmant la primauté de l'affectif, d'ouvrir en linguistique la porte au vague et au flou."[91] Nonetheless Bally's ideas have today passed into the public domain.

After the appearance of *Le langage et la vie* Bally embarked on an intensely creative phase, the fruit of which was primarily in the field of linguistics. In 1920 he brought out *Impressionisme et grammaire*.[92] The following years saw the publication of *Langage naturel et langage artificiel*,[93] *Copule zéro et faits connexes*,[94] *La pensée et la langue*,[95] *Langue et parole*,[96] *Le rythme linguistique et sa signification sociale*,[97] *La contrainte sociale dans le langage*,[98] *Note sur la langue parlée*,[99] *Sur les méthodes d'exposé de la grammaire*,[100] *Antiphrase et style indirect libre*,[101] and *Spécimens de concordance entre la structure grammaticale et le système phonologique*,[102] this last work undertaken with the collaboration of Sechehaye.

As the synthesis of his thought as it had been expressed in numerous articles throughout his career, Bally published in 1932 the celebrated *Linguistique générale et linguistique française*.[103] This work, writes R. Godel, "affronte le problème, difficile entre tous, des rapports qui existent entre le langage et la pensée, entre les procédés et les catégories de la grammaire et celles de la logique."[104] J. Vendryes speculated almost twenty years ago how much of the work would retain its value for future linguistic studies. In answer he remarked:

> Qu'elles [les idées linguistiques de Bally] soient un jour dépassées, c'est souhaitable, à moins de désespérer de la science; et on peut être convaincu qu'il l'aurait souhaité lui-même. Mais l'oeuvre qu'il a bâtie est vaste et solide; telle qu'elle est actuellement, elle restera longtemps encore riche d'enseignements utiles et variés; car elle donne sans cesse à penser. Les jeunes linguistes y trouveront une masse abondante d'idées fécondes, de raisonnements rigoureux, de critiques pénétrantes, et ils y goûteront cette forme élégante et précise, qui est une joie pour l'esprit.[105]

Finally we should mention Bally's later work, including the following studies: *Les notions grammaticales d'absolu et de relatif;*[106] *En été: au printemps. Croire en Dieu: croire au diable;*[107] *Synchronie et diachronie;*[108] *Qu'est-ce qu'un signe?;*[109] *L'arbitraire du signe;*[110] *Sur la motivation des signes linguistiques;*[111] *Intonation et syntaxe,*[112] *Syntaxe de la modalité explicite;*[113] *Latin "tempora," grec τέμπη, ταπεινός;*[114] and, two years before his death, *Manuel d'accentuation grecque.*[115]

No less outstanding was the career of Charles-Albert Sechehaye.[116] He collaborated with Bally in the publication of the *Cours de linguistique générale;* his first published work was his doctoral thesis submitted at the University of Göttingen: *Der Konjunktiv Imperfekti und seine Konkurrenten in den normalen hypothetischen Satzgefügen im Französischen. Einleitung und dritter Teil. Inaugural-Dissertation.*[117] In this early work, de Saussure's disciple already showed the direction in which his studies would be oriented — by delving into the study of his mother tongue to gain insight into the general problems of linguistics. Sechehaye shortly pushed further into the heart of these problems, and the synthesis of his meditations on the subject, the *Programme et méthodes de la linguistique théorique. Psychologie du langage*,[118] appeared in 1908.

Later publications included *La stylistique et la linguistique théorique;*[119] *Les règles de la grammaire et la vie du langage;*[120] *La méthode constructive en syntaxe;*[121] *Les problèmes de la langue à la lumière d'une théorie nouvelle;*[122] *Les deux types de la phrase;*[123] and *Locutions et composés.*[124]

In 1926 he published his best known work, the *Essai sur la structure logique de la phrase,*[125] which constituted a renovation of the theory of grammar by laying down certain principles which the author termed "la méthode constructive":

> Partant de la cellule linguistique qu'est la phrase simple, il montre comment, par des échanges fonctionnels et par des amplifications progressives, les formes les plus diverses de la syntaxe peuvent se ramener aux formes les plus simples.[126]

A series of articles on different linguistic topics followed the *Essai*. Among them are: *Sur les méthodes d'exposé de la grammaire;*[127] *Les mirages linguistiques;*[128] *Sur les ressemblances et les différences que l'on peut constater entre le système des phonèmes et le système des signes;*[129] *La pensée et la langue, ou comment concevoir le rapport organique de l'individuel et du social dans le langage?;*[130] *Essai de classement des espèces de phrases et quelques observations sur les trois cas de l'hypothétique en latin;*[131] *Evolution organique et évolution contingentielle;*[132] *Les trois linguistiques saussuriennes;*[133] *Les classes de mots et l'imagination;*[134] *Pour l'arbitraire du signe;*[135] *De la définition du phonème à la définition de l'entité de langue;*[136] *Considérations sur la morphologie du français.*[137]

Sechehaye also wrote *Eléments de grammaire historique du français*[138] as well as a book dedicated to the teaching of French; *Abrégé de grammaire française sur un plan constructif, suivi d'un tableau systématique des conjugaisons.*[139]

Born in Tobolsk (Siberia), Serge Karcevski (1884-Geneva 1955) was forced at an early age to abandon his country for political reasons. Like so many of his compatriots before him, he found a place of refuge in the beautiful Swiss city. He entered the Faculty of Letters of the University of Geneva, where he received his "licence" in 1914, having studied under de Saussure, Bally and Sechehaye, whose collective influence oriented him to linguistic studies. He returned to Moscow in March of 1917 after the fall of the Tsarist regime; there he decided to devote his career to linguistics. He lectured on de Saussure's theories at Moscow's Academy of Sciences. After sojourns in Strasbourg, as Reader in Russian at the University, and in Prague, he returned to Geneva, where he received his doctorate on the strength of his thesis: *Système du verbe russe. Essai de linguistique synchronique.*[140] He was then appointed Professor at the University of Geneva, where he remained until the end of his life.[141]

Karcevski straddled the linguistic schools of Geneva and Prague. His linguistic activity was mainly focused on Russian, which he submitted to the rigorous methods of de Saussure. In 1926, together with N. Trubetzkoy and R. Jakobson, he founded the Prague Linguistic Circle. His scientific reputation was established with the publication of the *Système du verbe russe* and continued to grow with his later publications. Among these studies, almost exclusively devoted to Russian, the following should be mentioned: *Classification naturelle des verbes russes;*[142] *Mécanisme des aspects des verbes russes;*[143] *Du dualisme asymétrique du signe linguistique;*[144] *Sur la phonologie de la phrase;*[145] *De la structure du substantif russe;*[146] *Autour d'un problème de morphologie;*[147] *Sur la nature de l'adverbe;*[148] *Phrase et proposition;*[149] *Remarques sur la psychologie des aspects en russe;*[150] *Introduction à l'étude de l'interjection;*[151] *Sur la parataxe et la syntaxe en russe;*[152] *Deux propositions dans une seule phrase;*[153] and *L'idée du procès dans la langue russe.*[154] Karcevski had long been working on a Russian grammar and textbook, which he never deemed ready for publication. It was only after the author's death that the manuscript was edited by his son, Igor Karcevski.[155]

André Burger (1896-) was initiated into de Saussure's theories of linguistics by Antoine Meillet, who had been a disciple of de Saussure in Paris. Burger's name is linked principally with classical and Romance philology. His university studies were directed toward classical research: he earned a "licence" in classical literature at the University of Neuchâtel in 1918 and received diplomas in advanced classical studies at the Sorbonne (1920) and at the Ecole pratique des Hautes Etudes in Paris (1926). His doctoral thesis, *Etudes de phonétique et de morphologie latines*,[156] was in the same field of research, and his professorial activity was to follow the same course: "privat-docent" of comparative classic grammar at the University of Neuchâtel in 1924; in 1931 Professor of French historical grammar in the same university, and in 1938 Professor of comparative Romance philology. From 1947 to 1966 he was Professor of Romance philology at the University of Geneva. His professorial activity in the field of general linguistics only began in 1944, in which year the University of Neuchâtel appointed him Professor of this discipline.

Most of Burger's publications are devoted to Romance philology and literature. Special mention should be made of his work on the "Roman commun." As far as linguistics in general is concerned, Burger has tried to apply de Saussure's ideas to the field of Romance philology, notably to French studies. This he did in articles such as *Phonématique et diachronie à propos de la palatalisation des consonnes romanes*,[157] *Significations et valeur du suffixe verbal français -ę-*,[158] and *Essai d'analyse d'un système de valeurs*.[159]

The other present-day representatives of the Saussurian School in Geneva are Professors H. Frei and R. Godel, and two disciples of the former, E. Sollberger (currently in London) and F. Kahn.

Henri Frei was born in Baar (Canton of Zoug) on June 5, 1899. He is presently Professor of general linguistics, comparative Indo-European grammar, and Sanskrit at the University of Geneva. After studies at the School of Oriental Languages in Paris, he took his doctorate at the University of Geneva in 1929. In 1932 he went to the Orient. In Peking he was first lecturer at the French University of China, and within a year was appointed Professor at the National University. In Tokyo in 1934 he served as Professor at the French Athenaeum. On August 6, 1940, he was promoted from "privat-docent" at the University of Geneva to "professeur extraordinaire" of the history and comparative study of Indo-European languages and of Sanskrit. In 1945 he was entrusted with the chair of general linguistics and thus became, with the title of "professeur ordinaire," de Saussure's and Bally's successor. He was a cofounder with Karcevski, Bally and Sechehaye of the Linguistic Society of Geneva and of the *Cahiers F. de Saussure,* the society's journal.[160] Since 1940 he has been the inspiration of that publication.

Frei, whose lectures on general linguistics I have been fortunate to attend for two years, and to whom I am bound by ties of friendship and admiration, was a student of Charles Bally, the faithful disciple of de Saussure. In his lectures as in his numerous publications, Professor Frei has managed to synthesize the teachings of de Saussure and the most recent trends in present-day linguistics. A few years after he began his lectures at the University of Geneva, he thus defined the plan of his own research:

> La ligne de conduite qu'il a adoptée consiste à confronter l'héritage genevois avec le travail qui se fait ailleurs et avec les matériaux d'enquête rapportés d'Extrême-Orient.[161]

Frei's first work was his doctoral thesis, *La grammaire des fautes,*[162] a title which hardly reflects the actual contents of the book. It constitutes in fact a substantial introduction to the functional study of language.

The following is a list of Frei's work before taking up his professorship in Geneva: *Préverbes et postpositions avant la flexion indo-européenne;*[163] *Monosyllabisme et polysyllabisme dans les emprunts linguistiques* (avec un inventaire des phonèmes de Pékin et de Tokio);[164] *"Sylvie est jolie des yeux."*[165] Since his return to Geneva, Frei has published the following articles and books: *Interrogatif et indéfini;*[166] *Qu'est-ce qu'un dictionnaire de phrases?;*[167] *Un système chinois des aspects;*[168] *Ramification des signes dans la mémoire;*[169] *"Ça fait distingué";*[170] *Lois de passage;*[171] *De la linguistique comme science de lois;*[172] *Note sur l'analyse des syntagmes;*[173] *Systèmes de déictiques;*[174] *Zéro, vide et intermittent;*[175] *Langue, parole et différenciation;*[176] *The Ergative Construction in Chinese;*[177] *Le livre des deux mille phrases;*[178] *Cas et dèses en français;*[179] *Critères de délimitation;*[180] *A Note on Bloomfield's Limiting Adjective;*[181] *Caractérisation, indication, spécification;*[182] *Critères de classement;*[183] *Carrés sémantiques (A propos de véd. "utpā-");*[184] *Véda et Cachemire;*[185] *Tranches homophones (A*

propos de l'article partitif du français); [186] *Méthodes de recon-
struction sémantique (A propos de véd. anūpá-);* [187] *Désaccords;* [188] *Trois mots singuliers;* [189] *L'unité linguistique complexe;* [190] *Véd. kūlám "berge,"* [191] and finally *Le signe de
Saussure et le signe de Buyssens.* [192]

His clear, precise, and rigorously analytical style com-
bines the most scientific aspects of the CLG with the most modern developments in the science of language. Until his *Leçons
de linguistique* makes its appearance, Frei continues to synthesize and expound the long experience he has gained over the
years. Such is the purpose of *Modes de réduction des syntagmes;* [193] *Syntaxe et méthodes en linguistique synchronique;* [194]
Cinquante onomatopées japonaises, [195] and *Quasi-phrases et
phrases-poteaux,* [196] as well as of his earlier works. The far-
ranging vision of Frei is a vital link — and the most orthodox —
in the chain of linguistic trends which the work of the Genevese
master has produced. Because of the fidelity of his interpreta-
tion and the highly personal approach that he brings to this task
of exposing the various aspects of de Saussure's thought, Frei's
work itself will deservedly pass to posterity.

Robert Godel (1902-), Professor of Latin language and
literature at the University of Geneva, is, like Henri Frei, a
former student of Bally. Since 1957, when his doctoral thesis
on *Les sources manuscrites du Cours de linguistique générale
de F. de Saussure* was published, Godel has devoted himself to
collecting unpublished data concerning the work of the great
Swiss linguist.[197] The *Sources manuscrites* is a work marked
with thoroughgoing and profound research; it represents the
starting-point for textual criticism — so long awaited — of the
documents relating to de Saussure's thought and teaching. G.
Derossi has remarked in this respect:

La pubblicazione del Godel ha rivelato molte richezze
nascoste del pensiero saussuriano, e molte più ne ha fatto
intravedere, inaugurando una nuova fase negli studi saus-
suriani, che tendono da una parte al più scrupoloso accerta-
mento filologico, e dall'altra ad un approfondimento dei temi
essenziali più articolato che per il passato, in modo da evi-
tare le sterili contrapposizioni e gli inutili luoghi comuni in
cui l'esegesi saussuriana si è talora irretita.[198]

Godel's principal follower in this field has been Rudolf
Engler, author of an important study on the much debated theory
of the arbitrariness of the sign: *Théorie et critique d'un principe saussurien: l'arbitraire du signe,* to which has been ap-
pended an article entitled *Compléments à l'arbitraire.*[199] Engler has prepared a critical edition of the CLG[200] as well as a
Terminologie saussurienne (for the CIPL).

Among R. Godel's other linguistic studies are the following:
Grammaire turque;[201] *Homonymie et identité;*[202] *La question des
signes zéro;*[203] *Les semi-voyelles en latin;*[204] *Remarques sur
des systèmes de cas;* [205] *Sur l'évolution des voyelles brèves latines;*[206] *Les origines de la conjugaison arménienne;*[207] *F. de
Saussure's Theory of Language;*[208] and *De la théorie du signe
aux termes du système.*[209]

Edmond Sollberger, born in 1920 in Constantinople but a
Swiss citizen by birth, was educated at French schools there and
at the University of Geneva, where he took his degrees (license ès
lettres, 1945; doctorat ès lettres, 1952). A curator and later
acting director of the Musée d'art et d'histoire from 1949 to
1961 and "privat-docent" at the University of Geneva from 1956
to 1961, he is currently Assistant Keeper of Western Asiatic
Antiquities in the British Museum, London. Sollberger is es-
sentially an Assyriologist,[210] but he studied general linguistics
under Albert Sechehaye and Henri Frei, and acknowledges the
latter as his master. Except for his short *Note sur l'unité linguistique,* [211] Sollberger's books and articles deal with Sumerian
and Babylonian philology and history. In his *Etudes de linguistique sumérienne,*[212] however, and in his doctoral thesis on the
Sumerian verb,[213] he has endeavored to analyze Sumerian for
the first time in the light of Saussurian linguistics.

Born in 1929 in Basle, in the Alemannic-speaking part of
Switzerland, but with French as his mother tongue, Félix Kahn
joined the Geneva school of linguistics in 1951, following his
award of the "licence ès lettres" and the Diploma of Phonetics
in Paris. His thesis, *Le système des temps de l'indicatif chez
un Parisien et chez une Bâloise,*[214] described the results of his
attempt to apply the principles of de Saussure's linguistics and
of Trubetzkoy's phonology, as well as Frei's method of investi-
gating languages with the help of sentence dictionaries, to the

analysis of the system of tenses of two idiolects. Some years later Kahn gave a contrastive description of German phonetics and grammar for the teaching of this language in French-speaking schools.[215] He is currently engaged in a joint research project on the systematic study of French intonation.

IV. Conclusion

I have tried to present in the preceding pages a complete bibliography of the so-called Saussurian School in Geneva. The works published by the school offer an extensive field for the linguist's attention, especially in regard to the history of linguistics. They await the critic capable of estimating with precision the true contribution of F. de Saussure and his disciples to the science of language.

I am not so ambitious as to have set myself such a task, which would have exceeded the limits and objectives of the present study. As I stated at the beginning, my goal has been restricted to offering an inventory of the publications of the Geneva School to a wider scholarly public. If in so doing I have rendered a small service to both teachers and students of linguistics, I shall consider my labor well rewarded.

University of Geneva

V. Notes

[1]Genève, Droz, 1957, pp. 18-21.

[2]CFS 19 (1962), pp. 5-65. (Abbreviations are listed at the bottom of p. 1.)

[3]CFS 21 (1964), pp. 25-32. A bibliography of Bally's publications (up to 1939) is to be found in *Mélanges de linguistique offerts à Charles Bally*, Genève, 1939, pp. x-xii; of Sechehaye's, in CFS 4 (1944), pp. 3-5; of Karcevski's, in CFS 14 (1956), pp. 14-16.

[4]*La linguistique en France. Problèmes et méthodes*, in JPs, 1957, pp. 25-48.

[5]*Nature du signe linguistique*, in Acta Linguistica (Copenhagen) I (1939), p. 23-29.

[6]Both linguists denied the principle of the arbitrariness of the sign, claiming (a) that de Saussure introduced two contradictory terms in his definition of the sign, and (b) that the relationship between *signified* and *signifier*, far from being arbitrary, is in fact of an organically necessary nature.

[7]*L'arbitraire du signe. Valeur et signification,* in Le Français Moderne (Paris) 3 (1940), pp. 193-206.

[8]Henri Frei, in Acta Linguistica 5 (1945-1949), p. 54.

[9]*Pour l'arbitraire du signe* (undertaken and written by Sechehaye with the endorsement of Ch. Bally and H. Frei), Acta Linguistica 2 (1940-1941), pp. 165-169.

[10]*Les six linguistiques de F. de Saussure,* Langues Vivantes No. 7, Bruxelles, M. Didier, 19 pp. (Extract of La Revue des Langues vivantes 1 (1942) pp. 15-23; 2, pp. 46-55).

[11]CFS 4 (1944) pp. 65-69.

[12]Modern Language Journal 8 (1924) pp. 317-319.

[13]Word 3, Nos. 1-2 (1947), pp. 1-31.

[14]Genève, Atar, 1913, 29 pp. (Inaugural lecture of the Course on general linguistics, given at the University of Geneva on October 27, 1913). Reprinted in *Le langage et la vie,* 3d. ed. (1952).

[15]Genève, Sonor, 1922, 642 pp.

[16]Revue Philosophique 84, Paris, 1917, pp. 1-30.

[17]Indogerm. Forsch. 44 (1927) pp. 217-241.

[18]Vox Romanica (Zürich) 5 (1940) pp. 1-48.

[19]The following topics are dealt with in the article:
A. Le Cours de linguistique générale devant la critique.
B. Le problème des rapports de la diachronie et de la synchronie:
   I. Le cadre logique des trois linguistiques saussuriennes;
   II. La linguistique synchronique ou des états de langue;
   III. La linguistique de la parole organisée ou du fonctionnement de la langue;
   IV. Digression au sujet des rapports de la linguistique diachronique avec les deux disciplines précédentes;
   V. La linguistique diachronique ou des évolutions de la langue.

[20]Acta Linguistica 5 (1945-1949), pp. 54-56, and Word 3 (1947), pp. 107-109.

[21]CFS 8 (1949), pp. 37-60.

[22]CFS 9 (1950), pp. 7-28.

[23]Geneva, Droz, 1957, 282 pp.

[24]CFS 16 (1958-1959), pp. 23-32.

[25]*Trends in European and American Linguistics (1930-1960),* Spectrum publ., 1961, pp. 294-299.

[26]CFS 12 (1954), pp. 49-71.

[27]CFS 15 (1957), pp. 3-103.

[28]See, in particular, G. Derossi's book: *Segno e struttura linguistici nel pensiero di F. de Saussure.* Università degli studi di Trieste, Del Bianco edit., Udine, 1965, 359 pp. On de Saussure's significance for present-day linguistic research: E. Benveniste, *Saussure après un demi-siècle,* CFS 20 (1963), pp. 7-21.

[29]For further information concerning the life and work of de Saussure, see the obituaries by A. Meillet (BSLP 18, No. 61, 1913, pp. clxi-clxxv, reprinted in *Linguistique historique et linguistique générale* II,

Paris, 1936, pp. 174-184) and by W. Streitberg (Indogerm. Jahrbuch II, 1915, pp. 203-213). We should also mention the *Inventaire des manuscrits de F. de Saussure* (CFS 17, 1960, pp. 5-11) and *Souvenirs de F. de Saussure concernant sa jeunesse et ses études* (ibid., pp. 12-25), published by R. Godel; *Lettres de F. de Saussure à Antoine Meillet* [1894-1911] (CFS 21, 1964, pp. 91-125), published by E. Benveniste.

[30]Prior to Wertheimer's appointment, a course had been given since 1869 by Kraus, Professor of Modern Languages and Literature, first under the title of *Philologie* and later of *Linguistique comparée*. Adolphe Pictet (1799-1875) had also taught in Geneva and, in spite of his duties as Professor of Esthetics and Modern Literature, had participated through his books and articles in the contemporary development of Sanskrit studies. Especially noteworthy in this respect is his book — awarded the Prix Volney in 1836 by the Institut de France — *De l'affinité des langues celtiques avec le sanscrit* (Paris, 1837). He is also the author of the celebrated study *Les origines Indo-européennes ou les Aryas primitifs. Essai de paléontologie linguistique* (Paris, 1859-1863, 2 vol.; 2nd. ed., revised and expanded: Paris, 1877). F. de Saussure, who had as a boy been personally acquainted with Pictet (CFS 17, pp. 16-17), was to be particularly influenced by this last work (see *Recueil des publications scientifiques...*, pp. 391-402; CLG, Part 5, Ch. IV, § 3).

[31]De Saussure was "maître de conférences de gotique et vieux haut allemand" at the Ecole Pratique des Hautes Etudes. He was elected a member of the Linguistic Society of Paris on May 13, 1876, Assistant Secretary in 1882, and finally permanent Assistant Secretary in 1883. See E. Benveniste, *F. de Saussure à l'Ecole des Hautes Etudes* (in Annuaire de l'Ecole Pratique des Hautes Etudes, IVe Section, Paris, 1964-1965, pp. 21-34); M. Fleury, *Notes et documents sur F. de Saussure (1880-1891)* (ibid., pp. 35-67).

[32]Indogerm. Forsch. 44 (1927), p. 218.

[33]Ibid., p. 219.

[34]Quoted by R. Godel, *Les sources manuscrites...*, p. 52.

[35]Regarding de Saussure's opinions on the sociological aspect of language, see J. Vendryes, *Le caractère social du langage et la doctrine de F. de Saussure*, in JPs, 1921, pp. 618-624, and W. Doroszewski, *Quelques remarques sur les rapports de la sociologie et de la linguistique: Durkheim et F. de Saussure*, in JPs, 1933, pp. 82-91.

[36]Leipzig, Teubner, 1879, 302 pp. Republished in *Recueil des publications scientifiques*, pp. 1-268.

[37]The titles are as follows: *Le suffixe -t-* (MSLP 3, 1877, pp. 197-209). *Remarques de grammaire et phonétique:* I. Sur une classe de verbes latins en *-eo*. II. La transformation de *tt* en *ss* suppose-t-elle un intermédiaire *st*? III. Exceptions au rhotacisme. IV. I, U = ES, OS (Ibid., pp. 279-301). *Essai d'une distinction des différents A indo-européens* (ibid. pp. 359-370). Reproduced in *Recueil...*, pp. 339-390.

[38]Genève, 1881, 95 pp. (*Recueil...*, pp. 269-338).

[39]*Mélanges Renier*, Bibl. de l'Ecole des Hautes Etudes, fasc. 73, pp. 383 ff. (*Recueil...*, pp. 481-489).

[40]MSLP 4 (1881), p. 432 (*Recueil...*, p. 403).

[41]BSLP 5 (1881-1884), p. lii. Between 1885 and 1891, de Saussure read the following papers to this Society: *Grec* ἀκέων; *Inscription grecque archaïque de Gortyne; Grec* τέρπομαι, *allemand "dürfen"; Grec* πρέπω, *latin "corpus"; Grec* φρυκτός; *Vieil allemand "holz," latin "callis"; Gérondif latin et "secundus, oriundus, labundus"; S- initiale en latin* (BSLP 6, 1885-1888); *Importance des fins de mot dans la versification homérique; Grec* πολλός; *L'accent lituanien; Allemand "Weichsel"; Sanscrit th* (BSLP 7, 1888-1892). (*Recueil...*, pp. 600-604).

[42]MSLP 5 (1884), pp. 232, 413, 449-450 (*Recueil...*,pp. 403-407).

[43]*Mélanges Charles Graux*, Paris, 1884, pp. 737-748 (*Recueil...*, pp. 464-476).

[44]MSLP 6 (1889), pp. 53, 119, 161, 162, 246-257, 323, 358 (*Recueil...*, ..,pp. 408-434).

[45]MSLP 7 (1892), pp. 73-77, 79-93 (*Recueil...*, pp. 435-463).

[46]MSLP 8 (1894), pp. 425-446 (*Recueil...*,pp. 490-512).

[47]Indogerm. Forsch. 4 (1894), pp. 456-470 (*Recueil...*, pp. 513-525).

[48]Anzeiger für Idg. Sprach- und Altertumskunde. Beiblatt zu den Idg. Forsch. 6 (1896), pp. 157-166 (*Recueil...*, pp. 526-538).

[49]*Recherches archéologiques dans l'Asie Occidentale. Mission en Cappadoce* (1893-1894), par Ernest Chantre. Paris, E. Leroux, 1898, pp. 165-191 (*Recueil...*,pp. 542-575).

[50]*Mélanges Jules Nicole*, Genève, W. Kündig, 1905, pp. 503-514 (*Recueil...*, pp. 576-584).

[51]*Mélanges offerts à Louis Havet*. Paris, Hachette, 1909, pp. 459-471 (*Recueil...*, pp. 585-594).

[52]Published by E. Mottaz. Lausanne, 1911, vol. I, pp. 54-56.

[53]*Festschrift Wilhelm Thomsen*. Leipzig, Harassowitz, 1912, pp. 202-206 (*Recueil...*, pp. 595-599).

[54]Subsequent editions: 1922, 1931, 1949, 1962; critical edition edited by Rudolf Engler, Wiebaden, Harrassowitz, 1967-1968 (vols. 1-4; 5th volume forthcoming).

[55]*Gengogaku-genron*. Tokyo, 1928 (with subsequent editions).

[56]*Grundfragen der Sprachwissenschaft*. Berlin, 1931.

[57]*Kurs obščey lingvistiki*. Moskow, Socekgiz, 1933.

[58]*Curso de lingüistica general*. Buenos Aires, 1945; 2nd edition: 1955.

[59]*Course in General Linguistics*. New York, 1959; London, 1960.

[60]*Kurs jezykoznawstwa ogólnego*. Warszaw, 1961.

[61] Bari, Casa editrice Laterza, 1st ed. 1967; 2nd ed. 1968.

[62] Posthumous study edited and annotated by L. Gauchat, in L'indicateur d'histoire suisse, year 51, Berne, 1920, pp. 286-298.

[63]Edited by R. Godel. CFS 12 (1954), pp. 49-71. See also CFS 15 (1957), pp. 3-103.

[64]Indogerm. Forsch. 44 (1927), p. 219.

[65]Charles Bally was born in Geneva on February 4, 1865. After studies at the universities of Geneva and Berlin, he took his doctorate in Berlin (1889). He spent the years 1889-1891 in Greece. In 1893, he was appointed "privat-docent" of French stylistics at the University of Geneva. He was temporary Professor of Sanskrit during de Saussure's absence in

the academic year 1906-1907, and Professor of General Linguistics and Indo-European Studies from 1913 to 1939, in which year he became Professeur honoraire. He died on April 10, 1947. Concerning Bally's life and work, the following studies may be consulted: A. Sechehaye, *L'Ecole genevoise de linguistique générale*, Idg. Forsch. 44 (1927), pp. 225-233; J. Vendryes, *L'oeuvre linguistique de Charles Bally*, CFS 6 (1946-1947), pp. 48-62; H. Frei, *Charles Bally*, Lingua 1 (1947), pp. 130-132.

[66]Berlin, 1889.

[67]Geneva, Georg, 1899.

[68]Papers read to the Linguistic Society of Paris (Summary in BSLP 11, 1898-1901, p. cxxxii).

[69]MSLP 12 (1903), pp. 60-66.

[70]Ibid., pp. 314-330.

[71]Papers read to the Linguistic Society of Paris (Summary in BSLP 13, 1903-1905, pp. iii and xiii, respectively).

[72]MSLP 13 (1905-1906), pp. 1-25.

[73]*Mélanges de linguistique offerts à F. de Saussure*. Paris, Champion, 1908, pp. 3-29.

[74]*Festschrift Louis Gauchat*. Aarau, 1926, pp. 68-78.

[75] Genève, Eggimann, 1905.

[76]Indogerm. Forsch. 44 (1927), p. 218.

[77]Heidelberg and Paris, 1909, 2 vols. (with subsequent editions).

[78]Vollmöller's Romanischer Jahresbericht 11, p. 189 ff.

[79]Genève, Eggimann, 1910, 18 pp. (Offprint from Neuere Sprachen 19, no. 1).

[80]Saint-Blaise (Neuchâtel), Foyer Solidariste, 1911, 24 pp.

[81]Archiv für das Studium der neueren Sprachen (Braunschweig) 128 (1912), pp. 87-126. Reprinted in *Le langage et la vie*, starting with the 1926 edition.

[82]Vollmöller's Roman. Jahresber. 13, pp. 190-210.

[83]Germanisch-Romanische Monatsschrift 4 (1912), pp. 549-556, 597-606.

[84]Ibid., 6 (1914), pp. 405-422; 456-470.

[85]Le Producteur, Paris, 1921, pp. 354-367. Reprinted in *Le langage et la vie*, starting with the 1926 edition.

[86]Cf. J. Vendryes, *L'oeuvre linguistique de Charles Bally*, CFS 6 (1946-1947), p. 48.

[87]Ibid., p. 52.

[88]"En matière de linguistique statique, le point de vue du linguiste doit être celui du sujet parlant" (ibid., p. 53).

[89]Ibid.

[90]Genève, Atar, 1913, 111 pp.; 2nd edition, totally revised and expanded: Paris, Payot, 1926, 236 pp.; 3rd expanded edition: Genève, Droz — Lille, Girard, 1952, 164 pp. Another edition exists: "Nouvelle édition revue et augmentée," Zürich, Max Niehans, 1935, 227 pp.

[91] Vendryes, loc. cit., p. 57.

[92] *Mélanges offerts à Bernard Bouvier*, Genève, 1920, pp. 261-279; translated into Spanish, with footnotes, by A. Alonso and R. Lida, Buenos Aires, 1932.

[93]JPs, 1921, pp. 625-643. Reprinted in *Le langage et la vie,* starting with the 2nd edition, under a new title: *Langage transmis et langage acquis.*

[94]BSLP 23, (1922) pp. 1-6.

[95]Ibid., pp. 117-137.

[96]JPs, 1926, pp. 293-301.

[97]Premier Congrès du Rythme, Geneva, 1926, pp. 253-263.

[98]Revue internationale de sociologie. Paris, M. Giard, 1927, pp. 209-229.

[99]Die neueren Sprachen (Marburg) 35 (1927), pp. 122-126.

[100]In collaboration with Sechehaye. *Actes du 1er Congrès international de linguistes* (The Hague, 10-15 April 1928), Leiden, pp. 36-53.

[101]*A Grammatical Miscellany offered to Otto Jespersen,* Copenhagen, 1930, pp. 331-340.

[102]*Actes du 2e Congrès international de linguistes* (Geneva, 25-29 August 1931), Paris, Adrien Maisonneuve, 1933, pp. 116-118.

[103]Paris, E. Leroux, 1932; 2nd edition: Berne, A. Francke [1944]; 3rd edition: Berne, A. Francke [1950]; 4th edition: Berne, 1965. Italian translation: *Linguistica generale e linguistica francese.* Introduzione e appendice di Cesare Segre. Traduzione di Giovanni Caravaggi, [Milano], Il Saggiatore, 1963.

[104]CFS 6 (1946-1947), p. 70.

[105]Loc. cit., p. 62.

[106]JPs, 1933, pp. 341-354.

[107]*Festschrift für Ernst Tappolet,* Basel, 1935, pp. 9-15.

[108]Vox Romanica 2 (1937), pp. 53-60.

[109]JPs, 1939, pp. 161-174.

[110]Le Français Moderne, Paris, July 1940, pp. 3-16.

[111]BSLP 41 (1940), pp. 75-88.

[112]CFS 1 (1941), pp. 33-42.

[113]CFS 2 (1942), pp. 3-13.

[114]Ibid., pp. 58-59.

[115]Berne, A. Franke, 1945, 129 pp.

[116]Born in Geneva on July 4, 1870, he took his doctorate in Philosophy at Göttingen in 1902. He was appointed "privat-docent" at the University of Geneva in the same year. From 1912 to 1913 he was de Saussure's substitute for the course in general linguistics, and in 1922 and 1930-1931 he substituted for Bally. In 1929 he was appointed "Professeur extraordinaire" of grammatical theory, and from 1936 on he took over the chair of Old French. "Professeur extraordinaire" of general linguistics in 1939, he moved into Bally's chair in the same year, a position which he was to abandon definitively in 1945. He died on July 2, 1946.

[117]Göttingen, 1902, 67 pp. A French version of this study, *L'imparfait du subjonctif et ses concurrents dans les hypothétiques normales en français. Esquisse de syntaxe historique,* was published later in Romanische Forschungen XIX, no. 2 (1905), pp. 321-406.

[118]Paris, Leipzig, Geneva, 1908, vol. XIX, 267 pp.

[119]*Mélanges... F. de Saussure*, Paris, Champion, 1908, pp. 155-187. Japanese translation by H. Kobayashi, Tokyo, Sanscido Bookshop, 1935.

[120]Germanisch-Romanische Monatsschrift 6 (1914), pp. 288-303, 341-351.

[121]Revue des langues Romanes, Montpellier, vol. LIX (January-April 1916), pp. 44-76.

[122]Revue philosophique, Paris, F. Alcan, year 42 (July 1917), pp. 1-30.

[123]*Mélanges offerts à Bernard Bouvier*, Geneva, 1920, pp. 215-232. Reprinted in CFS 4 (1944), pp. 7-22.

[124]JPs, 1921, pp. 654-675.

[125]Collection linguistique publiée par la Société de linguistique de Paris, vol. XX, Paris, Champion, 1926, 237 pp.

[126]Bally's words, in CFS 6 (1946-1947), p. 66.

[127]With the collaboration of Bally. *Actes du 1er Congrès international de linguistes*, pp. 36-53.

[128]JPs, 1930, pp. 337-366.

[129]*Actes du 2e Congrès international de linguistes*, Paris, 1933, pp. 118-120.

[130]JPs, 1933, pp. 57-81. Reprinted in CFS 4, pp. 26-52.

[131]BSLP 35 (1935), pp. 58-75.

[132]*Mélanges de linguistique offerts à Charles Bally*, Geneva, Georg, 1939, pp. 19-29.

[133]Vox Romanica (Zürich) 5 (1940), pp. 1-48.

[134]CFS 1 (1941), pp. 77-88.

[135]Acta Linguistica 2 (1940-1941), pp. 165-169. Cf. note 9.

[136]CFS 2 (1942), pp. 45-55.

[137]CFS 4 (1944), pp. 53-64.

[138]Geneva, Eggimann, 1909.

[139]Zürich, 1926, 118 pp. The second part *(Le verbe français. Tableau systématique de ses conjugaisons)* has also been edited separately.

[140]Prague, 1927.

[141]For biographical information, see CFS 14 (1956), pp. 5-13.

[142]Slavia (Prague) 1 (1922-1923), pp. 242-268.

[143]Ibid., pp. 497-523.

[144]TCLP 1 (1929), pp. 88-93. Reprinted in CFS 14 (1956), pp. 18-24, and collected in *A Prague School Reader in Linguistics*, Bloomington, London, Indiana Univ. Press, 1964, pp. 81-87.

[145]TCLP 4 (1931), pp. 188-234. Collected in *A Prague School Reader* ..., pp. 206-251.

[146]*Charisteria G. Mathesio... oblata*. Prague, 1932, pp. 65-73.

[147]Annales Academiae Scientiarum Fennicae (Helsinki) 27 (1932), pp. 84-91.

[148]TCLP 6 (1936), pp. 107-111. Collected in *A Prague School Reader* ..., pp. 360-365.

[149]*Mélanges J. van Ginneken*. Paris, Klincksieck, 1937, pp. 59-66.

[150]*Mélanges... Charles Bally*, Genève, 1939, pp. 231-248.

[151]CFS 1 (1941), pp. 57-75.

[152]CFS 7 (1948), pp. 33-38.

[153]Posthumous. In CFS 14 (1956), pp. 36-62. A summary was published in the Bulletin du Cercle linguistique de Copenhague 6 (1939-1940), pp. 6-8.

[154]Posthumous. In CFS 14, pp. 25-35.

[155]*Manuel pratique et théorique de Russe.* Genève, Droz, 1956, 217 pp.

[156]Neuchâtel, 1928.

[157]CFS 13 (1955), pp. 19-33.

[158]CFS 18 (1961), pp. 5-15.

[159]CFS 19 (1962), pp. 67-76.

[160]On the Linguistic Society of Geneva (1940-1956), see R. Godel, *L'école saussurienne de Genève,* in Trends in European and American Linguistics, p. 294, and CFS 1-14. Since 1957 the CFS have been published by an editorial board under the direction of H. Frei.

[161]Acta Linguistica 5 (1947), p. 55.

[162]Paris, Geuthner; Genève, W. Kündig; Leipzig, Harassowitz; 1929, 317 pp.

[163]*Actes du 2e Congrès international de linguistes.* Paris, 1933, pp. 187-190.

[164]Tokyo, 1936, 164 pp.

[165]*Mélanges... Charles Bally,* Genève, 1939, pp. 185-192.

[166]Paris, Geuthner, 1940, 16 pp.

[167]CFS 1 (1941), pp. 45-56.

[168]Acta Linguistica 2 (1940-1941), pp. 137-150.

[169]CFS 2 (1942), pp. 15-27.

[170]Zeitschrift für Roman. Philologie (Halle) 60 (1940), pp. 359-362.

[171]Ibid., vol. 64 (1944), pp. 557-568.

[172]Lingua (Harlem) 1 (1947), pp. 25-33.

[173]Word 4 (1948), pp. 65-70.

[174]Acta Linguistica 4 (1944) [1948], pp. 111-129.

[175]Zeitschrift für Phonetik und allgemeine Sprachwissenschaft (Berlin) 4 (1950), pp. 162-191.

[176]JPs, 1952, pp. 137-157.

[177]Gengo Kenkyū (Journal of the Linguistic Society of Japan) 31 (1956), pp. 22-50, and 32 (1957), pp. 83-115.

[178]Genève, Droz, 1953, 92 pp. Reprinted 1966 with some emendations.

[179]CFS 12 (1954), pp. 29-47.

[180]Word 10 (1954), pp. 136-145.

[181]English Studies (Amsterdam) 36 (1955), pp. 278-281.

[182]*For Roman Jakobson. Essays on the Occasion of his 60th Birthday.* The Hague, 1956, pp. 161-168.

[183]Zeitschrift für Phonetik... 10 (1957), pp. 26-29.

[184]CFS 16 (1959), pp. 3-21.

[185]CFS 17 (1960), pp. 47-53.

[186]Word 16 (1960), pp. 317-322.

[187]Studii si cercetări linguistice (Bucarest), year XI (1960), pp. 475-479.

[188]CFS 18 (1961), pp. 35-51.

[189]CFS 19 (1962), pp. 87-91.

[190]Lingua 11 (1962), pp. 128-140.

[191]CFS 20 (1962), pp. 55-62.

[192]Lingua 12 (1963), pp. 423-428.

[193]CFS 22 (1966), pp. 41-51.

[194]To appear in *Handbuch der geisteswissenschaftlichen Arbeitsmethoden*, Münich, Oldenburg.

[195]To appear in *Mélanges Marcel Cohen*.

[196]*To Honor Roman Jakobson*. The Hague, Mouton, 1967, pp. 688-691.

[197]See above, p. 3 and notes 24-28.

[198]*Segno e struttura linguistici* ... (mentioned above, note 28), p. 47.

[199]CFS 19 (1962), pp. 5-66, and 21 (1964), pp. 25-32.

[200]Wiesbaden, D. Harassowitz. Vols. I-III, 1967-1968; vol. IV forthcoming.

[201]Genève, 1945, 223 pp.

[202]CFS 7 (1947-1948), pp. 5-15.

[203]CFS 11 (1953), pp. 31-41.

[204]Studia Linguistica (Lund) 7 (1953), pp. 90-99.

[205]CFS 13 (1955), pp. 33-44.

[206]CFS 18 (1961), pp. 53-69.

[207]Revue des Etudes Arméniennes (Paris), Nouv. série II (1965), pp. 21-41.

[208]Current Trends in Linguistics, vol. 3 (1966), pp. 479-493.

[209]CFS 22 (1966), pp. 53-68.

[210]He studied Sumerian under Anton Deimel at the Pontifical Biblical Institute in Rome, and Akkadian with Albrecht Goetze while doing research work at Yale University as a post-doctoral fellow, thanks to a grant from the Fonds national suisse de la Recherche scientifique.

[211]CFS 11 (1953), pp. 45-46.

[212]CFS 9 (1950), pp. 51-88 (I. *Essai d'analyse phonématique du vieux sumérien. Classement des phonèmes.* II. *Système des éléments symphones du complexe nominal*).

[213]*Contribution à la grammaire sumérienne. Le système verbal dans les inscriptions "royales" présargoniques de Lagaš.* Genève, Droz, 1952, 261 pp.

[214]Genève, Droz, 1954, 218 pp.

[215]*Phonétique et grammaire comparatives pour l'enseignement de l'allemand dans les écoles primaires et secondaires de langue française,* CFS 16 (1959), pp. 33-90.

FERDINAND DE SAUSSURE

Instead of extracts from the *Cours de linguistique gé-nérale* (CLG), either in the original French version or in Wade Baskin's English translation (New York, 1959), I have chosen to present here two texts, as yet unpublished although utilized by the editors of the CLG. I believe that they will give the readers a more vivid idea of de Saussure's lectures at the University of Geneva.

The notes are mine.

R.G.

MORPHOLOGIE*

1. La morphologie, dit-on, est l'étude des formes du langage, tandis que la phonétique serait l'étude des sons du langage.

On ne peut se contenter d'une pareille définition, non seulement en théorie, mais même pour la pratique, car il arrivera souvent que nous ne saurons plus si nous faisons de la morphologie ou de la phonétique, comme on va le voir.

Il est évident d'abord que la phonétique, tout en s'occupant des sons et pour pouvoir le faire, est obligée en premier lieu de s'occuper des formes. Les sons ne se transmettent pas d'une génération à l'autre à l'état isolé; les sons n'existent, ne vivent et ne se modifient qu'au sein des mots. On n'a pas prononcé *s* tout seul, et ensuite esprit rude. On a prononcé *serpō, sedos,* et ensuite *herpō, hedos.* Et si je dis: *herpō* sort de *serpō,* je fais de la phonétique, et rien d'autre. De même si je dis que la 1re

---

*Autograph manuscript preserved in the *Bibliothèque publique et universitaire* of Geneva (Ms fr 3951.7). These three lectures form an introduction to a course which very likely was offered by de Saussure in the first years of his professorial activity in Geneva, perhaps in 1894-1895. Cf. CLG, pp. 252-253 (pp. 258-259 of the first edition; p. 184 of the English translation).

Ferdinand de Saussure

personne des verbes en -ω ne peut pas venir d'une ancienne 1re personne en *-ōmi*.

D'autre part, la morphologie, qui est censée ne s'occuper que des formes, s'occupe parfois des sons. Par exemple quand je dis que l'*o* grec peut alterner avec ε, et pas avec α: λόγος, λέγω- mais ʼάγω, pas de ʼογ-, je fais de la morphologie. Il est vrai que pour certaines personnes cela s'appelle faire de la phonétique. A cause de la mauvaise définition. Mais il deviendra très clair, par la suite, que rien n'est plus faux et plus dangereux que de classer un fait de ce genre avec les faits phonétiques.

Ainsi il n'est pas aussi simple qu'on se l'imagine quelquefois de séparer les deux domaines, et ce n'est pas en disant que l'un = étude des sons, et l'autre, des formes qu'on obtient une ligne de démarcation satisfaisante.

Mais cette ligne de démarcation est impérieusement nécessaire pour éviter de lamentables confusions.

Principe de direction:
Toutes les fois qu'on considère une même forme à des dates diverses, c'est faire de la phonétique, et toutes les fois qu'on considère des formes diverses à une même date, on fait de la morphologie.

Vha.	*zug*	*zugi*
all.	*zug*	*züge*

Comparer *zugi* et *züge,* c'est comparer deux formes, et néanmoins ce n'est pas faire de la morphologie, mais de la phonétique.

Comparer *u - ü* dans *zug, züge,* c'est comparer deux sons, et néanmoins ce n'est pas de la phonétique.

sphère phonétique	*ekwos*	*ekwon*
	ἵππος	ἵππον
sphère morphologique		

Les deux sphères confondues dans les locutions courantes:

> *chantre* se rattache étymologiquement à *chanter*
> *chantre* se rattache étymologiquement à *cantor*
> φόρος   vient de φέρω
> φόρος   vient de *bhoros*

Observation. L'*étymologie,* qu'on donne quelquefois comme une branche de la science du langage, ne représente pas un ordre déterminé de recherches, et encore moins un ordre déterminé de faits. Faire de l'étymologie, c'est faire une certaine application de nos connaissances phonétiques et morphologiques. Ramener par la phonétique jusqu'à une époque où le mot devient morphologiquement analysable:

coucher	
coulchier	
collocare	*colligo, locare*[1]

Quelquefois, l'étymologie ne se meut même que dans les modifications de l'idée: *le barreau;* αὔτως.

2. Cela ne dit pas encore en quoi consiste exactement la morphologie. *Définition.* La morphologie est la science qui traite des unités de son correspondant à une partie de l'idée, et du groupement de ces unités. La phonétique est la science qui traite des unités de son à établir d'après des caractères physiologiques et acoustiques.[2]

Le vrai nom de la morphologie serait: la théorie des signes, et non des formes.

a) Comment se fait-il, d'après cette définition, que la morphologie ait toujours pour champ naturel ce qui est contemporain, et la phonétique ce qui est successif? Il faut absolument à la morphologie, pour définir, délimiter chaque signe et lui assigner son rôle, qu'elle ait des points de repère dans les autres signes du même système. Δοτός seul est morphologiquement impénétrable. Aussitôt qu'on a δοτόν, δοτήρ, on peut analyser. Et il faut naturellement que δοτόν, δοτήρ appartiennent au même système.

Ou: la langue[3] n'a conscience du son que comme signe. Mieux: δοτός considéré par rapport à ses contemporains, est le porteur d'une certaine idée, qui n'est pas celle de δοτήρ, qui n'est pas celle de δώσω, δοτόν et de même les parties de δοτός. Il apparaît donc ici comme signe, et relève de la morphologie.

Phonétiquement, le rapport de δοτός, δοτήρ, δώσω, c'est-à-dire des formes contemporaines, ne peut pas être éclairci.

La phonétique d'une époque donnée se bornerait à deux pages de constat. Le premier soin d'une phonétique "française" est de nous mettre en présence de l'ancien français ou du latin.

b) Comment se fait-il que la morphologie ait quelquefois à s'occuper des sons? Le son peut être porteur d'idée. Alternance et changement phonétique.[4]

3. Tout rapprochement de formes contemporaines ayant quelque chose de commun conduit à l'analyse:

$$\delta o/\tau\acute{o}\varsigma \qquad \delta o\tau\acute{\eta}\rho$$

La question se pose de savoir à quoi répond cette analyse, quelle est sa sanction? L'ancienne grammaire comparée ne se préoccupait pas du tout de cette question. Elle partageait les mots en *racines, thèmes, suffixes,* etc. et donnait à ces distinctions une valeur absolue. Elle y mettait une telle candeur que véritablement, quand on lit Bopp et son école, on en arriverait à croire que les Grecs avaient apporté avec eux, depuis un temps infini, un bagage de racines, thèmes et suffixes, et qu'au lieu de se servir des mots pour parler, ils s'occupaient de les confectionner.[5]

Il devait se produire une réaction formidable contre ces aberrations, réaction dont le mot d'ordre, très juste, était: Observez ce qui se passe dans les langues d'aujourd'hui, dans le langage de tous les jours. N'attribuez aux périodes anciennes de la langue aucun processus ou phénomène que ceux qui sont constatables dans le langage vivant.

Et aujourd'hui toute morphologie commence par une déclaration de principes, qui revient généralement à dire, 1° que *racine, thème, suffixe,* etc. sont de pures abstractions, qu'il ne faut pas se figurer que ces créations de notre esprit aient une existence réelle; 2° qu'on en fera usage cependant, pour la commodité de l'exposition, mais que, bien entendu, il ne faut y attacher (à ces expressions) que la valeur toute relative qu'elles comportent.

Résultat: le lecteur reste absolument désorienté. Car s'il n'y a pas de justification à l'établissement de ces catégories, alors pourquoi les établir? Ou, en particulier, qu'est-ce qui fait qu'il est moins faux de décomposer $\zeta\upsilon\gamma\acute{o}\nu$ en $\zeta\upsilon\gamma$-ó-ν que de le décomposer en $\zeta\upsilon$-$\gamma\acute{o}\nu$?

L'école nouvelle mérite effectivement ce reproche, d'avoir reconnu la nature des phénomènes de la langue et d'être restée, jusqu'à un certain point, embarrassée dans l'appareil scientifique de ses prédécesseurs, dont il était plus facile de faire voir les défauts que de fixer exactement la valeur positive.

Je vais émettre une proposition légèrement entachée d'hérésie. Il est faux que les distinctions comme *racine, thème, suffixe* soient de pures abstractions. Avant tout, et avant de venir nous parler d'abstractions, il faut avoir un critérium fixe touchant ce qu'on peut appeler réel en morphologie.

Critérium: ce qui est réel, c'est ce dont les sujets parlants ont conscience à un degré quelconque; tout ce dont ils ont conscience, et rien que ce dont ils peuvent avoir conscience. Or dans tout état de langue, les sujets parlants ont conscience d'unités morphologiques — c'est-à-dire d'unités significatives — inférieures à l'unité du mot.

En français, nous avons conscience, par exemple, d'un élément *-eur* qui, employé d'une certaine façon, servira à donner l'idée de l'auteur d'une action: *graveur, penseur, porteur.* Question: Qu'est-ce qui prouve que cet élément *-eur* est réellement isolé par une analyse de la langue? Réponse: Comme dans tous les cas pareils, ce sont les néologismes, c'est-à-dire les formes où l'activité de la langue et sa manière de procéder trouvent à se manifester dans un document irrécusable:

men-eur, os-eur, recommenc-eur

D'autre part, les mêmes formations attestent que les éléments *men-, os-, recommenc-* sont également ressentis comme unités significatives.

A côté de *penseur,* nous avons *pensif.* Eh bien! s'il est certain que la langue isole *-eur,* il est beaucoup moins certain que la langue isole *-if.* Comment en jugeons-nous? Parce qu'on ne pourrait former *menif, osif,* etc.

Conclusion. L'analyse morphologique du grammairien, dans la mesure où elle se trouve d'accord avec l'analyse de la langue attestée par les néologismes ou formations d'analogie, ne saurait passer pour un produit de l'abstraction.

Maintenant, il est très vrai que les sujets parlants procèdent toujours en partant du mot fait: c'est-à-dire qu'en formant *oseur* on ne se dit pas: je combine *os-* et *-eur.* Mais on procède comme suit:

graveur : graver, je grave = *x : oser, j'ose.*

Mais je vous demande si le grammairien procède lui-même, dans ses analyses, d'une manière bien différente. Lui aussi part forcément des mots faits: pour dégager *-σις* dans δόσις, il compare δοτός, et il compare, par exemple, στάσις:

$$\delta\acute{o}\sigma\iota\varsigma : \delta o\tau\acute{o}\varsigma = \sigma\tau\acute{\alpha}\sigma\iota\varsigma : \sigma\tau\alpha\tau\acute{o}\varsigma$$

Donc j'isole -σις ou -τος ou δο-. Donc je pourrais former
à l'occasion λύσις (λυτός). Qui pourrait même dire si c'est
exactement de telle ou telle façon que le sentiment de la langue
procède?

graveur : graver = penseur : penser

Donc *(oser) oseur.*

   Observation importante. Il est essentiel de noter que
l'analyse de la langue peut reposer sur un rapport apparent des
formes, sur un rapport qui n'est pas justifié par l'étymologie,
c'est-à-dire par le rapport primitif de ces formes.

Certainement   germ. *kalbiz*   pl. *kalbizō*
                          (vha.) *kalb*   *kalbir*

A l'époque germanique, signe du pluriel *-ō;* à l'époque allemande, une nécessité phonétique ayant accidentellement fait
disparaître *iz* au singulier, tandis qu'il se maintenait au pluriel
grâce à la protection de la voyelle qui suivait — or, la langue ne
jugeant jamais que par les formes, il est inévitable que la langue divise *kalb/ir* et prenne *-ir* pour le signe du pluriel, tandis
qu'à l'origine il n'avait rien de spécifiquement pluriel. Cela est
faux historiquement, et cela est juste pour la morphologie de
l'époque en question. La vie de la langue est faite de ces mé-
prises. Rappelons-nous que tout ce qui est dans le sentiment
des sujets parlants est phénomène réel. Nous n'avons pas à
nous inquiéter de ce qui a pu provoquer ce sentiment. Le mor-
phologiste lui-même *doit* couper *kalb/ir,* car c'est là l'analyse
de la langue, et cette analyse est son seul guide. Et elle s'at-
teste par les formations nouvelles, par exemple *kind-er.*

   Moralité. Une fois de plus, nous voyons que la morphologie
ne peut jamais combiner et mêler plusieurs époques différentes;
qu'elle doit exercer son activité séparément au sein de chaque
époque, sous peine de confondre les faits phonétiques et les
faits morphologiques. Je ne dis pas que ce soit un procédé
courant; je dis que c'est un procédé détestable.

   4. *La méthode de l'analyse morphologique rétrospective,
ou de l'anachronie morphologique.*

   L'observation qui terminait le § 3 nous a préparé à comprendre ce que c'est que le procédé *tout artificiel* que j'appelle

l'analyse morphologique rétrospective. J'ajoute que toutes mes
remarques précédentes n'avaient d'autre but que de bien faire
voir en quoi il consiste. Car c'est là le véritable noeud de la
question si délicate et si importante des *racines, suffixes,*
thèmes et désinences, question sur laquelle vous pourrez lire
vingt volumes avant de trouver le moindre éclaircissement.

   Kalb : kalbir. Si je fais intervenir dans les formes du 9e
siècle ce qui était vrai de celles du 1er siècle, si je dis: Non,
-ir n'est pas désinence du pluriel puisqu'on a germ. *kalbiz,*
kalbiz-ō, qu'est-ce que je fais? De la morphologie protoger-
manique sur les formes allemandes, de la morphologie rétrospective. Les grammairiens[6] se figurent ainsi rétablir la
vérité: ils la méconnaissent absolument. Car encore une fois,
au 9e siècle, ce qui est vrai, c'est ce que sentent les Allemands
du 9e siècle, absolument rien d'autre. Les questions d'origine
n'ont rien à voir là-dedans. Si donc j'introduis un radical
kalbiz- ou *kalbir-* au 9e siècle, cela peut être commode pour
certains détails de l'exposition, mais cela ne correspond à rien
qu'à une réalité évanouie depuis longtemps.

   Autre exemple. En français de nos jours, *enfant, entier* ne
comportent, au sentiment des Français, aucune espèce d'analyse,
pas plus que n'en comporterait le mot *pour* ou le mot *moi.* Au
1er siècle, *infans, integer,* qui correspondent phonétiquement,
comportent une analyse, car, par exemple *in-auditus* et *fāri,*
tango, etc. permettent à la langue de décomposer ainsi: *in-fans,*
in-teger. Si je me mets à couper: *en-fant, en-tier,* je fais la
même chose que tout à l'heure. De la morphologie latine sur
des formes françaises.

   Eh bien, c'est cette morphologie-là qui est à la base de
toutes les grammaires gréco-latines. C'est cette morphologie-
là que nous allons faire nous aussi dans la moitié des cas.
Seulement, vous aurez été dûment avertis et mis en état, je
l'espère, de vous rendre compte de sa véritable valeur. Exemple. En grec, nous diviserons:

$$\text{ἱππο-ς, ἱππο-ν etc. (ἱππο- : thème).}$$

   Il est à peu près certain que si ἱππος, au sentiment des
Grecs, se décomposait d'une façon quelconque, c'était en ἱππος, ἱππ-ον. La preuve? Comme toujours, les formations nouvelles ou analogiques: γραμμάτοις, ῥήτορον. La réalité que
représente la division ἱππο-ς, c'est une réalité indo-européenne

figurée sur une forme grecque. Je rappelle: *réalité* = fait présent à la conscience des sujets parlants. Les Indo-Européens,
ou au moins les plus anciens Indo-Européens ont divisé *ekwo-s*,
ekwo-m. Quand nous dégageons un thème ἱππο-, nous nous fon-
dons sur une réalité morphologique antérieure de 2000 ou 3000
ans à Platon ou Sophocle, et qui a cessé d'être pour ces écrivains et leurs contemporains.

Autre exemple: *patercus*. Nous le décomposons en *pater-
cus*. Cela est absolument vrai pour l'époque où on a formé *patercus* sur *pater*, comme *villicus* ou *vīlicus* sur *villa*. Néanmoins, à une époque déjà ancienne de la langue latine, *pater-cus*
est déjà de l'analyse rétrospective. L'analyse actuelle serait:
pat-ercus. Preuve: formation nouvelle: *nov-erca*, qui prouve
qu'on isolait *pat + ercus*, et non *pater + cus*.[7]

L'analyse rétrospective ne cherche qu'à répartir les membres du mot selon l'analyse la plus ancienne de la langue; mais
cette analyse ne répond que dans un nombre limité de cas à
l'analyse la plus récente. D'autre part, elle peut parfaitement
y répondre, ce qu'il ne faut pas oublier non plus:

$$d\bar{o}\text{-}t\bar{o}r$$
$$\delta\acute{\omega}\text{-}\tau\omega\rho$$

En établissant les subdivisions du mot, telles que racine,
thème ou suffixe, il doit toujours être entendu que nous nous
plaçons à l'époque, éloignée ou rapprochée, où cette analyse se
justifie par le sentiment conforme de la langue. Epoque variable, puisque pour δώ-τωρ il n'y a pas à remonter au-delà du
grec, et pour ἱππο-ς, infiniment loin au-delà du grec.

Une morphologie vraiment scientifique aurait pour premier
devoir de séparer les différentes époques et de se pénétrer
exclusivement de l'esprit de chacune d'elles, de ne pas imposer
des cadres abolis depuis des siècles aux formes historiques.
Seulement, on n'aurait par là que des aperçus très incomplets
sur la genèse de ces formes. Il est clair que si je divisais *pat-
ercus*, conformément au sentiment latin d'une certaine date, je
n'apercevrais pas le parallélisme entre *pater : pater-cus* et
villa : villicus (villă-cus). La pratique commande donc l'ana-
chronisme et la confusion des époques.

3me conférence

5. *La morphologie historique. Le changement morphologique.*

Il ressort indirectement du § 4 qu'il y a dans la vie du langage un fait considérable, d'une importance capitale, qui est le *changement morphologique.* Et que le procédé que nous avons appelé *morphologie rétrospective* ou *anachronique* ou *étymologique* consiste tout simplement à ériger en système l'oubli de ce phénomène du changement morphologique.

Le changement morphologique nécessite une étude spéciale, qui prend le nom de *morphologie historique.* Elle sépare les époques et les compare, tandis que la morphologie rétrospective les confond. Elle les présente dans[8] la véritable perspective entre les classifications et les interprétations successives auxquelles la langue a pu se livrer sur les mêmes formes, tandis que la morphologie rétrospective cherche, si vous me permettez cette image, à obtenir la projection sur un même plan de classifications très différentes par leurs dates. Elle dira que dans *kalb, kalbir,* par suite de la modification du son, le rapport entre l'idée et le son est devenu autre que dans leurs prototypes *kalbiz, kalbizō.* La morphologie étymologique ne voit que l'état le plus primitif et applique imperturbablement l'analyse du premier jour aux périodes subséquentes. Pas de confusion possible, puisque la morphologie étymologique est la négation même du principe historique.

Voici maintenant la question qui ne peut manquer de se poser, si j'ai réussi à faire suivre le développement du présent exposé[9] depuis le commencement.

Puisqu'il existe un changement morphologique, et une morphologie historique, et une succession dans les faits morphologiques, il est donc faux de dire que le jeu des forces morphologiques s'exerce constamment et exclusivement entre formes contemporaines. Je rappelle en effet qu'au § 1 nous posions comme un principe de première importance que les faits morphologiques se passent entre formes diverses et *simultanées,* les faits phonétiques entre des formes identiques et successives.

Il me sera très facile de vous montrer que ce principe n'est pas entamé un seul instant par le fait du changement morphologique, mais qu'il en reçoit plutôt une nouvelle et décisive illustration.

En quoi consiste le changement morphologique qui s'accomplit d'une époque à l'autre?

1° Dans l'analyse différente des mêmes formes, ou la valeur différente que la langue leur attribue, ou le rapport différent qu'elle établit entre elles: tous faits qui restent dans le
domaine purement psychologique, mais n'en sont pas moins des
faits positifs. Exemple:

$$\text{Epoque I } \beta \acute{\epsilon} \lambda \epsilon \sigma\text{-}\sigma\iota$$
$$\text{Epoque II } \beta \acute{\epsilon} \lambda\text{-}\epsilon\sigma\sigma\iota$$

2° Dans la création de formes nouvelles, fait plus tangible,
plus matériel:

$$\text{Epoque I } \theta\eta\rho\sigma\acute{\iota}$$
$$\text{Epoque II } \theta\acute{\eta}\rho\epsilon\sigma\sigma\iota \text{ (création nouvelle)}$$

Reprenons le premier fait. Le changement survenu dans
l'aperception de $\beta\acute{\epsilon}\lambda\epsilon\sigma\sigma\iota$ par la langue resterait lettre close si
nous en cherchions la raison dans cette forme elle-même. Il a
sa source uniquement dans les *formes concurrentes*, ainsi que
nous l'avons déjà dit. Comme l'élément $\text{-}\epsilon\sigma\text{-}$ ne se retrouve
pas dans $\beta\acute{\epsilon}\lambda\epsilon\iota$, $\beta\epsilon\lambda\acute{\epsilon}\omega\nu$, etc. depuis la chute de l'*s*, la langue
n'a aucune indication qui lui permette de couper $\beta\acute{\epsilon}\lambda\epsilon\sigma\text{-}\sigma\iota$, et
elle coupe maintenant $\beta\acute{\epsilon}\lambda\text{-}\epsilon\sigma\sigma\iota$. Ainsi le mouvement ne s'est
pas produit entre $\beta\acute{\epsilon}\lambda\epsilon\sigma\text{-}\sigma\iota$ et $\beta\acute{\epsilon}\lambda\text{-}\epsilon\sigma\sigma\iota$, ce qui serait simplement absurde à dire. Mais comme toujours en morphologie, le
mouvement *vient d'à côté*. Et nous retrouvons donc la condition
primordiale de toute opération morphologique. Elle porte sur
la diversité ou sur le rapport des formes simultanées.

Reprenons le deuxième fait, les créations nouvelles. Ici,
la chose est encore plus évidente. Pas question, n'est-ce pas,
de mettre en relation

$$\theta\eta\rho\sigma\acute{\iota}$$
$$\theta\acute{\eta}\rho\epsilon\sigma\sigma\iota$$

L'impulsion linguistique qui a engendré $\theta\acute{\eta}\rho\epsilon\sigma\sigma\iota$ vient naturellement d'*à côté*, je répète le mot: de $\beta\acute{\epsilon}\lambda\epsilon\sigma\sigma\iota$, etc. Pour créer
$\theta\acute{\eta}\rho\epsilon\sigma\sigma\iota$, il fallait un modèle; or naturellement ce modèle devait
être très connu de celui qui lançait le néologisme; c'est dire que
le fait s'est passé entre formes on ne peut plus contemporaines,
puisque l'association s'est faite dans le cerveau du même individu, et qu'il n'a fallu même qu'un quart de seconde pour con-
clure de $\beta\acute{\epsilon}\lambda\text{-}\epsilon\sigma\sigma\iota$ à $\theta\acute{\eta}\rho\text{-}\epsilon\sigma\sigma\iota$.

Autre exemple de changement consistant en une création nouvelle substituée à l'ancienne:

Nom.plur.	Pronom	Adjectif	Substantif
Indo-eur.	*toi*	*klutōs*	*ekwōs*
got.	*þai*	*hlūdai*	*wulfōs*
(gr.)	τοί	κλυτοί	ἵπποι

La finale *-oi,* d'abord propre au pronom, a gagné en germanique l'adjectif, en grec l'adjectif et le substantif. Il est évident que ce n'est pas de **klutōs* qu'est parti le changement qui a donné à sa place κλυτοί. La formation κλυτοί conduit tout de suite à la recherche d'autres formes, et de formes *contemporaines;* ce n'est pas l'époque antérieure qui intervient, c'est uniquement l'époque même de sa formation:

$$\text{τόν} : \text{τοί} = \text{κλυτόν} : x$$
$$x = \text{κλυτοί}$$

La langue a donc dû recourir à un ensemble de formes simultanées pour arriver à cette création.

En comparant ce qui se passe dans le domaine phonétique, vous apercevrez d'une manière encore plus claire la vérité de notre principe, qu'il n'y a jamais à se mouvoir, en morphologie, qu'au sein d'une même époque, même quand il s'agit des changements.

On a pu comparer avec justesse le changement *phonétique* à un escalier dont les marches s'écrouleraient à mesure qu'on le gravit. Pour que $k_2 oteros$ devienne *kwoteros,* il faut que $k_2 oteros$ cesse de vivre; pour que **kwoteros* arrive à être πότερος, il faut que *kwoteros* disparaisse. Ecrivons:

$$k_2 oteros$$
$$\downarrow$$
$$kwoteros$$
$$\downarrow$$
$$\text{πότερος}$$

Changement morphologique: nous ne pouvons écrire ni

toi klutōs   ni *toi klutōs*

τοί κλυτοί (absurde)   τοί κλυτοί

Car ce n'est évidemment pas le τοί de la génération précédente qui a <engendré κλυτοί>. Il faut écrire:

toi   klutōs

τοί κλυτοί

6. Le changement morphologique, ou le mouvement morphologique de la langue, appelle une autre remarque.

Quand des formes nouvelles surgissent, tout se passe, nous
venons de le voir, par décomposition des formes existantes et
recomposition d'autres formes au moyen des matériaux fournis
par les premières. On décompose instinctivement βέλεσσι en
βέλ-εσσι et on applique le résultat à composer θήρεσσι. Mais
jamais il n'est possible à la langue de construire une forme de
but en blanc et par un acte véritablement créateur. Toujours,
les éléments de la forme nouvelle sont empruntés au fonds
acquis. Or comme ce fonds consiste en mots, et non en suffixes, racines, etc., toujours il faut, pour composer du nouveau,
un travail préalable et secret de décomposition. Si haut qu'on
remonte, il n'y a pas d'autre procédé visible ni admissible théoriquement. La langue indo-européenne la plus reculée n'a pas
pu procéder autrement que le grec ni que le français. De sorte
que les formes qui ont servi de point de départ aux formations
nouvelles n'ont pu elle-mêmes être composées qu'au moyen
d'autres formes sur lesquelles la langue avait exercé son
analyse.

Ceci fait voir la signification qu'il faut attacher au juste
aux synthèses auxquelles nous allons nous livrer. C'est là que
je voulais en venir.

Quand nous dirons, par exemple, qu'on a ajouté à la racine
bher- le suffixe *-tor-* et la désinence *-es* du nominatif pluriel
pour faire **bhertores* "les porteurs," quand nous dirons cela,
nous ne serons pas tout à fait en dehors de la vérité linguistique.
Encore ici, j'estime qu'il serait plus utile de raisonner un peu
les fameuses abstractions de l'ancienne école et de définir en
quoi elles contiennent quelque chose de juste et de réel, que de
répudier le tout en théorie pour y revenir ensuite dans la pratique. Ici, par exemple, il suffit d'introduire un correctif bien
simple à cet artifice du grammairien pour lui donner un sens
très légitime et très exact. Notre synthèse ne diffère pas essentiellement de celle de la langue; seulement, la langue avait
commencé par une analyse (exactement comme nous-mêmes,
d'ailleurs). La langue avait commencé par puiser quelque part
— puiser *dans des mots déjà faits* — et l'idée d'une racine *bher-*,

et l'idée d'un élément -*tor*- et d'un élément -*es*, qu'elle ne connaissait pas comme tels, et en outre le modèle de leur agencement et de leur fonctionnement. Il y avait par exemple, peut-être, **mentores* "les penseurs," ou **wek₂ tores* "les parleurs," et d'autre part *bherō, bhernos*, etc. Les éléments que nous abstrayons, auxquels nous donnons fictivement une existence à eux, ne vivaient qu'au sein des formes antérieures, et ce n'est que là que la langue a pu les aller chercher.

Notes

[1]More explicitly: *collocāre*, as against the Modern French and Old French words, is analyzable *(col-locāre)* because both the basic verb *(locāre)* and the prefix *con-* (in *colligere, conferre*, etc.) exist beside it in the same system.

[2]This definition is not quite in agreement with de Saussure's usual terminology. He used to contrast "phonétique," the study of sound changes belonging in diachronic linguistics, with "phonologie," the description and classification of speech sounds, which he regarded as an auxiliary discipline, not as a branch, of linguistics (cf. CLG, Introduction, Ch. VII, §1).

[3]"La langue:" in fact, the speakers ("les sujets parlants"). This metonymy had been frequently used by the earlier comparativists (cf. CLG, Introduction, Ch. I, final footnote).

[4]Here de Saussure only alludes to a problem he would probably have discussed at length in his actual lecture. For a discussion of this problem (that is, vowel alternation as a result of regular sound change, as in English *man, men; foot, feet;* etc.), see CLG, Part 3, Ch. III, §§ 4-6.

[5]De Saussure had first written: "[...] que les Grecs n'eussent pas apporté avec eux depuis un temps infini un mot πατήρ "le père" et les Latins un mot *pater*, mais une racine *pa-* "protéger" et un suffixe -*ter*, ni un mot δώσομαι, mais une racine δω, un suffixe -σο, et une désinence personnelle."

[6]Reading uncertain.

[7]In quoting this rather suspicious example (*patercus* does not actually occur in any Latin text), de Saussure seems to have remembered an etymological note of M. Bréal on *noverca* (MSLP, Vol. 6, 1889, p. 341).

[8]Reading uncertain.

[9]Reading uncertain.

LINGUISTIQUE STATIQUE:
QUELQUES PRINCIPES GÉNÉRAUX*

La première question qu'on ait à se poser dans la linguistique statique, c'est la question des *unités* ou *entités* à reconnaître; mais ce n'est pas celle qui permet de pénétrer le plus facilement dans ce qui constitue la langue. On peut admettre provisoirement que nous connaissons ces unités, qu'elles nous sont données, quitte à y revenir plus tard, et parler des *mots* de la langue comme si c'étaient des touts séparés en eux-mêmes, en s'appuyant sur ce fait empirique que les grammairiens et tous ceux qui ont écrit leur langue ont su distinguer des mots.

Voyons donc, sans scruter la question, non pas l'unité du mot, mais les mots, les unités qu'on a sous la forme des mots.

1. Nous prenons d'abord *les mots comme termes d'un système;* et il y a nécessité de les envisager comme les termes d'un système. Tout mot de la langue, en effet, se trouve avoir rapport à d'autres mots, ou plutôt il n'existe que par rapport aux autres mots et en vertu de ce qu'il a autour de lui. C'est ce qui devient très clair quand on se demande en quoi consiste la *valeur* d'un mot, quoique au premier moment une illusion nous fasse croire qu'un mot peut exister isolément. L'unité d'un mot ne vaut, à tout moment, que par opposition à d'autres unités semblables.

Toutefois, dès à présent, il faut constater que le rapport et la différence des mots entre eux se déroulent selon deux ordres, dans deux sphères tout à fait distinctes. Chacune de ces deux sphères sera génératrice d'un certain ordre de valeurs, et l'opposition même qu'il y a entre les deux rend plus claire chacune d'elles. Il s'agit de deux façons de *coordonner* les mots. Il y a:

a) La *coordination syntagmatique* (ou la sphère des rapports syntagmatiques). Exemple: *contre tous.* Ici il y a un

---

*Last lectures of de Saussure's third course in general linguistics (June-July 4, 1911). These lectures are recorded in the notebooks of four students (until June 27), and then of only three. The following text has been established by comparing and combining the different records (C, D, J, S). Some trimming was of course necessary. I have made stylistic emendations and corrected obvious mistakes, but have abstained from altering the original wording. Cf. CLG, Part 2, Chs. IV and V.

rapport qui lie d'une certaine façon *contre* avec *tous*. On peut l'exprimer ainsi:

Contremarche donne lieu à une observation semblable; mais ici, il y a deux rapports à distinguer:

(Rapport d'une partie à l'autre)   (Rapport d'une partie au tout)

De même, dans *magnanimus,* on distingue 1) un rapport entre *magn-* et *animus;* 2) un rapport de l'élément *animus* à l'ensemble, au tout composé:

Cette combinaison donnant lieu à certains rapports peut être appelée un *syntagme.* C'est la combinaison de deux ou plusieurs unités également présentes, qui se suivent. Si elles se suivaient sans offrir aucun rapport entre elles, nous ne les appellerions pas syntagme; mais plusieurs unités consécutives ayant rapport entre elles forment un syntagme.

Les rapports qui sont propres aux syntagmes, par opposition à l'autre genre de rapports, qui viendra ensuite, se déroulent dans l'étendue; ils ont pour support la suite des unités dans l'étendue, laquelle n'a qu'une seule dimension et une seule direction. Les termes opposés entre eux se trouvent dans une opposition spatiale, et le jeu qui s'établit entre eux a pour base ce principe spatial (L'espace dont nous parlons est, bien entendu, un espace de temps). Ce qui coexiste syntagmatiquement coexiste dans l'étendue, comme les pièces d'une machine, mais selon une seule dimension.

A côté de ce groupe de rapports, il y a:

b) La *coordination associative,* par association psychique d'un mot avec d'autres termes existant dans la langue. Exemple: un mot comme *enseignement* appellera, de façon inconsciente pour l'esprit, l'idée d'une foule d'autres mots qui, par un côté ou par un autre, ont quelque chose de commun avec lui. Ce peut être par des côtés très différents: *enseignement* se trouvera compris, par exemple, dans une série associative

avec *enseigner, enseignons, enseigne,* etc. Ici, il y a quelque
chose de commun dans l'idée représentée et quelque chose de
commun dans l'image acoustique: le signifié et le signifiant
forment ensemble cette série associative.

On peut avoir *enseignement* dans une autre série associative reposant également sur un rapport de signifiant à signifié,
mais dans une autre partie du mot:

> *enseignement*
> *armement*
> *rendement,* etc.

Il pourra y avoir association seulement au nom du signifié:

> *enseignement*
> *instruction*
> *apprentissage*
> *éducation,* etc.

Il peut même y avoir association par simple communauté
d'images auditives:

all. *blau* "bleu"
    durchbläuen "frapper de verges" (pas de rapport avec *blau*)

On a donc, inévitablement, diverses séries d'association,
tantôt au nom de la communauté double du sens et de la forme,
tantôt uniquement par la forme ou par le sens. Le fait même
que *enseignement* est un substantif crée un rapport avec tous
les autres substantifs, sous la forme d'une série associative.
Ces associations peuvent être considérées comme existant dans
le cerveau aussi bien que les mots eux-mêmes. Un mot quelconque évoque tout de suite, par association, tout ce qui peut lui
ressembler.

Cette coordination se déroule dans une tout autre sphère
que la première. Elle n'a pas pour support l'étendue, et ce
n'est pas au nom de leur place dans une chaîne

que l'on pourra marquer les rapports entre ces différentes
unités. Du reste, *enseignement* n'est pas nécessairement le
premier terme dans la série: il est plutôt comme au centre
d'une constellation. Tout aussi bien *enseigner* que *enseignement* évoque des rapports qui se déroulent dans notre esprit,
sans qu'intervienne l'espace.

Voilà les deux manières dont un mot entre en rapport avec ses congénères. Comme c'est le rapport d'un mot avec les autres qui fait le mot, cette distinction de deux sortes de rapports est fondamentale.

Observations:

1) L'expression "ce qu'un mot a autour de lui" comporte donc deux sens différents, suivant qu'on a en vue la sphère syntagmatique ou la sphère associative. Syntagmatiquement, l'entourage d'un mot, c'est ce qui vient avant ou après, c'est-à-dire le contexte. Associativement, c'est ce qui lui est uni simplement par le lien de la conscience. Ces deux entourages doivent être distingués.

Placé dans un syntagme, le mot agit en vertu de ce qu'il a un commencement et une fin, et de ce que les autres mots doivent le précéder ou le suivre. Ce n'est pas le cas dans la coordination associative: dans une série associative, les rapports ne dépendent pas de l'ordre des termes.[1] On pourrait appeler le syntagme: assemblage *in praesentia;* la série associative: assemblage *in absentia.*

2) Les syntagmes, quoiqu'ils se réalisent dans des combinaisons qui ne sont pas des phrases, sont cependant représentés surtout par des phrases: la phrase est le type même du syntagme. Toute phrase est un syntagme. Or la phrase, avons-nous dit, appartient à la parole, non à la langue. Objection: est-ce que le syntagme n'appartient pas exclusivement à la parole? Et ne confondons-nous pas les deux sphères (langue et parole) en voulant distinguer les deux coordinations (syntagme et association)? La question est difficile à trancher: c'est en effet ici qu'il y a quelque chose de délicat dans la délimitation des deux domaines. La frontière de la parole et de la langue est dans un certain degré de combinaison. En tout cas, même dans les faits qui appartiennent à la langue, il y a des syntagmes. Ainsi un mot composé est un syntagme, car les rapports qui y sont impliqués supposent la suite des unités: un mot comme *magnanimus* appartient aussi bien au dépôt de la langue que *animus.* De même dans *Dummheit,* qui est un dérivé, il y a opposition réciproque des parties respectives. En outre, il y a probablement toute une série de phrases toutes faites, qui appartiennent à la langue et que l'individu n'a plus à combiner lui-même.

3) L'opposition ou la coordination associative peut à son

tour réfléchir sur l'opposition spatiale: si *Dummheit,* en une certaine mesure, contient deux unités, *enseigne-ment* en contient deux aussi (au nom du syntagme qui passe par la sphère associative).[2]

On peut dire, en renversant l'ordre des deux coordinations, que l'esprit établit, en tout, deux ordres de liens entre les mots:

1°) Hors de la parole, l'association qui se fait dans la mémoire, entre les mots offrant quelque chose de commun, crée différents groupes (séries, familles), au sein desquels règnent des rapports très divers, mais rentrant dans une seule catégorie: ce sont les *rapports associatifs.*

2°) Dans la parole, les mots sont soumis à un autre genre de rapports, indépendant du premier, dépendant de leur enchaînement: ce sont les *rapports syntagmatiques.* Ici, une objection est soulevée par le fait que le second ordre de rapports semble évoquer des faits de parole: or nous nous occupons des faits de langue. Mais nous répondons: jusqu'à un certain point, la langue elle-même connaît ces rapports, quand ce ne serait que dans les mots composés, comme all. *Hauptmann,* ou même dans un mot dérivé, comme *Dummheit,* ou dans des locutions, comme *s'il vous plaît.*

Quand on parle de la structure d'un mot, on évoque la seconde espèce de rapports: des unités mises bout à bout comme support de certains rapports. Si nous parlons, au contraire, d'un paradigme de flexion *(dominus, domini, domino...),* nous sommes en présence d'un groupe associatif: ce ne sont pas des unités mises bout à bout et entrant de ce fait dans un certain rapport. Dans *magnanimus,* il y a un rapport syntagmatique. L'idée est exprimée par la position de deux éléments mis bout à bout d'une certaine façon: jamais on ne trouverait, ni dans *magn-* ni dans *animus,* quelque chose qui signifierait "qui possède (une grande âme)." Mais si on prend *animus* par rapport à *anima, animal,* on a affaire à une famille associative; c'est un autre ordre de rapports. Ces deux ordres sont irréductibles, et tous les deux agissants.

Faisons une comparaison: dans un édifice, des colonnes sont dans un certain rapport avec la frise qu'elles supportent. Ce rapport est comparable au rapport syntagmatique: c'est l'agencement de deux unités présentes. Si je vois une colonne dorique, je peux la comparer à une colonne ionique, à une colonne corinthienne: j'associe alors à cette colonne des éléments

non présents, formant une série associative. La somme des
rapports par lesquels l'esprit associe au mot présent des mots
absents constitue une série virtuelle ou mnémonique (fournie
par la mémoire). A une telle série s'oppose l'enchaînement
que forment entre elles deux unités présentes: le syntagme
s'oppose à la série virtuelle comme une série effective et engendre d'autres rapports.

La conclusion que nous voulons en tirer est celle-ci: quel
que soit l'ordre de rapports où un mot fonctionne (et il est appelé à fonctionner dans tous les deux), le mot se trouve toujours
être, avant tout, membre d'un système, solidaire d'autres mots,
tantôt dans l'un tantôt dans l'autre des deux ordres de rapports.
Cela va être une chose à considérer pour ce qui constitue la
valeur. Mais avant même de parler de valeur, il fallait d'abord
constater que les mots se présentent comme les *termes* d'un
système. Ainsi la signification du mot *terme* perce ici: dès
que nous disons "terme" au lieu de "mot," c'est que nous envisageons ses rapports avec d'autres; l'idée de système, de
solidarité avec d'autres mots, est évoquée.

Mais de plus, il ne faut pas commencer par le mot, le
terme, pour en déduire le système. Ce serait se figurer que
les termes ont d'avance une valeur absolue, qu'il n'y a qu'à les
échafauder les uns sur les autres pour avoir le système. Au
contraire, c'est du système, du tout solidaire, qu'il faut partir.
Ce dernier se décompose en certains termes, qui du reste ne
sont pas si faciles à dégager qu'il ne semble. En partant du
globe des valeurs pour en dégager les différentes valeurs, il
est possible que nous rencontrions les mots comme une des
séries de termes à reconnaître.

Entre parenthèse: le mot "mot" reste encore vague pour
nous; mais le mot "terme" nous suffit. "Mot" n'a d'ailleurs pas
le même sens dans les deux ordres. Il faut préciser lequel,
dans la pratique: associativement, je puis appeler "mot" *dominus,* ou *domino,* ou *domin-;* syntagmatiquement, je dois prendre
ou *dominus,* ou *domini,* ou *domino.*

*   *   *

2. *Valeur des termes et sens des mots: en quoi les deux
choses se confondent et restent distinctes.*

Là où il y a des termes, il y a aussi des valeurs. L'idée de
valeur est toujours impliquée tacitement dans celle de termes.

Il sera toujours difficile de distinguer ces deux idées et de définir exactement celle de valeur. Quand il s'agit de la langue, valeur devient synonyme de *sens, signification;* c'est là un autre terrain de confusion, la confusion étant ici davantage dans les choses elles-mêmes. La valeur est bien un élément du sens; mais il importe de ne pas prendre le sens, d'abord, autrement que comme une valeur. C'est peut-être une des opérations les plus délicates, en linguistique, que de discerner comment le sens dépend — et cependant reste distinct — de la valeur. Mais cette opération est nécessaire: là éclate la différence entre la vue du linguiste et une vue bornée de la langue considérée comme une nomenclature.

Prenons d'abord la signification telle qu'on se la représente, et comme nous l'avons nous-même figurée par le schéma:

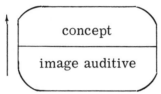

(La flèche[3] marque la signification comme contrepartie de l'image auditive). Dans cette vue, la signification n'est rien d'autre que cette contrepartie. Le mot apparaît ou est pris comme un ensemble isolé et absolu. Intérieurement, il contient l'image auditive ayant pour contrepartie un concept.

Et voici le paradoxe, en langage baconien "la caverne" contenant un piège: c'est que la signification, qui nous apparaît comme la contrepartie de l'image auditive, est tout autant la contrepartie des termes coexistants dans la langue.

Nous venons de voir que la langue est un système où tous les termes apparaissent comme liés les uns aux autres par des rapports:

A première vue, il n'y a pas de rapport entre les flèches de cette figure et celle du schéma de la signification.

La valeur d'un mot ne résulte que de la coexistence des différents termes; elle est la contrepartie des termes coexistants. Comment cela se confond-il avec ce qui est la contrepartie de l'image auditive?

Autre figure: une série de cases:

	signifié		
	signifiant		

Le rapport à l'intérieur d'une case est très difficile à distinguer des rapports entre les cases.

Avant tout exemple, constatons que la valeur, prise en dehors de la linguistique, paraît comporter partout la même vérité paradoxale. Dans n'importe quel domaine, il est difficile de dire en quoi elle consiste. Aussi prendrons-nous beaucoup de précautions. La valeur est déterminée par deux éléments: 1°) par une chose dissemblable, qu'on peut échanger (ce qu'on peut marquer par ⁑); 2°) par des choses similaires, qu'on peut comparer:

Il faut ces deux éléments pour fixer la valeur. Ainsi celle d'une pièce de 20 francs est déterminée par une chose dissemblable, contre laquelle la pièce peut être échangée (tant de livres de pain, par exemple); d'autre part, par la comparaison de cette pièce avec des pièces du même système (pièces de 1 fr., de 2 fr., etc.), ou avec des valeurs similaires, comme la livre sterling. La valeur de la pièce de 20 francs est tout à la fois contrepartie de la chose échangeable et contrepartie des valeurs similaires.

De même, on n'arrivera jamais à déterminer la signification d'un mot en ne considérant que la chose échangeable,[4] mais on est obligé de mettre aussi en regard la série similaire des mots comparables. On ne peut donc pas considérer le mot isolément. C'est ainsi que le *système,* d'où procède le terme, est la source — une des sources — de la valeur: c'est la somme des termes comparables, par opposition à l'idée échangée. La valeur d'un mot ne sera jamais déterminée qu'avec le concours des termes coexistants qui le limitent. Ou, pour mieux appuyer sur le paradoxe relevé, ce qui est dans le mot n'est jamais déterminé qu'avec le concours de ce qui existe autour de lui, associativement ou syntagmatiquement. Il faut aborder le mot du dehors, en partant du système et des termes coexistants.

Quelques exemples:

1) Le pluriel et les termes, quels qu'ils soient, qui marquent le pluriel. La valeur d'un pluriel allemand ou latin n'est
pas celle d'un pluriel sanscrit (mais la signification, si l'on
veut, est la même). C'est que, en sanscrit, il y a un duel. Attribuer au pluriel sanscrit la même valeur qu'au pluriel latin
serait donc une erreur: je ne peux pas employer le pluriel
sanscrit dans tous les cas où j'emploie le pluriel latin. D'où
cela vient-il? De quelque chose qui est en dehors. La valeur
dépend de ce qui est à côté.

2) Un simple fait de vocabulaire: *mouton* n'a pas la même
valeur que l'anglais *sheep*. Car, entre autres raisons, si on
parle de mouton servi sur la table, on doit dire *mutton*. C'est
la présence, dans la langue, d'un second terme *(mutton)* qui
limite la valeur qu'on peut mettre dans *sheep* et qui fait que
cette valeur est différente de celle de *mouton*. Donc la flèche †
ne suffit pas: il faut toujours tenir compte des flèches ←——→
(Exemple limitatif).

3) *Décrépit* et *décrépi:* d'où vient qu'on attache à l'expression "un vieillard décrépit" un sens analogue à celui de "un
mur décrépi?" C'est le mot d'à côté qui a influé: ce qui a
passé dans *décrépit* vient de la coexistence du terme voisin
décrépi (Exemple contagieux).

C'est vrai même pour le mot *soleil:* on ne peut pas en déterminer immédiatement la valeur en soi, à moins de considérer les termes voisins qui en limitent le sens. Il y a des langues où je puis dire: "Mettez-vous au soleil;" dans d'autres,[5]
le mot *soleil* n'a pas la même valeur et ne désigne que l'astre.

Le sens d'un terme dépend de la présence ou de l'absence
d'un terme voisin. En partant du système, on arrive à l'idée de
valeur, non de sens: le système conduit au terme, et le terme
à la valeur. Alors on s'apercevra que la signification du mot
est déterminée par ce qui l'entoure. Nous en reviendrons ainsi
aux sujets que nous avons traités précédemment, mais par la
vraie voie: par le système, non en partant du mot isolé.

(4 juillet)

Pour arriver à l'idée de valeur, nous avons choisi de partir
du système des mots, par opposition au mot isolé. Nous aurions
pu partir d'une autre base. Psychologiquement, que sont nos
idées, si on fait abstraction de la langue? Elles n'existent

probablement pas, ou elles n'existent qu'à l'état amorphe.
Philosophes et linguistes ont toujours jugé que nous n'aurions
pas le moyen de distinguer clairement deux idées sans le secours de la langue (de la langue intérieure, naturellement).
Par conséquent, prise en elle-même et dégagée de la langue, la
masse purement conceptuelle de nos idées représente une espèce de nébuleuse informe, où l'on ne saurait rien distinguer
dès l'origine. Donc pour la langue, réciproquement, les différentes idées ne représentent rien de préexistant: il n'y a pas (a)
des idées qui seraient toutes établies et toutes distinctes les
unes des autres, et (b) des signes pour ces idées; mais il n'y
a rien du tout de distinct dans la pensée avant le signe linguistique. Ceci est le principal.[6]

D'autre part, il vaut aussi la peine de se demander si, en
face de ce royaume des idées tout à fait confus, le royaume du
son, pris en lui-même, en dehors des idées, offrirait d'avance
des unités bien distinctes. Or il n'y a pas non plus, dans le
son, des unités déterminées, circonscrites d'avance. C'est
entre les deux que le fait linguistique se passe:

fait linguistique

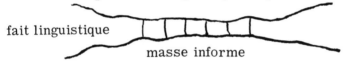

masse informe

Ce fait linguistique donnera naissance à des valeurs qui, elles,
pour la première fois, seront déterminées, mais qui n'en res-
teront pas moins des valeurs, au sens qu'on attache à ce mot.

Il y avait quelque chose à ajouter au fait lui-même: j'y
reviens maintenant. Non seulement les deux domaines entre
lesquels se passe le fait linguistique sont confus et amorphes,
mais l'acte qui appelle telle tranche acoustique pour telle idée,
le choix du lien entre les deux, ce mariage qui créera la valeur,
est parfaitement arbitraire. Sinon, il y aurait à restreindre
cette idée de valeur: il y aurait un élément absolu. Mais parce
que ce contrat est parfaitement arbitraire, les valeurs sont
relatives.

Revenons maintenant à la figure qui représentait le signifié
en regard du signifiant:

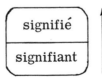

On voit qu'elle a sa raison d'être, mais qu'elle n'est qu'un produit secondaire de la valeur. Le signifié seul n'est rien: il se
confond dans une masse informe. De même le signifiant. Mais
le signifiant et le signifié contractent un lien en vertu des valeurs déterminées, qui sont nées de la combinaison de tant et
tant de signes acoustiques avec tant et tant de découpures qu'on
peut faire dans la masse de la pensée.

Que faudrait-il pour que ce rapport entre le signifiant et le
signifié fût donné en soi? Il faudrait avant tout que le signifié,
l'idée, fût d'avance une chose déterminée; et elle ne l'est pas.
Aussi ce rapport n'est-il qu'une autre expression des valeurs
prises dans leur ensemble, leur opposition. Cela est vrai dans
n'importe quel ordre de faits linguistiques.

Quelques exemples:

1) Si les idées étaient prédéterminées dans l'esprit humain
avant d'être des valeurs de langue, les termes des diverses
langues se correspondraient exactement de l'une à l'autre.
Mais en regard de fr. *cher,* on a all. *lieb; theuer* (aussi au
sens moral). Il n'y a pas correspondance exacte. De même
entre fr. *juger; estimer* et all. *urtheilen; erachten:* les verbes
allemands ont un ensemble de significations qui ne coïncident
qu'en partie avec celles de fr. *juger; estimer.* Nous voyons
qu'il n'y a pas, avant les langues, quelque chose qui serait la
notion "cher" en soi. Nous constatons donc que la figure:

idée "cher"
image auditive *cher*

tout en ayant son usage, n'est qu'une manière d'exprimer qu'il
existe en français une certaine valeur "cher", circonscrite dans
le système français par opposition à d'autres termes. Ce sera
une combinaison d'une certaine quantité de concepts avec une
certaine quantité de sons:

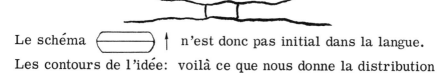

Le schéma ⊝ ↑ n'est donc pas initial dans la langue.
Les contours de l'idée: voilà ce que nous donne la distribution

des idées dans les mots d'une langue. Une fois que nous avons
les contours, ce schéma peut entrer en jeu.

Cet exemple était pris au vocabulaire; mais il s'agit de
n'importe quelles valeurs.

2) Ainsi l'idée des différents temps, qui nous est toute naturelle, est étrangère à certaines langues. Dans le système
sémitique — en hébreu, par exemple — il n'y a pas de distinctions
de ce genre, pas même celle de présent, passé, futur. Cela
signifie que ces idées de temps ne sont pas prédéterminées,
mais qu'elles n'existent qu'à l'état de valeurs dans telles ou
telles langues. L'ancien germanique ne possède pas de forme
propre pour le futur: il l'exprime par le présent. Mais ce
n'est qu'une manière de dire: en réalité, la valeur du présent
en ancien germanique n'est pas la même qu'en français. Le
"présent" est donc bien une valeur, et non une idée prédéter-
minée.

3) De même, dans les langues slaves, nous trouvons une
distinction perpétuelle entre l'aspect perfectif du verbe (action
en dehors de la notion de durée) et l'aspect imperfectif (action
en train de s'accomplir). Cette distinction nous rend difficile
l'étude de ces langues, parce que ces catégories d'aspect nous
échappent. Elles ne sont donc pas prédéterminées: ce sont des
valeurs résultant de l'opposition des termes dans la langue.

Dans ce que nous venons de dire, la notion de valeur est
déduite de l'indétermination des concepts. Le schéma qui va du
signifiant au signifié n'est pas primitif.

La valeur, en linguistique, n'est pas plus facilement déterminable qu'en d'autres domaines; nous prenons ce mot avec tout
ce qu'il a de clair et d'obscur.

En résumé, le mot n'existe pas sans un signifié aussi bien
qu'un signifiant; mais le signifié n'est que le résumé de la valeur linguistique supposant le jeu des termes entre eux, dans
chaque système de langue.

Dans un chapitre suivant, si nous avions le temps, nous
pourrions exprimer autrement encore ce que nous avons groupé
autour de terme de *valeur*, en posant ce principe: il n'y a dans
la langue (dans un état de langue) que des différences. Une différence appelle dans notre esprit l'idée de deux termes positifs
entre lesquels elle s'établit. Or dans la langue, il n'y a que des
différences, mais sans termes positifs: là est la vérité paradoxale. Ou du moins: il n'y a que des différences tant qu'on

envisage soit les signifiés, soit les signifiants. Quand on arrivera aux termes eux-mêmes, résultant des rapports entre
signifié et signifiant, on pourra parler d'oppositions.

A proprement parler, il n'y a pas des signes,[7] mais seulement des différences entre les signes. Ainsi en tchèque:

žena "la femme" : gén. plur. *žen*

Ici, il n'y a pas de signe pour le génitif pluriel (antérieurement:
ženŭ). Mais *žena/žen* fonctionne aussi bien que *žena/ženŭ.*
C'est que seule la différence des signes est en jeu: *žen,* comme
ženŭ, vaut parce qu'il est différent de *žena,* et réciproquement.
Il n'y a que des différences, pas le moindre terme positif. Ici
c'est une différence entre signifiants: le jeu des signifiants est
fondé sur des différences.

De même pour les signifiés: il n'y a que des différences,
qui seront conditionnées plus ou moins par les différences de
l'ordre acoustique. Ainsi l'idée de futur existera plus ou moins
suivant que les différences entre le futur et le reste seront plus
ou moins marquées par les signes de la langue. Autre exemple:
en français, *aller* fonctionne parce qu'il est différent de *allant,*
de *allons.* Mais en regard de *aller/allant/allons,* l'anglais a
going ("aller, allant"). Sans trancher la question, par le fait
qu'il n'y a plus de différence acoustique entre deux signes, les
idées elles-mêmes ne seront plus différenciées; en tout cas,
elles ne le seront pas autant qu'en français.

Il n'y a que des différences, qui sont de deux ordres et qui
se conditionnent les unes les autres. On peut donc envisager
tout le système de la langue comme une série de différences de
son se combinant avec des différences d'idées. Il n'y a point
d'idées positives données, et il n'y a point de signes acoustiques
déterminés hors de l'idée. Grâce au fait que ces différences se
conditionnent réciproquement, nous aurons quelque chose qui
peut ressembler à des termes positifs, par la mise en regard,
la correspondance de telle différence de l'idée avec telle différence du signe. On pourra alors parler de l'*opposition* des
termes, à cause de cet élément positif de la combinaison, et
donc ne pas maintenir qu'il n'y a que des différences.

On revient finalement par là au principe fondamental de
l'arbitraire du signe. Si le signe n'était pas arbitraire, on ne
pourrait pas dire que dans la langue il n'y a que des différences.
Or précisément, ce n'est que par la différence des signes qu'il
est possible de leur donner une fonction, une valeur.

Le lien entre ce chapitre et le chapitre intitulé: l'*arbitraire absolu et l'arbitraire relatif*[8] est celui-ci: nous avons considéré le mot comme terme d'un système, c'est-à-dire comme valeur. Or la solidarité des termes dans le système peut être conçue comme une limitation de l'arbitraire — qu'il s'agisse de la solidarité syntagmatique ou de la solidarité associative. Ainsi dans *coupe-ret,* il y a solidarité (lien) syntagmatique entre les deux éléments (racine et suffixe); donc, limitation syntagmatique de l'arbitraire: alors que *hache* est absolument arbitraire, *coupe-ret* est relativement motivé (association syntagmatique avec *coupe*). D'autre part,

> *plu*
> *plaire*

sont solidaires par association. Ici la limitation de l'arbitraire est associative.[9]

Notes

[1]Placé dans la série associative, le commencement et la fin n'interviennent pas, C (D, J, and S lack this sentence).

[2]This obscure statement has been correctly explained by A. Sechehaye: "C'est parce que *enseignement* est associé à *armement, rendement,* etc. que nous l'analysons en deux éléments." In other words, the syntagmatic character of a compound or derived word depends on its belonging in a "série associative." This may account for the reversing in the following lines.

[3]The same diagram had occurred in a previous lecture (May 2), without the arrow.

[4]De Saussure means the "concept," as the counterpart of the "image auditive" (the latter being regarded as identical with the word itself). The phrase sounds strange; the only motivation for it is the comparison of the word with the coin.

[5]For instance, in English.

[6]In an earlier lecture (May 5), de Saussure had said: "Dans l'association constituant le signe, il n'y a rien depuis le premier instant que deux valeurs existant l'une en vertu de l'autre (arbitraire du signe). *Si l'un des deux côtés du signe linguistique pouvait passer pour avoir une existence en soi, ce serait le côté conceptuel, l'idée comme base du signe"* (C, p. 330)(italics mine).

[7]De Saussure means "signifiants," as appears from the last sentence of the paragraph.

[8]Cf. CLG, Part 2, Ch. VI, § 3 (pp. 131-134 of the English translation).

[9]This last paragraph is recorded in C and D only. The text does not seem quite reliable: e.g., instead of "limitation syntagmatique," one would expect: "limitation de l'arbitraire par solidarité syntagmatique." In the phrase "association syntagmatique avec *coupe,*" contradiction is involved.

Charles Bally

CHARLES BALLY

L'ÉTUDE SYSTÉMATIQUE DES MOYENS D'EXPRESSION*

Mesdames et Messieurs:

Pour situer le sujet dont j'ai à vous entretenir, je dois formuler quelques principes généraux dont les uns vous sont certainement connus, d'autres au contraire vous paraîtront peut-
être paradoxaux.

Ainsi je ne vous apprends rien en vous disant que la linguistique, après avoir longtemps concentré son attention sur
la face externe des faits de langage, semble s'attacher de plus
en plus aux problèmes psychologiques et sociaux de son étude:
quels sont les rapports qui unissent la parole à la pensée?
Quelles relations existe-t-il entre le langage et les formes
typiques de la vie individuelle et de la vie en société? Telles
sont les questions qui se posent à elle toujours plus pressantes,
et elle ne cherche plus à les éluder; ainsi s'explique en particulier l'essor vigoureux qu'a pris dans ces dernières années la
psychologie du langage, et pour dessiner la courbe de cette évolution, il suffirait de noter les interprétations successives que
les linguistes ont données de phénomènes fondamentaux, tels
que, par exemple, les lois phonétiques et les actions analogiques. Ce contact toujours plus grand de la linguistique avec la
vie, vous en aviez tous l'intuition, Messieurs, en entendant lundi
la belle conférence de M. Gauchat.[1]

Comme on devait s'y attendre, cette évolution a eu son
contre-coup dans l'enseignement des langues. A l'école, on
s'élève toujours plus passionnément contre le formalisme, le
travail machinal, l'assimilation mécanique des faits de langage.
De plus en plus, on cherche à modeler les méthodes sur la constitution même de l'esprit. Une langue n'est plus une machine

---

*Communication faite le 19 mai 1910 au Congrès des néophilologues
à Zurich. Genève: A. Eggimann & Cie., 1910.

plus ou moins compliquée dont on veut connaître les rouages et
qu'on peut mettre en mouvement par des déclanchements auto-
matiques; on commence à voir qu'elle est un ensemble, ou mieux,
un système de moyens d'expression.

*   *   *

Mais lorsqu'on embrasse d'un coup d'œil le champ des
études scolaires et qu'on le parcourt de classe en classe, d'école
en école, on s'aperçoit que les réformes se répartissent assez
inégalement sur les différentes sections des programme, et
que le conservatisme maintient d'autant mieux ses droits qu'on
s'éloigne des débuts de l'étude.

I. C'est l'enseignement élémentaire qui a été le plus favorisé; au lieu de faire violence à l'esprit de l'enfant, on cherche
à le comprendre et à s'y conformer; l'école fait une place toujours plus grande à la vie et toujours plus petite à l'ennui. Je
dirai peut-être dans une autre occasion ce qui me paraît manquer encore à cette orientation nouvelle; l'intuition, que l'on
met si largement (et si justement) à contribution, n'est pas tout
dans la psychologie de l'enfant. On a raison d'utiliser les impressions fournies par les sens; mais on ne fait pas assez appel
à d'autres facultés maîtresses: la *sensibilité*, la faculté d'émotion, si vive dans le jeune âge, et plus encore, cet instinct qu'ont
les enfants de tout rapporter à eux-mêmes, d'expliquer toutes
choses par des jugements, ou plutôt des *sentiments de valeur;*
pour s'en rendre compte, il suffit d'observer les définitions
spontanées qu'ils donnent des objets et des êtres qui les entourent (p. ex.: une maman, c'est «une dame qui prend soin des
enfants,» «qui est très gentille,» «qui travaille beaucoup» etc.).
Il n'y a pas là que des enfantillages; ces valeurs attribuées aux
choses ont une très grande importance en matière d'éducation
et d'instruction; c'est le chaînon qui relie la pensée de l'enfant
à la pensée abstraite; on devrait toujours songer à cette tendance remarquable avant d'affirmer que l'enfant est incapable
d'abstraire; il abstrait à sa façon, voilà tout. Il y a là en tout
cas une indication précieuse pour l'enseignement élémentaire
des langues, qui pourrait recevoir de ce fait un élargissement
inespéré. Mais passons.

II. L'enseignement secondaire, du moins dans les classes
supérieures, a été moins bien partagé. On en est à la période

des tâtonnements. D'abord la mentalité de l'adolescent est
moins bien connue que celle de l'enfant; cependant on se rend
compte qu'à l'âge dont il s'agit, l'esprit est beaucoup plus ac-
cessible aux idées abstraites et que l'étude du langage doit à la
fois satisfaire ce besoin et en bénéficier; mais là, à mon sens
du moins, l'enseignement intuitif ne suffit plus. Quoi qu'on ait
dit sur ce sujet, il me semble que pour dominer une idée pure,
il faut autre chose que des impressions spontanées, souvent inconscientes, et qu'en tout cas, par ces procédés, on arrive lentement à un but que l'on pourrait atteindre plus directement.
Ce n'est pas tout: la méthode directe, en se fondant avant tout
sur la langue parlée, favorise un mode d'expression aux dépens
des autres; or je tâcherai de montrer tout à l'heure que l'étude
raisonnée des divers modes d'expression est indispensable pour
qui veut connaître la véritable physionomie d'une langue. Il résulte de cet état de choses que, ou bien on continue à se plier à
la tradition, ou bien on fait usage de méthodes qui ne conviennent qu'à un enseignement plus élémentaire.

III. Je ne dirai qu'un mot de l'enseignement universitaire.
Il est resté conservateur en un point capital: il ne conçoit pas
encore de science linguistique qui ne soit pas historique. La
grande innovation consistera à reconnaître qu'il y a, en dehors
de l'histoire, une science théorique de l'expression qui étudie
(ou étudiera) les formes linguistiques des faits de sensibilité,
et en second lieu, qu'un état de langage peut être envisagé en
lui-même et pour lui-même, abstraction faite du passé. Cette
double étude viendra se placer à côté de la linguistique historique, non pour la supplanter, mais pour l'éclairer et lui fournir
de nouveaux éléments d'information.

*   *   *

Les quelques observations que je me permets de vous soumettre concernent l'étude de l'expression abstraite et visent
surtout l'enseignement secondaire. Les expériences que j'ai pu
faire m'ont permis d'envisager la question sous deux faces différentes, mais non opposées: l'enseignement de l'idiome maternel, et l'enseignement d'une langue étrangère. Les constatations faites de part et d'autre ne m'ont pas semblé se contredire;
fort de cette concordance, je m'attacherai ici à dégager quelques
principes généraux.

Pour la clarté de l'exposition, j'emprunterai tous mes exemples au vocabulaire proprement dit, aux mots et aux locutions; mais il doit être entendu que les remarques qui y seront rattachées s'appliquent à tous les faits d'expression quels qu'ils soient; or, dans le langage, tout peut être envisagé comme fait d'expression, depuis la prononciation jusqu'à l'emploi d'un temps, d'un mode, d'une construction de phrase, et jusqu'aux incorrections et aux barbarismes.

*   *   *

Comment apprend-on les mots abstraits? Comment doit-on les apprendre? J'aperçois ici deux méthodes extrêmes, entre lesquelles nous chercherons un moyen terme: d'une part, la traduction des mots par d'autres mots de l'idiome maternel, la correspondance mécanique de langue à langue; d'autre part, l'assimilation intuitive. En d'autres mots: ou bien on apprend une fois pour toutes que *le courage* = *der Mut, la vaillance* = *die Tapferkeit, l'héroïsme* = *der Heldenmut;* ou bien on apprend peu à peu ce que c'est que le courage, la vaillance et l'héroïsme, par des expériences accumulées au cours des lectures ou des conversations.

On voit sans peine le caractère propre de chacun de ces procédés. Le premier est «formel»; il peut toujours se dispenser d'atteindre l'idée exprimée par le mot; le second, beaucoup plus naturel, je le reconnais, a l'inconvénient de la lenteur et de l'à peu près. N'y a-t-il pas un procédé intermédiaire?

Les exercices de composition et de traduction nous montrent bien la nécessité de ce moyen terme; ce sont deux pierres de touche de la connaissance du vocabulaire. En outre la composition, en particulier, pose un problème très actuel; elle figure à l'ordre du jour de toutes les discussions pédagogiques. On se demande de quelles réformes elle est susceptible, comment elle pourrait porter le plus de fruits pour la culture générale; on devrait, semble-t-il, se demander d'abord quelles sont les conditions qui la rendent *possible*. Chercher pourquoi les trois quarts de nos élèves composent *mal*, c'est déplacer la question; qu'on se demande d'abord pourquoi ils ont tant de peine à composer. Cette difficulté tient à plusieurs causes; il y en a une qui me frappe particulièrement. Donnez à un élève de force moyenne un sujet à développer; vous aurez beau le lui expliquer, en tracer le plan, indiquer l'enchaînement des parties: si vous ne l'avez pas exercé, par un entraînement préalable et méthodique, au maniement de l'expression, vous exigez de lui un véritable tour de force; c'est un peu comme si un professeur de piano faisait exécuter à un débutant une sonate de Beethoven avant de lui avoir fait faire des gammes ni appris ce que c'est qu'un accord.

En effet, dans la traduction et la composition, toutes sortes de problèmes particuliers se compliquent encore du fait qu'ils sont présentés simultanément. Alors que l'expression de chaque idée, prise isolément, est souvent une grosse difficulté à surmonter, la composition exige que tout un ensemble de problèmes d'expression, présentés comme en faisceau, soient résolus coup sur coup ou en même temps: sans compter, bien entendu, les difficultés inhérentes à l'invention et à la disposition. C'est là, encore une fois, un tour de force, et l'on est étonné de constater qu'au fond ce travail synthétique n'est préparé par aucun exercice sérieux; car, ne nous y trompons pas: nos exercices scolaires sont rarement des exercices d'expression.

Ainsi la composition, la traduction de textes suivis, les développements oraux, tous les travaux enfin qui contribuent le plus à la culture générale de l'élève, reposent sur des combinaisons *synthétiques* de faits d'expression; ils supposent une étude préalable de ces faits, pris isolément; ils exigent une répartition plus judicieuse de l'effort, une sorte de division du travail, un entraînement plus méthodique. Mais de quelle nature sera cette étude préparatoire? Il me semble que la marche à suivre est très simple: il s'agit de se rendre un compte aussi exact que possible des *idées* fondamentales qu'exprime le vocabulaire abstrait et de grouper autour de ces idées fondamentales les *moyens d'expression* que le langage met à notre disposition pour les rendre. Avant tout, il ne faut pas attacher au mot «idée» un sens bien philosophique: il s'agit dans la plupart des cas de ces concepts simples qui sont familiers aux esprits les moins cultivés et qui se dégagent naturellement des formes typiques de la vie, de la société et surtout des lois naturelles, en tant que nous avons à les subir. *Vie, mort, mouvement, repos, plaisir, douleur, richesse, pauvreté, justice, injustice,* etc.: voilà des idées que nous saisissons sans effort; nous pouvons ignorer les réalités qu'elles cachent, mais nous les adoptons sans les discuter, parce qu'elles font partie de notre vie et forment la trame même de notre pensée; il est vrai que nous les saisissons par l'instinct plutôt que par la raison, dans les *valeurs* que nous leur attribuons bien plus que dans leur essence. Or, dans un état de langage donné, le sujet parlant a le sentiment inconscient que toute idée fondamentale peut se rendre par les expressions les plus diverses, selon qu'elle est conçue par l'esprit sous tel ou tel aspect, logique ou affectif; chaque idée a donc à son service un vocabulaire plus ou moins riche; tous les éléments de ce vocabulaire sont entre eux dans des rapports plus ou moins fixes, mais déterminés par des associations d'idées devenues traditionnelles; ce vocabulaire forme donc un tout relativement cohérent, une sorte de «molécule» dont les «atomes» seraient disposés d'une manière déterminée. Une «molécule expressive» est donc l'ensemble ou plutôt le système des faits d'expression groupés autour d'une idée fondamentale; étudier méthodiquement ces «molécules expressives», voilà en quoi consiste le travail préliminaire dont il était question plus haut.

Qu'on prenne n'importe quelle idée simple et générale: *mouvement, repos, lumière, obscurité, chaleur, froid; intelligence, sottise, action, inaction, beauté, laideur*, etc., etc.: dans toute langue du type «européen» on trouvera que chacune de ces idées comporte toute une gamme d'expressions; parmi ces expressions, les unes rendent l'idée dans sa simplicité nue; d'autres y ajoutent des déterminations positives et *logiques*, grâce auxquelles les faits de langage se groupent autour de l'idée fondamentale comme en cercles concentriques; à ces aspects logiques viennent se superposer, ou plutôt se mêler, des nuances *affectives;* ces nuances ne sont pas quelconques, elles correspondent aux tendances profondes de notre esprit, et elles ont pour effet de créer des impressions différentes, de faire apparaître l'idée sous des couleurs diverses.

Quand on se rend compte de la complexité de ces moyens d'expression, des rapports qui les unissent ou les opposent, des réactions qu'ils exercent les uns sur les autres, on n'a pas de peine à comprendre d'où vient l'incapacité d'expression chez la plupart de nos élèves. D'abord ils ont rarement une notion claire de ces concepts fondamentaux, bien qu'ils soient familiers à leur esprit; il faudrait les leur faire saisir dans leurs contours exacts, dans leurs affinités et leurs contrastes, et cela

en se fondant sur le simple bon sens, sans leur faire un cours
de philosophie. Ensuite les manuels qu'on met entre leurs
mains ne les familiarisent guère avec le vocabulaire des idées,
parce que les mots y sont groupés d'après des principes tout
différents (p. ex. selon la parenté étymologique ou d'après
l'ordre de matières). En dernier lieu, ils ignorent tout de ces
aspects logiques ou affectifs dont je parlais tout à l'heure, et
qui mettraient un ordre lumineux dans le chaos des faits d'expression; sans compter qu'aucun exercice sérieux ne les forme
à ce genre de travail.

Voilà comment se pose, à l'école, le problème de l'expression, et il se pose avec toujours plus d'insistance. Tant qu'il
ne sera pas résolu, un problème plus général, celui du maniement du langage, restera une énigme pour toutes les intelligences moyennes; je mets à part, bien entendu, les esprits
particulièrement doués, notamment les tempéraments littéraires.

*   *   *

Mais ici surgissent des difficultés de méthodes. D'abord
on se heurte à une tradition desséchante, vieille comme la
grammaire elle-même; c'est celle qui prétend expliquer tout
le langage par la logique; la grammaire que nous avons tous
apprise à l'école nous faisait partout découvrir des distinctions
intellectuelles, et nous avons appliqué cette fâcheuse habitude à
l'interprétation des faits d'expression. Que ces différences intellectuelles existent, personne ne songe à le nier; mais qu'elles
existent seules, qu'elles forment seulement la majorité des faits
analysables, voilà ce qu'on ne peut plus admettre.

Au contraire la plupart des distinctions que notre instinct
nous fait trouver spontanément dans notre idiome maternel reposent sur des impressions inconscientes dont les faits de langage sont les véhicules et les symboles, et, chose capitale, ces
impressions se ramènent à un certain nombre de types fondamentaux. Citons-en quelques-uns, pour fixer les choses. Ainsi
nous pouvons être affectés par l'intensité avec laquelle l'idée
se présente à notre esprit; ou bien nous y associons des sentiments de plaisir ou de déplaisir; nous la devinons bonne ou
mauvaise, belle ou laide, etc. Ou bien (dans un tout autre ordre
d'idées): à l'énoncé d'une expression nous voyons surgir en

nous la représentation d'un certain «milieu»; p. ex. un mot évoque pour nous une classe sociale (peuple, paysans, etc.), une certaine forme d'activité (un métier, une occupation administrative, etc.), telle ou telle forme typique de la pensée (comme la pensée scientifique), une attitude particulière de l'esprit (vision artistique ou littéraire des choses, etc.). Ce sont ces distinctions fondamentales qui se cachent sous les termes courants d'expression usuelle (ou inusitée), forte, exagérée (ou faible, atténuée), péjorative (ou laudative); c'est à l'évocation des «milieux» que se rapportent les termes de langue parlée (ou langue écrite), mot familier, populaire, argotique (ou distingué, relevé, choisi), terme technique, littéraire, poétique, etc.

Vous le voyez, Messieurs, ces aspects sont dès longtemps connus, et pourtant je ne crois pas qu'on les voie sous leur angle véritable; on ne les conçoit guère comme les éléments d'un vaste système, le système expressif. Se rend-on compte aussi que tous ces aspects se ramènent en dernière analyse à des jugements, ou plutôt à des sentiments de valeur, pour la plupart inconscients? A tel point que la science de l'expression pourrait être définie, au moins provisoirement, la face linguistique de la psychologie de la valeur, et la psychologie de la valeur, qu'est-ce en définitive, sinon la psychologie tout entière dans ses relations avec la vie et l'action? Enfin il faudrait comprendre que ces aspects, reflétant les tendances primordiales et constantes de l'esprit, ne peuvent être de pures subtilités, mais constituent, pour les faits d'expression, un principe naturel d'explication et de classement, partout où il peut être appliqué.

Permettez-moi, Messieurs, d'appuyer d'un exemple concret ces vues théoriques:

Que l'on parcoure dans un dictionnaire idéologique le vocabulaire de la *folie,* et que l'on dise si ce sont toujours des distinctions logiques, à l'exclusion des impressions affectives, qui ressortent de la comparaison des mots et des tours qu'on y lira. Pour le psychiâtre, il y a certainement une différence de fait entre la *folie, l'aliénation mentale, la démence, la vésanie;* mais pour les neuf dixièmes des sujets parlants, cette différence *de fait* se transforme en une différence *d'impression:* *démence* marque pour eux une intensité plus grande du désordre mental, et cette intensité est perçue affectivement; *aliénation* se distingue de *folie* simplement parce que c'est un terme technique et que *folie* est un terme usuel; quant à *vésanie*, c'est un mot tellement rare qu'il fait l'impression d'être en marge du langage (et c'est par cela qu'il nous frappe!). Mêmes constatations à propos de *délire* et *frénésie*, et surtout à propos des expressions verbales: *avoir l'esprit égaré, avoir perdu l'esprit, avoir perdu la tête, extravaguer, radoter, battre la campagne, avoir la tête fêlée; être dérangé, détraqué, toqué, timbré,* etc., etc. Dans tous ces exemples les nuances affectives sont au premier plan, les distinctions logiques apparaissent beaucoup moins.

*   *   *

Eh bien, ces différences capitales, on les reconnaît, on les devine, mais on ne les étudie pas méthodiquement. Et d'abord on ne fait jamais très sérieusement le gros travail que cette étude suppose: la détermination des idées fondamentales et simples qui sont à la base des expressions et qui seules permettent de grouper et de comparer ces expressions. Découvrir l'idée simple dont une expression est le symbole, c'est là une recherche bien plus difficile qu'on ne le croit, et généralement, au lieu de la faire, on la suppose déjà faite. Une expérience à peu près journalière me le prouve. J'ai demandé à des jeunes gens qui parlent le français depuis leur naissance, de dire aussi simplement que possible ce que c'est que *être bon enfant;* beaucoup ont répondu que c'est «être tranquille», «paisible», «indulgent», etc., mais aucun n'a su dire que c'est simplement une expression de la bonté, vue sous un aspect spécial. Si vous faites des expériences analogues autour de vous, vous comprendrez combien peu nos élèves sont initiés à cette recherche et combien elle est nécessaire; tant qu'elle n'est pas faite, il est inutile de vouloir étudier les valeurs expressives des faits de langage, puisque ces valeurs ne se révèlent à nous que par la comparaison des différentes expressions d'une même idée.

Ainsi la détermination des aspects expressifs suppose deux opérations successives:

1. Recherche de l'idée fondamentale et simple qui se trouve dans un mot ou n'importe quel fait de langage, et groupement des faits de langage servant à exprimer la même idée.

2. Explication des nuances expressives, ces nuances étant ramenées à des tendances fondamentales que fera connaître la science de l'expression.

Inutile d'ajouter que la langue maternelle réclame cette étude aussi impérieusement, si ce n'est plus que, l'étude d'une langue étrangère.

Mais cette étude ne peut être féconde que si elle s'appuie sur une méthode à la fois rigoureuse et naturelle, strictement fondée sur l'observation du langage de tout le monde, dégagée par conséquent de toute préoccupation rhétorique ou littéraire; il faut en outre que les exercices qui en sont l'application présentent les mêmes caractères, et soient gradués de manière à former vraiment un acheminement à ces exercices synthétiques dont il était question plus haut (traduction, composition, etc.); il faut enfin que cette méthode soit servie par des manuels appropriés.

*   *   *

Mais, entre tous les manuels que nécessitent ces recherches nouvelles, il en est un dont l'absence se fait tout particulièrement sentir: c'est un dictionnaire ou vocabulaire systématique qui présenterait les faits d'expression, non pas alphabétiquement, pas davantage d'après l'ordre de matières, mais d'après les idées simples que représentent ces expressions.

Mais, me direz-vous, ces manuels existent bel et bien: ce sont les dictionnaires idéologiques. Sans doute, et je ne l'ignore pas, puisque j'y ai fait allusion tout à l'heure; mais (sans excepter même l'excellent Roget,[2] ni Sanders,[3] malheureusement épuisé) aucun ne répond au but visé ici, ni aux exigences de l'enseignement.

Il est vrai de dire que sous ce rapport le français, auquel je pense avant tout, est particulièrement mal partagé. Robertson[4] n'est qu'une adaptation maladroite de Roget; Boissière,[5] qui offre une quantité incalculable de matériaux, les rend presque inutilisables par sa méthode de classement. Permettez-moi de signaler les principaux défauts de tous ces répertoires:

1. Ils font une confusion assez fréquente entre *l'ordre de matières* et *l'ordre idéologique*. Ainsi il n'y a aucune idée commune entre des expressions comme: *déclarer la guerre, ouvrir les hostilités, livrer bataille, battre en retraite, conclure la paix.* Elles ne peuvent être réunies que dans une rubrique descriptive où l'on groupe tout ce qui se rapporte à la guerre: c'est là proprement l'ordre de matières.

2. Les concepts fondamentaux sont souvent brouillés au nom de vagues analogies: Robertson, citant les mots qui rendent l'idée d'*obéissance*, fait figurer dans la liste *sujétion* et *assujettissement*, et donne *succomber* à côté d'*obéir*. Rouaix *(Les idées suggérées par les mots)* fait de la *discorde* une forme du *désordre*. Voilà des choses très différentes rapprochées sans raison suffisante, pour le plus grand dommage de la clarté.

3. Les aspects logiques des idées, si précieux pour le classement, ne sont pas mieux distingués. Rien n'est plus facile, semble-t-il, que de séparer les verbes intransitifs des transitifs; pourtant, si on lit cette série de Robertson (140): *changer, altérer, modifier, déroger, diversifier,* on voit que *déroger* est intransitif, et l'on se demande pourquoi il est mêlé aux autres, qui ne le sont pas; c'est comme si l'on mettait côte à côte les verbes allemands: *ändern, verändern, modifiziren, abweichen* (c'est d'ailleurs ce que fait Schlessing dans son dictionnaire[6]).

4. Les valeurs affectives sont confondues; il fallait s'y attendre, mais c'est le reproche le plus grave qu'on puisse formuler. Robertson (830) donne pêle-mêle: *mettre à la torture, plonger un poignard dans le cœur, mettre dans de beaux draps, venir là comme un chien au milieu d'un jeu de quilles* (sic!); à côté de *prendre intérêt* il cite... *braver!* Et, au n° 700, il aligne, comme des noix sur un bâton, les mots: *génie, adepte, maître, docteur, économiste, prudhomme, vieux renard, sorcier, prodige.* Cela se passe de commentaire.[7]

Il faut donc reconnaître que ceux qui se méfient de pareils instruments de travail n'ont pas absolument tort. Pour ma part, je me fais une tout autre idée de ce genre d'ouvrages. Pour être utiles, ils ne devraient pas seulement éviter les grossières erreurs dont j'ai donné des échantillons, ils devraient suivre pas à pas, dans les moindres détails, les lois de l'esprit et les associations d'idées devenues traditionnelles dans un groupe linguistique. En outre, pour qu'un vocabulaire de cette espèce soit vraiment utile et nouveau, il faut qu'il s'adapte aux exigences de l'enseignement aussi bien qu'aux nécessités de la recherche individuelle. La règle à observer le plus scrupuleusement, c'est de trier et de disposer les matériaux avec méthode; partant de l'usage le plus général et de la langue actuelle, il faudrait rayonner habilement et discrètement tout autour de ce point central, sans jamais le perdre de vue, plonger successivement dans les différents modes d'expression; et le plan devrait être si méthodique qu'à chaque consultation d'une partie quelconque de l'ouvrage, on pût avoir comme une vue en raccourci du système expressif tout entier.

Remarquez que le dictionnaire idéologique n'est point destiné à supplanter le dictionnaire alphabétique, mais au contraire à le compléter et à montrer comment il faut s'en servir. En outre, pour le consulter avec fruit, il faut une certaine habitude; et si les élèves de nos gymnases étaient mieux entraînés à leur maniement, les dictionnaires existants, malgré toutes leurs imperfections, rendraient de grands services.

Je n'hésite pas à dire qu'un livre tel que celui dont je viens d'esquisser le plan serait un levier pédagogique de premier ordre. Alors seulement l'étude des moyens d'expression deviendrait une étude fructueuse et intéressante, au lieu d'être, comme actuellement, livrée au hasard. Alors aussi les exercices dont je parlais p. 57 seraient réalisables. De quelle nature pourraient-ils être? Il est difficile de le dire en deux mots: ils devraient amener l'élève à unir les faits de langage aux idées simples qu'ils représentent, à opérer ces groupements, ces comparaisons, ces variations dont il a été question plus haut, à établir entre les diverses expressions les mêmes associations que le sujet parlant établit spontanément; il apprendrait comment une même idée s'exprime en passant par divers aspects, comment les idées s'appellent réciproquement ou s'opposent les unes aux autres. Enrichir progressivement, méthodiquement le vocabulaire de l'élève, l'assouplir, l'affranchir, tel est le but dernier que doivent poursuivre ces exercices; avec le secours d'un bon dictionnaire idéologique, ils arriveraient à préparer insensiblement les travaux synthétiques de traduction et de composition, et, en définitive, les rendraient plus faciles et meilleurs.

*   *   *

Voilà, Mesdames et Messieurs, une esquisse très sommaire du programme de réformes que je rêve pour nos établissements d'instruction secondaire; j'y vois, non pas *le* moyen (je ne crois pas aux méthodes exclusives), mais un des moyens de faire contribuer l'étude des langues à la culture générale; un moyen d'affranchir l'expression du formalisme qui menace toujours de l'étouffer; et, dans l'étude des langues étrangères, un moyen d'atténuer les effets d'un mal qui, sans doute, ne peut jamais être complètement supprimé: la comparaison avec la langue maternelle. L'avenir dira si ces procédés sont viables; j'ajouterai seulement que je les applique depuis plusieurs années dans mon enseignement au *Séminaire de français moderne* de l'Université de Genève, et que les résultats ont en général répondu à mon attente.

Je suis d'ailleurs convaincu que c'est l'enseignement universitaire qui doit ici ouvrir la voie et établir la méthode; de quelle façon? Il suffit, pour répondre, de répéter en terminant ce que j'ai avancé au début de cette communication: à côté de l'étude *historique* des faits de langage, la linguistique doit faire une place à la *science de l'expression* et à l'*étude des états de langage;* de la sorte, sans cesser de faire œuvre scientifique, l'université dotera nos gymnases de maîtres mieux préparés pour l'enseignement des langues vivantes; car celles-ci s'expliquent tout autant, si ce n'est mieux, par leur réalité actuelle que par leur passé lointain.

Appendice

Spécimen d'article d'un dictionnaire idéologique en préparation

(Les chiffres renvoient aux paragraphes du *Tableau synoptique* placé à la fin du IIe vol. de mon *Traité de stylistique française.*)

13. Cause

Substantifs. — Cause, pourquoi, raison, raison d'être; principe, fondement, base; condition, élément (de succès, etc.); cause première, secret, dessous (d'une affaire, etc.), le mot, le fin mot; ressort, mobile (192), motif (191 *a*); influence, action, levain, ferment (13 *bis*). — Origine, point de départ, commencement (20, 200), genèse; germe, œuf, embryon, semence, racine; source. — Sujet, occasion; brandon, pomme (de discorde). — Rapport, relation de cause à effet (relation 3), causalité, principe de causalité; étiologie *(techn.).* — Attribution de la cause, imputation, accusation (277).

Agent, auteur, artisan (de la fortune

13'. Effet

Substantifs. — Effet, suite, conséquence, résultante (14), contrecoup. — Résultat, issue, aboutissement, événement (succès, 213); dénoûment, péripétie, crise, catastrophe; fin (20); conclusion (136). — Produit (80), ouvrage, œuvre, fruit, enfant.

de qqn), acteur (14), instigateur, fauteur, promoteur (192).

Verbes. — Être cause, la cause, une cause de, avoir pour effet (13'), rejaillir sur; causer, occasionner, faire arriver, faire (fondre la glace, etc.); amener, apporter, appeler, provoquer; fomenter; entraîner, — avec soi, après soi, s'accompagner de, aboutir à (réussir, 213); déterminer, décider (192); mettre en mouvement (61), remuer; déchaîner, faire lever, faire éclater, éveiller; allumer, enflammer; mettre le feu aux poudres; créer, engendrer, faire naître, donner naissance à (81). Être cause de qch. pour qqn, donner lieu à, — matière, occasion à; attirer, susciter, coûter, valoir à; être (la joie de qqn, la ruine pour qqn), faire (le désespoir de), tourner (à la gloire de qqn), procurer, donner (la fièvre, etc.); jeter (le trouble dans).

Attribuer une cause à, rapporter, ramener à; imputer à; accuser, rendre responsable de (277).

Adjectifs. — Qui est cause de, déterminant, efficient *(techn.);* primordial, premier (20); originaire, originel, radical *(vx.);* coupable, fautif, responsable de (277). Causal, causatif, étiologique *(techn.).*

Adverbes. — Pourquoi? pour quelle raison, — cause, — motif (191 *a*)? d'où? d'où vient que? comment? — se fait-il que? Que (*p. ex.:* que n'étiez-vous là?).

Pour cette raison, etc.; de là, d'où; c'est pourquoi, voilà pourquoi, c'est pour cela que; de ce fait, de ce chef, de cette affaire-là *(fam.),* à ces causes *(administr.).*

Prépositions. — A cause de, pour, pour cause de, pour raison de (santé, etc.), par suite de, en suite de, en raison de, eu égard à, étant donné, considérant, en considération de, en vertu de; devant (*p. ex.:* devant un pareil succès, nous avons décidé...); grâce à, par l'effet de, par; du côté de, de la part de; de (*p. ex.:* mourir de faim, des cris de douleur, etc.).

Verbes. — Être l'effet, etc. de, être causé, etc. par (13), avoir pour cause, etc., tenir à (qch., à ce que); procéder de, tenir de, dépendre de; suivre, s'ensuivre de; être dû à; reposer sur, avoir pour base, être fondé, basé sur; rimer à (être en relation avec, 3); naître, tirer son origine de; être de, être l'œuvre de; partir, sortir de; descendre de, remonter à; dériver, découler, émaner de; tirer sa source de, prendre sa source à, dans.

Adjectifs. — Résultant, etc. de; consécutif (maladie —).

Adverbes. — En conséquence, par conséquent, conséquemment, partant; de là, par là, *ipso facto;* aussi, ainsi, par ainsi, alors; donc, ainsi donc, *ergo* (133); enfin, finalement (20), en dernier résultat, en fin de compte.

Prépositions. — De manière à, de façon à (à l'effet de, pour, afin de, 191 *b*); au point de.

Conjonctions. — Parce que, c'est que, vu que, attendu que, par la raison que, étant donné que; d'autant que, d'autant plus que; puisque, puisqu'aussi bien; car, en effet.

Syntaxe. — *Si* elle est irritée, *c'est que* vous l'avez offensée. — *Que* la montagne était belle, *éclairée qu'elle était* par le soleil couchant. — Je partirai, *non que* je le désire, mais c'est mon devoir. — Il a échoué *pour avoir* trop attendu. — J'ai les doigts gelés, *tant* il fait froid. — *En* appren*ant* cette nouvelle, elle s'évanouit. — Il n'était guère aimé, *lui qui* n'avait jamais aimé lui-même. — Je ris *de* vous voir si ahuri; vous êtes gentil *d'*être venu. — *(Apposition)* Jeune, belle, riche, elle attirait tous les regards. Grièvement blessé, il ne put continuer la lutte.

Conjonctions. — De sorte que, de façon que, en sorte que; si, tant, tellement, à tel point, au point que, à telles enseignes que, si bien que, tant et si bien que.

Syntaxe. — Il fait *si* (36) froid *que* j'ai les doigts gelés. — *Voilà ce que* c'est que de trop parler. — Il est *assez* naïf *pour* croire cela. — Il est *trop* intelligent *pour* croire cela. — Il n'est pas si bête *de (que de)* croire cela. — Elle chante *que* c'est une merveille. — C'est triste *à* pleurer. — Un bruit se fait entendre, *et* les voleurs *de* disparaître (*et voilà* les voleurs *qui* disparaissent).

Spécimens d'exercices

(Les chiffres renvoient aux numéros des exercices de mon *Traité de stylistique française:* j'y reporte le lecteur, qui y trouvera les materiaux et les explications necessaires.)

N. B. Les mots étudiés ne doivent jamais être *isolés*, mais toujours présentés dans des *contextes* suffisamment clairs.

Délimitation. Groupements phraséologiques. Étude de groupes de mots correspondant à des idées fondamentales, et remplacement de ces groupes par des mots synonymes (35-71). Ex.: *battre en retraite = se retirer; sur-le-champ = immédiatement; en dépit de = malgré*, etc. Cet exercice est destiné à combattre l'analyse excessive des faits de langage; il peut conduire à une réforme de la grammaire et de l'étude des parties du discours. — Enrichissement du vocabulaire par les synonymes et les contraires. Ex.: Remplacer un mot par un ou plusieurs synonymes. Ex.: Il faut *s'habituer* à tout (*s'habituer à = s'accoutumer à, se faire à,* etc.). Chercher le ou les contraires d'une expression donnée. Ex.: *Acquitter (: condammer)* un accusé. — Identification ou recherche du synonyme le plus *simple*, le plus *général* et le plus *usuel*. Cette recherche est le fondement de toute l'étude du langage abstrait. Choisir dans une série de synonymes, le terme qui a, à l'exclusion des autres, ce caractère de généralité et de simplicité. Ex.: *Dénoûment, fin, issue, terme,* etc. Étant donné un groupe de synonymes dont aucun n'est absolument simple et général, trouver ce terme. Ex.: *Début, point de départ, naissance,* etc. (: commencement). (78). Chercher les contraires de termes d'identification donnés. Ex.: *cause (: effet), mouvement (: immobilité, repos)* (80). Remplacer des expressions figurées par les expressions abstraites correspondantes, et ramener celles-ci aux termes les plus simples (cet exercice est capital pour le traitement de l'abstraction) (124). Ex.: *Porter qqn aux nues (: louer), rouler sur l'or (: être riche).* — Classification des termes abstraits. Ramener à une catégorie de phénomènes ou de faits de pensée une expression ou un groupe d'expressions (84-85). Ex.: *Reculer, avancer, monter, descendre, entrer, sortir,* etc. (mouvement): *droit, courbe, rond, carré,* etc. (forme); *persévérance, hésitation, ordre, obéissance,* etc. (volonté). — Divers aspects logiques d'une idée fondamentale. Trouver l'expression de ces aspects pour une même idée. Ex.: Idée de la *maladie;* état (*être malade,* etc.); entrée dans l'action (*tomber malade, contracter une maladie,* etc.); progression (*s'aggraver, empirer; baisser, décliner,* etc.); aspect causatif (*rendre malade, communiquer une maladie, infecter,* etc.). — Associations naturelles entre les idées. Cas où l'une est l'aspect *objectif,* l'autre l'aspect *subjectif* d'un même concept. Ex.: Opposer l'*opinion* qu'on a de qqn et sa *réputation;* la *différence* entre deux choses et la *distinction* qu'on fait entre elles; la *beauté* d'une chose et l'*admiration* qu'on a pour elle; la *difficulté* d'une chose et la *peine* qu'on a à la faire, etc. — Associations par les contraires (voir plus haut). — Associations par emploi métaphorique d'une autre idée. Ex.: *Ressemblance* (: *voisinage, contact,* etc.); *apprendre, connaître* (: *acquérir, posséder,* etc.); *habileté* (: *agilité* etc.). — Associations analogues entre les catégories générales d'idées. Ex.: Désignation d'une *position* par le *mouvement* correspondant (une montagne *s'élève, se dresse,* etc.). — Correspondance entre le vocabulaire et la grammaire, entre les mots et les tours de syntaxe (159). Transformation d'un tour de syntaxe en un mot, et vice versa. Ex.: Il a échoué *pour* avoir trop attendu = sa lenteur est la *cause* de son échec; je *désire* vivement qu'il vienne = *s'il pouvait* venir! *si seulement* il venait! (Exercice capital pour l'explication des faits de grammaire; voir à ce propos Brunot et Bony: *Méthode de langue française*, III, pp. 270 à la fin). — Exercices d'ensemble sous forme de variations d'une idée donnée, avec application de tous les procédés décrits plus haut (Exercice fécond pour l'assouplissement du style; pour la méthode à suivre, voir 97).

Différences de sens entre les synonymes. Comparer un ou plusieurs synonymes d'un mot dans une phrase donnée, et indiquer *une* différence essentielle qui les distingue *dans cette phrase* (101 sqq.). Ex.: Une *allure (démarche?)* rapide; *allure* = degré de rapidité; *démarche* = manière de marcher; donc la substitution n'est pas possible. (Exercices destinés à combattre l'étude théorique et vague des synonymes.)

Valeurs affectives. Exercices préliminaires; emploi affectif et non affectif d'un même mot (107). Ex.: L'histoire *universelle:* une réputation *universelle*. Adjectifs affectifs ou non, selon la place qu'ils occupent. Ex.: Une prairie *verte:* une *verte* prairie; une route *large:* une *large* blessure. De deux synonymes donnés, dire lequel est le plus affectif. Ex.: *Admirer:* s'extasier; *moqueur:* gouailleur; *figure:* minois, etc. — Intensité. Trouver dans une série de synonymes le terme le plus fort, le plus énergique, etc. (114.) Ex.: Une idée *claire, limpide, nette,* lumineuse. Trouver les synonymes intensifs de mots donnés. Ex.: *Aimer* (adorer, idolâtrer, etc.). Trouver des mots qui *exagèrent* l'idée d'une expression donnée (183-184). Ex.: *Travailler trop (: se tuer de travail), dépenser sans compter (: jeter l'argent par les fenêtres).* — Exercice inverse: trouver des synonymes qui *atténuent* la force d'une expression donnée (115). Ex.: *Être irascible, colérique (: nerveux, vif,* etc.). — Valeurs laudatives et péjoratives (116 sqq.). Trouver dans une série de synonymes des termes qui présentent l'idée sous un aspect favorable (Ex.: *Caractère fier,* altier), ou, au contraire, avec une nuance de déplaisir, de mépris, de blâme (Ex.: *Fierté, orgueil,* morgue). — Valeurs esthétiques. Exercices analogues aux précédents pour la détermination des expressions descriptives (Ex.: *Humeur gaie,* badine, folâtre), comiques (*idée bizarre,* cocasse) (121 sqq.). N. B. Ne pas confondre les nuances esthétiques avec les nuances *littéraires* (voir plus bas).

Effets par évocation de «milieux.» Exercices préliminaires: effets résultant de la *fréquence* ou de la *rareté* de l'emploi d'une expression (138 sqq.). Indiquer, dans une série de synonymes, le terme qui s'éloigne le plus de la langue usuelle (Ex.: *Tirer, traîner, remorquer,* touer). Poser, à propos d'expressions frappantes ou rares, la question: Comment auriez-vous exprimé la même idée? — Étude du milieu et des circonstances qui déterminent la valeur affective d'une expression. Exercices stylistiques sur la *terminologie technique* (145 sqq.) la *langue administrative* (150 sqq.), la *langue «écrite»* (141 sqq.), la *langue littéraire* (154 sqq.), le *parler familier* (172 à la fin), l'*argot* (144), les *langues des métiers* (153). — Expression des rapports sociaux (185-188). Trouver pour une même idée des expressions marquant divers degrés de *politesse* ou d'*impolitesse,* d'*atténuation sociale,* d'*euphémisme,* etc.

Procédés affectifs. Spécimens: Le langage figuré (126 sqq.). Dire si une image est vivante, ou affaiblie, ou entièrement réduite à l'abstraction. Déterminer la valeur affective de l'image (littéraire, familière, etc.). — Le langage exclamatif (163-166). Transposer des expressions exclamatives en langage non affectif. Ex.: *Ce que c'est que l'habitude! (= Tant est grande la force de l'habitude).* Déterminer la valeur affective de tours exclamatifs donnés.

Exercices d'ensemble. Transposition générale d'un texte d'un mode d'expression dans un autre. Ex.: transposer une poésie en prose usuelle (p. 180). Donner à un même récit une tournure différente suivant les personnes qui sont censées le raconter (homme du peuple, fonctionnaire qui en fait un rapport officiel, etc.), le milieu (conversation familière, récit fait à une classe d'enfants, etc.), l'intention visée (intention de produire une forte émotion, de faire rire, etc.). Examiner les modifications subies par l'expression dans chaque cas particulier (122).

Appendice. Étymologie, dérivation, composition, familles de mots, etc. Déterminer, par la signification réelle de mots donnés, si leur étymologie est *vivante* ou *morte.* Montrer que, dans ce dernier cas, l'étude *historique* des faits de langage offre des dangers pour la compréhension de leur sens actuel et surtout de leur valeur affective (1-34).

Notes

[1]Prof. L. Gauchat (Zürich): *Sprachforschung im Terrain.*
[2]*Thesaurus of English words and phrases.*
[3]*Deutscher Sprachschatz.*
[4]*Dictionnaire idéologique.*
[5]*Dictionnaire analogique de la langue française.*
[6]*Der passende Ausdruck.*
[7]On me dispensera de critiquer le plan de Boissière; on peut l'ouvrir à n'importe quelle page, on trouvera des successions de mots telles que: *Acte, allure, arranger, attitude, barque, biomètre,* etc. (sous *conduite*); ou encore: *Abrotone, affermir, vents alizés, aller, ancien,* etc.

ROLE DE LA MIMIQUE ET DE LA MUSIQUE*

Puisque notre principe constant est de ne pas contrarier l'assimilation naturelle du langage et d'utiliser toutes les forces que l'enfant met lui-même à notre disposition, les premières leçons de langue — nous l'avons déjà dit — seront reçues par l'oreille et dans l'ambiance de la vie réelle. L'apprentissage linguistique sera essentiellement oral; on l'insérera dans la vie personnelle de l'enfant. Interposer dès le début entre son oreille et la parole l'image truquée de l'écriture, c'est fausser irrémédiablement la marche de l'enseignement.

Mais savons-nous tirer de la parole vivante toutes les ressources qu'elle peut offrir? Guère; la conception trop étroite que nous nous en faisons appauvrit, anémie l'enseignement oral.

C'est un axiome que l'homme se distingue de l'animal par le privilège du langage articulé en consonnes et voyelles; trop vite nous sommes amenés à croire que la parole articulée est tout dans le langage; pour les trois quarts des gens, bien parler, c'est bien articuler: reflet indirect de l'enseignement par les yeux; car les sons articulés, voyelles et consonnes, se reflètent — approximativement, il est vrai — dans les lettres de l'écriture.

Sans doute: les vices de prononciation appellent les sévérités du maître au même titre que les solécismes, et ce n'est pas un des moindres avantages de la leçon orale que de révéler

La crise du français (1931), pp. 60-68.

ces fautes, de les étaler au grand jour. Seulement la parole vivante est encore tout autre chose.

1. Pour donner l'impression réelle de l'ennui, suffit-il de bien articuler la phrase «Je m'ennuie»? Ne sait-on pas que la même idée peut être communiquée d'une façon autrement suggestive *sans le secours des mots* par certaines modulations de la voix, par le bâillement, par le geste, que tous ces mouvements sont liés par une association constante et conventionnelle au sentiment de l'ennui? Quoi d'étonnant si la phrase «Je m'ennuie» s'accompagne presque toujours de l'un ou l'autre de ces signes symboliques, fixés par l'usage, interprétés à peu près uniformément par tout le monde.

L'expérience journalière nous apprend que nos émotions se traduisent naturellement par une mimique compliquée et précise (froncement de sourcils, moue, grimaces, etc.), que nos désirs et nos volontés déclenchent des mouvements tels que regards provocants ou langoureux, haussements d'épaules, mains jointes; qu'un geste suffit pour indiquer les objets auxquels nous pensons, que les phénomènes enfin, les actions, les idées abstraites peuvent être figurés par des symboles analogues, par exemple l'envol d'un oiseau, par une agitation rapide de la main.

Il est donc naturel que la mimique continue à jouer un rôle — de second plan, sans doute — à côté, ou plus exactement au sein du langage articulé; en fait on la voit réapparaître dès que la pensée s'affective et que la parole s'échauffe. Il y a même des cas où elle devient nécessaire en l'absence de toute émotion. Prononcez des phrases telles que: «Prenez ceci», «Asseyez-vous là», «Tournez la tête de ce côté-ci, pas de celui-là»: si aucun geste ne précise l'endroit que vous désignez, l'interlocuteur ne pourra pas exécuter la consigne.

Dans le premier enseignement, on pourrait aisément économiser bien des explications abstraites si l'on faisait usage de ces procédés visuels, très accessibles à l'enfant. Son œil est encore plus aiguisé que son ouïe; on a remarqué que les aveugles-nés parlent plus tard que les voyants. Une foule de mots se définissent exactement par la mimique; une attitude expressive du corps en dira plus long qu'un long commentaire pour montrer ce que c'est que *se camper* devant un adversaire; un regard méprisant et mobile rend compte du verbe *toiser;* pourquoi ne pas expliquer *écarquiller les yeux*... en les écarquillant? Sans compter que certains vocables appellent par leurs sons mêmes le geste approprié (*se dandiner, dodeliner de la tête, virevolter, cahoter*, etc.) et que certains autres ne peuvent même se prononcer sans que les jeux de physionomie n'esquissent les contractions qui symbolisent l'idée (*souffler, gonfler, bourrer, happer, laper*, etc.). Mais — chose plus importante — la plupart des mouvements expressifs se traduisent, non par des mots, mais par des phrases: si dans une situation donnée, quelqu'un esquisse un geste découragé et résigné, la langue suggère des équivalents tels que: *Que voulez-vous? Rien à faire! A quoi bon regimber? Il faut en passer par là,* etc. Pourquoi tout cela ne se traduirait-il pas en exercices scolaires?

2. Ce n'est pas tout: ces mouvements qui figurent nos émotions ou nos désirs, qui montrent les objets, qui symbolisent les phénomènes ou les abstractions, ont pour corrélatifs les nuances musicales de la parole. Nous chantons autant que nous parlons; nos phrases sont continuellement soulignées, commentées par une sorte d'orchestration discrète: par une *mélodie* tantôt montante, tantôt descendante, variée de *notes longues* ou *brèves,* ponctuée à certains endroits d'*accents forts,* ou coupée de *silences,* martelée de *répétitions.* En un mot, la parole n'est pas seulement articulée, elle est aussi rythmée, et ce rythme vocal est étroitement lié au rythme des gestes; comme lui, il a des valeurs émotives, désidératives, indicatives, descriptives. La logique y trouve même son compte; ainsi l'intonation seule montre si un groupe de mots tel que «Jacques ou Jean» implique un choix indifférent (mélodie uniforme) ou un dilemme (mélodie coupée et distributive). La grammaire aussi, et nous le verrons mieux plus tard. Ces deux phrases «La Gaule était païenne quand Clovis monta sur le trône» et «La Gaule était perdue quand un secours inespéré vint la sauver» ont une syntaxe totalement différente, et cette différence est marquée par l'intonation.

Entrevoit-on ce que pourrait devenir la lecture à haute voix si elle était préparée, illustrée, au risque d'exagérer au début, par le geste et la musique? Voici un fragment de la *Maternelle* de Frapié où j'ai souligné les mots qui peuvent facilement être dramatisés par le geste ou la voix, ou par l'un et l'autre; mais ce ne sont pas les seuls:

Près du lavabo un gros blond admet cinq camarades à partager un sucre de pomme; mais les doigts *se poissent* sans parvenir à *casser* le bâton; alors, après la *manipulation* générale, on le passe *de bouche en bouche;* chacun a droit à cinq ou six *sucements;* pendant que l'un *déguste,* les autres *écarquillent* les yeux, *remuent à vide* les lèvres et la langue, *avalent leur salive.*

3. Enfin, en étroite connexion avec ces procédés périphériques de la parole, nous rencontrons, au seuil du langage articulé, le vocabulaire exclamatif: les *interjections* révélatrices de nos émotions, et les *onomatopées* qui décrivent des phénomènes extérieurs sont au fond de même nature que les signes cinétiques et musicaux dont il vient d'être question. En effet, comment concevoir de petits mots tels que *hein! bah! tiens!* ou des phrases bloquées comme *Allons donc! Pas possible!* sans certains gestes, certains jeux de physionomie, certaines intonations qui les expliquent et les complètent? Comment prononcer l'onomatopée *pif paf pouf!* sans faire instinctivement le geste d'épauler un fusil?

On traite généralement les exclamations en parents pauvres du langage: leur importance est cependant considérable *comme point de départ.* La formation linguistique de l'enfant reflète le développement du langage lui-même au cours de sa différenciation: celle-ci opère sur les signes synthétiques et compacts de l'expression primitive et globale, qu'elle remplace progressivement par des formes analytiques, articulées. Pourquoi ne pas suivre la même voie dans le premier stade de l'enseignement? Les exclamations sont des comprimés de phrases propres au langage enfantin; mais elles renferment en germe le vocabulaire usuel et la syntaxe normale; il suffit de faire jouer les associations justes; *Allons donc!* tiré d'une situation déterminée, mimé et chanté, peut conduire à d'autres expressions un peu moins rudimentaires, telles que *A d'autres! Chansons! Quelle histoire!* et enfin à des phrases proprement dites: *Je n'en crois rien!* etc. Au sein même de la phrase, une proposition peut être remplacée par un geste; supposez qu'après avoir dit: *Si tu bouges* on esquisse un geste de menace (poing fermé, etc.), l'équivalent sera: *Gare à toi! Je cogne, Je frappe.* Une onomatopée peut remplir le même rôle: *Si tu bouges, pan!* L'élève trouvera facilement les mots qui rendent la même idée.

En procédant de la sorte, nous suivons la marche de la pensée même: toutes nos représentations germent dans notre esprit sous une forme globale, indistincte; pour les exprimer, pour les rendre intelligibles à autrui, nous devons les décomposer; mais cette analyse ne se fait pas d'un coup; elle comporte des degrés infiniment divers: il est donc rationnel de partir des formes les plus voisines de la pensée synthétique, puis de leur substituer progressivement des formes analytiques; rien ne peut mieux contribuer à créer chez l'enfant le sens grammatical, qui s'affinera par la comparaison de ces différentes formes.

Bien des exercices pourraient être établis sur cette base, mais il est difficile d'entrer dans le détail des applications. Par exemple, un type fort usuel d'énonciation consiste à faire suivre immédiatement une exclamation d'une petite phrase qui la commente *(Tiens! voilà qui est curieux);* excellente occasion de mettre en parallèle la syntaxe bloquée et la syntaxe articulée; on apprendra à remplacer *ouf!* par *Quel soulagement! pouah!* par *C'est répugnant;* pour *ah bah! sapristi! diable!* etc., on trouvera des équivalents analogues. L'interjection *oh!* contient à elle seule autant d'expressions affectives diverses qu'elle s'accompagne d'intonations différentes *(Oh! que c'est triste! — Oh! comme c'est joli! — Oh! cela m'est bien égal!* etc.). Les onomatopées se prêtent à la même comparaison: *Paf! (Le coup part). — Toc, toc! (On frappe à la porte),* etc. L'intonation montante à la fin des phrases de la forme *Il fait un froid.... C'est d'une beauté...* peut être remplacée par un adjectif appréciatif tel que *glacial, merveilleux,* etc.

En somme la manière de mimer et d'orchestrer la langue a autant d'importance que l'articulation des mots; les enfants prêtent moins d'attention à ce qu'on leur dit qu'à la manière dont on le dit. Leur sens de la mélodie et du rythme est d'une incroyable finesse; un enfant qui ne sait pas encore parler fait comprendre par la seule intonation qu'il interroge. Sa faculté visuelle est encore plus développée; on peut donc penser que tous les éléments expressifs qui s'adressent à l'œil (mouvements, gestes, contractions de la face, attitudes, etc.) sont interprétés par lui spontanément.

Et nous ne profiterons pas de ce merveilleux levier de compréhension et d'assimilation? Nous préférerons remplacer l'intonation naturelle par la litanie des dictées orthographiques, la parole naturelle par les artifices de l'écriture? Nous continuerons à tolérer que nos élèves ânonnent des poésies apprises machinalement, avec des inflexions de voix qui prouvent qu'ils ne comprennent ni ne réagissent?

De même qu'il est absurde de cultiver le seul contenu logique de la pensée sans tenir compte des sentiments, des volitions, des jugements subjectifs de valeur qui en sont presque toujours l'essentiel, ainsi il est contre nature de négliger les signes qui reflètent fidèlement et directement ces aspects de la pensée, bien qu'ils soient parfaitement consacrés par l'usage et admis par tout le groupe. Car ils ne sont nullement abandonnés à l'arbitraire de chacun; ce ne sont pas, comme on le croit souvent, des produits purement instinctifs et occasionnels; ils sont fixés comme les mots usuels; le geste de se frotter les mains est aussi conventionnel que le mot *contentement,* qui lui est synonyme; on se gratte la tête pour montrer son embarras, on joint les mains pour supplier; ces gestes n'ont pas chez tous les peuples la même signification.

C'est donc une grande erreur pédagogique que de faire abstraction des formes du langage qui expriment d'une façon si vivante et si précise les sensations, les mouvements de la sensibilité, les images de la fantaisie, les nuances des idées. Présenter à des jeunes garçons une langue volontairement dépouillée, sous prétexte qu'elle est plus simple (quelle chimère!), c'est se priver d'un puissant levier éducatif.

Concluons:

Le langage parlé et articulé n'est qu'une des faces de l'expression de la pensée, un compartiment central, mais un compartiment enfin, des signes dont nous nous servons pour communiquer avec nos semblables.

Le langage articulé s'entoure d'un ensemble de signes périphériques qui presque toujours le soulignent et l'éclairent, au point de donner quelquefois à eux seuls la vraie signification de l'énoncé.

De même que la pensée met en mouvement la totalité de l'esprit, de même nous parlons avec le corps tout entier.

PHRASE SEGMENTÉE*

79. Nous appelons *phrase segmentée* une phrase unique issue de la condensation de deux coordonnées, mais où la soudure
est imparfaite et permet de distinguer deux parties dont l'une
(A) a la fonction de thème de l'énoncé, et l'autre (Z) celle de
propos (67).

Une suite de phrases comme «Plus de joies, plus de chansons» peut être une simple énumération, et toute énumération
est de nature coordinative. Mais si l'on aperçoit un rapport
entre la première phrase et la seconde (par exemple un rapport
de cause à effet), le resserrement peut intervenir, et «Plus de
joie, plus de chansons» forme une seule phrase, synonyme de
«Puisqu'il n'y a plus de joie, il n'y a plus de chansons».

Il semble que la phrase segmentée soit née, dans la coordination, de la reprise explicite de la première coordonnée: «Il
pleut. Il pleut? Nous ne sortirons pas». Cela paraît encore
plus vraisemblable si l'on suppose ces énonciations réparties
entre deux interlocuteurs: A: «Il pleut!» - B: «Il pleut?
(= Vous dites qu'il pleut?). Nous ne sortirons pas.» Alors on
comprend mieux que la reprise faite par B ait pu, à la longue,
créer un type nouveau par oubli de la phrase C_1.

Sans poursuivre plus loin ces vues sur l'origine du type,
qui seront reprises plus bas, voyons quelles formes cette syntaxe a prises dans le français actuel, qui en fait un large usage.

A cet effet, opposons la segmentation à la syntaxe liée, et
comparons p. ex. «Cette lettre, elle ne m'est jamais parvenue»
et «Cette lettre ne m'est jamais parvenue». Nous surprendrons
deux différences principales, l'une relative à la fonction, l'autre
à la forme.

80. 1) La segmentation permet de faire de n'importe quelle
partie d'une phrase ordinaire le thème, et de l'autre l'énoncé

Linguistique générale et linguistique française, 1932; 2nd ed., 1944,
pp. 60-70. This extract is a section of a chapter entitled "Trois formes
d'énonciation." The author starts with the following statements: "La
pensée qu'on veut faire connaître est...le but, la fin de l'énoncé, ce
qu'on se propose, en un mot: le *propos*; on l'énonce à l'occasion d'une
autre chose qui en forme la base, le substrat, le motif: c'est le *thème*.
On peut figurer le thème par A et le propos par Z" (§ 61, p. 53). He also
uses the symbol C_1C_2 for coordinated sentences.

proprement dit, le propos; ainsi «Je n'arrive pas à résoudre ce problème» devient «Moi, je n'arrive pas à résoudre ce problème», ou «Résoudre ce problème, je n'y arrive pas», ou «Ce problème, je n'arrive pas à le résoudre». Alors le thème précède et le propos suit; mais l'ordre peut être renversé: «Je n'arrive pas à résoudre ce problème, moi», ou «Je n'y arrive pas, à résoudre ce problème», ou «Je n'arrive pas à le résoudre, ce problème».

81. 2) Comme la coordination, la segmentation est caractérisée avant tout par le jeu des deux procédés musicaux sans lesquels elle n'est pas concevable: la pause médiane et la mélodie.[1]

On constate sans peine que, dans la phrase segmentée, A et Z sont séparés par un silence, si court soit-il, tandis que dans des phrases liées comme: «Le soleil éclaire la terre - Je vous punirai si vous désobéissez, etc.», les pauses que peuvent découvrir les appareils n'ont aucune réalité pour le sujet parlant.

82. Les inflexions de la voix sont, elles aussi, partie intégrante de la syntaxe segmentée, car non seulement elles séparent nettement les deux termes, mais surtout elles permettent de distinguer clairement les deux types AZ et ZA.

Z a l'intonation modale de toute phrase indépendante, intonation autonome, et qui comporte des variétés infinies; dans la forme la plus banale, la voix monte légèrement pour redescendre ensuite un peu (figure ⌒). Le terme A comporte, au contraire, deux intonations stéréotypées très différentes l'une de l'autre, et toutes deux dépendantes de Z, à savoir: une forte montée de la voix dans AZ, tandis que dans ZA A est prononcé sur un ton bas et comme en sourdine. On peut représenter grossièrement AZ par ⌒ et ZA par ⌒ ; l'intervalle entre les deux traits symbolise la pause.

83. La montée de la voix dans AZ s'explique, comme on l'a vu, par le fait que le thème est une sorte de question, dont le propos est la réponse. Tantôt il s'agit d'une question qui serait posée par le partenaire et reprise par le parleur, comme en témoigne la forme de l'interrogation: *Où il est? Personne ne le sait.* = «(Vous demandez) où il est?»; tantôt c'est une question que le parleur s'adresse à lui-même: *Où est-il? Personne ne le sait.* Dans le second cas, l'intonation propre à l'interrogation a été remplacée par la montée uniforme qui est caractéristique du premier type; car *Où est-il?*, prononcé avec

la mélodie descendante d'une interrogation réelle, ne pourrait être qu'une phrase autonome, à laquelle la réponse serait co-ordonnée. Pour l'interrogation modale totale (35, 2a), la diffé-rence entre l'intonation de l'interrogation réelle et celle d'un segment A est moins sensible, puisque la mélodie monte dans les deux cas *(Viendra-t-il?* et *Viendra-t-il? Personne ne le sait.)*; cependant, elle est autonome et monte plus haut dans une interrogation réelle que dans le segment A, où elle est plus ou moins figée.

84. Quant à la mélodie basse de A dans ZA, (exemple: *cet élève a échoué, à son examen),* elle dérive de son caractère originel; car A procède, dans ce cas, d'une coordonnée expli-cative qui précisait après coup le sens de la phrase précédente (75). Cette coordonnée avait la mélodie propre à la coordina-tion, c'est-à-dire autonome, mais la segmentée a perdu ce ca-ractère: elle ne constitue plus une simple adjonction, mais est un thème retardé, et ce changement se marque dans la mélodie (intonation en sourdine, sans analogie avec celle de la coordi-nation).

Comparez la mélodie des deux types, qui peuvent figurer dans un même énoncé: «C'est bon pour l'âne ou pour le bœuf (Z), de brouter dans un clos (A)! Les chèvres (A), il leur faut du large (Z)!» (Daudet).

85. La phrase segmentée comporte des formes complexes; p. ex. A peut comprendre plusieurs segments: «*Moi, accepter ce compromis, (A),* vous n'y pensez pas! (Z)!». «Il l'aimait tant (Z), *son enfant, ce brave homme (A)».* «*Moi,* je les adore, *les enfants»* est une segmentée ZA où Z contient lui-même une segmentée az, formule $\dfrac{Z}{az}$ A. La segmentée peut figurer dans une proposition subordonnée, p. ex. «(Voyons si), *à force de ré-clamer,* nous obtiendrons gain de cause» (AZ).

86. Comme la coordination, la segmentation connaît des formes à incise; d'une part, la branche A d'une segmentée AZ peut figurer, par retardement, dans le corps de Z; mais sa mé-lodie montante révèle son vrai caractère; comparez «*Soudain,* un obus éclata» et «Un obus, *soudain,* éclata». D'autre part, le terme A d'une phrase ZA peut figurer, par anticipation, dans l'intérieur de Z; là encore, l'intonation descendante montre la véritable valeur du terme intercalé. Le cas le plus typique est celui du vocatif: destiné à attirer l'attention de l'entendeur sur

l'énonciation qui va lui être communiquée, le vocatif fonctionne comme un thème général sur lequel repose l'énoncé proprement dit dans sa totalité. Les jeux mélodiques de « *Paul*, viens ici !» (AZ) et de «Viens ici, *Paul!*» (ZA) sont donc parfaitement naturels. Mais le vocatif peut être intercalé dans Z par anticipation, et dans ce cas il a, comme on doit s'y attendre, l'intonation en sourdine, p. ex. dans «Viens, *Paul*, auprès de moi.» Autre cas connu: les phrases parenthétiques telles que *dit-il*, *pensai-je*, etc., appartiennent toujours à la syntaxe ZA, comme l'indique leur intonation sourde: «Je vous pardonne, *dit-il*»; or, cette intonation sera la même en incise: «Je consens, *dit-il*, à vous pardonner».

87. La mélodie permet de distinguer nettement des types de phrases qui, sur le papier, se confondent. Soit notre exemple *Cet élève a échoué, à son examen:* si les deux membres ont des mélodies parallèles, *à son examen* signifie «(et il a échoué) à son examen»; nous sommes ici dans la coordination explicative (75). Au contraire, avec le schéma mélodique ⌢⌣, *à son examen* est le thème (postposé) d'une segmentée ZA, et n'a plus le caractère d'une adjonction. Enfin l'absence de pause et de mélodies oppositives fait de cette même phrase une phrase «liée» (104), où, comme nous le verrons, on ne peut plus distinguer le thème et le propos (sinon par le contexte et la situation).

88. L'exemple précédent montre l'importance, primordiale en syntaxe, de la mélodie: c'est ainsi que dans la langue parlée une phrase liée peut devenir segmentée par simple application de la musique de segmentation. «Je savais bien que vous viendriez» est lié si la mélodie est uniforme et la pause absente; mais la même phrase «Je savais bien, que vous viendriez» devient ZA si elle comporte une pause médiane et un second segment prononcé en sourdine.

Le jeu de la mélodie suffit aussi à transformer une subordonnée en principale, et inversement. «Nous étions au jardin lorsque l'orage éclata» est une phrase liée contenant une principale et une subordonnée; mais prononcez-la en AZ, elle équivaudra à «*Alors que nous étions au jardin (A)*, un orage éclata (Z).» De même: «Nous étions à peine rentrés, que l'orage éclata» signifie en réalité «*Un peu après que nous étions rentrés (A)*, l'orage éclata (Z)»; là aussi, la succession des propositions est l'inverse de ce que fait prévoir la forme matérielle,

et seule la mélodie décide de l'interprétation; voyez encore
«*Vous me menaceriez (A)*, que je ne céderais pas (Z)».

Il suffit encore que deux phrases présentant le schéma que
nous avons appelé antithétique (78) soient intonées en AZ pour
que l'interprétation syntaxique soit modifiée: *Tu te reposes, je
travaille* peut être l'équivalent de «Tandis que tu te reposes, je
travaille»; *Je le croyais sain et sauf: il courait le plus grand
des dangers* (= «Alors que je le croyais...»); *Paul n'est pas
seulement paresseux: il est insolent* (= «Si Paul est paresseux,
il est en outre insolent»); *Ou tu obéiras, ou tu seras puni* intoné
en AZ équivaut à «Si tu n'obéis pas, tu seras puni.»

Enfin la mélodie sépare complètement de la coordination
des formes telles que *A peine le maître était-il sorti, les élèves
se mirent à danser; Il aurait tout l'or du monde, il ne serait
pas content.* C'est grâce à la mélodie AZ que *Il y a huit jours,
j'ai vu Paul* est d'un autre type que «J'ai vu Paul il y a huit
jours» et «Il y a huit jours que je n'ai vu Paul» (phrases liées).

89. La segmentation présente des analogies évidentes avec
la coordination: il suffit de rappeler certains exemples où
seule la mélodie permet de déterminer le type auquel la phrase
appartient. Ainsi, le segment Z a toujours la *forme* d'une
phrase indépendante, comme ce serait le cas pour une coordonnée; détachée de l'ensemble, elle est syntaxiquement et mélo-
diquement autonome. Le terme A y est représenté dans la mesure du possible (ce qui est normal en français lorsque A
contient un terme nominal[2]) par des pronoms: «*Cet enfant*, je
*l'*aime bien»; «*Je* ne m'intéresse pas à cela, *moi*»; «*Votre argent*, je n'*en* veux pas», etc. Remarquons par anticipation (94)
que toute conjonction de coordination renferme aussi un pronom.

Mais cette parenté formelle ne doit pas nous faire perdre
de vue les différences essentielles qui séparent la segmentation
de la coordination. Elles apparaissent dans la *mélodie* (82) et
dans la *valeur* syntaxique du segment A: celui-ci, surtout en
AZ, est un présentatif de l'énoncé contenu dans Z, qui se distingue d'une coordonnée (autonome!) par le fait qu'il équivaut
toujours à une phrase subordonnée.

Cette dernière peut être explicite: «*Quand il pleut*, je reste
à la maison» — «*Si vous désobéissez*, vous serez punis», etc.
Ou bien on peut la mettre en lumière par échange fonctionnel:
«*Il fait froid*, nous ne sortirons pas» (= «Puisqu'il fait froid»)
«*Par ce moyen*, je réussirai» (= «En procédant ainsi, si je

procède ainsi»); «*Lentement,* il avançait sur la route» (= «En marchant lentement, pendant qu'il marchait lentement»). Le segment A peut même avoir la *forme* d'une phrase autonome: «*Tu mens,* je ne te crois pas», mais sa *valeur* est toujours celle d'une subordonnée (= «Puisque tu mens»). Enfin, réduit à un simple terme nominal, on pourrait l'interpréter comme un monorème: «*Cet élève,* je l'aime bien; *cet élève,* je lui ai donné un livre; etc.»; ce cas a été appelé *nominativus pendens* (cf. W. Havers, *I. F.,* 43, p. 207 ss.), mais ce n'est là qu'une étiquette: c'est un cas extrême où un être ou une chose est présenté comme substrat pur et simple de l'énoncé contenu dans Z, et il est lui aussi assimilable à une subordonnée (= «Pour cet élève, quant à cet élève, puisqu'il est question de..., s'il est question de...», etc.).

90. Ce qui distingue le mieux la segmentée de la coordonnée, c'est l'interdépendance, le conditionnement réciproque des segments A et Z: on sait que les propositions «subordonnées» introduites par *que* équivalent à des sujets ou des compléments d'objet, que celles qui commencent par une conjonction de sens spatial, temporel ou logique sont réductibles à des compléments circonstanciels, c'est-à-dire à des substantifs à un cas oblique. A est donc essentiellement nominal, et Z (de forme autonome) essentiellement verbal, ce qui concorde avec la nature syntaxique du thème et du propos: le thème est en effet de la nature du sujet, et le propos de celle du prédicat; or, c'est le substantif, comme lieu du prédicat, qui est prédestiné à être sujet, et le verbe à être prédicat, puisque le prédicat désigne un procès, un état ou une qualité. Il y a donc entre A dans son ensemble et Z dans son ensemble un rapport de complémentarité.

91. Il ne faut pas croire cependant que A soit une simple inversion, une simple anticipation d'un élément contenu dans Z, et que le type *Cet élève, je l'aime bien* soit une forme de phrase liée. Nous insistons sur le fait que, même si A ne consiste qu'en un terme nominal, il équivaut logiquement à une subordonnée dont le terme nominal *(Cet élève)* n'est qu'une partie. Si ce terme est représenté à l'intérieur de Z en tant que *mot,* cela n'a rien de surprenant: nous savons qu'on peut reprendre dans une phrase principale n'importe quel terme de la subordonnée qui précède; plus généralement, n'importe quelle partie d'un syntagme peut être reprise dans le syntagme suivant sous forme d'un représentant (126): cf: «Puisque Paul nous rend

visite, nous *l'*invitons à dîner»): *l'*représente le seul terme
Paul et non pas toute la subordonnée. Or, le conditionnement
réciproque entre A et Z s'entend de *l'ensemble de A* par rapport à *l'ensemble de Z*, et c'est ce qui différencie nettement la
phrase segmentée de la phrase liée.

92. La segmentation s'éloigne de la coordination dans la
mesure où des procédés grammaticaux accentuent le caractère
nominal de A (1) et marquent sa relation avec Z (2).

1) Ainsi A peut être caractérisé par certains tours périphrastiques qui lui enlèvent son apparence d'élément indépendant (v. plus haut: *Cet élève, je l'aime bien* = «Pour cet él.,
quant à...etc.»). Au lieu de *Honnête, il l'est assurément,* on
dira «Pour honnête, il l'est», ou «Si quelqu'un est honnête, c'est
lui».

2) La fonction de A peut être marquée par A lui-même,
qui cesse alors d'être un terme de forme autonome. Cette indication anticipée, due à l'analogie de la phrase liée, a souvent
pour conséquence de supprimer le représentant de A dans Z.
Comparez «*Moi,* on ne *me* donne rien» et «*A moi,* on ne (me)
donne rien»; «*Cette affaire,* je n'*en* comprends pas le premier
mot» et «*De cette affaire,* je ne comprends pas le premier mot».
On voit combien ces tours nous rapprochent des inversions
simples de la phrase liée.

93. L'histoire montre que la plupart des tours préposi-
tionnels ou conjonctionnels (cela revient au même) sont nés par
condensation de deux coordonnées, et plusieurs ont conservé la
forme segmentée. En grec, *ei* «si» a commencé par être une
particule optative (cf. *eíthe, ei gár*). Ainsi *Eí moi peíthoio, tó
ken polù kérdion eíē* a signifié d'abord «Puisses-tu m'écouter !
Cela vaudrait beaucoup mieux», et ensuite seulement «Si tu
m'écoutais...». Il est probable qu'en latin *qui* a d'abord été un
indéfini: *Quae pecunia deest, ea sumatur* = «Une certaine
somme manque; qu'on l'emprunte»; et plus tard seulement «La
somme qui manque, qu'on l'emprunte», etc. (v. Kretschmer,
Sprache, p. 62). D'autres tours, de même origine, ont versé
dans la phrase liée (104).

En français, les constructions «absolues» du type *L'ennemi
vaincu, l'armée se retire* relèvent de la segmentation; ce sont
des termes A de phrases AZ. Là aussi, on retrouve une origine
coordinative; on a commencé par dire «L'ennemi (est) vaincu;

l'armée se retire»; puis l'analogie de phrases telles que «maintenant que l'ennemi est vaincu, après la défaite de l'ennemi...» a opéré un changement d'interprétation en même temps qu'un changement de mélodie. L'ablatif absolu du latin *hoste victo* a servi d'adjuvant, surtout pour la langue écrite; il n'est pas le point de départ unique du type.

Quant à l'ablatif absolu latin lui-même, on constate qu'il est dû à un accident exactement opposé: il résulte de la disjonction, par segmentation, de deux termes cohérents d'un même syntagme. Soit la phrase «Carthagine deletā Scipio profectus est». A l'origine, *Carthagine deletā* était le complément de *profectus est.* («Il partit *de* Carthage détruite»), et cette interprétation n'est pas impossible en latin classique même. Mais, séparé de son verbe par un espace suffisant, ou simplement par une pause, ce membre de phrase a subi l'analogie de propositions du type «Cum Carthago deleta esset», et en est devenu l'équivalent. Ainsi le type *Carthagine deletā,* parti d'un tout autre point que *l'ennemi vaincu,* a abouti au même résultat.

94. C'est enfin la segmentation qui rend compte de l'origine et du développement des conjonctions coordinatives.

Dans une phrase telle que «Il fait froid, *à cause de cela* nous ne sortirons pas», le terme *à cause de cela* a été tout d'abord une détermination (t', cf. § 155) du verbe *nous ne sortirons pas* (t), et, en cette qualité, il ne reliait pas la seconde coordonnée à la première. Mais un terme de C_2 est prédestiné à devenir conjonction coordinative lorsqu'il renferme un représentant de C_1 tout entier, soit explicitement (p. ex. «Il fait froid; nous ne sortirons pas à cause de *cela*»), soit en cumul ou zéro (p. ex. «Je me suis levé, je suis sorti *ensuite*», c'est-à-dire «après *cela*»). On voit que dans ces cas le terme en question est un déterminant de tout ou partie de C_2; mais le représentant qu'il contient a ce double effet de l'attirer, par une sorte de chiasme, vers le début de la phrase, et d'en faire le signe de son sujet psychologique. Or, c'est par segmentation qu'il prend la tête de la phrase: «A cause de cela, nous ne sortirons pas» est du même type syntaxique que «Depuis hier, il fait moins froid». Ce sont des ZA transvalués en AZ; l'interprétation est dès lors «A cause de cela (t), nous ne sortirons pas (t')».

Au fur et à mesure que se relâche le lien qui faisait d'un terme le déterminant d'un autre à l'intérieur de C_2, sa relation avec C_1 devient plus étroite; dans «Vous travaillez, vous jouerez

ensuite» (construction déjà un peu archaïque), *ensuite* est encore
une détermination (t') de *vous jouerez*. Dans «Je me levai, *ensuite* je sortis», la valeur coordinative du mot apparaît, sans
cependant annuler son sens originel; mais son déplacement en
a fait le terme A d'une phrase segmentée; il y a eu transvalua-
tion en t.

Enfin le passage à la fonction nouvelle est accompli quand
la conjonction ne peut plus fonctionner comme complément du
verbe de C_2; si *malgré cela* en est encore capable, son synonyme *pourtant* ne le peut plus. Comparez «Il pleut, je sors
malgré cela» et «Il pleut, *pourtant* je sors». Alors même qu'on
place *pourtant* après le verbe, où il pourrait être encore t', il
ne saurait plus reprendre cette valeur.

95. Ajoutons cependant qu'une conjonction coordinative
peut naître aussi dans un système de trois coordonnées dont la
médiane est comprise comme reliant les deux autres. Ainsi
bien plus est presque une coordinative dans «Paul a perdu beaucoup d'argent au jeu; *bien plus:* il est ruiné». Le passage à la
nouvelle fonction est consommé dans *mais* = lat. *magis* («il y a
plus»). De même «Je suis resté à la maison. Pourquoi? Il
pleuvait». *Pourquoi?* = «Vous demandez pourquoi?» Ce tour
montre comment le latin *quare?* «pourquoi?» est devenu une
pure conjonction coordinative dans le français *car.* Cf. aussi
sanscrit *param* «mais», littéralement «(Il y a) encore autre
chose».

Mais ce n'est là qu'une variété du type général. Les trois
coordonnées ont commencé par se déterminer de proche en
proche comme toutes les autres: «Paul a perdu beaucoup d'argent au jeu; à *cela* s'ajoute quelque chose de plus; et *c*'est qu'il
ruiné». «Je suis resté à la maison; et j'y suis resté *pourquoi?*
Le pourquoi, *c*'est qu'il pleuvait». Ensuite est intervenue l'analogie des systèmes de deux coordonnées reliées par une conjonction, et l'on a interprété comme conjonction la phrase médiane, surtout lorsque celle-ci était très courte.

96. Il semble parfois difficile d'établir la frontière entre
la conjonction coordinative et les autres termes A de segmentées contenant un représentant (explicite ou implicite). Le critère déterminant n'est pas l'impossibilité de rattacher le terme
initial à un verbe de la phrase, puisque cette impossibilité découle de la syntaxe de toute segmentée (cf. *A cet endroit,* nous
fîmes halte, ou: *Là,* nous fîmes halte). Ce qui caractérise la

conjonction coordinative à l'exclusion des autres termes A,
c'est le fait que son représentant représente la totalité de la
première coordonnée, et non un de ses termes seulement (v.
plus haut: *à cause de cela*). Ce critère est souvent doublé du
fait que la forme de la conjonction lui interdit tout rapprochement avec le verbe de C$_2$ (p. ex. *c'est pourquoi, aussi* nous ne
sortirons pas). En effet, toute conjonction de cette nature (*donc,
pourtant, mais,* etc.) représente C$_1$ dans sa totalité.

97. La segmentation, si caractéristique de la phrase française (par opposition à celle de l'allemand),[3] est un procédé éminemment expressif. AZ et ZA relèvent de tendances opposées
de l'expressivité, *l'attente* et *la surprise*. Dans AZ, le thème
produit un effet de tension; il fait désirer le propos, qui prend
toute sa valeur par cette préparation. Au contraire, dans ZA,
le propos éclate par surprise, et le thème est comme l'écho de
cette explosion.

Si la segmentation permet de distinguer nettement le thème
et la fin de l'énoncé, c'est qu'elle les met *l'un et l'autre* en relief. C'est ce que n'ont pas vu les grammairiens qui ont ef-
fleuré cette question; ils sont partis de l'hypothèse que dans
toute phrase, il ne peut y avoir qu'une seule idée dominante;
aussi la segmentation a-t-elle été considérée comme un moyen
de relever uniquement le prédicat selon les uns, uniquement le
sujet selon les autres. Les uns et les autres ont raison. Le
régime des accents des phrases allemandes correspondantes le
montre (81 n.).

98. Il est facile de voir combien la syntaxe segmentée
fleure la langue parlée. En effet, si la langue écrite peut présenter l'énoncé de la pensée dans une phrase organique et cohérente, les nécessités de la communication rapide exigent que
les éléments de l'énonciation soient présentés pour ainsi dire
par morceaux, de manière à être plus facilement digérés.

On a souvent remarqué que le français est, beaucoup plus
que l'allemand, une langue «sociable», orientée vers l'entendeur, soucieuse de lui épargner l'effort. Ce n'est donc pas un
hasard si la syntaxe segmentée joue ici un rôle si important;
elle est, avec la séquence progressive, dont il sera question
plus loin, un facteur essentiel de compréhension aisée.

Notes

[1]L'accent d'intensité, d'ailleurs très faible en français, semble constituer un troisième caractère de la phrase segmentée; mais en réalité il est un simple facteur concomitant, parce qu'il précède toujours immédiatement la pause, dont il est fonction: différence essentielle avec l'accent autonome de l'allemand, où le thème est souligné par l'intensité *sans la pause:* «*Diesen* Brief habe ich *nie* erhalten, etc.»

[2]Cette reprise d'un terme nominal résulte probablement, comme me le fait remarquer M. Magnenat, de la perte de la flexion nominale en français. On constate en effet que l'allemand pratique beaucoup moins la segmentation qui l'obligerait à cette reprise: comparez «*Diesen Brief* habe ich nicht erhalten» avec «*Cette lettre,* je ne *l'*ai jamais reçue.»

[3]M. Leo Spitzer remarque fort justement (*Le Français Moderne,* III, p. 196, n°. 4) qu'une phrase traduite du français «Heftige Stösse scheinen ihn umzurühren, diesen Teig» n'est pas vraiment allemande. - On remarquera à ce propos que le tour allemand du type «Er gewann es über sich, die Mädchen zu meiden» a été autrefois segmenté en ZA (cf. «Il s'y est enfin résigné, à renoncer aux femmes»); mais actuellement la phrase est liée et la virgule irrationnelle.

QU'EST-CE QU'UN SIGNE? *

1. F. de Saussure a signalé l'importance de la science des signes pour l'explication du langage. La présente étude n'a pas l'ambition d'embrasser le problème sémiologique dans son ensemble, ni de déterminer la place que le langage occupe dans cet ensemble. On cherchera simplement à définir le signe à la fois dans sa généralité et ses caractères propres, en l'opposant à des notions voisines qui risquent sans cesse de se confondre avec lui.

En fait, notre point de départ est, pour ainsi dire, une querelle de langage: le mot *signe,* et ceux qui lui correspondent dans la plupart des langues d'Europe (grec *sêmeion,* latin *signum,* italien *segno,* allemand *Zeichen,* russe *znak,* etc.) ont deux significations nettement différentes, mais que l'usage distingue fort mal.

Journal de psychologie normale et pathologique, avril-juin 1939, pp. 161-174. Ce travail est le développement de conférences faites à Genève en 1935 et 1937 et à Zurich en 1938.

2. Il s'agit là, pour le dire en passant, d'un fait caractéristique des rapports entre la pensée et la langue. Les mots nous sont imposés par une tradition impérative; le plus clair de notre travail cérébral se passe à loger tant bien que mal nos idées dans ces cases toutes préparées, et cette contrainte crée en nous l'habitude de définir des mots au lieu de définir des choses.

Rien n'est plus caractéristique, sous ce rapport, que les distinctions auxquelles nous obligent les mots qui, au cours de l'évolution, ont contracté entre eux des associations analogiques et différentielles. Il nous semble tout naturel d'opposer la *douleur* à la *souffrance* et d'employer l'un de ces mots à l'exclusion de l'autre dans des cas déterminés: en fait, ce triage compliqué, souvent inutilement subtil, parfois artificiel, astreint la pensée logique, avide de désignations adéquates aux choses, à un morcellement stérile. La spéculation abstraite se débat au milieu de notions verbales usuelles où d'autres notions, puisées dans la réalité, doivent entrer de gré ou de force. Où sont les frontières qui séparent en fait le *peuple* et la *nation,* la *culture* et la *civilisation?*

C'est ce mal qui a engendré les idées confuses ou erronées que nous attachons au mot *signe,* et c'est ce qui excuse notre digression: il suffit de placer côte à côte *signe* et *signal, signe* et *symbole, signe* et *insigne, signe* et *symptôme,* etc., pour entrevoir dans quel dédale nous engage la pensée asservie au langage. Sans doute le philosophe et l'homme de science peuvent toujours enserrer un vocable fluctuant dans une formule rigide; rappelons-nous la magistrale distinction faite par Saussure entre *langage, langue* et *parole;* nous tenterons la même mise au point pour le mot *signe.* Mais l'usage journalier, qui ne vit pas de concepts clairs, mais d'idées travesties par le sentiment, l'imagination et l'intérêt, a tôt fait de s'affranchir de ces contraintes logiques, et retourne à son vomissement.

3. Or, précisément, le problème du signe exige qu'on définisse dès l'abord la différence qui existe entre deux mots souvent pris l'un pour l'autre dans l'usage courant: *fait* et *acte.* On m'excusera de rappeler ici, pour les besoins de l'exposé, des choses trop connues, et surtout de les ramener à des schémas un peu simplistes.

Nous disons donc que les faits ont des causes et que les actes résultent d'intentions.

Attachons-nous à la première de ces notions, et, comme le mot *fait* ouvre encore la porte aux équivoques, parlons plutôt d'*événements*, de *phénomènes*, de *procès*. Sera procès pour nous tout ce qui se passe autour de nous et en nous, tout ce que nos sens enregistrent sous forme de perceptions que l'on se contente de localiser dans l'espace et le temps. Un coup de tonnerre est un procès comme une rage de dents, une colonne de fumée comme les battements du cœur, l'humidité de la terre comme l'immobilité d'un corps.

4. Ces phénomènes se présentent isolément ou bien c'est l'attention qui les isole. Mais, d'autres fois, et le plus souvent, ils surgissent en faisceaux ou forment des chaînes; simultanés ou successifs, ils s'impriment dans l'esprit liés les uns aux autres; on voit la fumée monter du feu, le tonnerre succéder à l'éclair, le visage pâlit à l'annonce d'une nouvelle tragique.

Si ces groupes de phénomènes se répètent avec la même répartition des éléments, la mémoire en conserve la représentation d'une façon durable, en la dépouillant de ses caractères accidentels; ce n'est plus telle fumée qui est associée à tel feu, en un certain temps et un certain lieu. L'association fumée-feu, devenue permanente, prend un caractère abstrait, achronique et atopique. *Actuelle* dans son origine, elle est maintenant *virtuelle:* en outre, elle a la forme d'un jugement qui, moins inconscient qu'il l'est le plus souvent, se formulerait ainsi: s'il y a du feu, il y a de la fumée; s'il y a de la fumée, il y a du feu.

5. Faisons un pas de plus. Si, dans une circonstance donnée, un des éléments de la chaîne associative vient à manquer ou se fait attendre, ou simplement se dérobe, par sa nature, à toute perception immédiate,[1] le souvenir latent des expériences antérieures permet de le suppléer: un aboiement révèle la présence invisible d'un chien, une colonne de fumée suggère l'image du feu, l'éclair fait attendre le tonnerre; en voyant quelqu'un pleurer, on pensera qu'il a du chagrin; la pâleur du visage peut être interprétée comme le reflet d'une forte émotion.

De même pour les états: l'humidité de la terre suggère l'idée qu'il a plu; la rigidité d'un corps, c'est la mort; l'arsenic trouvé à l'autopsie, un empoisonnement. L'inférence peut être vraie ou erronée; si nous pensons que quelqu'un a honte parce qu'il rougit, c'est au contraire qu'il a trop chaud; le prétendu mort est simplement en léthargie, etc. Mais peu nous importe: c'est le mécanisme psychologique de l'association qui seul nous intéresse.

6. Or tout ceci suppose de nouveau une opération logique: l'actualisation des jugements virtuels issus eux-mêmes de la répétition d'expériences concrètes. Ici encore, n'était le caractère pour ainsi dire instinctif de ces démarches de l'esprit, on pourrait ramener à des syllogismes ces cas d'actualisation et le raisonnement se formulerait ainsi: s'il y a du feu, il y a de la fumée; or, ici, il y a de la fumée, donc il doit y avoir du feu.

On le voit: l'esprit supplée le terme manquant associé au procès réellement perçu. Mais ce terme peut être ou l'antécédent ou le conséquent; grâce au schéma virtuel déposé dans la mémoire, le mécanisme de l'inférence est réversible (ce que le jugement de causalité n'est jamais): si la terre est humide, j'en conclus qu'il *doit* avoir plu; si, chez moi, je vois tomber la pluie, je pense que la terre *doit* être humide.

Quel que soit le terme donné et connu, il permet de connaître celui qui est hors de perception; grâce à l'inférence, je devine ce que je ne perçois pas; l'inférence est un moyen de connaître, et ce moyen m'est fourni par les associations *virtuelles* permanentes emmagasinées dans la mémoire et qui sont les éléments *essentiels* de ces opérations.

Ce procès révélateur, cette perception qui me permet de conclure à l'existence d'un autre fait, comment l'appeler? Le baptiserons-nous *signe*, comme on le fait communément? La fumée est-elle signe du feu? Ce serait perpétuer les confusions qu'il s'agit de dissiper. Nous l'appellerons *indice;* ce mot, moins usuel, a l'avantage d'être à l'abri de l'équivoque.

*   *   *

7. Si maintenant nous conservons le mot *signe*, quelle sera sa définition? Comment le distinguerons-nous de l'indice?

Prenons un exemple bien puéril, qui montrera pourtant combien la faculté de créer des signes est innée chez l'homme, puisqu'elle apparaît dès l'enfance. Un bébé est couché dans son berceau. Il a mal aux dents et gémit lamentablement. Sa mère entend ses plaintes, accourt et le console. Elle sait que s'il geint, c'est qu'il souffre; les gémissements sont pour elle l'*indice* du mal qui les provoque. Mais la scène se répète plusieurs fois, et le bambin associe solidement, dans sa petite jugeote, l'idée de ses jérémiades et celle de la venue de sa mère. Comme il est très doux d'avoir le plus souvent sa maman auprès de soi, il se peut que les plaintes provoquées par la douleur s'accompagnent chez l'enfant de la *volonté* inconsciente de voir venir sa mère, et insensiblement il prend l'habitude de se faire entendre, non plus seulement *parce qu'*il souffre, mais *afin de* faire comprendre à sa mère qu'il souffre. Le succès l'encourage, si bien que le voilà en possession d'un *moyen* de se faire cajoler, et d'un moyen dont il se sert *à volonté;* il en est si bien maître qu'il l'emploie, l'espiègle, même quand il ne souffre pas. Cette petite supercherie pourrait être appelée un mensonge inarticulé; or, le mensonge et la simulation sont un critère certain auquel on reconnaît la nature du signe tel que nous l'entendons. Le gémissement n'*indique* plus la douleur, il la *signifie,* ce qui veut dire qu'il fait corps avec sa signification.[2]

8. Envisageons maintenant le rôle de la mère dans ce petit drame. Elle peut d'abord être dupe de la supercherie, et croire que l'enfant gémit simplement parce qu'il souffre; dans ce cas *le signe demeure pour elle un indice;* mais les circonstances aidant, elle finira par deviner que le bébé manie à sa guise ses jeux vocaux; elle pourra même lui reprocher de se plaindre pour rien. A ce moment, elle aura compris qu'elle a affaire à un signe, si bien que rien ne l'empêchera d'imiter par dérision les plaintes de l'enfant; elle saura, elle aussi, se servir du signe; le signe a été recréé en elle pour son usage personnel (bien superflu dans ce cas): le circuit est maintenant fermé, un lien social s'est établi entre deux pensées.

9. Précisons maintenant les caractères communs et différentiels de l'indice et du signe.

A. L'indice et le signe sont l'un et l'autre de nature matérielle, physique, et tous deux déclenchent des impressions sensorielles qui font surgir à leur tour la représentation des choses indiquées ou des choses signifiées. C'est en entendant le cri d'un oiseau qu'on devine sa présence, et c'est en imitant ce cri (p. ex.: *coucou*) que l'on peut créer un signe désignant l'oiseau lui-même.

Mais, dans sa matérialité, le signe a un caractère très précis qui le distingue de l'indice: il résulte d'un ou plusieurs *mouvements musculaires*, produits par une volonté (inconsciente ou réfléchie). On peut passer en revue toutes les classes de signes: toujours on les verra soumis à cette condition primordiale, depuis les réflexes utilisés comme signes (p. ex.:

les grimaces, les froncements de sourcils, etc.) jusqu'au langage, qui n'est composé que de gestes vocaux volontaires. On
ne saurait objecter les signes permanents, car eux aussi sont
les produits de mouvements musculaires intentionnels: un drapeau en berne peut garder indéfiniment, dans son immobilité,
sa signification de deuil public; mais il a bien fallu que, dans
l'intention de signifier ce deuil, il ait été mis par quelqu'un
dans cette position; et même si l'opérateur n'a fait qu'un travail dont il ignorait le sens, il l'a fait sur l'*ordre* d'une autre
personne, et cet ordre a dû être donné par la parole, ou au besoin par des gestes.

10. B. Nous sommes réceptifs vis-à-vis de l'indice, parce
que les données qui le composent sont des *faits*, des procès imposés par la réalité. En outre, il déclenche une opération purement intellectuelle, un jugement, c'est un procédé de connaissance. Le signe, au contraire, est une prise de possession de
l'indice, c'est un *acte*. Le signaleur est maître d'utiliser le
signe comme bon lui semble.

On peut souligner la généralité de ce double caractère (intellectuel et volitif) du signe, en disant que, si l'indice est un
moyen de *connaître*, le signe est un moyen de *faire connaître,*
étant bien entendu qu'on peut faire connaître n'importe quoi: un
désir, une idée, un sentiment, etc.

11. Si l'emploi du signe est un acte, il engendre à son tour
un autre acte chez le récepteur: il est un moyen d'action sur
autrui, et c'est en cela que réside sa fonction sociale. Mais
cette action provoquée se définit, comme celle qui la provoque,
en termes tout à fait généraux. D'ordinaire, on pense uniquement à des actes matériels, directement perceptibles. Pour
faire sortir quelqu'un, je peux, au lieu de le prendre par les
épaules et le pousser dehors, lui montrer la porte ou lui dire
Sortez : tout le monde sera d'accord pour dire que les signes
employés ainsi ont eu pour conséquence une action du récepteur.
Mais il y a bien d'autres cas qui montrent le caractère double-
ment actif du signe. Ainsi une interrogation, qui est un acte,
déclenche un autre acte: la réponse. Cet acte peut être enfin
purement psychique et se dérober à toute perception sans cesser d'être réel: si je dis à quelqu'un «La pluie a cessé», c'est
que je veux qu'il le sache; c'est un acte; d'autre part, cette
nouvelle provoquera chez mon interlocuteur un ébranlement
psychique quelconque: elle pourra le décider à sortir, ou

produire en lui de la joie, de l'étonnement, n'importe quoi, enfin; mais tout changement, si faible soit-il, dans le cours de la pensée est un acte.

12. Notons en passant qu'il y a, logiquement parlant, des *actions zéro*, qui ne se confondent pas avec l'absence pure et simple d'action. Une personne de ma connaissance me salue toujours quand elle me rencontre dans la rue: tout à l'heure, elle vient de me croiser en me regardant fixement et sans me saluer. Au point de vue sémiologique, il s'agit d'un acte négatif, d'un acte «à rebours», d'un *signe zéro*: c'est une case vide qui suggère l'idée de son contenu absent.

Les linguistes sont dès longtemps familiarisés avec la notion de signe zéro. Le mot *marche* a un suffixe zéro, parce qu'il désigne l'action de marcher et que les noms d'action ont normalement un suffixe désignant cette valeur *(lav-age, gouverne-ment, déclar-ation, inclin-aison)*. De même, dans le fonctionnement de la langue (c'est-à-dire dans la parole), l'ellipse est un signe zéro: dans la phrase: «Préférez-vous le vin rouge ou *le blanc?»*, il est clair que *le blanc* n'est pas un mot simple comme dans «*le blanc* de l'œil» ou «*le blanc* de l'œuf», mais qu'il contient le mot *vin*, bien que celui-ci ne figure pas à la place qu'il devrait occuper.

L'action déclenchée chez le récepteur peut être aussi zéro. C'est le cas lorsque je pose une question et qu'on ne me répond pas, lorsque je fais signe à quelqu'un de sortir et qu'il ne sort pas. Il s'agit de systèmes réguliers d'associations dont un élément manque dans un cas exceptionnel.[3]

13. C. La genèse et l'évolution des signes font ressortir un autre caractère qui les distingue des indices. Comme l'indice, le signe a, à l'origine, la forme d'une association contingente, singulière, donc actuelle. (L'enfant qui geint parce qu'il a mal s'aperçoit à un certain moment, si vague soit-il, qu'il peut faire venir sa mère en geignant.) Comme l'indice, le signe, par l'effet de la répétition, fait corps dans la mémoire avec l'idée qui lui est associée; celle-ci, comme le signe lui-même, se dépouille de ses caractères accidentels; le signifiant et le signifié sont dès lors virtuels, et doivent s'actualiser à chaque emploi qui en est fait.

Mais la répétition et l'automatisme ont, pour le signe, des conséquences que l'indice ne partage jamais. On le voit bien si l'on suit les transformations d'un signe au cours du temps.

Soit, par exemple, le geste du vassal qui se dépouillait de son
casque pour marquer sa dépendance vis-à-vis de son suzerain:
ce signe symbolique est l'ancêtre lointain de notre «coup de
chapeau». L'idée que ce geste symbolisait (le signifié) s'est
profondément transformée, et, en outre, diluée, car la saluta-
tion signifie des états psychiques assez vagues et très divers.
D'autre part, le geste lui-même (le signifiant ou signe proprement dit) a perdu toute valeur symbolique; nous ne savons plus
pourquoi nous levons notre chapeau pour saluer. Arrivé à ce
terme, nous pouvons dire, avec F. de Saussure, que le signe est
arbitraire, et il l'est dans son signifiant et dans son signifié.
Telle est la destinée de la plupart des signes d'un usage constant, et c'est pourquoi Saussure a pu dire que les signes de la
langue sont normalement arbitraires; le mot *vertu* n'a rien dans
ses sons qui fasse prévoir sa signification, et la notion de vertu
elle-même résulte uniquement des associations oppositives
qu'elle contracte avec les autres notions constitutives de son
«champ associatif» (p. ex.: les espèces du genre: *justice, chas-
teté,* la notion contraire: *vice,* etc.).

Mais c'est là une marque distinctive qui sépare le signe de
l'indice; car celui-ci, étant toujours donné, c'est-à-dire constitué par quelque fragment de la réalité auquel nous ne pouvons
rien changer, est toujours uni à la chose indiquée par un lien
naturel; l'indice n'est jamais arbitraire, non plus que la chose
qu'il indique.

14. Nous constatons en outre que la notion d'arbitraire recouvre celle de conventionnel (au sens strict). L'emploi d'un
signe arbitraire repose, au point de vue statique, sur une convention, une sorte de contrat tacite passé entre les usagers du
signe. C'est par une convention de ce genre que nous levons
notre chapeau pour saluer, que nous haussons les épaules pour
marquer l'indifférence, que nous disons *bœuf,* et les Allemands
Ochs, pour désigner un certain animal. Ces conventions se
sont établies insensiblement, presque à l'insu des sujets, de
sorte qu'il est souvent impossible de remonter à l'origine symbolique des signes issus des indices.

Mais d'autre part, l'abondance des signes devenus conventionnels par évolution lente et inconsciente a créé chez l'homme
la tendance à imiter, sans détour, ces signes conventionnels et
à en former artificiellement d'autres qui, dès leur naissance,
sont artificiellement arbitraires ou en tout cas peuvent l'être.

Un plat à barbe au-dessus de la boutique d'un coiffeur, voilà sans doute qui est symbolique en même temps qu'artificiel. Les signes héraldiques ont aussi ce double caractère (armes parlantes, etc.). Mais les signaux maritimes sont en grande partie conventionnels et, pour ainsi dire, «contractuels», de même que, si je suspens un mouchoir à ma fenêtre pour signifier à mes amis que je suis à la maison, il s'agit d'une sorte de contrat établi entre eux et moi.

*   *   *

15. Si notre attention s'est portée essentiellement sur la distinction entre indice et signe, il serait vain de prétendre que cette distinction est toujours possible: l'instinct d'imitation, où la volonté joue un rôle infime, crée une foule de cas intermédiaires, et, en général, le passage du réflexe à l'acte volontaire est souvent insaisissable. Celui qui rit sait-il toujours exactement s'il obéit à une impulsion irrésistible ou s'il veut faire connaître sa joie? Une grimace est-elle, pour celui-là même qui grimace, une contraction involontaire ou un moyen de marquer son dégoût?

Mais ces cas, où notoirement indice et signe se compénètrent, doivent être soigneusement séparés de ceux où les deux notions étant nettement différenciées, la confusion résulte d'une fausse interprétation soit de l'indice, soit du signe. Comme ces erreurs sont commises journellement, il vaut la peine de s'y arrêter; en les signalant, on sera mieux armé pour élucider les cas par eux-mêmes obscurs.

16. Il arrive, par exemple, qu'un signe soit aussi, par surcroît, un indice. Le costume est souvent symbolique (costumes nationaux, costumes de classe, etc.). Le Bourgeois gentilhomme s'affuble d'habits de cour afin de marquer sa prétendue ascension dans l'échelle sociale; mais la gaucherie qu'il montre dans cet accoutrement est un indice de sa véritable condition. Le langage, système de signes par excellence, devient indice quand il permet de porter des jugements (vrais ou faux) sur la personnalité du parleur; quelques phrases suffisent pour montrer s'il est autochtone ou étranger, si c'est un homme bien élevé ou un rustre, etc. L'écriture, système de signes au second degré, devient indice pour le graphologue, qui y découvre, ou croit y découvrir le reflet de la mentalité du scripteur.

17. Voyons maintenant comment il se fait qu'un signe soit interprété comme un indice *(a)*, et un indice comme un signe *(b)*.

(a) Nous avons dit (§ 7) que le signe, une fois affranchi de son origine «indicielle», acquiert une autonomie qui le rend indépendant de la pensée du signaleur et le lie uniquement à sa signification propre. De là, nous l'avons vu, la possibilité du mensonge et de la simulation. Lorsque quelqu'un comble de marques de respect une personne qu'il méprise, le mécanisme du signe joue normalement, car ces marques de respect demeurent attachées à l'idée de respect; l'emploi irrégulier qui en est fait relève de la psychologie individuelle, non de la sémiologie. Mais si une femme simule un évanouissement et jette par là le trouble dans son entourage, on pourra s'y tromper et voir dans cette comédie les symptômes, c'est-à-dire les indices d'un état alarmant.

18. Chez le récepteur, il faut compter aussi avec l'automatisme; c'est même lui qui est la source la plus abondante des malentendus. En apercevant le drapeau du garde-barrière, le mécanicien du train ne pense plus guère qu'à l'indication qu'il lui fournit: la fermeture du passage à niveau; il lui importe peu de réfléchir que ce drapeau est porté par quelqu'un, et que son geste est intentionnel. Mais la confusion est plus facile encore quand il s'agit de signes dont le signaleur est invisible ou a cessé d'opérer. Pour l'ouvrier, la sirène d'usine indique simplement l'heure de reprendre le travail; il ne se demande pas comment se produit son mugissement. Il suffit au conducteur du train de savoir que la voie est libre parce qu'un certain disque est placé dans une certaine position; que quelqu'un la lui ait fait prendre, c'est là le moindre de ses soucis.

Que dire alors des signes permanents qu'on rencontre chaque jour à la même place, comme un poteau indicateur, un drapeau au-dessus de la porte d'une mairie? Personne n'opère plus le détour de pensée par lequel on imagine l'installation consciente et volontaire de ces signes. On va au plus pressé: par la tendance au moindre effort, le signe n'est plus, en apparence, qu'un indice. Il n'en est pas moins évident que, dans tous ces cas, l'intervention de la mémoire et de la réflexion permet de déterminer la vraie nature, la nature signalétique de l'opération ou de l'objet.

19. *(b)* Le cas inverse n'est pas moins fréquent: l'indice est souvent interprété comme un signe.

Instinctivement, nous répugnons à l'idée qu'un mouvement du corps (geste, attitude, etc.) n'est pas voulu; nous sommes, par nature «intentionalistes»; un professeur peut être choqué de voir un étudiant bâiller à son cours, parce qu'il voit une impertinence dans ce qui n'est peut-être que l'effet d'une mauvaise digestion. Une dame s'indignera de voir un monsieur, assis en face d'elle dans un tram, lui faire des signes d'intelligence: ce monsieur est simplement affligé d'un tic facial.

Mais il y a plus: nous n'admettons pas volontiers que les phénomènes n'aient que des causes. Le primitif (et le «civilisé» plus souvent qu'on ne pense) sont tentés de découvrir dans les procès naturels les manifestations d'une volonté cachée: l'animisme est enraciné au cœur de l'homme. Quand la superstition transforme ainsi les faits en actes, elle n'intéresse pas directement la sémiologie; c'est ainsi que le Grec disait *Zeus huei* pour «il pleut»;[4] dans l'éclipse, l'Hindou se représentait la lune dévorée par le démon Râhu. Mais la superstition travestit fréquemment l'indice en signe, et cela est de notre ressort: c'est par une éclipse que la divinité avertit – en vain – les Athéniens de ne pas s'embarquer pour la Sicile; c'est dans les entrailles des victimes qu'ils devinaient l'issue des batailles: si les poulets sacrés ne voulaient pas manger, les Romains ne se mettaient pas en campagne.

Doit-on s'étonner, après cela, si le langage reflète ces mirages et consacre ces confusions? Les figures sont là pour le prouver: «L'hirondelle est la *messagère* du printemps», «La douleur *arrache* un cri au malade», «L'alcool *enlumine* le nez de l'ivrogne», «Ce bloc enfariné ne me *dit* rien qui vaille», etc.

20. Tout cela nous montre finalement pourquoi le mot *signe* est lui-même si ambigu, de même que ceux qui lui correspondent dans presque toutes les langues de civilisation (§ 1). Il est piquant de constater que la *sémiologie* rêvée par F. de Saussure est la science des signes, tandis que la *sém(é)iologie* des médecins est l'étude des symptômes, c'est-à-dire des indices des maladies.[5]

21. Littré nous dit que l'indice est «un signe apparent qui indique avec probabilité», et que le signe est «l'indice d'une chose présente, passée ou future».

Le *Vocabulaire de la philosophie* de M. Lalande marque un sérieux effort de classer les sens divers du mot *signe* (vol. II, p. 768 s.) Passons en revue les définitions et les exemples consignés dans cet article, à seule fin de les confronter avec les nôtres.

Voici la définition A: Perception actuelle justifiant d'une manière plus ou moins sûre une assertion relative à quelque autre chose.

Cette définition est celle que nous avons donnée de l'indice; on remarquera cependant que, selon nous, l'indice n'est pas nécessairement actuel; une fois constitué, il est même essentiellement virtuel; l'actualisation relève de son fonctionnement, non de sa nature propre (§ 5).

Voyons maintenant si les exemples cités à l'appui concordent ou non avec notre conception de l'indice.
1) La fréquence du pouls est signe (lisez : indice) de fièvre. 2) Le tocsin, signe d'incendie. Mais les cloches ne se mettent pas toutes seules en branle; le tocsin est donc un signe et non un indice; seul l'automatisme (§ 18), toujours corrigible par la réflexion, peut le présenter à l'esprit comme un indice.
3) «Donner, observer des signes d'impatience». Cas à deux faces : s'agit-il de mouvements réflexes ou de gestes conscients? (§ 15); en outre, l'expression est-elle ou non une figure (§ 19)? Comparez : «Le blessé, que l'on croyait mort, *donna* quelques signes de vie.» 4) Un signe fait sur une pièce de monnaie (pour la reconnaître) : nous voici bien loin de l'indice; il s'agit d'un signe authentique, et de la nature la plus évoluée (signe «contractuel», § 14).

Définition B. Action extérieure et perceptible destinée à communiquer une volonté. Voilà qui concorde exactement avec notre propre définition du signe. Exemple donné: «La fermeture d'un sémaphore, signe ou signal d'arrêt.» Nous constatons cependant que le caractère volitif du signe, absolument général pour nous, est réservé ici aux signes qui déclenchent des actions matérielles. En effet, on fait une distinction entre «Faire signe à quelqu'un de venir» (définition B), et «Faire signe que quelqu'un vient» (renvoyé à la définition A, dont il aggrave le caractère ambigu). Nous avons dit (§ 11) que, au point de vue de l'effet produit sur le récepteur, il n'y a pas de différence principielle entre action matérielle et action interne ou modification psychique.

Définition C. Objet matériel, figure ou son, tenant lieu d'une chose absente ou impossible à percevoir, et servant soit à la rappeler à l'esprit, soit à se combiner avec d'autres signes.

On cite comme exemples les signes désignant les métaux, les signes algébriques, les signes du langage. Ces signes-là sont bien des signes pour nous; mais leur caractère propre, susceptible de les opposer aux classes A et B, n'apparaît pas nettement.

Le *Vocabulaire de la philosophie* fait enfin une distinction judicieuse entre signes naturels et signes artificiels (tels que les signes algébriques et les signes musicaux). Malheureusement, nous trouvons parmi les signes naturels la fumée (qui n'est pas un signe) et les «signes expressifs», qui manifestent «naturellement» des états ou des mouvements de l'esprit; or nous avons vu (§ 15) que ceux-là se rangent soit parmi les réflexes (à interpréter comme indices), soit parmi les signes dérivés des réflexes et servant à communiquer des états affectifs. Ainsi, les onomatopées, qu'on semble attribuer aux réflexes, n'en sont nullement, pas plus que les interjections de toute sorte auxquelles les sujets parlant la même langue attribuent une signification plus ou moins déterminée: *boum! patatras!*, tout comme *aïe! bah! ouf!* etc., sont des signes linguistiques conventionnels (§ 13 s.), au même titre que les mots proprement dits, parce que, comme eux, et malgré leur forme, ils sont fixés par l'usage.

*   *   *

Notre classement des catégories sémiologiques n'est pas — comme on le voit — identique à celui du *Vocabulaire de la philosophie;* ce n'est pas à dire qu'il prétend être définitif, pas plus que nous n'avons eu l'intention, dans la présente étude, de résoudre tout le problème du signe; nous voulions bien plutôt en montrer l'extraordinaire complexité; seules des recherches plus approfondies pourront nous rapprocher de la solution.

Notes

[1]Il s'agit des procès psychiques, que chacun peut percevoir en soi-même, mais non chez autrui, et qui ne forment des associations complètes que pour celui qui en est le siège. Ma propre expérience m'a appris que des émotions telles que le chagrin, la colère, etc., s'accompagnent de réactions sensibles qui s'associent, chez moi, à ces émotions elles-mêmes; mais chez autrui, ces éléments sensoriels m'apparaissent

seuls, et c'est seulement par analogie que j'en conclus à l'existence des
états psychiques: les pleurs me font penser au chagrin, le froncement
des sourcils et l'acuité du regard à la colère, etc. On ne connaît jamais
la bonté de quelqu'un, mais seulement *ses* bontés, c'est-à-dire les manifestations concrètes, perceptibles, de cette qualité.

[2]Ici reparaît l'ambiguïté du langage. F. de Saussure a montré
(*Cours de ling. gén*[3]., p. 3) que le signe linguistique est composé de deux
parties indissolublement liées entre elles, comme le recto et le verso
d'une feuille de papier; le signe comprend donc un *signifiant* et un *signifié*. On pourrait ajouter que l'indice forme lui aussi un système avec
la chose indiquée. Or, par malheur, il n'y a pas de mot pour désigner
ce tout «indiciel», et d'autre part, chose plus grave, le mot *signe* est
universellement employé dans le sens de *signifiant*. Nous nous confor-
mons à l'usage pour la raison que nous opposons le signe à l'indice, qui,
lui, ne peut désigner qu'un élément et non le tout. Le signe fera donc ici
pendant à la chose signifiée ou signification.

[3]On sait que des notions analogues sont familières aux mathématiciens: si un mobile est envisagé au point de vue de la vitesse, l'immobilité a autant de raison d'être qu'une vitesse de vingt kilomètres. En
métrique, la catalexe est un élément zéro; le «pentamètre» élégiaque
(qui est un hexamètre) a un demi-pied zéro à la fin de chaque hémistiche.
En musique, un silence est une note zéro quand il correspond à une note
réelle d'une mélodie parallèle. Tout ceci se ramène, en définitive, à des
perceptions zéro, et il y en a de toute sorte. J'ai l'habitude de porter un
trousseau de clés dans la poche gauche de mon pantalon. J'y plonge la
main: la poche est vide. Oui, mais ce vide est comblé par la vive représentation des objets absents. On pense involontairement à ce capitaine
qui, inspectant l'équipement de sa compagnie, dit à une recrue: «Je *vois*
pas mal de choses qui manquent dans votre sac.»

[4]Même, dans le *il* de *il pleut*, le *es* de *es regnet*, le *t* du latin *pluit*,
on perçoit le vague écho de l'idée que la pluie nous est envoyée par quelque être surnaturel.

[5]Nous avons dit qu'il s'agit pour nous de définir des choses et non
des mots; mais une fois bien déterminées les choses que nous appelons
indices et signes, on constate que certains vocables se rangent assez
docilement dans l'une ou l'autre de ces catégories. Ainsi, en français,
les mots *signal, insigne, enseigne, emblème, allégorie*, bien que très
différents les uns des autres, désignent toujours des signes, de même
que le protéique *symbole*, tandis que *symptôme* relève de l'indice, ainsi
que *pronostic;* ce dernier désigne aussi l'inférence greffée sur un indice
(de même que *diagnostic*). En allemand, *Anzeichen* dans l'usage courant
n'est qu'indice et *Abzeichen* que signe, etc. En revanche, si *indice* est
clair, *indiquer* est ambigu: la fumée indique le feu parce qu'elle est un
indice; mais, pour indiquer à quelqu'un la place qu'il doit occuper, je me
sers de signes.

INTONATION ET SYNTAXE*

Le rôle des procédés musicaux du langage a été longtemps négligé. On les comptait volontiers parmi les formes primitives et embryonnaires du langage, ou bien on y voyait des phénomènes purement contingents de la parole individuelle. Aujourd'hui on se rend mieux compte que ces éléments, et en particulier l'accent d'intensité, l'intonation ou mélodie, et les pauses appartiennent au système de la langue, sont fixées par l'usage et revêtent, dans les idiomes modernes les mieux constitués, des valeurs fondamentales. On trouvera un aperçu général de la question dans mon *Traité de stylistique française* (I, p. 267 ss., 309 ss.); puis, dans *Linguistique générale et linguistique française (= LGLF)*, j'ai essayé de déterminer certaines règles relatives à la mélodie des phrases coordonnées, segmentées et liées (p. 80 ss.). C'est également à la mélodie qu'est consacrée la présente étude. Sans prétendre reprendre le problème dans son ensemble, on voudrait, sur la base des phrases segmentées, traiter quelques points de doctrine et de méthode, en les confrontant avec les idées émises par d'autres linguistes, particulièrement MM. Blinkenberg et Lerch.[1] L'exposé est fondé sur le français moderne, parce que c'est ma langue maternelle; mais il est certain que ces vues générales sont applicables, *mutatis mutandis*, à d'autres idiomes.[2]

*   *   *

La première difficulté qu'on rencontre dans cet ordre de recherches, c'est la distinction entre l'accent d'intensité et la mélodie. Sans doute a-t-on raison de dire que l'intensité et la mélodie ont une affinité réciproque et concourent souvent à la constitution d'un schéma syntaxique; mais elles ne sont pas nécessairement solidaires l'une de l'autre, et il est faux de prétendre que l'accent est toujours accompagné d'une élévation de la voix. Soient les phrases segmentées: *Cet homme, je le connais*, et *Je le connais, cet homme:* dans l'une comme dans l'autre, *homme* est accentué, mais la mélodie du segment *cet homme* est montante dans la première et descendante dans la seconde.

*Cahiers Ferdinand de Saussure 1 (1941), pp. 33-42.

De plus, il est essentiel de dégager ce qui est musicalement déterminant pour la fixation d'un type syntaxique: il y a, pratiquement, des dominantes accentuelles et des dominantes mélodiques. Si, dans la phrase allemande «*Du* bist schuldig», on veut faire du premier mot le prédicat psychologique, le «propos» (= fr.: *C'est toi qui es le coupable*), c'est l'intensité qui prime; l'élévation de la voix est simplement concomitante. Au contraire, dans *On ne fume pas, ici*, le dernier mot est accentué, mais c'est la courbe mélodique, la pause et surtout la tombée de la voix sur *ici* qui sont tout l'essentiel de ce tour syntaxique.

Les analyses de M. Blinkenberg sont le plus souvent correctes, parce qu'il a compris que l'intonation joue en français un rôle plus important que l'accent. M. Lerch, influencé peut-être par sa langue maternelle, ramène tout à l'accent et semble sous-entendre que la mélodie n'en est qu'une dépendance négligeable. Cet exclusivisme entraîne plusieurs inexactitudes dans le chapitre consacré à l'ordre des mots (p. 215 ss.). Ce qui caractérise la syntaxe (extravulgaire) de phrases telles que *Trois enfants j'ai eus* et *Un gros cochon c'était* (Lerch p. 266), ce n'est pas avant tout l'accent, mais la mélodie des segmentées ZA (v. plus bas p. 36) et l'on n'a pas le droit de comparer *Le cerf il dépeça* (La Fontaine), phrase liée de type archaïque, intonée tout différemment. La préoccupation de l'accent en fait trouver là où il n'y en a pas; ainsi dans *Un silence se fit* (p. 258), M. Lerch accentue le sujet parce qu'il est prédicat psychologique (double erreur), et dans *Un domestique apporta des chaises*, il est illusoire de penser que le sujet non seulement est accentué, mais, de plus, suivi d'une pause. C'est qu'on a encore de la peine à se rendre compte que dans la phrase liée simple et régulière, la distinction du thème et du propos n'est marquée par aucun signe linguistique, qu'elle dépend du contexte ou de la situation, bref: relève de la parole, non de la langue.

Autre question délicate: celle des pauses médianes. Celles-ci jouent un rôle si important en français que leur présence ou leur absence peut constituer deux types syntaxiques distincts; ainsi *Je reste à la maison, parce qu'il fait froid* diffère de *Je reste à la maison parce qu'il fait froid*. Ce qui empêche souvent de voir clair, c'est que la rapidité du débit abrège les pauses et va même jusqu'à les supprimer. Mais ici, une fois de plus, la langue s'oppose à la parole, et la phonologie à la phonétique. Il

en est des pauses comme des *e* caducs du français, qui peuvent
s'amuir sans que les sujets perdent conscience de leur réalité
latente (cf. *porte-faix* et *port'faix*). Dans la phrase *Au milieu
du parc il y a un bassin,* la pause médiane peut disparaître, mais
je sens très bien qu'elle est là, que je peux la rétablir et la pro-
longer à volonté. Inversement, il m'arrivera d'en mettre une
dans *Au milieu du parc se trouve un bassin;* mais j'ai le sentiment que l'inversion du sujet est incompatible avec la pause;
c'est que dans la première phrase, *il y a un bassin* est une
phrase grammaticalement complète et indépendante, ce qui
n'est pas le cas pour *se trouve un bassin.*

Une conséquence de ces fluctuations (dont la parole, non la
langue, est responsable), c'est qu'on ne peut se fier sans réserve à la ponctuation des textes écrits. Ainsi la phrase citée
par M. Blinkenberg (p. 110): *En latin, s'est produit une évolution analogue* contient, pour la raison énoncée plus haut, une
virgule irrationnelle. Je ne sais si Flaubert a réellement écrit
«Et ce teint pâle... ! *Moi,* qui aime les femmes pâles», mais
cette faute de ponctuation n'autorise pas M. Lerch (p. 195) à
poser un type syntaxique *(Et) ma scie, qui ne coupe pas,* car la
pause le rend inintelligible.

*   *   *

Appliquons maintenant ces données à la phrase segmentée,
telle qu'elle est décrite *LGLF*, p. 84.[3] J'appelle phrase segmentée un énoncé divisé en deux parties séparées par une pause
et dont l'un, désigné ici par Z, est le but de l'énoncé, le prédicat psychologique, le *propos,* et l'autre, figuré par A, le sujet
psychologique ou *thème,* qui sert de base au propos. Le propos
est ce qui importe au parleur, le thème ce qui est utile à l'entendeur. L'ordre des termes est ou AZ ou ZA: comparez *Cette
lettre* (A), *je ne l'ai jamais reçue* (Z) et *Je ne l'ai jamais reçue*
(Z), *cette lettre* (A). Comme l'a bien vu M. Sechehaye (*l. c.* p.
165), Z est une phrase *grammaticalement* indépendante et qui
conserverait sa pleine valeur en l'absence du segment A, peu
importe d'ailleurs qu'elle ait une forme analytique: *Je ne l'ai
jamais reçue,* ou celle d'une phrase à un membre: *(S'il est
coupable), la mort!,* ou enfin qu'elle soit réduite à une exclamation: *(Si tu m'embêtes), vlan!* où *vlan* = «je te donne une gifle».
Au contraire, le segment A est, par définition, incomplet, et

dépend étroitement de Z, bien qu'il en soit matériellement dé-
taché. Il peut être constitué par n'importe quoi: un substantif:
Les enfants, (ça casse tout), un adjectiv: *Fatigués, (nous l'étions)*,
un adverbe: *Ici, (on ne fume pas)*, une proposition subordonnée:
S'il pleut, (la fête sera renvoyée), et même une phrase (en apparence) indépendante: *Pas d'argent, (pas de pain)*, *Il fait froid,
(nous ne sortirons pas)*, etc., etc. Chacun de ces types, énoncés
en AZ, peut être renversé en ZA.

Or, j'ai essayé de montrer (*LGLF*. p. 86) que c'est par
l'intonation et la pause que la phrase segmentée se révèle
comme telle et que A se distingue de Z. Ce fait essentiel a été
jusqu'ici ou négligé ou mal compris. Pour M. Lerch, nous
l'avons vu, l'intonation ne joue ici aucun rôle, et il semble
mettre sur le même pied AZ et ZA (p. 259). M. Blinkenberg,
qui, lui, tient compte de la mélodie, admet qu'elle est la même
pour les deux variétés de la segmentée (p. 47 et 59), et pose
que soit dans *Fatigués, nous l'étions*, soit dans *Nous l'étions,
fatigués*, la voix monte sur le premier segment et descend sur
le second.

En réalité Z, comme on doit s'y attendre, a la mélodie de
la phrase indépendante qu'il représente, et cette mélodie peut
être très diverse; cela dépend de la nature *modale* de l'énoncé,
selon qu'il s'agit d'une affirmation, d'une interrogation, d'un
ordre, d'un énoncé exclamatif exprimant la colère, l'étonnement, etc., etc.

Tout autre est le traitement de A: son intonation est stéréotypée et conventionnelle, uniformément ascendante dans AZ,
tandis que A est prononcé sur un ton bas et sourd en ZA. Et
surtout: elle n'est pas autonome, mais dépend de celle de Z.
Aussi est-ce la mélodie qui peut seule marquer la subordination
de A à Z quand A a la forme d'une phrase indépendante, comme
plus haut dans *Il fait froid, nous ne sortirons pas* et *Nous ne
sortirons pas, il fait froid*. Le critère mélodique est particulièrement décisif dans les formes de la syntaxe émotive. Si un
élément comporte une prononciation exclamative, cet élément est
nécessairement autonome et, en conséquence, ne peut être que
coordonné à ce qui le précède ou le suit: *Le filou! Il m'a tout
pris, Il m'a tout pris. Le filou!*. Pour que ce complexe devienne
une segmentée, il faut (et il suffit) que l'élément exclamatif
abandonne son intonation émotive et adopte la mélodie conventionnelle propre à A, p. ex. *Il m'a tout pris, le filou* (ZA).

En revanche, c'est la pause médiane qui montre que, grammaticalement, le segment A n'est pas un «complément» de Z,
où il est d'ailleurs souvent représenté par un pronom: «Cet
homme, je ne *le* connais pas». Une analyse fondée sur la syntaxe de la phrase liée serait ici trompeuse, car elle ferait de A
un élément intérieur à Z. En fait, l'adverbe *ici*, par exemple,
n'est pas un complément de *fume* dans *Ici, on ne fume pas* ou
On ne fume pas, ici; la phrase liée *On ne fume pas ici* (sans
pause!) serait tout autre; syntaxiquement, le contexte aidant
(v. p. 35), *ici* serait le propos; on voudrait dire qu'on fume ailleurs, p. ex. dans le wagon des fumeurs. Rien ne vous avertit
que *les chèvres* pourrait être complément de *il faut* dans *Les
chèvres, il leur faut du large* (A. Daudet); c'est *leur*, non *les
chèvres*, qui a cette fonction. Sans doute l'analogie de la phrase
liée peut altérer la pureté de la syntaxe segmentée, p. ex. dans
«*Aux chèvres*, il leur faut du large», et même «*Aux chèvres* (,)
il faut du large»; mais la mélodie et la possibilité de la pause
maintiennent le caractère fondamental de cette structure.

Ajoutons que Z peut être lui-même une segmentée (az ou
za); c'est alors que l'intonation et les pauses atteignent le maximum de leur valeur distributive. Ainsi *Cet homme, moi, je ne
le connais pas* s'analyse AZ (Z = az), tandis que *Cet homme, je
ne le connais pas, moi* répond à la formule AZ (Z = za). Je
range dans le premier type la phrase des Goncourt citée par
M. Lerch (p. 54): *Un homme à idées libérales et qui porte vêtements de coupe ecclésiastique* (A), *règle générale* (Za), *toujours s'en défier* (Zz), et dans le second celle de Daudet (Blinkenberg p. 178): *A l'écluse* (A), *tout le monde en parlait* (Zz),
de ces choses effroyables (Za).

On comprend dès lors la position à assigner à la phrase segmentée entre la syntaxe des coordonnées et celle de la phrase
liée. La phrase segmentée est issue de la condensation de deux
coordonnées (ZZ') dont la seconde s'ajoute à la première pour
l'expliquer, la justifier, la localiser dans l'espace ou le temps,
etc. On donne généralement le nom d'épexégèse à ce genre de
coordination. Ainsi dans *Ici. Asseyez-vous*, Z' indique l'intention qui a fait dire *Ici;* tandis que dans *Asseyez-vous. Ici*, Z'
précise, après coup, la place qu'on doit occuper. Or, chaque
coordonnée a une intonation autonome, corrélative à son indépendance grammaticale et à sa modalité. La pause est en général
bien nette, mais, comme toujours dans la parole, elle peut être

abrégée et même supprimée, d'où l'illusion qu'on a affaire à la
segmentation ou à la phrase liée; c'est alors que la mélodie re-
met les choses au point. La méconnaissance de ce critère est
une source d'erreurs, et la confusion est particulièrement fréquente entre coordination et segmentation. Ainsi M. Lerch dit
(p. 182) que dans le type *Elle ne coupe plus, ma scie,* le second
terme est ajouté au premier comme supplément d'information:
c'est confondre la constitution du type avec sa genèse, car la
mélodie nous avertit immédiatement qu'il s'agit d'une segmentée (ZA), et non de deux coordonnées (ZZ'). P. 473, il cite côte
à côte deux phrases de Flaubert qu'il donne pour épexégétiques:
Elle regarda les fenêtres du château, longuement, et *La journée
fut longue, le lendemain,* alors que, au témoignage de l'intonation, seule la première est ZZ', tandis que la seconde est une
segmentée ZA.

La triple interprétation d'une même phrase résumera ces
développements. L'énoncé *Cette construction est très fréquente
en latin* peut être prononcé de trois manières: 1) *en latin* peut
être séparé de ce qui précède par une pause et avoir une intonation autonome explicative; le sens est: «j'ajoute que cette
fréquence concerne le latin» (type ZZ'); 2) il peut, tout en comportant une pause, se prononcer sur un ton bas; il devient alors
le thème (retardé) de ce qui précède (type ZA); 3) il peut enfin,
sans pause médiane, et sans intonation propre, faire partie
d'une phrase liée, où le thème et le propos — répétons-le — sont
déterminés uniquement par le contexte ou la situation: ainsi
dans une grammaire latine, c'est *fréquente* qui serait le but de
l'énoncé; ce serait au contraire *en latin* si cette phrase figurait
dans un traité où plusieurs langues sont comparées.

*   *   *

Il arrive qu'une phrase soit coupée en deux par un élément
intercalé (une incidente ou incise). Ce phénomène touche de
très près au sujet qui nous occupe, car l'incise relève soit de
la coordination soit de la segmentation.

1. L'incise peut être une coordonnée que la vivacité de la
pensée fait surgir avant que la première phrase soit achevée.
L'ordre logique des deux propositions n'est pas toujours facile
à rétablir. Il est clair, par exemple, dans *Paul — et c'est fort
heureux — a renoncé à son projet,* où la conjonction *et* prouve

que l'incise est une coordonnée anticipée; mais *Vous avez, je le vois, une splendide écriture*, peut correspondre soit à *Je le vois, vous avez...*, soit à *Vous avez..., je le vois*. Mais peu importe: l'essentiel est que l'intonation montre que ces incises sont indépendantes de la phrase enveloppante, car cette intonation est celle que les parties intercalées auraient si on les détachait de leur contexte.

2. Ailleurs, l'incise est l'élément A intercalé dans le Z d'une segmentée. La mélodie est alors conventionnellement montante ou descendante et prive le terme enclavé de toute valeur autonome. Elle est montante dans *Le tigre, d'un bond, fondit sur sa proie*, et nous avons là une variété de AZ. (Comparez: *D'un bond, le tigre fondit sur sa proie*). Elle est descendante dans *Paul est, dit-on, très malade*, et cette phrase est une variété de ZA.

Une incise exclamative est, par définition, une phrase; il s'agit donc du type 1), p. ex. *Il a abusé – Ah! le filou! – de ma crédulité;* mais dès que le ton exclamatif fait place à un ton conventionnel, l'énoncé appartient au type 2): *Il s'y entend, le filou, à duper son monde*, où l'intonation grave de l'incise révèle une variété de ZA (avec Z valant lui-même za, v. plus haut p. 38).

Le genre d'épexégèse le plus fréquent est celui où la phrase explicative (j'insiste sur le mot «phrase») se rapporte à un terme particulier de l'énoncé dans lequel il est intercalé. Ainsi *Cet homme – un vrai filou – a fait d'innombrables dupes* renferme une incise qui a été et peut être encore interprétée comme une phrase à un membre (= «C'est un vrai filou»). Le caractère coordinatif de cette épexégèse est généralement révélé par le parallélisme des intonations. Il n'y a donc là rien de nouveau pour nous; mais on sait que ces tours sont à l'origine de l'apposition libre *(L'orateur – Cicéron – prit la parole)*, de l'épithète libre *(L'élève, attentif, écoutait le maître)*, et même de la proposition relative explicative *(Un homme, que je ne connais pas, m'a salué tout à l'heure)*. On remarquera que ces tours épexégétiques ne versent jamais dans la syntaxe segmentée; par contre, ils alimentent, grâce à une nouvelle condensation, la syntaxe de la phrase liée *(L'orateur Cicéron, l'élève attentif, un homme que j'ai rencontré)*.

*   *   *

On a pu constater que tous les développements qui précèdent reposent sur la différence entre phrase et élément de
phrase. Ce qui définit la phrase, c'est, pour le signifié, la modalité (v. *LGLF.*, p. 34), c'est-à-dire l'attitude subjective du
parleur vis-à-vis de ses représentations objectives, et, pour le
signifiant, l'intonation autonome, reflet direct de la modalité.
Les variétés de cette intonation sont aussi nombreuses que
celles de la modalité elle-même (affirmation, interrogation,
désir, ordre, etc., sans compter les multiples nuances émotives
qui accompagnent les formes fondamentales). Pour qu'une
phrase devienne élément de phrase, il faut (et souvent il suffit)
que la modalité en soit absente et, parallèlement, que son intonation cesse d'être autonome (comme dans le terme A de la
phrase segmentée) ou se confonde dans l'intonation de la phrase
entière (phrase liée).[4]

Comparons, pour résumer, les trois phrases suivantes:
*Paul est fou. — Que Paul soit fou, je n'en doute pas. — Je ne
doute pas que Paul soit fou.* La première, phrase liée du type
le plus banal, à modalité implicite (c'est-à-dire exprimée seulement par le mode indicatif du verbe), est autonome au double
point de vue grammatical et mélodique, par sa modalité et son
intonation, celle-ci pouvant, en conséquence, varier selon la
nature des mouvements subjectifs qui provoquent l'énoncé. La
seconde phrase est une segmentée AZ; la modalité est explicitée sous la forme d'un verbe modal *(douter)* qui donne à Z son
caractère autonome et lui permet des intonations variables selon le cas; au contraire l'idée de la folie de Paul est devenue le
dictum (LGLF, p. 32), la représentation sur laquelle porte la
modalité; le membre de phrase qui la contient est le thème de
l'énoncé, et, par suite, fonction de Z, d'où perte de l'autonomie
grammaticale. Le subjonctif *soit,* privé de toute valeur modale
proprement dite, est un outil de transposition d'une principale
en subordonnée; parallèlement, perte de l'autonomie mélodique,
l'intonation étant stéréotypée, uniforme, incapable de variations
appréciables. Enfin la troisième (phrase liée) est un bloc syntaxique et mélodique; la subordonnée n'a plus trace d'intonation
propre.

Notes

[1]A. Blinkenberg, *L'ordre des mots en français moderne*, 2 vol., Copenhague, 1928 et 1933. Eug. Lerch, *Französische historische Syntax*, vol. III *(Modalität)*, Leipzig, 1934.

[2]M. M. Cohen, qui, sans connaître mon exposé des phrases segmentées (*LGLF*, p. 84 ss.), a émis des idées analogues au IVe Congrès de linguistes (Copenhague, 1936, voir les *Actes* de ce congrès, p. 106 ss.) a surpris des faits semblables à ceux du français dans la langue amharique de l'Abyssinie.

[3]M. Sechehaye avait déjà exposé des vues analogues dans son *Essai sur la structure logique de la phrase*, p. 164 ss, sans cependant aborder le problème des procédés musicaux.

[4]C'est à M. Karcevski que revient l'honneur d'avoir introduit l'intonation dans la définition de la phrase (*Sur la phonologie de la phrase*, Travaux du Cercle linguistique de Prague, vol. IV, p. 188 ss.). Dans le détail, son analyse de la phrase, extrêmement fouillée et riche d'enseignements, diffère sensiblement de la mienne; il serait hors de propos de dire ici en quoi; au lecteur de comparer. M. Lerch, qui, lui aussi, a revendiqué l'intonation pour la définition de la phrase (*Vom Wesen des Satzes und von der Bedeutung der Stimmführung für die Definition des Satzes*, Archiv für die gesamte Psychologie, vol. 100, p. 133 ss.) ne semble pas avoir eu connaissance du mémoire de M. Karcevski.

SYNTAXE DE LA MODALITÉ EXPLICITE*

Le présent travail est un simple programme d'étude, qu'il ne m'est pas possible de développer dans l'espace dont je dispose ici. Il est établi d'un point de vue strictement statique et limité au français moderne; mais les principes qui y sont exposés pourraient être étendus aux autres langues européennes régies par des règles syntaxiques communes; puis, par l'examen d'idiomes indo-européens plus anciens, tels que le grec, le latin et le sanscrit, on remonterait à l'origine de la modalité explicite, qui s'explique par la parataxe.[1]

*   *   *

Cahiers Ferdinand de Saussure 2 (1942), pp. 3-13.

La modalité est la forme linguistique d'un jugement intellectuel, d'un jugement affectif ou d'une volonté qu'un sujet pen-
sant énonce à propos d'une perception ou d'une représentation
de son esprit. Ainsi la vue ou l'idée de la pluie peut provoquer
dans l'esprit d'un agriculteur une croyance, une appréhension
ou un désir: «Je crois qu'il pleut; Je crains qu'il ne pleuve; Je
souhaite qu'il pleuve.» La partie de l'énoncé qui exprime le
jugement ou la volonté (ici: *je crois, je crains, je souhaite*) est
appelée *modus;* l'objet du modus (ici: l'idée de la pluie) est
contenu dans le *dictum.*

La modalité est dite explicite quand (comme dans les exemples ci-dessus) le sujet de l'énonciation est en même temps le
sujet de la phrase et que le verbe signifiant juger ou vouloir (le
verbe modal) est distinct du verbe exprimant l'idée sur laquelle
porte le modus (le *verbe dictal*). La modalité est au contraire
implicite lorsque le sujet de l'énonciation (généralement le sujet parlant) n'apparaît pas dans la phrase et que la modalité est
exprimée par la syntaxe du dictum (normalement par le mode
du verbe dictal («Il pleuvra.; S'il allait pleuvoir!; Qu'il pleuve!»).
Entre ces deux formes extrêmes de la modalité, il y a place
pour quantité de formes intermédiaires, dont les plus importantes seulement seront signalées au cours d'un exposé forcément
schématique.

*   *   *

Il n'est pas question de donner ici un aperçu même sommaire des nuances sémantiques de la modalité, encore moins
de parler des innombrables formes périphrastiques, locution-
nelles et idiomatiques qui correspondent aux verbes modaux
(pour le détail, consulter Brunot, *La pensée et la langue*, p. 507
ss.). Il faudrait insister au moins — mais cela non plus n'est
pas possible — sur les principes qui président au classement
des verbes modaux. Rappelons seulement qu'on doit tenir
compte a) des verbes modaux négatifs: *nier, ignorer, refuser,
dédaigner de*, etc., b) des causatifs: *convaincre* (= amener à
juger), *conseiller* (= inciter à vouloir, etc.), c) des déclaratifs:
affirmer (= dire qu'on juge), *se plaindre* (= dire qu'on est mé-
content), *ordonner* (= dire qu'on veut). Certaines distinctions
logiques peuvent aider au triage: ainsi, dans la catégorie du
vouloir, on peut distinguer: vouloir ce qu'un autre ne veut pas

(forcer, contraindre), ne pas vouloir ce qu'un autre veut *(défen-
dre, refuser)*, et vouloir ce qu'un autre veut aussi *(permettre,
consentir)*. Mais la tâche la plus délicate du classement consiste à ramener sous les trois chefs indiqués plus haut d'innombrables expressions qui en sont, à première vue, fort éloignées,
mais s'y rangent cependant par un jeu d'associations sémantiques et grammaticales: ainsi *oser* se rattache par l'intermédiaire de *ne pas hésiter, être bien décidé*, à l'idée de volonté;
éviter, c'est *s'abstenir*, et, au fond *ne pas vouloir; il s'agit* (de
se décider) = *il importe, il faut, je veux* (qu'on se décide). Il
faut en outre prendre garde à l'homonymie: dans «Je crains
d'avancer» il y a un défaut de décision, dans «Je crains de
vous avoir blessé» une appréhension. Comparez encore: «Je
comprends (= je vois, constate) que vous êtes fâché» et «Je
comprends (= j'approuve) que vous soyez fâché»; *oublier* est
modal dans «J'ai oublié qu'il faut payer», il ne l'est pas dans
«J'ai oublié (négligé) de payer» (v. p. 12).

*   *   *

Au point de vue grammatical, un verbe modal est un verbe
transitif (c.-à-d. une copule de rection) ayant pour complément
d'objet le dictum; celui-ci a la forme d'une proposition subordonnée jouant, par transposition, le rôle d'un substantif actua-
lisé (*L.* p. 56 ss.) complément d'objet du verbe modal et relié à
lui par le transpositeur *que*, particule vide de tout élément lexi-
cal; comparez «Je regrette que vous partiez» et «Je regrette
votre départ».[2] Ce *que* modal est suppléé, après un petit nombre
de verbes, par *à ce que* (ex. *s'attendre à ce que* (= présumer). Le
cas de *de ce que*, (*s'étonner de ce que*, etc.) est différent (voir
plus loin, p. 112). Quant à la conjonction lexicalisée *que*, exprimant une notion temporelle ou logique, elle est étrangère à la
modalité (ex.: «Il entra *que* (= alors que) j'étais encore couché».
«Attendez *que* (= jusqu'à ce que) la pluie ait cessé». Viens *que*
(= pour que) je t'embrasse». La réciproque de la règle est également vraie: tout verbe suivi de *que* (particule vide !) est une
copule modale, soit que ce verbe et cette particule soient offerts directement dans la phrase, (ex.: «Je crois que je suis
innocent»), soit qu'ils se déduisent de l'analyse d'autres tours
syntaxiques par voie d'échanges fonctionnels (ex.: «Je crois
être innocent, je me crois innocent, je me considère comme

innocent, je me tiens pour innocent, je crois à mon inno-
cence»).

*   *   *

L'étude des échanges fonctionnels est une des grandes
tâches de la syntaxe; pour aucune langue ils ne sont encore
établis systématiquement et ils devront faire l'objet de recherches méthodiques; en ce qui concerne la modalité, nous ne pouvons en donner qu'une idée approximative au moyen de quelques
sondages. Nous distinguerons A) les échanges intéressant le
modus et B) ceux qui concernent le dictum.

A) A propos du modus il importe de se rappeler que tout
verbe modal est transitif; puisqu'il est suivi normalement de
que (particule vide), il s'ensuit que, inversement, cette particule implique la transitivité du verbe ou du tour verbal qui la
précède, même si la forme semble s'y opposer, comme dans
être certain que, avoir la conviction que, etc. A ce sujet, les
verbes de sentiments posent une question délicate. Comment
juger des tours tels que «Je souffre *de ce que* je suis méconnu»?
Tout simplement de la même manière que «Je souffre *des*
dents»: le complément désigne ici la cause du procès, et nous
sommes en présence d'un verbe proprement dit (ou verbe dictal!). Que penser alors de la coexistence de «Je m'étonne *de
ce qu'*on ne me répond pas» et «Je m'étonne *qu'*on ne me réponde pas»? La différence consiste en ce que, dans le premier
cas, il s'agit d'un sentiment expliqué par sa cause, et dans le
second, d'un jugement affectif (ou jugement de valeur) portant
sur un procès: *s'étonner que* signifie «trouver, juger étonnant
que»; or, c'est seulement en se muant en verbe de jugement
qu'un verbe de sentiment devient une copule modale. Ces deux
syntaxes sont donc bien distinctes, et si on les considère parfois comme équivalentes, c'est en partie parce qu'elles se confondent dans la forme lorsque la subordonnée est transposée en
proposition infinitive (voir sous B): «Je m'étonne de ne pas recevoir de réponse» transpose indifféremment, *s'étonner que* et
de ce que.

Les verbes modaux comportent de nombreuses équivalences
fonctionnelles; signalons particulièrement l'échange entre l'actif
et le passif impersonnel, qui modifie partiellement le caractère
subjectif de la modalité: cp. «Je défends (on défend) de fumer»

et «Il est défendu de fumer». A son tour le passif peut échanger son participe contre un adjectif de sens voisin, et l'on obtient des correspondances telles que: «On prouve, il est prouvé, avéré que: il est vrai, il est exact que», «On permet, il est permis: il est légitime que», où le jugement est complètement objectivé; d'autre part le passif impersonnel peut céder la place à des impersonnels proprement dits: cp. «on présume, il est présumé: il semble que», qui présentent le jugement sous cette même forme impersonnelle.

B) Parmi les échanges intéressant le dictum, les deux cas les plus importants sont a) l'interrogation indirecte et b) l'infinitif.

a) Une interrogation contient la matière d'un jugement dont on demande l'assertion soit à autrui soit à soi-même. «Le train est-il arrivé?» signifie «Je *vous* demande ou je *me* demande, je ne sais, j'ignore si le train est arrivé». Or, on constate qu'entre «Je ne sais *si* le train est arrivé» et «Je sais *que* le train est arrivé», il y a correspondance fonctionnelle évidente; *si* interrogatif et *que* sont, au point de vue statique, supplétifs l'un de l'autre. L'échange avec *que* est moins apparent, mais selon moi aussi réel, dans les interrogations partielles; là aussi, c'est la réponse qui sert de réactif: «Vous ne savez pas *quand* le train arrivera? Mais moi, je sais *qu'*il arrivera *à cinq heures*». On notera en passant que des correspondances telles que «Je ne sais *si* vous êtes honnête, *d'où* vous venez, *ce qui* vous amène ici, *ce que* vous voulez de moi» prouvent que, statiquement, *ce qui, ce que, ce dont,* etc. sont de purs interrogatifs.

b) L'échange entre *que* et l'infinitif (J'affirme que je suis innocent: j'affirme être innocent; je regrette que vous soyez souffrant: je regrette de vous déranger; je veux que tu partes: je veux partir, etc.) est trop connu pour qu'on y insiste. L'infinitif est relié au verbe modal sans préposition ou par une préposition aussi vide que la particule *que* (*regretter de, hésiter à,* etc.). Il s'ensuit qu'une préposition lexicalisée exclut tout rapport modal; comparez «Je me décide *à* partir» et «Je me délasse *à* entendre la musique (= *en* entendant la m., *par* l'audition de la m.)». N'oublions pas non plus qu'une préposition lexicalisée peut être implicite: «Descendez recevoir (= *pour* recevoir) nos invités». Remarque banale, mais très importante: certains verbes modaux ne peuvent se construire qu'avec

l'infinitif; mais il suffit de les échanger avec des synonymes ou
des antonymes (sens large) pour que leur caractère modal apparaisse; ainsi on dit: «Je vous somme de partir», et *sommer
que* est impossible; mais ce verbe est synonyme de *ordonner:*
«Je vous ordonne *de* partir, j'ordonne *que* vous partiez»; de
même pour *hésiter à répondre* = *ne pas oser;* ces deux verbes
repoussent la construction avec *que;* mais on a vu (p. 4) que
oser, c'est *être décidé,* et, au fond, *vouloir* (en dépit des obstacles, des dangers, etc.).

Comme l'infinitif n'est autre chose qu'un verbe transposé
fonctionnellement en substantif, il s'échange tout naturellement
avec des substantifs verbaux proprement dits: cp. «J'ordonne
qu'on châtie les coupables, de châtier les c., *le châtiment* des
c.». La correspondance est ici évidente; mais on peut se demander, à ce propos, si un verbe modal peut avoir pour complément d'objet un appellatif «concret», c.-à-d. un substantif
désignant un être ou une chose. Il s'agirait d'un cas limite, où
le verbe dictal serait entièrement implicite. En fait, *croire
aux démons,* n'est-ce pas *croire que les démons existent?* «Je
veux *du thé*» signifie réellement «Je veux *avoir,* je veux *qu'on
me donne* du thé». Si cette interprétation est exacte, il s'ensuit
que, inversement, si le rétablissement d'un verbe dictal est impossible, le verbe principal ne peut être modal. Dans des
phrases telles que «Pense à ta mère», «Sais-tu ta leçon?», «Dis
ta fable!», les verbes *penser, savoir* et *dire* n'expriment aucune idée modale.

*   *   *

Les auxiliaires de mode (*devoir, pouvoir* [allemand *dürfen*
et *mögen*], *sembler, passer pour,* etc.) ont leur place ici, puisque leur régime est à l'infinitif (Je dois partir, Vous pouvez
sortir, Paul passe pour être honnête); mais le cas est bien différent des précédents. Ces auxiliaires s'échangent, par voie de
synonymie, avec des verbes modaux employés au passif: «On
veut que je parte, on m'oblige à partir, je suis obligé de partir,
je dois partir»; «On permet que vous sortiez, on vous autorise
à sortir, vous êtes autorisé, vous pouvez sortir»; «On estime
que Paul est honnête, Paul est estimé être honnête, est censé
être honnête, passe pour être honnête». Cet échange a une conséquence remarquable: la modalité, sans cesser d'être explicite,

se trouve *incorporée dans le dictum* et cette incorporation nous
montre le chemin qui permet de relier (statiquement!) la modalité explicite à l'implicite. En effet, des auxiliaires de mode,
la transition est aisée à des tours tels que «Il *aura manqué* son
train (= il est probable, je présume qu'il l'a manqué)», où la
modalité est représentée par le futur antérieur, et ainsi l'on
comprend finalement qu'elle puisse être exprimée (et c'est le
cas le plus fréquent!) par le mode du verbe dictal: «Nous *serons* heureux (= Je crois à notre bonheur futur); Nous *serions*
heureux (= Je pose en imagination l'éventualité de notre bonheur); *Soyons* heureux, *Qu'il soit* heureux[3] (= Je souhaite notre
bonheur, son bonheur)», et qu'enfin le langage émotif puisse se
contenter de marquer la modalité par l'intonation qui accompagne
les phrases à un membre; c'est l'intonation seule qui montre, par
exemple, que la phrase «Mon chapeau!» signifie «Je constate
que mon chapeau est là» ou Je suis surpris qu'il ne soit pas là»
ou «Je veux qu'on me l'apporte», etc., etc. Cette fusion totale
du modus et du dictum est l'origine de toute modalité implicite,
de même que le procédé opposé, la parataxe, est à la racine de
toute modalité explicite.

On le voit: la modalité revêt des formes protéiques et dis-
parates: expression distincte du dictum, incorporation dans le
dictum,[4] mode du verbe dictal, intonation.[5] Mais la modalité
n'est jamais absente de la phrase, elle en est l'âme; sans elle,
l'énonciation ne correspondrait qu'à des représentations virtuelles de l'esprit, sans contact avec la réalité. C'est la modalité qui, avec le concours de l'intonation, distingue la phrase
de tous les autres syntagmes, et les formes modales qu'on rencontre dans les propositions subordonnées s'expliquent par la
transposition de la phrase en terme de phrase.

*   *   *

Nous avons dit qu'un verbe régissant l'infinitif n'est modal
que si cet infinitif est échangeable avec une subordonnée introduite par *que;* il suit de là que, inversement, un verbe ne peut
être modal si cette permutation n'est possible ni directement,
ni par voie de correspondances synonymiques. Ces verbes-là
forment un groupe assez bien déterminé, et leurs significations
diverses ne sont nullement hétérogènes; elles ont ceci de commun qu'elles expriment des nuances *aspectives* des procès

contenus dans les infinitifs qui en dépendent. A ces valeurs aspectives s'ajoute souvent l'idée de la participation plus ou moins
intensive et consciente de l'auteur de l'action à cette action
elle-même (valeurs «*diathétiques*»). Le verbe d'aspect peut
présenter le procès dans sa durée indéterminée (*être en train
de, ne pas cesser de*, etc.), dans son point de départ (*être sur
le point de, aller* [«Il va pleuvoir»], *commencer, se mettre à*),
dans son développement et son acheminement vers un terme
(*continuer de*), dans son achèvement (*finir de, cesser de*).
L'appoint de la diathèse crée des verbes désignant les phases
successives de l'action volontaire: *se préparer à, procéder à,
essayer, tenter de, apprendre à, s'efforcer de, s'obstiner à; se
hâter, s'empresser de; arriver, parvenir, réussir à;* l'état consécutif à l'acte (*pouvoir* [all. *können*], *savoir* [all. *vermögen*], p.
ex. *savoir nager*) se confond naturellement avec l'état pur et
simple.

La diathèse peut parfois prédominer aux dépens de l'aspect, comme c'est le cas des verbes marquant l'attention ou le
soin: *veiller à, prendre garde de, avoir soin de*, etc., y compris leurs contraires: *négliger, omettre, oublier de*, etc.
Quelques-uns de ces verbes comportent exceptionnellement la
construction avec *que:* p. ex. *veiller à ce que;* cela s'explique
par le fait que l'action volontaire est très voisine de la volonté
envisagée en soi.

L'infinitif dépendant de ces verbes peut, comme c'est le
cas avec les verbes modaux, se transposer en substantifs abstraits (cp. *commencer à travailler* et *commencer le travail*);
le complément peut être aussi un simple appellatif lorsque le
verbe qui devrait être à l'infinitif est totalement implicite (v.
plus haut, p. 8); ainsi *commencer un roman* peut signifier, selon
les cas, *commencer à lire* ou *à écrire un roman;* «J'ai oublié
mes clés» = «J'ai oublié de les prendre», etc.

Les verbes aspectifs et diathétiques explicitent normalement des adverbes (non modaux!) de la phrase simple qui leur
correspond: adverbes qui, eux aussi, expriment à leur manière
des aspects ou des diathèses: *ne pas cesser de travailler*, c'est
*travailler toujours, finir de travailler= ne plus travailler, finir
par entrer= entrer enfin*, etc.

La valeur aspective de ces verbes ressort aussi de la comparaison avec des langues qui rendent les aspects par des procédés intérieurs au verbe, p. ex., comme en germanique, en

slave, en finno-ougrien, par des préfixes; comparez *commencer à couper (entamer)* et all. *anschneiden, finir de boire* et *austrinken, réussir à tirer (un lièvre)* et *erschiessen,* etc.

*   *   *

Nous terminerons par une remarque importante qui dépasse les limites de notre étude: l'explicitation du mode et celle de l'aspect ne sont que deux cas privilégiés d'un fait général: l'*explicitation prédicative* d'un terme quelconque d'une phrase; ce procédé consiste à faire de son élément ou de son supplétif le *prédicat* d'une proposition principale ayant pour complément les autres éléments de la phrase simple. Il y a là matière à un nouveau travail, et les quelques exemples qui suivent ne visent qu'à appuyer la définition: «Paul arrivera *bientôt: il ne tardera pas* à arriver; Il n'est *pas encore* rentré: il *tarde* à rentrer; «Cet élève *seul* a résolu ce problème, il l'a résolu *le premier: Il a été seul, le premier* à le résoudre»; «*Paul* (accent d'insistance!) est le coupable: *C'est Paul qui* est le coupable»; «*Le train* arrive: *Voilà le train qui* arrive»): *Paul* m'a chipé ma plume: (en lang. pop.) *Il y a Paul qui* m'a chipé ma plume». Un cas-limite: c'est la phrase entière qui est explicitée; cp. «*Le train arrive*» et «*Voilà que le train arrive*».

Il est intéressant de constater que les scolastiques du moyen âge connaissaient déjà le mécanisme de l'explicitation prédicative; comme l'a montré M. J. Lohmann (*Sprachkunde,* Berlin, Langenscheidt, 1942, Nr. 1, p. 2), ils la désignaient par le terme *actus signatus,* qu'ils opposaient à *actus exercitus:* ainsi pour eux, il y a *actus exercitus* dans le *non* de latin *non venit,* et *actus signatus* dans le *nego* de *nego eum venire.*

*   *   *

Si cet exposé a quelque fondement dans les faits, il montrera peut-être, malgré ses inévitables lacunes, qu'en grammaire les échanges fonctionnels suggérés par la mémoire ont autant d'importance que les syntagmes déroulés dans le discours, et que c'est par l'étude combinée de ces deux facteurs que le système d'une langue cesserait d'être un postulat pour devenir une réalité concrète.

Notes

[1]Sur la modalité en général et la modalité explicite en particulier, v. Bally, *Linguistique générale et linguistique française* (= *L*), p. 31 ss.

[2]Si l'on sortait des limites du français, on constaterait que cette règle s'applique aux autres langues européennes régies par de grandes lois syntaxiques communes, qui naturellement présentent des variantes. C'est ainsi que les idiomes occidentaux ont une seule particule pour les verbes modaux des trois catégories (ex. italien *chè,* allemand *dass,* hongrois *hogy,* etc.), tandis que les langues de l'orient en ont deux, l'une pour l'expression des jugements intellectuels et affectifs, l'autre pour celle de la volonté, p. ex. roumain *că : să,* grec πού(πῶs): *νὰ,* russe *čto : čtob(ǐ);* roumain *nu trebue să uitam că* «Il ne faut pas *que* nous oubliions *que . . .;* grec βλέπω πού (πῶs); «je vois que...»: θέλω νὰ «je veux que...»; russe *dúmayu čto* «je pense que...»: *xočú čtob(ǐ)* «je veux que...».

[3]*Qu'il soit* est une 3e sing. de l'impératif, comme *soyons* est une 1re plur. du même mode (v. *L.,* pp. 149 et 194). Le français moderne n'a pas de mode subjonctif en phrase indépendante ou en proposition principale. Si le subjonctif a encore une certaine vitalité dans les propositions relatives (cp. «Je cherche un professeur qui *sache* enseigner», «Paul est le seul élève qui *ait* résolu ce problème», partout ailleurs, et en particulier dans le dictum d'une phrase à modalité explicite, il n'est plus qu'un outil de transposition, et, dans bien des cas, une simple servitude grammaticale, héritée de la parataxe originelle (comparez «Je veux qu'il *vienne*» et «Qu'il *vienne!* Je le veux». C'est la raison pour laquelle nous n'en avons pas parlé dans notre exposé. Le conditionnel est le seul mode qui conserve sa pleine valeur modale en subordonnée; la preuve en est qu'il échappe aux transpositions de temps que le verbe modal impose à l'indicatif et au subjonctif. Comparez d'une part 1) «Mon ami m'écrit qu'il *viendra,* m'a écrit qu'il *viendrait*», futur de l'indicatif transposé), 2) «Je veux qu'il *vienne,* je voulais qu'il *vînt*» et d'autre part 3) Mon ami m'écrit, m'écrivait hier, m'a écrit, m'écrira de nouveau qu'il *viendrait* s'il faisait beau temps. Il va sans dire que le *viendrait* du groupe 1) est simplement homonyme de celui du groupe 3), bien que ces deux types remontent historiquement à un seul.

[4]Ajoutons aux cas d'incorporation mentionnés plus haut celui des adverbes et locutions adverbiales du genre de *certainement, certes, sans doute, peut-être, malheureusement, naturellement,* etc. Ils sont issus de la coordination ou de la segmentation en incise (voir *L.,* p. 87) par condensation et suppression des pauses; cp. «Paul est un honnête homme. *Certes!*», «Il est — *Certes!* — un honnête homme», «Il est *certes* un honnête homme». «Le malade a dû — *Malheureusement!* — être opéré», «Le malade a dû *malheureusement* être opéré».

[5]D'ailleurs, quelle que soit la forme de la phrase, celle-ci est inconcevable sans une intonation *autonome,* qui peut être infiniment variée,

mais qui la distingue de tout autre syntagme. Soit la phrase segmentée
(AZ): «Il est parti: tant mieux!» (= «Puisqu'il est parti, je suis content»): le segment Z *(tant mieux)* peut se prononcer avec des intonations
diverses qui toutes prouvent sa valeur de principale, car elles seraient
identiques si *tant mieux* formait toute la phrase; au contraire, le segment
A *(Il est parti)* ne comporte qu'une intonation montante qui ne se comprendrait pas si *il est parti* ne dépendait pas de *tant mieux*. J'ai essayé
de montrer (*Cahiers F. de S.* 1, p. 36 ss.) que c'est l'intonation qui estampille la phrase en tant que signifiant, de même que la modalité l'identifie comme signifié.

ALBERT SECHEHAYE

EMBOÎTEMENT DE LA PHONOLOGIE DANS LA MORPHOLOGIE STATIQUE*

Nous entreprenons maintenant de chercher si les disciplines concernant les procédés doivent être emboîtées dans celles qui concernent les sons, ou si c'est l'ordre inverse qui s'impose.

Pour répondre à cette question, nous examinerons séparément la partie statique et la partie évolutive de la linguistique théorique. Les différences essentielles que nous venons de constater entre ces deux sortes de disciplines, nous invitent à diviser ainsi le problème. Traiter en même temps des deux morphologies pour les comparer d'un seul coup aux deux sciences des sons, ce serait faire une comparaison dont chacun des termes serait double. Ce que les disciplines unies dans un même groupe ont de divers, l'emporte ici sur ce qu'elles ont de commun, et si nous voulons poser les questions sous une forme claire et pratique, sans complication inutile, nous ferons mieux de distinguer; notre marche pour être plus lente n'en sera que plus sûre.

Nous commençons naturellement par les disciplines des états de langage, et nous opposons la morphologie statique à la phonologie.

Quand on se demande laquelle de ces deux sciences doit être emboîtée dans l'autre, il semble d'abord naturel de répondre que la morphologie doit suivre la phonologie et par conséquent s'emboîter en elle. Tel est l'usage, justifié d'ailleurs, dans les exposés de grammaire descriptive. On commence par dire quels sont les sons dont une langue dispose avant d'en présenter le système grammatical. On peut facilement être induit

---

¹ *Programme et méthodes de la linguistique théorique* (Paris, Leipzig, Geneva, 1908), pp. 131-134.

Albert Sechehaye

à étendre cette manière de procéder à la science théorique sous prétexte que les sons étant la matière dont la langue est construite, il convient de connaître d'abord cette matière, ses qualités, ses lois, parce que la construction linguistique va être conditionnée par elle.

Cette manière de voir contient un élément de vérité, cela est évident, et la suite de notre exposé fera voir en quoi cet élément consiste; mais elle contient aussi une part d'erreur: la conclusion n'est pas exacte, et la raison en est, que les sons du langage ne sont pas assimilables à une matière brute.

Nous affirmons au contraire que la science des sons doit s'emboîter dans la science des formes et des procédés, et que la morphologie du langage (dans le sens étendu que nous donnons à ce terme) est nécessaire pour comprendre ce que les sons articulés deviennent quand ils sont mis au service de la parole.

La vue erronnée que nous combattons, repose sur la confusion de deux choses très distinctes: la science de la voix comme phénomène physique et physiologique, et la phonologie ou étude des sons du langage organisé. La première de ces sciences fait partie de la connaissance générale de l'homme au simple point de vue de l'histoire naturelle, et elle trouve déjà sa place dans la psychologie physiologique individuelle, quand il s'agit d'expliquer les mouvements expressifs et le langage prégrammatical. Cela est antérieur à tout langage organisé. La phonologie au contraire ne trouve son objet que là où le langage grammatical existe; et nous disons que dans le phénomène grammatical, l'étude de son aspect morphologique abstrait doit précéder l'étude de son aspect phonologique concret.

Si les lois générales de l'emboîtement sont applicables ici — et elles doivent l'être — cette conclusion nous est déjà imposée par ce que nous venons de dire: l'étude du concret, s'emboîte dans l'étude de l'abstrait. C'est ce que nous avons appelé le troisième caractère de toute subordination correcte entre deux sciences. Il n'est pas difficile de montrer que le premier caractère est aussi parfaitement constatable ici.

Il est évident que le facteur formel de la langue, l'idée générale des procédés mis en œuvre, se peut fort bien concevoir abstraction faite des sons conventionnels qui servent de support matériel à ce mécanisme. Nous l'avons montré en définissant l'objet de cette morphologie grammaticale (p. 111 sv.). Nous

avons assimilé déjà cette science à une espèce d'algèbre, et
nous dirons bientôt plus exactement dans quelle mesure cette
assimilation se justifie. Ce que nous avons déjà dit suffit pour
affirmer que de même que la forme, le nombre et le mouvement peuvent être pensés par les mathématiciens en dehors de
toutes les applications particulières qu'ils trouvent dans la nature, de même la grammaire peut être pensée dans sa forme
sans que la qualité des sons mis en œuvre soit prise en considération.

On dira probablement que la réciproque est vraie, et que
l'aspect phonologique du phénomène grammatical peut tout aussi
bien être pensé abstraction faite des procédés de grammaire.

Le son d'une phrase, ses articulations, avec leur intonation, leur rythme et toutes ses qualités matérielles, ne peut-il
pas être un objet d'étude sans que le sens de la phrase entre en
ligne de compte? C'est ce que nous nions. Ceux qui parlent
ainsi confondent la phonologie théorique avec l'acoustique et la
physiologie de la voix. Les sons d'une phrase sans leur sens,
ne constituent qu'un bruit, un phénomène inintelligible et inex-
plicable. Tandis que le phénomène morphologique est intelligible en lui-même, dans son abstraction pure, à peu près comme
une formule algébrique, le phénomène phonologique n'est jamais
explicable que dans sa relation avec la fin suprême du langage:
l'expression de la pensée. Le phénomène phonologique, c'est-
à-dire cette organisation spéciale des sons dont nous nous servons, n'est là que pour permettre à la grammaire — qui est
d'abord une forme de la pensée — de se réaliser en actes.
L'acte existe pour la pensée et non inversément.

En dernière analyse la phonologie est aussi une science qui
nous renseigne sur un procédé d'expression; seulement il ne
s'agit plus de la combinaison abstraite de symboles quelconques, mais de la formation de symboles concrets au moyen
d'actes d'un ordre déterminé. Pour que ces symboles soient
aptes à jouer leur rôle dans le système du langage, il faut qu'ils
remplissent certaines conditions, et ces conditions ont leur
principe naturellement aussi bien dans la nature abstraite du
langage qui doit s'exprimer, que dans l'organisme psychologique
et physiologique du sujet parlant.

C'est ainsi que la phonologie se base à la fois sur la connaissance de la voix et sur celle de la forme du langage, c'est-
à-dire sur la morphologie statique dont elle est une discipline

complémentaire. La morphologie statique fondée elle-même sur certaines notions de psychologie et de logique que nous déterminerons ailleurs plus exactement, et qui sont empruntées à la psychologie individuelle, n'a aucun besoin de la phonologie pour exister.

Il faut avouer cependant qu'il y a un caractère de l'emboîtement qu'on ne saurait trouver ici. C'est celui qui n'est pas indispensable, le second. La nature ne nous offre nulle part un phénomène morphologique pur. Forme et sons restent inséparables en grammaire. La réalité n'offre pas plus l'un sans l'autre qu'on ne saurait constater dans la nature un nombre, une figure ou un mouvement sans une substance qui les manifeste. Il faut renoncer *a priori* à découvrir quelque phénomène qui puisse être attribué à l'ordre morphologique seul, soit d'une manière absolue, soit par son caractère prédominant. Mais nous savons qu'à défaut de cette marque de l'emboîtement, les deux autres sont parfaitement suffisantes.

LES SYSTÈMES PHONOLOGIQUES*

Les sons, pour servir utilement aux fins du langage organisé, doivent être soumis à certaines conditions qui ont leur raison d'être à la fois dans le mécanisme grammatical au service duquel ils sont mis, et dans la nature des sujets psychophysiques dont le langage est une fonction (p. 122).

La principale, peut-être la seule condition, c'est que ces sons par leur articulation et par leurs autres caractères, soient facilement reconnaissables. Pour cela il ne faut pas avoir des sons quelconques, mais des sons connus d'avance et bien différenciés les uns des autres. Cette condition se déduit de l'idée même du symbole considéré sous son aspect matériel. C'est en effet du symbole, de la cellule du langage organisé, qu'il convient de partir dans cette étude comme dans celle de la morphologie statique.

Les symboles du langage doivent être aperçus et assimilés

_____

Programme et méthodes de la linguistique théorique (1908), pp. 150-157.

à leur idée (puisque le symbole est l'idée d'un signe); en dehors de cet acte intellectuel il n'y a pas de compréhension possible du signe conventionnel, partant, pas de langage organisé. En conséquence, ce qui importe, c'est moins sa qualité intrinsèque que sa relation avec tous les autres symboles, les caractères qui permettent à la fois de le différencier d'avec tout ce qui n'est pas lui, et de l'assimiler avec tout ce qui lui est grammaticalement identique. Sa qualité matérielle doit permettre cette double opération. Pour cela, il faut qu'on puisse l'analyser en éléments phonologiques d'une qualité bien définie; et pour que ces qualités soient bien définies, il faut qu'elles existent non pas dans des actes concrets, passagers, mais en idée, comme les symboles eux-mêmes. Il serait impraticable que ces idées de sons fussent en nombre trop élevé, variant d'un mot à l'autre. Nos mots seraient alors phonologiquement à peu près ce que les mots chinois sont au point de vue graphique; chacun existerait pour lui-même, ne ressemblant à rien. Il faut au contraire qu'ils soient composés d'éléments communs en nombre restreint, et qu'ils diffèrent les uns des autres moins par la qualité que par la combinaison de ces éléments.

Chaque langue suppose un *système phonologique*, c'est-à-dire une collection d'idées ou si l'on aime mieux, de représentations de sons. Ce système phonologique fait partie de sa grammaire; il correspond à une disposition physiologique acquise.

L'existence de ce système est un procédé grammatical d'un ordre particulier, mais analogue à bien des égards à tous les autres procédés. En dernière analyse, ce système est porteur de toute pensée dans le langage, puisque les symboles n'existent et n'ont de caractère propre que par son secours. Il constitue lui aussi une «forme» dans le sens où nous avons entendu ce terme, car on peut concevoir le système phonologique sous son aspect algébrique et remplacer les trente, cinquante ou cent éléments qui le composent dans une langue donnée, par autant de symboles généraux qui fixent leur individualité, mais non pas leur caractère matériel.

Il y a là un problème intermédiaire entre la morphologie et la phonologie. La première tâche de cette dernière science est de justifier l'existence du système phonologique, et c'est traiter un problème de morphologie, puisque ce système n'est autre chose qu'un procédé grammatical pour l'utilisation de la voix, un des éléments formels du langage considéré comme ensemble de dispositions psychologiques.

Une fois la connaissance de ce procédé acquise, on peut aborder la phonologie proprement dite, qui en tant que science rationnelle, aura à nous montrer ce qui est possible en fait de système phonologique.

La connaissance de la voix humaine nous montre que les sons que nous employons peuvent être caractérisés par leur timbre qui dépend de l'articulation, par leur accent ou intensité d'émission, par leur ton musical, et par leur quantité. De ces quatre caractères, le premier est de beaucoup le plus important à cause des ressources variées qu'il offre. Le son est donc caractérisé surtout par son articulation, et l'on peut considérer les autres caractères comme des qualités qui viennent s'y ajouter. Un «a»[1] peut-être plus ou moins accentué, bas ou haut, bref ou long.

La phonologie proprement dite devra donc en premier lieu nous dire ce qui est possible en fait d'articulations dans le système phonologique d'une langue. Pour cela, elle se basera sur les données fournies par la physiologie de la voix et de l'ouïe. Pour qu'un son existe, il faut non seulement qu'on puisse l'articuler correctement, mais aussi et surtout que l'oreille en le percevant puisse bien le différencier. Sans doute, c'est là une affaire d'éducation, mais dans ce domaine aussi le possible a des limites. Chacune de nos langues a son système d'articulations qui est à la parole prononcée à peu près ce que l'alphabet est à la parole écrite. Nous avons en français par exemple, un certain nombre de voyelles, un certain nombre de consonnes, parmi lesquelles tant de labiales, tant de dentales, etc.

L'articulation des sons n'est d'ailleurs pas complètement décrite quand on a dit comment un «a» ou un «f» se prononcent à l'état isolé. Dans le langage ces sons sont enchaînés les uns aux autres dans une rapide succession; la combinaison des éléments vocaliques et des consonnes fait des syllabes, qui constituent des mots, des groupes de mots, des phrases. Chaque articulation a un caractère spécial suivant la manière dont elle est située; elle doit quelque chose à sa relation avec les articulations voisines; sa position au commencement, au centre ou à la fin d'une syllabe, la nature des éléments qui la précèdent ou le suivent immédiatement, tout exerce sur elle une influence. Le

«p» de *pas* «pa» ne s'articule pas comme celui de *hanap* «anap»
le «k» de *qui* «ki» n'est pas identique à celui de *comme* «kɔm»
et un «s» dans le groupe «ast», ainsi dans *pasteur,* où il s'appuie
sur une consonne muette, n'est pas le même que le «s» qui se
trouve dans *assez* «ase», placé entre deux voyelles.

La phonologie théorique basée sur la physiologie et tenant
compte de toutes les conditions de l'articulation, nous fournira
donc le nécessaire pour décrire les systèmes phonologiques et
leur emploi dans le langage, comme autant de modes possibles
de l'activité des sujets parlants. Jusque-là cette étude, bien
que partant d'un principe fondamental emprunté à la morphologie, peut sembler tout devoir dans ses développements à la
physiologie seule, et on ne voit pas encore bien clairement
pourquoi il serait indispensable de se livrer à des recherches
approfondies de morphologie statique avant d'aborder cette
science. Mais nous sommes loin d'avoir pénétré encore bien
avant dans la connaissance des phénomènes de phonologie; nous
n'avons vu que leur aspect physiologique et purement matériel;
pour peu qu'on examine la réalité concrète, on voit que tout est
par surcroît subordonné aux conditions de la vie du langage, et
par conséquent à des motifs d'ordre psychique relatifs à la valeur expressive des symboles mis en œuvre.
Les articulations par exemple sont plus ou moins nettes
suivant l'importance qu'elles ont pour la compréhension des
symboles, et suivant l'attention plus ou moins grande qui pré-
side à leur émission. Nous reviendrons plus loin sur ce fait
qui a des conséquences en phonétique, mais qui dans son principe est phonologique et concerne la mise en œuvre des éléments d'articulation au service de la parole vivante. Parmi les
phénomènes de même ordre, il faut signaler tous ceux qui concernent ce qu'on appelle d'un terme général emprunté à la
grammaire indoue, le *sandhi.* Il s'agit de la manière dont on
articule le dernier élément d'un mot sous l'influence du premier
élément du mot suivant: si par exemple en prononçant ces
mots: *une grande table* j'assimile le «d» de *grande* au «t» de
table: «yn grãt tablə», c'est un phénomène de *sandhi.* Les faits
de cet ordre sont beaucoup plus importants qu'on ne se l'imagine; ils ont des conséquences innombrables dans l'évolution
phonétique des sons et dans les destinées des mots en ce qui
concerne la qualité matérielle de leurs finales; en particulier

tout ce qu'on désigne couramment sous le nom de liaison en est dérivé. Or le sandhi est directement conditionné par la morphologie des phrases. En effet l'influence du premier élément phonique d'un mot sur le dernier élément du mot précédent est en raison directe de l'union qui existe entre ces mots, et cette union est d'autant plus intime que les mots sont par leur sens plus unis dans la pensée.

Sans faire ici un exposé théorique qui serait du ressort de la morphologie statique, on peut dire que les mots dont nos phrases sont formées, sont plus ou moins unis, soudés les uns aux autres; ils sont composés entre eux à tous les degrés, depuis la synthèse complète qui les fait paraître comme deux parties du même mot (ainsi en français *afin de = à fin de*), jusqu'à l'union la moins consistante, pratiquement égale à zéro, en passant par divers degrés intermédiaires. Et ce que nous disons des mots, se peut dire d'une façon générale des éléments significatifs, des symboles dont nos mots sont formés. Il y a un sandhi intérieur, comme on le voit par les règles de la dérivation indoue. Nos articulations sont ainsi constamment, quoique en général imperceptiblement, déterminées par des conditions morphologiques. Et l'importance de ces faits qui peuvent sembler parfois trop subtils pour retenir l'attention, éclate, nous le répétons, quand on voit les conséquences qu'ils ont dans le domaine des évolutions de langage. Renoncer à connaître ceux-là, c'est renoncer à expliquer ceux-ci.

Mais pour fournir une explication complète de ce que sont nos articulations dans le langage, la phonologie devra aller plus loin et montrer encore comment elles sont soumises à l'influence de toutes les impulsions extragrammaticales. La définition même du système phonologique montre que chacun des éléments qui les composent, par exemple le «a» ou le «f» du français, n'existe que comme un type, une idée, et que chaque fois qu'on articule ces phonèmes, on ne fait que réaliser ce type d'une manière individuelle et plus ou moins parfaite. Il y a non seulement des différences individuelles, mais il y a surtout une certaine liberté de modifier le son dans des limites données. Il faut que l'assimilation du phonème à son type et par conséquent l'intelligence du symbole dont il fait partie, restent possibles. Dans ces limites les impulsions extragrammaticales se donnent libre carrière, et quand le contrôle de l'intelligence vient à

manquer par défaut d'attention ou à la suite d'une invasion des
facteurs affectifs, ces limites sont facilement franchies, et
l'articulation se corrompt, devient indistincte ou se modifie
dans le sens où l'impulsion spontanée la pousse. Il y a là aussi
des phénomènes à étudier qui ont des conséquences importantes
en phonétique. Ces phénomènes, plus et autant que les précédents, ne se comprennent que si, avant d'étudier les sons du
langage, on a appris à connaître sa forme, c'est-à-dire la relation qui existe entre lui et la pensée qu'il exprime.

Ce que nous venons de dire de l'articulation, peut se dire
également des trois autres caractères des sons parlés, l'accent,
le ton et la quantité. Seulement étant donné le rôle relativement
moins important qu'ils jouent dans la grammaire, on fera bien
peut-être de suivre un ordre inverse, de les considérer d'abord
comme des moyens d'expression extragrammaticaux, qui accompagnent l'expression grammaticale par des symboles articulés, et de faire voir ensuite comment ils peuvent à leur tour
être englobés à quelque titre dans le système phonologique
d'une langue.

Nous indiquerons brièvement ce que nous entendons par là,
en disant quelques mots sur l'accent. Le rôle le plus naturel à
l'accent, c'est d'obéir aux impulsions spontanées et de donner
à chaque partie de la phrase une intensité psychologique correspondant à celle qui lui revient naturellement. On peut donc
l'étudier à ce point de vue, et d'ailleurs cet accent purement
rhétorique n'est complètement absent d'aucune langue.

Mais il faut constater ensuite que, comme tout signe naturel, il lui arrive de devenir conscient de sa valeur propre et
de prendre à ce titre un rôle régulier dans la grammaire. Tous
les mots qui sont susceptibles d'avoir un accent propre ont
alors un accent fixe, soit qu'il se place sur l'élément radical et
significatif comme en germanique, et dans ce cas il sert à distinguer cet élément de ses suffixes ou de ses préfixes, soit qu'il
ait comme en latin une place relative au nombre et à la quantité
des syllabes du mot; c'est alors un accent synthétique qui consacre au contraire l'unité du vocable qui le porte. Cet accent
qui sert aussi à distinguer parmi les mots groupés en locutions
plus ou moins intimement soudées, ce qui est principal de ce
qui est enclitique, est un phénomène complémentaire de la
morphologie, et ne se comprend pas sans elle.

Quand l'allemand distingue Au*gust* (le mois d'août) de *August* (Auguste), c'est une différenciation toute conventionnelle, quelle qu'en soit l'origine. La place de l'accent est devenue un caractère matériel du mot au même titre que sa qualité phonique.[2] Nous disons: la place de l'accent, car ce caractère est relatif au mot total. L'intensité dans l'émission de la voix garde en ceci sa valeur psychologique que l'accent reste une qualité du mot, qui doit en avoir un et n'en peut avoir qu'un seul. Pour que l'accent devienne un élément du système phonologique comme les autres, il faudrait qu'il appartînt uniquement au phonème qui le porte, à peu près comme l'aspiration à la consonne qu'elle accompagne, et qu'on puisse librement en faire usage ou s'en passer dans la construction des symboles. L'accent répugne à perdre à ce point son caractère propre. Il n'en est pas de même des autres qualités des sons, et c'est un fait bien connu que la quantité peut devenir un facteur important du système phonologique d'une langue.

Mais nous ne voulons pas nous attarder à traiter des sujets sur lesquels nous ne pouvons émettre que quelques vues générales. Nous dirons seulement en terminant que la phonologie théorique après avoir traité de ces divers caractères des sons parlés et de leur emploi au service de la grammaire, devra aussi étudier les relations qui existent entre ces caractères; comment par exemple l'intensité ou la longueur d'un son peut exercer une influence sur son articulation. S'il y a là des correspondances naturelles, physiologiquement justifiées, il y en a aussi d'autres qui ne reposent que sur des habitudes acquises, et dont l'existence constitue un phénomène grammatical. La connaissance de ces relations sera fort utile au moment où il faudra aborder l'étude des évolutions phonétiques.

Notes

[1]Nous écrirons ainsi entre guillemets tous les phonèmes et les transcriptions phonétiques.

[2]C'est le cas dans une large mesure en grec, où l'accent n'est pas attaché à une place déterminée d'avance par une loi générale pour tous les mots. Chaque mot dans certaines limites a sa règle propre. L'accent grec à l'origine était musical, c'est-à-dire qu'il correspondait à une intonation plus élevée et non à une emission plus intense; mais depuis lors il a changé de nature.

LES TRANSFORMATIONS DE SONS*

Il y a deux sortes de transformations de sons qu'il convient
de ne pas confondre: les transformations brusques, et les
transformations lentes. Dans la réalité qui n'offre guère que
des phénomènes complexes, ces deux sortes de transformations
se mélangent, et il peut sembler qu'il y ait entre ces deux
formes de l'évolution phonétique une transition graduelle qui
permet de les réunir dans une unité supérieure. Tel n'est pourtant pas le cas, ce sont deux ordres de phénomènes parfaitement distincts, comme il est facile de le montrer en remontant
à leurs principes respectifs.

Les *transformations brusques* ne changent rien aux lois
phonologiques reçues dans la forme de langage où elles apparaissent. Un élément phonologique dans un mot est remplacé,
pour des causes que nous aurons à voir, par un autre élément
phonologique emprunté, comme le premier, au système reçu.
On disait par exemple volontiers en français moyen *toussir,*
nous préférons dire *tousser;* une forme a «i», l'autre a un «e».
Ce sont deux éléments connus du système phonologique de la
langue. L'italien a emprunté le mot gréco-latin *melancholia* en
lui donnant la forme *malinconia;* ce n'est pas qu'il lui ait été
impossible de garder une forme plus correcte, rien ne l'empê-
chait de dire *melancolia,* et il le dit aussi en effet; mais il lui a
plu pour certaines raisons de remplacer «e» par «a», «a» par
«i» et «l» par «n». Il arrive aussi qu'un élément phonologique
disparaisse d'un mot. Le vieux français disait: *je parol(e),*
nous disons: *je parle;* et le bas latin *flēbĭle(m)* a été remplacé
de bonne heure par **fēbĭlem* qui a donné notre mot *faible.* Au
contraire il arrive aussi qu'un son, consonne ou voyelle, apparaisse là où il n'y avait rien; le vieux français offre par exemple les formes successives: *fortece* (lat. *fortĭcia*), *fortrece* et
forterece (mod. *forteresse*). Dans aucun de ces cas il n'y a
quelque chose de changé au système phonologique de la langue.
Le système est en lui-même intact, c'est seulement l'emploi
qu'on en fait qui varie, et ce sont les mots qu'on transforme.
L'assimilation de leurs parties aux types articulatoires admis,

---

*Programme et méthodes de la linguistique théorique (1908), pp.
183-186.

se fait autrement, mais elle se fait sur un système de types qui n'a pas changé.

Quand il y a *transformation lente,* ce sont au contraire les types du système admis qui se transforment peu à peu en glissant pour ainsi dire, à travers une série d'étapes de transition vers des articulations différentes. Le mot dont les éléments ont été ainsi transformés n'a jamais été changé, puisque la relation normale de ses divers éléments avec les types correspondants du système phonologique n'a pas été brisée; mais ce sont les types qui ont varié.

Prenez par exemple le mot latin classique *dēbēre,* en faisant pour le moment abstraction de la finale «e» non accentuée, vous trouvez un mot français correspondant *devoir* «dəvwàr» où chaque élément du mot latin se retrouve, bien que sous une forme plus ou moins modifiée: le «d» et le «r» sont restés à peu près semblables à eux-mêmes, le premier «e» est devenu un «ə», le second, une diphtongue ascendante «wà», le «b» a donné un son fricatif labiodental «v»; mais le mot en lui-même, en dehors de cette évolution de ses parties constitutives, n'a subi aucun changement.

Si chacun des éléments du système phonologique se modifiait d'une seule manière, et donnait comme résultat final un nouveau phonème différent de tout ce qui d'autre part peut avoir été introduit dans le système, il y aurait entre deux formes du même mot pris dans deux états successifs d'un même langage, une sorte de correspondance très simple de partie à partie, et l'identité formelle des deux symboles transparaîtrait à travers leurs différences de qualité matérielle.

En réalité, cette correspondance est voilée par le fait qu'au cours de l'évolution un même phonème, un même type se scinde en deux phonèmes distincts suivant les diverses conditions de relation où il se trouve. Nous avons dit à propos de la phonologie ce qu'étaient ces conditions de relation, et nous en voyons ici l'importance. Dans notre mot *dēbēre,* les deux «e» ont eu des destinées très différentes parce qu'ils étaient diversement accentués. Celui qui n'avait que l'accent faible de la première syllabe est devenu un «ə», l'autre, qui était porteur de l'accent principal, a donné un son diphtongué écrit *ei* puis *oi* en vieux français du XIIe siècle qui, à travers toute une série de prononciations intermédiaires («ei», «ɔi», «ɔɛ», «wɛ» etc.), aboutit à notre «wà». Tous les «b» du latin classique n'ont pas donné

un «v» en français, mais bien tous les «b» entre deux voyelles,
c'est-à-dire tous ceux qui existaient dans certaines conditions
articulatoires favorables à cette transformation. Les autres
«b» se conservent avec une égale régularité. *Fabam* donne *fêve,*
cŭbare > *couver, hĭbernum* > *hiver,* etc.; mais *barbam* est devenu *barbe, ŭmbram* > *ombre, abbatem* > vx fr. *abet,* fr. mod.
abbé.

Cette différenciation de ce qui a été identique au début, se
fait non seulement par des conservations et des transformations
divergentes, mais aussi par des disparitions. Ainsi le «d» de
dēbēre qui se conserve régulièrement au commencement du
mot et après consonne *(dūrum* > *dur, ŭndam* > *onde),* s'efface
entre deux voyelles, comme on le voit dans les mots *vĭdēre* >
vx fr. *veeir, veoir,* fr. mod. *voir, nūdam* > *nue,* etc. Les cas
semblables sont très nombreux surtout à la fin des mots; ainsi
en passant du latin en français on voit disparaître toutes les
voyelles non accentuées en dernière syllabe sauf le «a» — tel le
«e» final de *dēbēre* qui n'a pas de correspondant dans le mot
devoir —, et la grande majorité aussi des consonnes finales latines ou romanes.

Non seulement il arrive que le même élément ait des destinées très diverses suivant ses conditions de relation, mais on
voit aussi des unités phoniques être remplacées par des dualités, ou des dualités se fondre dans une unité. Ainsi en bas latin
un «s» initial devant consonne développe devant lui un «i» puis
un «e», *scūtūm* donne *escu* en vieux français; inversement un
groupe latin «al» tel qu'on le trouve encore au XIe siècle dans
le mot *mals* (lat. *malos*) donne plus tard devant consonne d'abord
une diphtongue «au», puis un son simple écrit *au* mais prononcé
o fermé *les maux,* «lɛ mọ».

Toutes ces différenciations et créations nouvelles auraient
pour effet de multiplier beaucoup les types du système phonologique qui en naîtrait, si une des tendances constantes de l'évolution phonétique n'était d'assimiler tous les éléments d'origine
diverses qui se rapprochent les uns des autres par leur articulation. Le «b» ou le «e» long du latin ont pu donner diverses
choses; mais en compensation le «v» ou le «wa» du français
représentent aussi plusieurs éléments phonologiques du latin
qui sont venus par divers chemins se confondre dans une nouvelle unité. A côté de *devoir* < *dēbēre,* nous rencontrons *lever*
< *lĕvare* et *neveu* < *nĕpōtēm* dont les *v* ne sont pas moins

régulièrement dérivés du *v* ou du *p* latin. De même dans *tēctum* > *toit, strĭctum* > *étroit, nĭgrum* > *noir, glōriam* > *gloire, crŭcem* > *croix, nauseam* > *noise* nous avons des *oi* «wà» d'origine assez diverses et pourtant identiques relativement au système phonologique de la langue moderne. C'est ainsi que les systèmes phonologiques se simplifient par assimilation en même temps qu'ils se compliquent par différenciation, et que généralement le système dérivé ne présente ni beaucoup plus ni beaucoup moins de types que celui dont il est issu.

Ce qu'il importe de noter, c'est qu'au cours de cette évolution des types phonologiques, les mots changent beaucoup d'aspect sans que jamais la relation de leurs éléments avec le système phonologique soit arbitrairement troublée. Il ne se produit à aucun moment de ces substitutions brusques comme celles que l'on observe dans le premier genre de transformations. Les mots changent parce que le système sur lequel ils s'appuient évolue.

NOTE SUR LE CLASSEMENT
DES DISCIPLINES LINGUISTIQUES*

The definition of "grammar" to which the author alludes (with reference to page 4 of his book, *Programme et Méthodes de la linguistique théorique*) runs as follows:

> Avec F. de Saussure nous employons le terme de *grammaire* dans son sens le plus général. La grammaire est pour nous tout ce qui concerne l'organisation de la langue, sons, lexique, syntaxe. Dans la grammaire nous nous attachons à la partie qui regarde les combinaisons de signes. Pour des raisons qui sont exposées dans notre appendice, nous appellerons cela la grammaire *syntagmatique* par opposition à la grammaire *associative,* qui traite du signe d'idée pris isolément. On pourra parler également d'une grammaire *phonologique.*

---

*Essai sur la structure logique de la phrase (1926), pp. 219-223.

Nous avons publié en 1908 sous le titre de *Programme et Méthodes de la linguistique théorique* un ouvrage traitant de l'organisation des disciplines de la science du langage. Dans cet essai nous insistions sur la nécessité d'emboîter, selon un principe logique, ces disciplines les unes dans les autres; nous distinguions l'étude des faits de langage pris dans leur aspect statique de l'étude des évolutions et nous posions la nécessité d'établir *une science du prégrammatical*, c'est-à-dire de l'expression libre et spontanée antérieure à toute organisation conventionnelle. Ces idées nous paraissent encore justes et sont parfaitement d'accord avec les distinctions que F. de Saussure a si solidement établies dans son *Cours de Linguistique générale*. En particulier la science du prégrammatical est impliquée nécessairement dans toute l'étude de la parole organisée et lui sert de base concurremment avec la linguistique statique. Une différence essentielle entre la doctrine saussurienne et la nôtre, c'est que le *Cours de Linguistique générale* ne tire de ses distinctions aucun principe de classement rigoureux et met plutôt en évidence les relations de réciprocité qui s'établissent entre les divers aspects du fait linguistique. Ainsi pour Ferdinand de Saussure la langue existe pour la parole, mais elle naît aussi de la parole; elle en émane et elle la rend possible, et rien ne nous force à mettre l'une devant l'autre ou au-dessus de l'autre. C'est un complexe que seule l'abstraction analyse. Pour nous, au contraire, dans cette abstraction même nous apercevons un principe de subordination et de classement et nous mettons la parole, sous sa forme prégrammaticale, avant la langue. Il en est ainsi sur tous les points, et nous croyons toujours qu'il doit en être ainsi. Ce qui a manqué à la classification que nous avons proposée, c'est la conception claire de la science de la parole comme lien nécessaire entre la connaissance des états de langue et celle des évolutions: Or, c'est par là justement que le système des disciplines linguistiques trouve son entière perfection et s'adapte complètement et définitivement à son objet. Cette vue peut se ramener au schéma;

$$\left.\begin{array}{l}\text{Prégrammatical}\\\text{Grammatical}\end{array}\right\} > \text{Parole organisée} > \text{Évolution,}$$

qui constitue le corps même de toute classification des disciplines linguistiques.

Le problème que nous avons essayé de traiter dans cet

ouvrage, est donc grammatical. Mais la grammaire, que nous entendons dans le sens le plus large comme il a été dit page 4, comporte elle-même des divisions qu'il faut connaître pour bien situer chaque question.

Le premier objet que la science de la langue considérée comme institution ait à étudier, c'est le signe conventionnel simple et autonome, le signe qui est par lui-même, à côté d'autres signes également autonomes, porteur d'une signification; tels sont (à prendre les choses en gros) les mots inanalysables de notre dictionnaire comme *chat, maison, deux, souvent,* etc. La science doit considérer tout ce qui concerne leur constitution, tant au point de vue des sons qu'au point de vue de leur valeur d'idée. Cette première discipline, nous l'avions appelée «symbolique»,[1] parce que nous appelions «symbole» le signe de langue. Mais ce terme a été critiqué comme impropre à désigner un signe arbitraire.[2] Pour le signe de langue on se sert des mots *sème* ou *sémantème* et autres semblables; une désignation de discipline fondée sur ces termes conduirait fatalement à une confusion avec les disciplines déjà dénommées: *sémantique, sémasiologie, sémiologie.* Pour trouver un nom exact et commode nous faisons appel à la distinction juste et féconde établie par F. de Saussure entre le rapport associatif et le rapport syntagmatique[3] et nous parlerons de *grammaire associative.* En effet, le signe arbitraire et autonome est celui qui est significatif uniquement en vertu de différences de sens et de forme que l'on peut constater entre lui et les autres signes autonomes de la langue.[4] Or, ces signes n'ayant aucun contact nécessaire entre eux dans la phrase, ces différences ne se constatent que par l'association des idées. La valeur de *deux* par exemple repose sur une sorte de comparaison implicite que nous faisons spontanément avec *un, trois, quatre* et les signes des autres idées étroitement associées à celle de *deux.*

A cette grammaire associative vient s'en ajouter une autre, la grammaire *syntagmatique.* Celle-ci a pour objet tout ce que par opposition à *sémantème* on appelle des *morphèmes.* Ce ne sont pas tous les syntagmes (toutes les successions de signes), mais tous les signes qui n'existent que par et pour les syntagmes.

Dans les systèmes de signes scientifiques, par exemple dans les symboles mathématiques, il est relativement aisé de mettre la limite entre ce qui est signe autonome et signe de

combinaison. Les chiffres 1 2 3 4, etc., sont des signes autonomes, mais les symboles des opérations + - x etc., n'ayant
aucun sens en dehors des chiffres qu'ils accompagnent, sont
par là *ipso facto* combinatoires. Ce sera le cas encore davantage pour la barre d'une fraction, pour les deux parties de la
parenthèse qui enferme un polynôme. Impliquant par leur idée
une combinaison de signes, ils l'impliquent aussi dans leur caractère matériel : une barre est faite pour séparer deux choses,
une parenthèse est destinée à être remplie. Pour des raisons
analogues un exposant, un indice sont combinatoires au premier
chef, pas autant cependant encore que ce signe tout abstrait qui
consiste à marquer les valeurs ou les rôles par les positions
réciproques, comme 3 b = 3 x b ou 173 = 1 x 100 + 7 x 10 + 3,
etc.

Cette comparaison peut donner une première idée de ce
qu'est l'outil syntagmatique en grammaire. Il y a des termes
de liaison et de combinaison : verbe copule, prépositions, conjonctions, suffixes, indices divers, il y a aussi des signes qui
sont constitués par la seule position réciproque des termes; ce
sont les règles d'ordonnance et de construction.[5] Mais il ne
faudrait pas croire que la distinction entre ce qui est associatif
et ce qui est syntagmatique soit toujours aisée à faire. La
langue, produit extrêmement complexe d'une activité collective
inconsciente, ne saurait rien représenter de simple et de logiquement organisé. Sa fin est pratique, et la perfection théorique
n'est point son fait. On ne saurait la comparer à un système de
signes scientifiques, créé à la suite de spéculations intellectuelles et dont l'usage est contrôlé par la critique des intelligences
les plus lucides. Il faut donc s'attendre à voir les deux éléments constitutifs de la grammaire se confondre et s'entrepé-
nétrer. Tout à l'heure, cherchant à donner des exemples
d'unités associatives, nous avons pris des mots comme *chat,
deux, souvent;* en le faisant nous avons formulé quelques réserves, et en effet, à y regarder de près, nous leur aurions
découvert des caractères syntagmatiques.

D'ailleurs une remarque contribuera à élucider cette question. Ces deux procédés ne se juxtaposent pas et ne sont pas
extérieurs l'un à l'autre. Au contraire, il y a entre eux un rapport très net d'emboîtement. Le procédé associatif se suffit à
lui-même, et rien ne l'empêche, en théorie, de fonctionner seul.
Le procédé syntagmatique, qui est une complication ajoutée au

premier, présuppose toujours l'existence du procédé associatif, sans lequel il n'a pas de base dans la réalité. Il est facile de le montrer avec les symboles mathématiques. Un symbole de relation comme celui de la multiplication, pour autant qu'il a une valeur propre, la doit à la comparaison faite implicitement avec d'autres termes de valeur analogue (+ - : etc.); et si cet élément de la comparaison portant sur la matérialité même du signe vient à manquer, c'est encore par d'autres comparaisons que le signe syntagmatique devient opérant. L'indice *prime* existe non seulement vis-à-vis de l'indice *seconde,* mais aussi vis-à-vis de l'indice *zéro (a a' a")*. Toute différence se constate par association d'idées, et si nous prenons le procédé le plus abstrait, celui de l'ordonnance pure, on peut dire que 173 s'oppose à 371, 137, etc.; d'ailleurs ces groupes n'ont point de sens en dehors des valeurs qui s'attachent à 1, 7 et 3 comme signes autonomes, lesquels sont du ressort de l'association. En grammaire on fera les mêmes constatations qu'il s'agisse de désinences, de particules, d'ordonnances ou d'alternances phoniques.

Qui dit donc «grammaire associative», entend par là ce qui dans la description d'un état de langue est du ressort de l'association pure, mais par «grammaire syntagmatique» il faut comprendre tous les faits ou les procédés de combinaison qui, dans la phrase, viennent se greffer sur les faits associatifs.

Quant à la nécessité de séparer en général et spécialement en grammaire statique l'étude des valeurs de celle des formes et de mettre les valeurs en première ligne comme étant logiquement déterminantes, nous avons essayé d'établir ce point dans notre ouvrage précédent. Cet ouvrage-ci, où nous avons étudié la construction logique de la phrase sans nous occuper des procédés mis en œuvre, est une application de ce principe à la grammaire syntagmatique, et nous pensons que cette tentative pratique, faite en conformité d'une théorie spéculative, est de nature à confirmer cette dernière.

Nous avons dit aussi que l'étude des sons — de la matière dans laquelle la forme s'imprime — doit venir en tout dernier lieu. Cet élément passif, bien loin de commander à la langue et à la parole, se plie à leurs lois. Il y a une phonétique associative, une phonétique syntagmatique et une phonétique de la parole. Mais nous étendre sur ces questions, ce serait sortir de notre sujet.

Notes

[1] *Programme et Méthodes*, p. 136.
[2] *Cours de Linguistique générale*, 2, p. 101.
[3] *Idem*, p. 170.
[4] *Idem*, 2, pp. 159, 163, 166.
[5] Nous entendons donc par *ordonnance* la règle qui fixe la position relative de termes approximativement autonomes. L'usage qui veut qu'on mette le sujet devant son verbe ou celui qui place régulièrement l'adjectif devant son substantif en allemand sont des règles d'ordonnance. La construction, en général beaucoup plus rigide, règne entre un mot et les particules ou les éléments conjoints sans accent propre qui s'appuient sur lui. Dans un groupe comme le français: *il ne nous a pas très bien vus,* on peut dire que tout est construit. Il ne contient qu'un mot proprement dit *(vus)* et ne porte qu'un accent.

LES TROIS LINGUISTIQUES SAUSSURIENNES*

Introduction

A. Le Cours de Linguistique générale devant la critique

Même si le *Cours de Linguistique générale* de Ferdinand de Saussure devait un jour être vieilli dans toutes ses parties, il serait destiné à vivre encore dans le souvenir de la science du langage à cause de l'action puissante et féconde qu'il a exercée à un moment de son évolution.

Mais la question reste de savoir s'il est vieilli ou en voie de vieillir tout entier, ce qui est le sort commun et naturel de tant d'œuvres marquantes et utiles sur la route où progresse le savoir humain.

Sans doute il porte l'empreinte du temps. Après plus de vingt années d'efforts intenses qui ont renouvelé la pensée linguistique, on ne peut pas ne pas sentir que l'œuvre de Saussure est attachée par ses origines aux conceptions qui régnaient dans l'école, bien périmée, des néogrammairiens. Pour cette raison et pour d'autres encore bien des choses ont pu être critiquées, amendées dans son exposé. Il faut reconnaître aussi que les

---

Vox Romanica V (Zürich, 1940), pp. 1-48.

progrès de la linguistique n'ont pas paru toujours s'effectuer sur le plan et selon les normes préconisées par lui. Et c'est là un fait propre naturellement à détourner l'attention de ses enseignements. Mais, ceci concédé, il reste que sa pensée comporte des éléments d'une vérité indiscutable qui éclairent encore aujourd'hui la route des chercheurs et dont on est loin d'avoir tiré tout le parti que la science a le droit d'en attendre. Telle est par exemple la fameuse distinction entre la langue et la parole. Telles sont les vues que Saussure développe sur la différence entre la valeur et la signification d'un terme de langue ou les courtes et substantielles esquisses qu'il a tracées à propos des entités, des identités et des réalités linguistiques. Telle est sa doctrine sur les rapports associatifs et les rapports syntagmatiques en syntaxe.[1] Telle est, par-dessus tout, sa méthode d'analyse, qui consiste à poser au centre de la linguistique le problème de la langue, fait sémiologique, dans toute son abstraction logique et à subordonner toute la pensée linguistique aux exigences de cette abstraction. C'est là à proprement parler la méthode saussurienne, et quand une bonne partie de ce qu'il a enseigné serait caduc, la tradition saussurienne vivra aussi longtemps que les linguistes continueront à s'inspirer de cette méthode. Pour notre part, nous croyons que la linguistique ne pourra s'organiser définitivement et progresser que dans un contact permanent avec une pensée qui lui assure sa parfaite substructure logique et par conséquent dans les cadres que Saussure a posés. C'est pour cela que le *Cours* est une œuvre de valeur durable, dans laquelle on viendra encore longtemps chercher les possibilités qui y sont contenues.

Mais la forme sous laquelle cette œuvre a été donnée à la science n'est manifestement qu'une ébauche. Appelé à donner des cours, très brefs d'ailleurs, de linguistique générale, le maître, dont la pensée était engagée dans un travail encore inachevé, n'a pas pu faire autre chose que d'apporter à ses élèves les préoccupations qui l'assiégeaient et les convictions qu'il s'était déjà formées sur des points essentiels. Trois fois, et chaque fois sur un plan différent, il leur a exposé ses vues, enseignant à ses auditeurs à voir beaucoup de questions autrement qu'on n'avait coutume jusqu'alors de les voir. Il pensait devant eux pour les faire penser, et ces jeunes gens, dominés et charmés par l'ascendant de son génie créateur, se sont appliqués à noter pieusement sur leurs cahiers ce qu'ils ont pu recueillir de sa bouche.

Mais jamais le maître n'aurait consenti à publier ces leçons telles qu'il les avait données. Il en sentait trop profondément le caractère inachevé et provisoire. Ceux qui ont entrepris, après sa mort, de tirer de ces cahiers d'élèves un ouvrage
ordonné donnant une vue d'ensemble de sa doctrine, ne l'ont fait
que par une sorte de confiance implicite dans la valeur des matériaux précieux remis entre leurs mains. Ils sentaient bien
eux-mêmes, et ils l'ont dit dans leur préface, que leur œuvre
devait être jugée avec quelque indulgence. Depuis lors ils ont
eu tout le loisir de mesurer la hardiesse de leur entreprise, et
ils seraient confus d'avoir fait une violence posthume aux légitimes scrupules d'un maître vénéré, si l'événement ne leur
avait prouvé que, malgré tout, leur audace avait eu des résultats heureux et que, si c'était à refaire, il faudrait recommencer.

Ceci posé on comprendra que le *Cours de Linguistique générale* ait récolté, à côté des hommages mérités, des appréciations réservées et toutes sortes de contradictions. Cependant
on comprendra aussi que, si compréhensibles que puissent être
en elles-mêmes ces critiques, elles doivent, pour porter, remplir certaines conditions.

On ne peut pas aborder un pareil livre du dehors et se contenter de combattre avec des arguments qu'on a sous la main
celles de ses thèses qui n'entrent pas dans le cadre de nos
habitudes. Tout est ici trop en fonction de grands principes
pour qu'on ne commence pas par s'expliquer avec ces principes
eux-mêmes afin de se rendre compte de la place qu'ils occupent
légitimement dans la pensée linguistique. On pourra ensuite, si
on l'attaque quant au fond, montrer comment sa vérité doit être
équilibrée avec d'autres vérités qu'il aurait négligées, ou, si on
l'attaque quant aux applications, faire voir comment on peut
faire une meilleure et plus juste utilisation des ses propres
thèses. De toutes façons, la vraie critique du *Cours* consiste
à collaborer avec son auteur, soit pour creuser plus avant qu'il
n'a pu le faire les assises de la science linguistique, soit pour
édifier d'une façon plus définitive la construction dont le *Cours*
n'a pu fournir qu'une première et imparfaite ébauche.

L'abondante littérature du sujet nous fournirait sans peine
des exemples de critiques formulées à l'égard des doctrines
saussuriennes qui, parce qu'elles ne répondaient pas à ces

conditions, sont restées à la surface des choses et reposent en général sur des malentendus. D'autres, au contraire, ont été fécondes parce qu'elles ont voulu être constructives.

Le plus illustre des élèves de Ferdinand de Saussure, le regretté Antoine Meillet, dans un compte rendu qu'il a consacré au *Cours,* le lendemain de sa parution,[2] a d'emblée indiqué la voie à suivre. Il y écrivait: «Les objections que l'on est tenté de faire tiennent à la rigueur avec laquelle les idées générales qui dominent le *Cours* sont poursuivies». Et il indique lui-même une de ces objections. Il reproche à la linguistique saussurienne d'être trop abstraite. Le maître, qui a porté toute son attention sur l'aspect systématique de la langue, a négligé, selon Meillet, de considérer la réalité humaine où baigne celle-ci. Or c'est là une lacune que Meillet lui-même s'est constamment efforcé de combler; preuve en soient en particulier les deux beaux livres où il retrace l'histoire de la langue grecque et de la langue latine en fonction des destinées de deux peuples et de leurs civilisations.[3]

Nous avons déjà expliqué ailleurs,[4] et nous y reviendrons ici, que cet effort est en réalité complémentaire de celui du maître. Nous avons là un exemple de la méthode qui consiste à mieux équilibrer les principes saussuriens avec d'autres également indiscutables.

L'autre méthode, celle qui cherche à l'intérieur de la doctrine saussurienne une meilleure application de ses propres thèses, a été suivie par l'école phonologique de Prague.

Tout le chapitre de la «Phonologie»[5] dans le *Cours de Linguistique générale* repose sur une conception ambiguë des choses que Saussure n'avait pas eu le temps de tirer au clair. Il est le résultat de ses recherches personnelles pour résoudre le problème que le traitement des liquides et nasales sonantes en indo-européen avait posé devant son esprit. Les considérations d'ordre proprement physiologiques, qui y occupent la place principale, s'y mêlent donc à d'autres considérations concernant les phonèmes en tant qu'unités acoustico-motrices différentielles de la langue. Les linguistes de Prague sont venus débrouiller cet écheveau. De cette science de la physiologie des sons, que Saussure appelait «phonologie» et que nous appelons couramment «phonétique», ils ont séparé la phonologie proprement dite, la grammaire des phonèmes, et ils ont ainsi constitué une discipline de linguistique statique dont ils ont trouvé

d'ailleurs tous les principes dans les pages maîtresses du
Cours lui-même.

B. Le problème des rapports de la diachronie
et de la synchronie

C'est dans ce même esprit et sur la base des idées que
nous venons d'exposer que nous avons tâché d'intervenir dans
l'un des débats les plus importants que le *Cours de Linguistique
générale* ait suscité, celui qui concerne les rapports entre la
linguistique statique et la linguistique évolutive. Dans le mémoire cité plus haut, qui a paru dans les *Mélanges Bally* et qui
s'intitule *Evolution organique et évolution contingentielle,* nous
avons discuté la thèse si critiquée de Ferdinand de Saussure
selon laquelle les faits d'ordre diachronique seraient entièrement différents des faits d'ordre synchronique, de telle sorte
qu'il n'y aurait jamais de véritable rapport intrinsèque entre un
événement dans l'histoire de la langue et ses conséquences concernant les états de langue. Nous avons exposé les arguments
formulés contre la dite thèse par M. von Wartburg et ceux qui
ont été présentés en sens inverse par M. Bally. Nous en con-
cluions que ces discussions, d'ailleurs fort intéressantes en
elles-mêmes, ne semblaient aboutir clairement ni en faveur de
l'une des thèses en présence, ni en faveur de l'autre et que le
problème était à reprendre sur nouveaux frais.
C'est ce que nous avons fait en tâchant d'établir que la
thèse saussurienne prise non pas à la lettre, mais interprétée
à la lumière des idées qui régnaient à l'époque où elle a été
formulée, ne comportait pas tous les paradoxes qu'on a voulu
y voir. Elle revient à établir le fait bien simple et en lui-même
évident que l'axe du temps est le lieu où se produisent les événements, en eux-mêmes étrangers au système grammatical,
mais qui, agissant sur la langue au travers de la parole amè-
nent des perturbations dans ce système et l'obligent à des réa-
justements; en un mot, que l'opposition du diachronique et du
synchronique, telle que Saussure l'a vue, revient à celle qu'il y
a entre les facteurs contingentiels, qui agissent du dehors sur
la langue, et les facteurs organiques, qui soutiennent la langue
du dedans.
En ce faisant nous avons usé évidemment de beaucoup de
liberté à l'égard du texte du maître, mais nous croyons, en

procédant à une révision de ses principes, avoir continué et précisé sa pensée retenue et déformée par certaines préoccupations qui dominaient la linguistique de l'époque.

Ceci n'était d'ailleurs qu'un commencement. Comme nous le disions en terminant: «Cet examen critique d'une question controversée et les vues que nous venons d'exprimer ne résolvent pas l'ensemble du problème. Ce n'est qu'un premier résultat qui demanderait à être corroboré par un exposé constructif et synthétique dans lequel on montrerait comment les diverses disciplines linguistiques collaborent, chacune à sa place et selon sa méthode, à la connaissance d'un objet complexe dont il s'agit de saisir les aspects divers à la fois dans ce qui les distingue et dans ce qui constitue leur interaction. C'est en faisant ce travail, lequel se fonderait naturellement sur le classement saussurien: linguistique statique, linguistique de la parole et linguistique historique, qu'on aurait à résoudre toutes les difficultés petites ou grandes qui peuvent subsister et en particulier à montrer comment il faut comprendre le rapport entre le fait de parole et le fait diachronique, que M. Bally en vrai saussurien veut qu'on distingue, tandis que M. von Wartburg procède sans scrupule à leur identification.»

Tel est le programme que nous avons ici devant les yeux. Il s'agit, comme on le voit, de perfectionner cette substructure logique de la science linguistique dont nous parlions plus haut, de mieux organiser ses méthodes d'analyse et d'exposition — pour le plus grand profit des résultats obtenus — et cela par une application plus exacte de distinctions que Ferdinand de Saussure nous a enseignées depuis longtemps, mais dont personne encore n'a tiré tout ce qui y est implicitement contenu. Programme ambitieux s'il en fut, en face duquel les pages qui suivent ne représentent qu'un essai sommaire et sur beaucoup de points sans doute discutable.

I. Le cadre logique des trois linguistiques saussuriennes

Avant toute chose il convient de fixer certaines idées concernant le cadre des distinctions saussuriennes.

Ferdinand de Saussure a établi deux distinctions célèbres et également fécondes. D'une part, comme on le sait, il distingue *la langue,* qui est l'ensemble et le système des signes arbitraires en usage à un moment donné dans une société donnée, de *la parole,* qui est l'acte particulier et concret d'un sujet usant de la langue soit pour se faire comprendre, soit pour comprendre. D'autre part il distingue la *synchronie* de la langue, c'est-à-dire sa constitution, ses sons, ses mots, sa grammaire, ses règles, etc., en un certain lieu et en un certain temps, de la *diachronie* de la langue, c'est-à-dire les transformations que l'on voit s'y produire à travers le temps.

Comme cette dernière distinction ne s'applique qu'à la langue et non à la parole, ces deux divisions pratiquées parmi les faits du langage n'engendrent pas quatre, mais trois disciplines seulement. Il y a une *linguistique synchronique* ou *statique* et une *linguistique diachronique* ou *évolutive*. Entre les deux se place la *linguistique de la parole,* laquelle a pour objet le phénomène qui, tout naturellement, sert d'intermédiaire entre le fait synchronique et le fait diachronique. En effet, chaque fois qu'une personne parle pour se faire entendre ou interprète ce qu'elle a entendu, il y a place pour une novation possible, si minime soit-elle. Celui qui parle peut s'écarter plus ou moins de l'usage admis, celui qui interprète peut avoir l'intuition d'un moyen d'expression tant soit peu nouveau, et c'est la somme énorme de ces menus accidents de parole qui produit finalement, comme résultantes, des transformations des institutions de la langue, insensibles dans leur cheminement, mais souvent très profondes. La parole tient donc à la fois de la synchronie, puisqu'elle se fonde sur un état de langue déterminé, et de la diachronie, puisqu'elle contient en puissance le germe des transformations futures. Dans leur ensemble et dans cette succession ces trois disciplines: linguistique statique, linguistique de la parole et linguistique diachronique représentent un cycle fermé qui considère successivement tous les aspects possibles du phénomène: un état de langue, son fonctionnement et ses évolutions, lesquelles créent de nouveaux états de langue qui, en fonctionnant, continueront à évoluer et ainsi de suite.

Peut-on déterminer d'une façon plus précise le rapport qui existe entre la langue d'une part (dans ses états et dans ses évolutions) et la parole d'autre part de manière à faire pleinement saisir l'enchaînement que nous venons de décrire?

F. de Saussure répond à cette question en disant[6] que langue et parole sont deux objets entre lesquels on constate un rapport d'interdépendance, donc de réciprocité: «...la langue est nécessaire pour que la parole produise tous ses effets; mais celle-ci est nécessaire pour que la langue s'établisse... Celle-là (c'est-à-dire la langue) est à la fois l'instrument et le produit de celle-ci (c'est-à-dire la parole).»

Cette dernière constatation est juste sans doute; mais nous ne pensons pas qu'on puisse se contenter de cette simple idée de la réciprocité. Le maître s'est ici laissé induire en erreur par deux tendances familières à son esprit. La place centrale et dominante qu'il accorde par principe à la langue dans sa doctrine l'a empêché de lui attribuer une position subordonnée. Malgré toutes les raisons qu'il voyait lui-même de le faire (qu'on relise en entier le passage auquel nous nous référons), il n'a pas pu se résoudre à faire dépendre la langue de la parole; il a été amené à les mettre dans un rapport de simple coordination et de services réciproques. Il en résultait une conception un peu subtile, mais qui n'était pas pour lui déplaire, car elle répondait à ce goût pour les formules paradoxales qui, dans d'autres occasions, l'a admirablement servi.[7]

En réalité la parole est une chose qui logiquement, et souvent aussi pratiquement, précède la langue et le phénomène linguistique dans le sens saussurien du terme. Tout acte expressif, toute communication, par quelque moyen qu'elle s'opère, est un acte de parole. Le touriste égaré qui crie, gesticule, allume du feu pour attirer l'attention, parle à sa manière et sans que la langue y soit pour rien. Sans vouloir percer le mystère des origines du langage, il est permis de dire qu'on trouvera toujours à son point de départ les moyens naturels d'expression qui nous sont donnés par notre nature psychophysiologique. Les cris des animaux en sont une forme stéréotypée et agrégée à l'instinct de l'espèce. Le langage humain en est une forme socialisée, et par là profondément transformée.

Si la langue est née de la parole, à aucun moment la parole ne naît de la langue; il n'y a pas de réciprocité. La parole s'organise seulement plus ou moins selon les règles de la langue qu'elle a elle-même créées afin de devenir plus claire et plus efficace. Du même coup les conditions de la parole sont changées dans une large mesure, mais elle n'est pas pour cela atteinte dans sa nature propre. Elle garde ce quelque chose de spontané et de vivant qui est essentiel, parce que sans cela il n'y aurait rien du tout. Cette spontanéité et cette vie de la

parole peuvent être voilées derrière le déroulement des formules grammaticales. La parole semble être alors un simple
fonctionnement de la langue; mais elle est quand même toujours
quelque chose de plus. Elle reste l'élément moteur et directeur
de l'acte qui s'accomplit. C'est d'elle que jaillissent à l'impro-
viste des possibilités créatrices — comme c'est d'elle aussi que
procèdent toutes les négligences.

  «Au commencement était la parole.» On peut en tout respect transposer cette formule célèbre et l'appliquer aux choses
de la linguistique. Elle veut dire ici que toute science du langage est nécessairement emboîtée dans la science de l'expression naturelle ou prégrammaticale, comme nous l'avons nom-
mée ailleurs.[8] L'intervention de la linguistique de la parole
entre la linguistique statique et la linguistique diachronique
n'est pas autre chose qu'un effet de la primauté du facteur humain et vital en matière d'expression sur le facteur de l'abstraction intellectuelle et de l'institution sociologique que la
langue représente. Par la parole cette dernière reprend constamment le contact avec ses propres sources; elle ne persiste
et ne se renouvelle que par là.

  Tout ceci peut paraître bien peu saussurien. Pour rentrer
dans la ligne du *Cours*, il suffit de rappeler la grande vérité
que l'œuvre du maître met en évidence: la langue, phénomène
sociologique et sémiologique, système de signes arbitraires,
est une chose *sui generis* qu'il importe de ne pas confondre avec
toutes les formes de l'expression qui ne seraient que psychologiques. Ceci étant admis, nous constituerons la linguistique,
science de la langue, sur sa propre base qui est la science de
la langue en soi, la linguistique statique. Seulement nous ne
pourrons le faire que si nous avons commencé par l'emboîter
tout entière dans son milieu humain, c'est-à-dire dans toutes
les conditions qui expliquent d'abord l'apparition du langage
prégrammatical: connaissance de l'homme et de son milieu, de
ses réactions émotives, de ses gestes expressifs y compris
ceux de la voix, etc. Ceci fait, la science de la langue, ainsi
emboîtée, se construira en trois étages avec ses trois disciplines sur la base de la linguistique statique, avec ceci de particulier cependant que la discipline qui relie la statique à la
diachronique ne sera plus celle de la parole (qui figure déjà
comme discipline emboîtante), mais celle de *la parole organisée*,

celle du fonctionnement de la langue au service de la vie.
Soit:

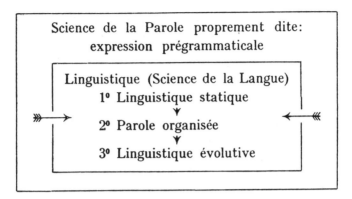

Comme Ferdinand de Saussure entend sous le nom de linguistique de la parole, en fait, uniquement la linguistique de la
parole organisée, tout notre raisonnement n'aboutirait en fin de
compte qu'à une très modeste correction de terminologie, s'il
n'y avait pas dans notre schéma le cadre emboîtant de la parole
proprement dite et de l'expression prégrammaticale. C'est cet
emboîtement qui donne à l'ensemble du tableau son équilibre et
sa structure logique. Et c'est cela qui est essentiel en vue de
l'examen auquel nous allons maintenant procéder.

II. La linguistique synchronique ou des états de langue

Depuis que grâce à F. de Saussure on a rendu à la linguistique des états de langue la place de premier rang qui lui revient de droit, les savants ont travaillé avec une ardeur crois-
sante dans son domaine. L'institution de la langue a été soumise
dans toutes ses parties à des recherches et à des analyses
originales. Toutes les idées concernant les catégories et les
unités panchroniques de la grammaire: phrases, mots, parties
de mots, phonèmes, procédés morphologiques, parties du discours, systèmes de flexion, etc. ont donné lieu à des théories et
définitions nouvelles, et l'on verra bientôt surgir une science
qui, sur bien des points, pourra confirmer certaines données de
la grammaire traditionnelle, mais qui, d'une façon générale,
est destinée à se substituer entièrement à la discipline toute
formelle et scolastique dont on a dû se contenter trop longtemps.

Mais ce n'est pas de ces conquêtes de la théorie grammaticale que nous avons à nous occuper ici. Ce qui nous intéresse, ce sont les caractéristiques les plus générales de cette science, de son objet et de sa méthode. Ayant pour tâche de décrire des états de langue, elle est dans l'impossibilité de saisir son objet dans toute sa réalité concrète; elle doit se contenter d'en donner une image simplifiée, approximative et idéale. C'est la seule manière de le penser.

Cela est vrai de toutes les sciences descriptives. En cosmographie on enseigne que la terre est une sphère dont les deux pôles sont aplatis selon une formule mathématique que l'on connaît; mais on néglige les menues irrégularités de sa surface: le Mont-Blanc et l'Himalaya ne comptent pas. Cela est tout particulièrement vrai en linguistique statique et pour beaucoup de raisons inhérentes à la nature même de l'objet considéré. La notion même d'état de langue devient douteuse quand on la confronte avec la complexité réelle des faits.

Les dialectologues qui font des relevés sur le terrain enregistrent dans le même village, parfois aussi dans la même famille, des témoignages discordants concernant la manière de former, de prononcer ou de fléchir certains mots. Les langues que l'on peut considérer comme fixées ne le sont que relativement, et même le bon usage comporte un grand nombre de formes concurrentes entre lesquelles le choix n'est fixé par aucune règle sûre (en français: *je ne crois pas qu'il dorme* ou *qu'il dort;* qu'on songe aussi au genre des noms de villes, à certaines formes du verbe *asseoir,* etc.). En fait chacun a dû acquérir ses propres habitudes linguistiques, et ces habitudes, non seulement ne sont pas nécessairement toujours identiques à celles du voisin, mais encore elles ne sont pas toujours stables non plus. L'état d'une langue à un moment donné est une situation intermédiaire entre la langue d'hier et celle de demain, c'est une réalité labile et proprement insaisissable. Il faut tenir compte encore du fait que, dans nos sociétés socialement hétérogènes, la plupart des individus parlent simultanément plusieurs langages (langue familière, langue écrite, langues techniques ou savantes, etc.), ce qui suppose une conscience linguistique organisée sur plusieurs centres à la fois et par conséquent pleine de contradictions et d'équilibres instables. Cet aspect social de la complexité d'un état de langue n'est d'ailleurs qu'un autre aspect de sa labilité et de son devenir.

Le principe de stabilité n'est donc pas dans la réalité concrète, dans les faits. Il est derrière cette réalité, il est dans la volonté collective et inconsciente de maintenir une organisation suffisamment stable du langage. Il y a une force toujours présente qui empêche l'usage de se désagréger dans un désordre par trop inorganique. Et c'est parce que cette force existe et qu'elle est efficace que cet idéal d'organisation et de stabilité se trouve partout assez réalisé pour répondre aux besoins pratiques de la communauté parlante.

La tâche propre de la linguistique statique n'est donc pas d'embrasser tous les faits, mais de dégager de l'ensemble de ces faits ce qui répond dans quelque mesure à l'idéal abstrait d'un état de langue.

L'existence d'un fait de langue suppose théoriquement deux conditions, qui ne sont jamais remplies que d'une façon imparfaite. Il faut d'abord qu'il représente une habitude commune à tous les membres d'un groupe social et rigoureusement identique à elle-même chez chacun d'eux. C'est le principe de «l'homogénéité». Il faut ensuite qu'il soit encadré dans la conscience de tous les sujets parlants par d'autres habitudes, par d'autres faits de langue également identiques et formant ensemble dans leurs relations réciproques un système grammatical bien défini, «une langue». C'est le principe de la «cohérence systématique». *Le domaine de la linguistique statique va aussi loin qu'il est légitime, c'est-à-dire possible et utile, de faire entrer des faits de langage dans ce cadre logique en négligeant les menus détails qui pourraient faire difficulté.*

Or, nous l'avons dit, un très grand nombre de faits peuvent et doivent effectivement être considérés de cette façon. C'est ainsi qu'il est non seulement indiqué, mais nécessaire de parler du verbe du français moderne, de sa constitution dans l'ordre de la pensée et dans l'ordre de la forme, du système de ses temps, par exemple, et de définir la valeur de chacun d'eux par opposition aux autres temps. Mais il suffit de pousser un peu plus loin la curiosité pour se rendre compte que les possibilités et, par conséquent, l'utilité de traiter les faits comme les parties intégrantes d'un système de langue stable et homogène sont très relatives. Déjà lorsqu'on parle du passé simple *(j'écrivis),* il faut faire intervenir des considérations de style et de géographie qui rompent le système, et à plus forte raison si l'on veut parler des temps surcomposés *(j'ai eu écrit).* Qu'on aille encore plus loin et l'on franchira la limite qui sépare la langue commune des habitudes et des goûts personnels. Paul Stapffer[9] veut qu'on distingue soigneusement *rien moins que* de *rien de moins que,* Le Gal[10] constate qu'on les confond souvent et n'y voit pour sa part aucun inconvénient; en revanche il tient à ce qu'on garde au mot *effluves* son genre masculin, tandis que Stapffer a des indulgences pour le féminin qu'on lui attribue volontiers.

De la grammaire personnelle on passe par une transition insensible à la grammaire occasionnelle, aux équilibres fragiles et changeants entre les formes d'expression et par conséquent de la statique aux phénomènes de la vie et du devenir.

En fait le grammairien est placé entre deux possibilités dès qu'il quitte le terrain solide de la grammaire élémentaire où tout paraît parfaitement organisé. Il peut interpréter le donné, le systématiser et prêter aux faits, là où cela est nécessaire, un peu plus d'organisation qu'ils n'en ont réellement. Cela n'est pas illégitime dans certaines limites, et le grammairien qui fait cela, à ses risques et périls, agit en réalité dans le sens même où la langue, qui repose sur une tendance à l'organisation, l'incite à marcher. Il lui aide pour ainsi dire à prendre parti.

La nécessité de ces choix apparaît manifeste quand on pense aux transformations dont la langue est le théâtre. Le participe présent du latin (*chantant* < lat. cantantem "qui chante") s'est confondu pour la forme et pour le sens avec le gérondif ablatif du latin (*chantant* < lat. cantando "par le fait de chanter") de telle sorte qu'il l'a absorbé. A partir d'un certain moment on n'a donc plus senti cette dualité. Par contre le participe présent s'est distingué d'autant plus nettement des adjectifs proprement dits à forme participiale *(une histoire amusante).* D'autre part un autre emploi du gérondif, celui qui fait appel à la préposition in (*en chantant* < lat. in cantando), a subsisté d'abord dans son ancien rôle, puis à la faveur de certaines circonstances, a perdu ce caractère pour devenir une sorte de locution participiale d'une valeur spéciale.[11] D'époque en époque, ces formes ont donc constitué entre elles des systèmes différemment équilibrés, et entre ces époques, il y a eu place pour de longues phases de transition où le sentiment des sujets parlants devait hésiter entre l'ancienne et la nouvelle interprétation des valeurs et les divers systèmes d'associations

mentales qu'elles supposaient. S'il s'était trouvé alors un
grammairien pour s'occuper de ce problème, il aurait pu être
incité à fixer son choix sur l'une ou l'autre manière de voir les
choses. Et ce que nous disons là à propos de cet unique exemple pris au hasard est d'une application constante, puisqu'à
tout moment l'institution de la langue est en voie de transformation sur bien des points. C'est ainsi, par exemple, qu'aujourd'hui encore nous avons des grammairiens qui considèrent
le subjonctif français comme vivant et qui s'efforcent de déterminer sa valeur essentielle, et d'autres qui voient en lui un
archaïsme, une survivance au sujet de laquelle il faut se borner
à énoncer des règles d'application limitée. Notons que celui
qui, soit génie, soit bon hasard, a misé dans le passé sur des
interprétations auxquelles la langue s'est arrêtée finalement,
passe pour un grand esprit aux yeux de ses après-venants.
Tant il est vrai qu'il ne s'agit pas d'un choix arbitraire et
sans portée, mais d'une opération importante et par laquelle
la science statique prend contact avec ce qui est en devenir
derrière le système — en apparence rigide — de la grammaire.

L'autre possibilité consiste à se rabattre sur la simple
énumération de faits contradictoires que l'on juxtapose sans
chercher à les systématiser. Du même coup on quitte le terrain propre de la linguistique statique, et les faits ainsi énumérés, ne se définissant plus par rapport à un système unique
et ne se classant plus dans leurs rapports réciproques, sont du
même coup superficiellement présentés.

Les divers grammairiens abonderont dans un sens ou dans
l'autre, non seulement d'après leur tempérament, mais aussi
et surtout selon leur propos. Par exemple, il va sans dire que
toute recherche qui porte sur le classement et la systématisation des faits — pensons par exemple aux tableaux phonologiques
que le regretté prince Troubetzkoï et à sa suite les tenants de
l'école de Prague ont établi pour de nombreuses langues — fait
appel aux interprétations intuitives. La systématisation jouera
aussi un rôle en vue dans tous ces travaux de grammaire qui
sont inspirés par des préoccupations doctrinaires et de purisme.
Les expressions considérées comme fausses sont rejetées
hors de la langue et simplement ignorées; les expressions
«correctes» donnent lieu à des définitions *ne varietur* qu'on oppose les unes aux autres et auxquelles on prétend soumettre
l'usage. Ainsi en français la différence entre *un soi-disant*

médecin et *un prétendu remède* à l'exclusion de *un soi-disant
remède,* sans parler d'*un soit-disant remède* qu'on voit apparaître sous la plume de bien des gens.

Inversement la tendance à juxtaposer n'importe quoi domine dans les ouvrages descriptifs et consultatifs, surtout s'ils
portent sur des états de langue extrêmement diversifiés chronologiquement et socialement, comme le sont, dans l'acception
usuelle de ces termes, le français ou l'anglais modernes. Un
article du dictionnaire de Littré, par exemple, avec son ordre
logique, si ingénieusement établi qu'il soit, est une accumula-
tion de faits qui n'a qu'un lointain rapport avec un système de
langue. Nous en dirons autant, par exemple, des volumes com-
plémentaires de la grammaire bien connue de Plattner.[12] Une
immense collection d'exemples variés et contradictoires tirés
d'un nombre considérable d'ouvrages littéraires et rangés
d'après les rubriques d'un exposé général de syntaxe française
ne peuvent pas constituer une systématisation. C'est une mine
où viendront puiser ceux qui cherchent à se documenter sur une
question spéciale. Ce sont des matériaux qui attendent l'effort
d'interprétation et de classement qui saura rapprocher ce qui
doit être rapproché et séparer ce qui ne saurait coexister dans le
cadre de l'homogénéité et de la cohérence d'un système de langue.

Que de tels exposés soient nécessaires et entièrement
dignes de la science s'ils sont établis avec toute l'érudition et
toute la conscience nécessaires, cela ne fait pas l'ombre d'un
doute; mais ils n'ont par eux-mêmes qu'un rapport indirect
avec la science des états de langue telle que nous l'avons
définie.

III. La linguistique de la parole organisée ou du fonctionnement de la langue

L'objet propre de la linguistique de la parole organisée est
d'une tout autre nature que l'objet de la linguistique statique.
Tandis que cette dernière travaille nécessairement sur des généralités extraites par abstraction et par approximation du concret, la linguistique de la parole s'intéresse au contraire aux
phénomènes concrets, aux actes dans lesquels la langue est
mise au service de la pensée, avec tout ce qui fait de chacun
d'eux un phénomène occasionnel différent de n'importe quel
autre phénomène. Chacun de ces actes surgit, en effet, dans un

lieu et un temps déterminés, entre des interlocuteurs ayant chacun sa personnalité et dans un ensemble de circonstances spéciales qui le déterminent. Il comporte de la part du sujet parlant, pour ne parler que de lui d'abord, un certain emploi des ressources de la langue combinées naturellement avec celles du langage symbolique et spontané. Cet emploi peut être souvent assez banal et ne manifester que des particularités tout à fait minimales, accessibles seulement au microscope, pour ainsi dire. D'autres fois, au contraire, il témoigne d'un effort intelligent pour adapter les moyens disponibles aux exigences d'une pensée personnelle. C'est là que la parole se manifeste comme une puissance créatrice, ordonnatrice et féconde. Ailleurs encore, et plus souvent, les traits spéciaux d'un acte de parole organisée sont commandés par les facteurs négatifs de l'ignorance, de l'incompréhension et de la négligence. La parole exerce alors au contraire une action délétère et désorganisatrice à l'égard de l'instrument dont elle se sert, mais cette action n'est pas moins digne d'être analysée et expliquée que l'autre. Quel que soit l'acte accompli par le sujet parlant, il est recueilli tel quel par l'entendeur qui le soumet à son analyse et l'interprète pour le comprendre. Cet acte de parole organisée, non pas passive, mais réceptive, n'est pas moins important que l'autre, et ici encore le sujet obtient des résultats en harmonie avec l'effort mental qu'il fournit. L'interprétation, comme la parole active, peut être banale, constructive ou destructive. Elle agit dans l'un ou l'autre de ces trois sens sur la conscience linguistique de celui qui l'opère.

C'est tout cela qui doit être analysé psychologiquement et linguistiquement à la lumière de toutes les données dont on peut disposer dans chaque cas.

Nous n'avons pas à tracer ici le programme détaillé de cette étude. Quelques indications toutes provisoires ne sont pas inutiles cependant.

Dans le domaine de la phonologie, on a à s'occuper de tout ce qui peut déterminer des variations dans la manière d'articuler les phonèmes et en particulier de ces lois panchroniques si exactement établies par M. Grammont et qui concernent le mécanisme spontané de l'articulation selon que l'attention se serre ou se relâche, ainsi que la façon dont les phonèmes exercent une action inductrice les uns sur les autres.[13]

Dans le domaine de la sémantique, nous avons à faire avec

les choix auxquels nous procédons entre les termes de la langue,
vocables ou procédés de grammaire selon leurs valeurs respectives constituées par des associations mentales des termes
entre eux et de chacun d'eux avec des impressions et des souvenirs. Nous avons affaire à la manière plus ou moins heureuse
dont ces valeurs sont mises au service des notions infiniment
variables et variées que la réalité nous offre; nous avons à voir
comment les significations, sous l'influence de facteurs affectifs sont soumises à d'incessantes transformations, en particulier par l'emploi figuré.

Cette étude traite encore de la création souvent inconsciente
de mots nouveaux par onomatopée, par analogie, par composition ou par emprunt. Elle a également à s'occuper des ordonnances expressives, des ellipses, des pléonasmes et de tous les
phénomènes qui affectent l'accentuation, la modulation et le
rythme, toutes choses qui appartiennent en propre au domaine
de la phrase et de la syntaxe.

Tous ces faits énumérés jusqu'ici concernent l'action du
sujet parlant. Celle du sujet entendant se ramène toujours à
deux opérations d'ailleurs simultanées et solidaires: l'interprétation et le classement.

L'interprétation de la série sonore perçue en éléments
significatifs a un aspect phonologique et un aspect sémantique.
Ce dernier implique, avec l'intuition des idées exprimées, la
délimitation des unités expressives et par conséquent toute une
série d'opérations d'analyse et de synthèse. On sait que, dans
des cas innombrables, l'esprit de celui qui interprète peut hésiter entre des solutions divergentes dans ce domaine.

Quant au classement des unités reconnues, il touche d'abord
au problème de l'identification (je reconnais ou je ne reconnais
pas tel mot, tel suffixe, etc.),[14] et il comporte ensuite une constante utilisation et révision du jeu des associations mentales
des éléments significatifs entre eux ainsi que des éléments significatifs avec les choses, bref tout ce qui représente en nous le
système même de la langue.

La linguistique de la parole organisée, telle que nous venons de la définir, n'est pas encore constituée comme discipline
autonome. On ne l'a pratiquée jusqu'à aujourd'hui qu'occasionnellement, dans certains cas particuliers, ou bien on en a fait à
propos d'autre chose et rarement sous son vrai nom.

Il y a deux cas où le savant se trouve contraint de faire — sans le savoir — de la linguistique de la parole organisée. C'est d'abord quand la critique littéraire s'efforce d'analyser méthodiquement un style. Le style, c'est, en effet, la marque personnelle que l'écrivain — ou l'orateur — imprime à son langage dans une occasion donnée. Il est regrettable seulement que ceux qui ont entrepris cette tâche ignorent trop en général les méthodes et les catégories de l'analyse linguistique. L'union de la science de la langue avec le sentiment esthétique d'un véritable critique d'art est la condition indispensable de tout travail fécond dans ce domaine. L'avenir nous fournira certainement de telles réalisations. Le progrès de la science linguistique, l'élargissement constant de ses horizons nous en sont garants, et déjà on peut en signaler des commencements de réalisation.[15] Cependant la critique littéraire ne saurait épuiser le programme de la linguistique de la parole organisée, car le style d'art a toujours quelque chose d'un peu artificiel. Il détourne au service d'un effet cherché quelque chose qui appartient en propre aux mouvements les plus spontanés de la vie. Et seul le style des plus grands présente un intérêt véritable.

L'autre domaine où l'on a fait nécessairement de la linguistique de la parole organisée, c'est l'observation et l'étude du langage des petits enfants. Nombreux sont les savants qui se sont intéressés au problème de l'apprentissage de la langue et qui ont accumulé des matériaux sur cette matière. Ici on a effectivement travaillé sur le vif et avec des préoccupations proprement linguistiques. Malheureusement ces observations sont restées trop souvent superficielles et les conclusions qu'on en a pu tirer sont en général assez banales. On ne s'est pas suffisamment rendu compte du fait qu'un acte de parole pour être bien compris et interprété demande à être relevé avec une précision et une minutie extrêmes dans tous ses éléments. A cet égard les beaux travaux que M. Grégoire a entrepris sous le titre L'Apprentissage du Langage[16] pourront servir de modèles. Mais il ne s'agit encore que de l'étude du langage organisé dans ses premiers stades. Cette méthode d'observation et d'analyse scrupuleuses doit être appliquée mutatis mutandis à l'usage que les adultes font de la langue. Ce travail-là n'a pas encore été entrepris.

Est-ce à dire que la linguistique de la parole organisée soit plus ou moins absente des ouvrages de linguistique qui chargent les rayons de nos bibliothèques? Que non pas. On en trouve, au contraire, d'abondantes et larges traces répandues un peu partout.

En fait, il est dans la nature des choses que tous ceux qui s'occupent de la langue, soit pour en décrire les états, soit pour en raconter les évolutions, se heurtent, dès qu'ils portent leur attention sur le détail des faits, aux phénomènes de la vie, c'est-à-dire de la parole. Il y a entre le consentement collectif, qui fait l'institution, et l'improvisation occasionnelle, qui fait la parole, en passant par les impressions individuelles qui sont de la langue en puissance, une frontière invisible, impossible à tracer, que le linguiste franchit sans cesse, soit dans un sens, soit dans l'autre.

Il est évident, par exemple, que le dialectologue scrupuleux, au cours de ses enquêtes, se rendra compte qu'il n'atteint l'état de langue qu'il veut enregistrer qu'à travers la parole de ses témoins avec ce qu'elle peut contenir de personnel ou de fortuit. Il est impossible de questionner les gens et d'enregistrer les réponses obtenues avec critique sans devenir à la longue un spécialiste de la parole.

Il en est exactement de même de l'historien des évolutions de la langue. Dès qu'il s'attache au détail, il s'aperçoit que ces évolutions ne procèdent pas selon un mouvement continu et rectiligne, mais qu'elles avancent à travers beaucoup d'hésitations et de fluctuations. Il suffit de penser ici aux régressions phonétiques et aux résistances contre les prononciations populaires, qui ont joué un si grand rôle dans la formation du français moderne.[17] De toute façon, les transformations qui se produisent dans la langue se traduisent au moment où elles s'opèrent par des flottements dans la parole.

Une certaine collusion pratique de ces divers points de vue est donc légitime, pourvu qu'elle ne nuise pas à la distinction théorique des disciplines et des méthodes. Le meilleur moyen d'assurer cette distinction, ce serait d'instituer enfin la science de la parole en discipline autonome dans un ouvrage où sa perspective propre serait rigoureusement observée, et dont le matériel d'exemples serait, dans la mesure du possible, prélevé directement sur la vie selon des méthodes d'enquête appropriées.

En attendant, il convient de signaler une erreur qui remonte

à l'école néogrammairienne et qui se perpétue encore aujourd'hui en vertu d'une tradition tacitement acceptée. Cette
erreur consiste à ne pratiquer la linguistique de la parole qu'à
l'occasion des faits enregistrés par l'histoire de la langue et
par conséquent à absorber pratiquement tout ce qui est de son
ressort dans la diachronie.

On raisonne comme suit: En français nous avons deux
mots: *cheval* qui désigne un animal et *chevalet* qui désigne une
sorte de meuble à quatre pieds écartés supportant une pièce de
bois et sur lequel on peut poser quelque chose de lourd. *Chevalet* signifiait à l'origine 'un petit cheval' — on peut citer des
textes à l'appui. Ce mot, dans cette acception, a été formé sur
cheval d'après l'analogie de nombreux autres diminutifs; on a
de même: *chienet, mulet, poulet,* etc. Puis, raisonne-t-on encore, ce nom familier a été donné par figure, peut-être par
plaisanterie d'abord, à cet objet qui avait quelque analogie avec
une bête de somme. Enfin, ajoute-t-on, le mot a subsisté dans
le sens nouveau, qui est resté vivant, tandis que le sens ancien
a été oublié et que l'association primitive entre *cheval* et *chevalet* s'est distendue au point de se rompre. On reconstitue
ainsi par hypothèse toute une enfilade de faits qui n'ont pu se
produire que dans la parole, mais dont la langue a enregistré
les résultats successifs.

On voit ce qui distingue cette linguistique de la parole organisée de celle que nous avons définie. D'abord, avec cette
méthode, on ne s'intéresse qu'aux événements qui ont été créa-
teurs et qui ont laissé des traces dans l'histoire de la langue.
Ensuite tous les événements concrets et réels qui ont concouru
à un certain résultat sont ramenés à un schéma abstrait et réduits à l'essentiel. Il est évident qu'un pareil raisonnement est
parfaitement légitime en soi — à sa juste place que nous préci-
serons plus loin; mais cette sorte de linguistique de la parole
organisée *in abstracto* et *a posteriori* ne doit pas être confondue
avec l'autre, avec celle qui nous place devant des faits concrets
et vivants dont l'analyse détaillée peut seule nourrir et féconder
la science du fonctionnement de la langue et subsidiairement
celle de son devenir.

C'est grâce à cette pratique qu'on attribue traditionnellement à la science de l'histoire de la langue une quantité de
choses qui sont par nature du ressort de la science du fonctionnement de la langue, de la parole organisée. Le *Cours de*

linguistique générale, le tout premier, ne se désolidarise pas
de cette habitude acquise. Tout en revendiquant pour la linguistique de la parole le droit de constituer une discipline à
part, non seulement il ne donne aucune indication suffisante sur
ce qui pourrait en être le programme, mais il usurpe au profit
de la diachronie des choses qui, en bonne logique, appartiennent,
nous l'avons vu, à la science de la parole organisée. Nous pensons en particulier aux chapitres consacrés à l'analogie, à
l'étymologie populaire (dont les constructions bizarres sont
dues à des souvenirs imprécis et à des interprétations hasar-
deuses) et à l'agglutination (c'est-à-dire ici à la synthèse verbale de certains groupes).[18] Il ne faut pas confondre l'explication d'un accident de parole avec l'explication du fait qu'une
forme apparue ainsi par accident a conquis sa place parmi les
institutions de l'usage. Cette seconde question est différente
de la première et seule elle est du ressort de la diachronie.

La même distinction doit se faire dans le domaine des
sons. Les accidents phonologiques qui atteignent certains mots,
comme la substitution en vieux français de *cherchier* à *cerchier*
(lat. circāre), par assimilation, ou celle du bas latin pelegrīnus
(français *pélerin*) à peregrīnus, par dissimilation, se sont produits çà et là dans la parole avant de s'installer dans la langue,
et ces deux moments distincts, dont l'un ressortit à la parole et
l'autre à l'histoire, doivent être considérés et expliqués séparément. Au contraire tout ce qui concerne les changements
phonétiques réguliers appartient au domaine de la diachronie.
La substitution d'un phonème à un autre phonème ou tout autre
changement qui altère sur un point le système phonologique de
la langue (par exemple, en français moderne le changement de
l mouillé en *y:* [*lait*] *caillé* prononcé comme *cahier*) est un
phénomène historique qui doit être expliqué comme tel. Mais
d'autre part, il y a au point de départ des changements phonétiques de petits accidents d'articulation qui ne diffèrent pas essentiellement de ceux que nous mentionnions d'abord et qui,
eux, appartiennent à la parole. Le son *y* est une articulation
négligée du *l* palatal où l'émission latérale est remplacée par
une articulation fricative courante. Tous ces faits dus aux menues variations des attitudes mentales (soin, attention, négligence, fatigue, etc.) au cours de la parole vivante sont régis
par des lois panchroniques et sont du ressort de la parole organisée.

C'est ce que nous avons dit plus haut en parlant du *Traité de Phonétique* de M. Grammont. Il est permis de remarquer que ce maître, lui aussi, a suivi sur ce point les voies traditionnelles et a rattaché l'analyse du fonctionnement de la parole organisée à l'histoire de la langue. Il divise son magnifique ouvrage, dont la valeur n'est pas mise en question par cette remarque critique, en deux parties. La première, intitulée: *Phonologie,* étudie les phonèmes et appartient à la statique. La seconde, qui porte le titre: *Phonétique proprement dite ou Phonétique historique,* n'est que très partiellement évolutive. A part quelques considérations importantes, mais relativement brèves, sur les lois phonétiques, elle traite essentiellement des lois panchroniques des accidents articulatoires, cette étude utilisant comme matériaux les faits innombrables que les transformations historiques des diverses langues ont consacrés. Nous avons donc bien affaire ici à cette linguistique de la parole organisée *a posteriori* dont nous parlions plus haut. Or M. Grammont est non seulement un linguiste parfaitement informé de l'histoire de nombreuses langues; il est aussi, par excellence, un phonéticien de laboratoire. Il sait donc, aussi bien que quiconque, que les hypothèses qui nous sont suggérées par des transformations phonétiques historiquement constatées, ont besoin, pour entraîner la conviction, d'être contrôlées et confirmées par des observations ou des expériences faites *in vivo.* Cette simple considération établit la primauté de la parole sur l'histoire. Mais il y a encore ceci en plus: une fois une hypothèse relative à l'explication physiologique d'une altération de son admise, le problème proprement historique subsiste tout entier: Pourquoi tel «accident d'articulation» a-t-il transformé la règle de l'usage en tel temps et en tel lieu — et pas ailleurs?

Tout ceci justifie notre point de vue quand nous demandons qu'on fasse exactement le départ entre la linguistique de la parole organisée et la linguistique évolutive, dont nous allons tout à l'heure esquisser le programme: *Suum cuique.*

IV. Digression au sujet des rapports de la linguistique diachronique avec les deux disciplines précédentes

Avant de parler de la linguistique diachronique, il est nécessaire que nous nous expliquions avec les doctrines du *Cours de linguistique générale* au sujet des rapports de cette discipline avec les deux disciplines précédentes.

Nous constatons, en effet, ici une chose très particulière. Nous devons à Ferdinand de Saussure la définition de la linguistique synchronique qu'il a, en la définissant, reconstituée dans toute son indépendance et mise à la première place qui lui revient de droit. Nous devons également à l'auteur du *Cours* la notion même de la linguistique de la parole organisée. S'il a laissé dans le vague tout ce qui concerne son programme, il lui a au moins attribué sa juste place entre la linguistique statique et la linguistique diachronique. Mais relativement à cette dernière discipline, nous ne trouvons chez le maître que des indications trop pauvres pour servir de point de départ à aucun programme.

On dirait qu'entraîné par les habitudes de l'école néogrammairienne, dont il a été un des plus illustres représentants, il s'est contenté de voir cette branche de la linguistique sous l'angle purement empirique de l'observation des faits.

Il est vrai qu'il situe le phénomène diachronique comme une résultante du fait de parole; il est vrai aussi qu'il le définit très justement dans son idée générale en disant qu'il s'agit d'un glissement insensible des rapports que l'arbitraire de la langue établit à chaque moment entre les différenciations de sons et les différenciations de valeurs. Mais, à côté de cela, on ne nous dit rien sur ce qui concerne le mécanisme et les causes de ces glissements, ou plutôt on nous oppose ici deux redoutables interdictions.

En effet, on nous dit d'abord que ce qui se passe sur l'axe du temps n'a aucun rapport avec les facteurs agissant dans la langue en tant que système synchronique, que l'organisation de la langue et son devenir appartiennent à deux ordres distincts et impénétrables l'un à l'autre. Puis on nous dit ensuite que le devenir de la langue est entièrement étranger à la psychologie des sujets parlants. C'est, comme on le sait, au développement de cette dernière thèse que sont consacrées les pages finales du *Cours*, et c'est cette doctrine qui se résume dans la célèbre formule qu'on lit en conclusion de l'ouvrage: «La linguistique a pour unique et véritable objet la langue envisagée en elle-même et pour elle-même».

En réalité ces deux axiomes pris à la lettre auraient pour conséquence de détacher absolument la linguistique diachronique

de la linguistique synchronique d'une part, et de la linguistique
de la parole d'autre part, puisque c'est dans la parole que se
manifeste directement la psychologie des sujets parlants.

On voit bien que, dans ces conditions, nous ne pouvons aller
plus avant, si nous ne trouvons pas moyen de franchir cet obstacle en apparence infranchissable.

Nous n'avons pas à répéter ici ce que nous avons dit au
commencement de cet article sur les conditions dans lesquelles
le *Cours* a été composé, conditions qui expliquent les lacunes et
les imperfections que l'on peut y relever.

Si le maître est tombé dans certaines erreurs, cela est dû,
selon la déclaration de Meillet citée plus haut, à une préoccupation exclusive de certains principes vrais en eux-mêmes,
mais dont il tire des conclusions trop absolues. Une des conditions essentielles de tout travail de recherche intellectuelle,
c'est d'oser, avec une logique implacable, aller jusqu'aux dernières conséquences de tout principe posé, quitte après à revenir en arrière et à opérer les corrections et les mises au
point nécessaires pour tenir compte des autres éléments de la
réalité. Ferdinand de Saussure a été grand et novateur parce
qu'il a déclaré la guerre à tout ce qu'il y avait de trop super-
ficiel dans la pensée linguistique de son temps afin d'établir la
science du langage sur une base théorique irréprochable; mais
le *Cours* l'a fixé, pour ainsi dire, dans une attitude de combat,
comportant une certaine tension de la pensée et un exclusivisme
qu'il aurait certainement modifié avec le temps et cela pour
des raisons tirées de sa doctrine elle-même.

On peut dire en un mot que son tort a été de voir des rup-
tures, s'exprimant par des interdictions radicales, là où il
aurait été plus juste de parler d'antinomies et de réserver une
place à ces équilibres paradoxaux qui sont le privilège de la vie.

Ainsi lorsqu'il oppose le principe diachronique au principe
synchronique, il en veut aux erreurs de l'ancienne école qui
voyait les langues progresser ou régresser en vertu d'une impulsion interne comme un organisme. Il voit, avec l'école néogrammairienne, à l'origine des évolutions de langue l'intervention d'un facteur contingentiel, historique, agissant du dehors
sur le système grammatical. En cela il a parfaitement raison.
Encore faudrait-il nous dire quels sont ces facteurs contingentiels, et quant à conclure de leur action que les forces psychiques qui soutiennent le système de la langue ne jouent aucun

rôle dans le devenir de ce système, c'est certainement aller trop loin. Il est évident en particulier qu'elles interviennent toutes les fois qu'il s'agit de remettre en état de bon fonctionnement la langue dont le mécanisme a été compromis sous l'action des forces contingentielles.[19]

Il en est de même lorsque l'auteur du *Cours* établit une rupture entre ces évolutions diachroniques et la psychologie des sujets parlants. Il en veut ici à un psychologisme simpliste qui imagine que la langue se plie spontanément à toutes les exigences de l'esprit, comme si nous n'avions pas affaire à une institution sociale, fixée par le consentement de tous, forte de sa cohérence intérieure et de son inertie. Revendiquer que l'on tienne compte de ce facteur proprement linguistique est non seulement légitime, mais nécessaire. Cependant il ne faut pas pour cela affirmer que les attitudes mentales de ceux qui parlent restent sans influence sur la langue, quand on reconnaît d'autre part que c'est justement à l'occasion de l'acte de parole que la langue évolue.

En réalité nous ne croyons pas qu'aucun fidèle de la linguistique saussurienne ait tiré pour son propre compte des conclusions rigoureuses de ces aphorismes. Nous-même, nous avons toujours fait des réserves sur ce point, et, dans un article paru en 1917 dans la *Revue Philosophique*,[20] nous avons mis, croyons-nous, le doigt sur le point faible de l'argumentation saussurienne. Nous pensons que le maître, préoccupé de mettre en lumière toutes les conséquences logiques du principe posé par lui de *l'arbitraire du signe,* a négligé le fait que le signe *relativement motivé,* selon une définition qu'il a donnée lui-même,[21] occupe dans la langue une place beaucoup plus considérable qu'il n'est porté à l'admettre. Les travaux de M. Bally sur *le mécanisme de l'expressivité linguistique*[22] mettent la chose en évidence. Et c'est par ses éléments de motivation que la langue reste, malgré tout, en contact d'harmonie ou de conflit avec la mentalité des sujets parlants et subit son empreinte.

A la place de ces tabous, qui jettent le phénomène diachronique dans le vide en lui interdisant tout contact avec ce qui n'est pas lui, il faut mettre évidemment un équilibre harmonieux de facteurs antinomiques dont les conflits font la vie même de la langue.

Soit le fameux schéma:

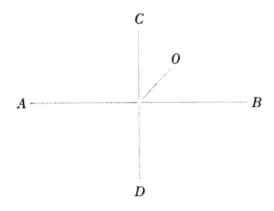

Sur l'axe *AB* nous mettons, a l'exclusion de toute autre chose, l'institution grammaticale, c'est-à-dire le système de la langue avec tout ce qui fait sa fixité, sa cohérence et l'engrenage de ses parties.

Au point *O,* qui est le point de la parole organisée, nous combinons ce système de langue avec la pensée vivante de ceux qui l'emploient. Nous le voyons donc dans son fonctionnement, tel qu'il est déterminé dans chaque moment par les conditions objectives et subjectives de l'acte de parole.

Enfin, sur l'axe diachronique *CD,* nous plaçons les états successifs d'une même langue, tels qu'ils résultent des changements qu'elle subit sous l'action des actes de parole qui dérangent imperceptiblement, mais constamment son équilibre interne. Les causes de ces changements doivent naturellement être cherchées dans tous les facteurs qui ont agi sur les actes de parole eux-mêmes. Tous les éléments *contingentiels* qui sont venus pendant la période considérée modifier soit les circonstances extérieures au sein desquelles la parole se déroule (institutions, occupations, techniques, déplacement dans l'espace, etc.), soit les conditions intérieures de cette parole (mentalité, goûts, tendances, etc. des sujets parlants), entrent naturellement en ligne de compte. Mais il faudra également prendre en considération les facteurs *organiques,* c'est-à-dire les exigences du système grammatical dont l'inertie pèse sur les sujets parlants et qui ne se laisse modifier que dans certaines conditions. Inconsciemment, en même temps qu'ils collaborent à adapter la langue aux besoins variables de l'expression, les

sujets parlants collaborent à un travail grammatical qui sauve-
garde le bon fonctionnement de l'instrument collectif.

On voit que si, contrairement à l'orthodoxie saussurienne,
nous réintroduisons sur l'axe du temps, avec les facteurs contingentiels, toute la psychologie de la parole et, avec les facteurs organiques, toutes les forces synchroniques, nous ne sup-
primons pas pour cela les oppositions auxquelles Saussure
tenait tant et qui font la valeur de sa doctrine; nous faisons
seulement de cet axe le lieu où entrent en lutte deux forces an-
tagonistes, celle qui conserve le système grammatical et sa
tradition fondée sur le consentement collectif et sur sa cohérence, et celle qui l'entraîne au contraire dans de perpétuelles
innovations et réadaptations.

Nous ne croyons pas trahir notre maître en proposant cette
vue, qui n'est que le développement logique de sa pensée dépouillée, à la faveur du temps et de la réflexion, de certains
partis pris outranciers que les conditions dans lesquelles le
Cours a été rédigé expliquent pleinement.

Ceci dit, nous pouvons reprendre la suite de notre exposé.

V. La linguistique diachronique ou des évolutions de la langue

En passant de la linguistique de la parole organisée à la
linguistique diachronique, on revient du concret à l'abstrait.
La science des évolutions de la langue, comme celle des états
de langue, ne saisit son objet que par approximation et ne connaît que des vérités générales qui se dégagent des faits et en
sont une image simplifiée. Pas plus qu'on ne peut fixer un état
de langue dans toute sa complexité, on ne peut raconter l'histoire d'un langue en tenant compte de tous les accidents de
parole, infiniment divers, qui la constituent *in concreto*. Seule
la linguistique de la parole organisée garde le contact direct
avec la réalité parce qu'elle réduit son horizon aux bornes
étroites d'un seul acte particulier.

Si la linguistique synchronique décrit des états de langue,
dans le sens où nous l'avons dit plus haut, la linguistique diachronique, dans la première partie de sa tâche, ne fait pas
autre chose, en principe, que de comparer entre eux deux états
successifs ainsi établis d'une même langue pour constater les
changements intervenus. Et cette comparaison ne procède

naturellement pas de l'ensemble à l'ensemble; mais elle considère successivement chacun des traits de la langue qui ont été modifiés. De la somme de ces modifications on déduira ensuite une vue générale sur l'évolution comme un tout, avec ses aspects caractéristiques et sa ligne dominante.

Evidemment un exposé d'histoire de langue peut prendre les allures d'une narration et devenir un récit suivi de tous les changements qui se sont produits sur un certain point de l'idiome étudié au cours d'une longue période; mais chacun des details de cet exposé revient à cette même méthode comparative. Si, par exemple, je raconte que la voyelle accentuée du latin *tēla* a passé par les phases: *ẹ́ ẹ́ ẹ́i ọ́i ọ́ (wị́) wẹ́ wẹ́* pour aboutir enfin au *wá* du moderne *toile*, je procède comme au cinéma et je me donne l'illusion du mouvement en enregistrant dans une succession rapide une série d'images statiques qui se substituent l'une à l'autre.

Ceci est très important, parce que, si l'on en tient bien compte, on verra que la linguistique diachronique, dans cette première partie de sa tâche, celle qui consiste simplement à raconter, est strictement dépendante de la linguistique synchronique. Sans son concours elle ne peut être qu'une simple énumération de faits mal analysés et superficiellement définis. Ce n'est qu'en s'en référant aux définitions toujours plus exactes et aux analyses toujours plus rigoureuses de la science grammaticale qu'elle pénétrera dans l'intimité des faits qu'elle manie et qu'elle arrivera à grouper exactement la multitude des faits particuliers dans la perspective des faits plus généraux auxquels ils ressortissent pour donner ainsi une juste idée des évolutions de langue considérées dans leur détail et dans leur ensemble.

Mais la partie purement descriptive de cette science n'en épuise pas le programme; il ne suffit pas de raconter les faits, il faut aussi les expliquer, les ramener à leurs causes. Et c'est ici que la linguistique de la parole organisée devient la référence indispensable de la linguistique diachronique.

En pure théorie, l'explication qui doit intervenir entre deux faits de langue successifs dont l'un représente le point de départ et l'autre le point d'arrivée d'un processus évolutif, ne peut être qu'un *schéma de parole* dans lequel interviennent tous les facteurs qui ont déterminé le déclenchement du processus d'évolution et son aboutissement dans un certain résultat.

Nous parlons ici de *schéma* pour bien marquer la différence que nous avons établie entre la science de la parole organisée et celle des évolutions de la langue.

Dans la réalité de la parole, une foule d'accidents divers
se sont produits sous l'influence de multiples facteurs occasionnels. Les uns tendaient à ceci, les autres à cela. Mais, si
l'usage a été finalement modifié d'une certaine façon, c'est que
certains facteurs ont été pendant une certaine période particulièrement actifs au sein de la collectivité parlante. Ces facteurs, agissant sur le plus grand nombre des sujets et dans la
plupart des cas, ont favorisé les accidents qui tendaient d'un
certain côté et ont fini par imposer un nouvel usage à la langue
commune. C'est cela que la science diachronique représente
sous la forme schématique d'un acte de parole fictif (ou d'une
série d'actes de parole, si le phénomène comporte plusieurs
phases successives) entre des interlocuteurs imaginaires. Ce
schéma est comme une vue synthétique et simplifiée du phénomène considéré dans ses causes et dans son processus, et, s'il
était parfaitement complet et bien établi, il en constituerait effectivement l'explication.

Nous parlons ici, nous l'avons dit, en théorie. En effet, un
schéma de parole est toujours implicitement contenu dans toute
explication d'un fait d'évolution, mais il s'en faut de beaucoup
que ces schémas soient toujours aussi explicites et surtout
aussi complets qu'on pourrait le souhaiter. L'historien de la
langue ne dispose pas d'avance des facteurs dont il pourra faire
état. Sa tâche consiste à les deviner, à les pressentir derrière les faits et à les utiliser dans la mesure où il pense les
posséder.

Il y a deux manières de procéder dans ce travail, selon le
point de départ qu'on choisit.

La première manière et la plus usuelle consiste à partir
des faits de langue eux-mêmes et à donner pour chacun d'eux
le schéma de parole qu'il suggère sans chercher plus loin.

Cette méthode peut paraître suffisante dans beaucoup de
cas. Ainsi, pour revenir à un exemple déjà employé, il semble
que lorsqu'on a expliqué que *chevalet*, dans son premier sens
de 'petit cheval', est une formation analogique du même type
que *poulet, cochet, chienet*, etc., on a tout dit. Ce n'est pas
absolument sûr, puisqu'on n'a rien dit de la circonstance qui
a favorisé l'apparition et l'installation du mot dans l'usage, et

rien non plus sur les conditions qui ont imposé le choix du suffixe. Mais cette insuffisance apparaît bien plus nettement dans
d'autres cas.

Par exemple, l'histoire de la conjugaison du verbe français
jusqu'à nos jours est pour une bonne part une longue succession
de créations analogiques (comme celle du mot *chevalet*) qui ont
substitué des formes nouvelles — en général plus régulières —
aux formes anciennes. Mais il ne suffit pas, pour expliquer
l'évolution morphologique de notre verbe, de ramener chacune
de ces créations à son schéma formel (exemple: *il conduisit* —
pour l'ancien *il conduist* — créé sur *tu conduisis* d'après le modèle *tu partis, il partit*). D'autres créations innombrables,
faites sur d'autres modèles et touchant d'autres parties de la
conjugaison ont pu se produire. Parmi celles qui sont attestées
très fugitivement un grand nombre n'ont pas laissé de traces
durables dans la langue. D'autres ont apparu occasionnellement
dans la parole sans qu'on en ait gardé le moindre souvenir.
Pourquoi? Et pourquoi la langue en a-t-elle favorisé d'autres?
On ne peut pas alléguer non plus que les analogies les plus «ré-
gularisantes» l'ont toujours emporté, car notre conjugaison aurait pu être simplifiée beaucoup plus encore. Il faut donc que
certains mobiles, certaines tendances soient entrés en ligne de
compte, et ce sont ces mobiles, ces tendances qui doivent figurer de quelque façon dans un schéma vraiment explicatif.

Pensons encore à un autre aspect de la conjugaison, à la
création des temps composés qui, dans leur ensemble, représentent le «verbe parfait». Toutes ces formes sont implicitement données dès le moment où la périphrase h̄abeō scriptum
du latin est devenue l'équivalent exact d'un parfait grec, l'expression d'un résultat présent acquis par une action passée; de
j'ai écrit se dérivent logiquement *j'aurai écrit, j'avais écrit,*
que j'aie écrit, etc. Néanmoins on sait que toutes ces formes
possibles ne sont entrées dans l'usage que les unes après les
autres et d'une manière que la logique pure n'explique pas.
Pourquoi les textes du vieux français témoignent-ils d'une pré-
dilection marquée pour le passé dit «antérieur»? Pourquoi le
plus-que-parfait indicatif a-t-il eu beaucoup de peine à conqué-
rir la place à laquelle il paraît avoir droit? Quels facteurs
sont intervenus dans la concurrence entre la forme simple *que*
je chantasse dans le sens ancien du cantavissem latin et le
nouveau venu *que j'eusse chanté,* etc.? L'esprit n'a donc utilisé

ces formes données par la logique que selon des tendances et des besoins qui ont varié avec les temps. Là aussi il y a des facteurs délicats qui ont agi sur la langue à travers la parole et qu'un schéma explicatif ne doit pas ignorer, s'il ne veut pas se borner à décrire le processus apparent et extérieur du phénomène, sans toucher à ses causes profondes.

C'est ce qui arrive bien souvent et en particulier lorsqu'il s'agit de changements phonétiques. Dans tout le domaine occidental des pays romans, dès les premiers siècles de l'ère chrétienne les consonnes occlusives sourdes intervocaliques se sont abaissées et sont devenues sonores: lat. vīta > vida, forme qui s'emploie encore en espagnol aujourd'hui. Mais dans le nord de la Gaule, à une époque plus tardive, ce mouvement s'est continué et ces sonores intervocaliques se sont abaissées encore; elles sont devenues fricatives et certaines ont disparu. En français du XIᵉ siécle on a encore *vide* (où *d* = *th* sonore anglais), puis plus tard *vie*, qui est la forme du français moderne. Il est très facile de dire qu'il s'agit ici d'une assimilation de la consonne aux articulations vocaliques environnantes et d'expliquer pourquoi des occlusives ou fricatives sont plus accessibles à cette assimilation que des liquides ou des nasales. Mais ce n'est pas le vrai problème historique, comme nous l'avons noté déjà. Il faut expliquer pourquoi ce phénomène a été déclenché sur ce domaine et à cette époque plutôt qu'ailleurs et à un autre moment.

Les insuffisances inhérentes à cette première méthode ont poussé beaucoup de chercheurs à trouver mieux, et l'on s'est tourné d'abord de préférence vers ces circonstances historiques extérieures à la langue qui, agissant sur les données extérieures des actes de parole et sur la mentalité générale des sujets parlants, ont favorisé certains accidents et déterminé certains faits d'évolution à certaines époques et dans certains lieux. On a donc cherché à mettre en lumière dans les schémas explicatifs de parole la présence et l'action de ces facteurs contingentiels dont nous avons parlé plus haut.

Cette méthode est légitime, nous l'avons dit. Le linguiste a le droit de s'efforcer de mettre en lumière les parallélismes qu'il peut y avoit entre le devenir d'un idiome et l'histoire du peuple qui le parle. Cette méthode a aussi le grand avantage de tendre à une vue synthétique des choses. Elle vise tout natu-

rellement à ramener la complexité des faits à de grands événements généraux. Elle demande des analyses psychologiques
délicates, et, poussée dans ses dernières conséquences, elle
aboutirait à expliquer véritablement le devenir des langues par
l'effet de grandes tendances typologiques. Son inconvénient,
c'est qu'elle est difficile et dangereuse. Dans certains cas cela
va tout seul; l'influence des facteurs historiques contingents
sur la langue est évidente. Ainsi il est certain que de nouvelles
idées, de nouvelles inventions appellent l'introduction de mots
nouveaux ou des modifications du sens des mots anciens. D'une
manière ou d'une autre le vocabulaire s'adapte rapidement aux
exigences conscientes de la pensée d'une époque. Qu'on voie à
cet égard les brèves, mais lumineuses indications que donne
M. von Wartburg, dans son livre *Evolution et structure de la
langue française*,[23] sur les divers apports dont le vocabulaire
de notre langue s'est successivement enrichi. Il est non moins
certain que, dans les pays où, à la suite d'événements politiques:
migrations, infiltration, conquête, etc., on voit s'établir un état
de bilinguisme, cela peut entraîner des conséquences pour les
deux langues en contact. La même personne ne peut pas parler
concurremment deux idiomes sans que ces deux idiomes ne
s'influencent peu ou prou réciproquement. Et si l'un des deux
a plus de prestige, c'est celui-là naturellement qui imprimera
sa marque sur son concurrent. On expliquera de cette manière
des emprunts de termes, des calques, certaines innovations de
syntaxe et même des influences phonétiques. Il est, par exemple, tout indiqué de voir dans plusieurs traits de l'histoire du
vocalisme français l'empreinte du francique conquérant[24] et
d'interpréter au contraire d'autres traits ultérieurs, qui ont
effacé cette empreinte, comme une réaction du substrat celtique
et romain ramenant la langue à ses normes plus stables.

En revanche, dans beaucoup d'autres cas, les rapports
entre l'histoire et les transformations de la langue sont plus
difficiles à saisir. Quand, par exemple, A. Meillet rattache la
concision si précise du latin à l'influence du style des juristes,[25]
sa démonstration frappe par le caractère séduisant de la thèse
et par la justesse des rapprochements. Mais nous n'avons pas
la même évidence directe et contraignante que l'on rencontre
ailleurs. Il y a des formes du style juridique qui usent au contraire volontiers du pléonasme. On peut se demander si, avant
toute influence d'une certaine technique, il n'y avait pas déjà

chez les Latins une prédisposition à la sobriété du style. Tous les paysans processifs ne sont pas nécessairement du même type psychologique. Il est moins certain encore que le vieux français mette volontiers le complément datif de personne avant le complément accusatif de chose (ce que les Allemands font aujourd'hui encore) parce que les hommes de l'époque pratiquaient le culte des héros.[26]

On a parfois usé et abusé de ces rapprochements entre des phénomènes de culture et des phénomènes de langue. La limite entre la pénétration de l'esprit et l'ingéniosité trop subtile est difficile à tracer. C'est là un terrain glissant; mais la science linguistique arrivera avec le temps à y marcher plus sûrement en multipliant des recherches méthodiques appropriées. On peut penser par exemple, sur le terrain de la parole organisée, à des analyses, plus rigoureuses au point de vue grammatical, du style des écrivains de types divers, de façon à mettre en lumière des correspondances régulières entre les tendances de l'esprit et les formes de l'expression. On peut penser aussi, sur le terrain proprement historique, à des études comparatives qui feraient apparaître des parallélismes évidents dans l'évolution des langues les plus diverses, où les mêmes causes contingentielles auraient produit les mêmes effets.

Cependant, quels que soient les progrès que l'on puisse faire dans cette direction, jamais la seule méthode des causes contingentielles n'épuisera le programme de la linguistique évolutive. Il faut tenir compte aussi, nous l'avons dit, de ce que nous avons appelé les causes organiques, c'est-à-dire de la réaction de l'instinct grammatical, déterminé par les exigences du système dans son ensemble, à l'égard des innovations qui tendent à s'introduire. Il semble bien, par exemple, que, dans les faits évolutifs dont nous avons parlé tout à l'heure et qui concernaient la conjugaison du verbe français, les considérations de grammaire ont eu leur rôle à jouer. Mais comment dépister l'action de ces facteurs? C'est là un problème difficile sur lequel nous nous garderons de prétendre à une compétence que nous n'avons pas. Nous nous contenterons de donner à titre de suggestions quelques indications qui seront peut-être utiles.

Nous remarquons d'abord que toute forme nouvelle introduite dans la parole est nécessairement une forme facilement

intelligible par simple intuition. Pour revenir à l'exemple de
M. von Wartburg déjà si fréquemment cité, si un paysan gascon
appelle par plaisanterie le coq au milieu de ses poules «le vicaire» (en gascon *bigey*), il use d'une figure, et toute figure est
facilement intelligible dans un contexte et un entourage appropriés. Il en est de même dans tous les cas d'innovation quelque
variés qu'ils soient. Si l'innovation est due non à une recherche
d'expressivité ou de clarté, mais au contraire à une négligence,
si la négligence n'est pas trop énorme, si, par exemple, un enfant, un être inculte ou simplement une personne pressée dit:
quand tu viendras? ou *tu viendras quand?* au lieu d'employer le
traditionnel et correct *quand viendras-tu?* il faudrait être dé-
pourvu de toute intelligence pour ne pas comprendre cette
phrase en petit nègre.

Ainsi les innovations de la parole ne font aucune violence
au mécanisme de la langue; elles sont chacune à sa manière,
un emploi plus ou moins heureux des ressources de la langue
existante. Elles se justifient par référence aux conventions
établies; elles appartiennent donc au domaine du partiellement
motivé. Le conflit avec le système surgit au moment où, dans
l'interprétation du sujet entendant, une forme de parole ainsi
motivée tend à se substituer à l'expression logique normale
d'une certaine idée (ou d'une certaine fonction). A ce moment-
là, c'est le jeu des conventions arbitraires qui est atteint et le
système grammatical dont l'équilibre est mis en question.

Cela peut se démontrer bien facilement en revenant encore
une fois à l'exemple de M. von Wartburg cité tout à l'heure.
Aussi longtemps que *bigey* 'le vicaire' a désigné le coq d'une
façon plaisante et figurée, rien n'a été modifié dans l'institution
de la langue. L'expression en question était comprise en fonction des conventions régnantes dont elle était une utilisation intelligible; mais quand on a commencé à avoir l'idée que *bigey*
était simplement une manière nouvelle et plus commode de désigner un certain animal, alors ce terme est devenu significatif
seulement à la faveur d'une convention nouvelle, les rapports
qui jusque là l'avaient relié à autre chose, se sont rompus et il
est devenu arbitraire au même titre que *gat* lui-même qu'il
remplaçait, que notre *coq* ou que le *Hahn* allemand. A ce
moment-là, l'équilibre des associations mentales par lesquelles
les termes arbitraires de la langue se délimitent et se définissent les uns les autres, a été changé. *Gat,* qui n'a probablement

pas disparu du coup de l'usage, a dû se situer en face de ce
concurrent et se retirer dans un domaine plus restreint, tandis
que l'autre s'organisait solidement dans sa nouvelle situation
idéologique.

Toute l'histoire du vocabulaire est faite de pareilles aven-
tures. Des termes nouveaux introduits de toutes sortes de façons dans la langue entrent en concurrence avec les mots anciens et les supplantent quelquefois. Le lexique est un champ
de bataille, et son organisation interne est sans cesse en voie
de révolution. Il ne semble pas que ces adaptations successives
donnent lieu à de grandes résistances ou à de grandes difficultés
d'ordre grammatical. Le vocabulaire est une chose éminemment souple et qui s'accommode sans peine aux besoins du moment. Il n'en est pas de même quand une forme de syntaxe en
supplante une autre, c'est une affaire plus grave et qui se fait
plus difficilement.

En effet, le système de la syntaxe a des exigences logiques
que celui du vocabulaire n'a pas, et chacune de ses parties occupe dans l'ensemble une place beaucoup plus considérable
qu'un mot isolé dans le système des mots. L'équilibre syntaxique est donc bien plus touché par ce qui arrive à l'un de
ses éléments que l'équilibre lexicologique ne l'est par ce qui
arrive à l'un des siens. Soit un exemple schématique: il est
évident que la forme interrogative *quand est-ce que tu viendras?* est à l'origine une forme affective et qui présentait jadis
dans sa valeur le même accent prédicatif renforcé que l'on
constate dans *c'est demain que je viendrai* par opposition à *je
viendrai demain.* Actuellement elle est devenue, à très peu de
chose près, synonyme de la forme *quand viendras-tu?* qui est
nécessairement en concurrence avec elle.[27] Qu'arriverait-il si
elle supplantait cette concurrente et s'installait désormais à sa
place? Est-ce que cela ne constituerait pas un recul sérieux
des procédés plus synthétiques appartenant à la vieille tradition
et utilisant des structures morphologiques spéciales du verbe,
en faveur d'un procédé analytique par l'élément particulaire à
toutes mains *est-ce que,* lequel laisse intacte la structure normale du groupe verbal? Supposons maintenant qu'un jour le
quand est-ce que tu viendras? soit supplanté par son concurrent: *tu viendras quand?* Ne pourrons-nous pas dire alors que
toute la valeur interrogative a été portée sur l'adverbe ou le
mot quel qu'il soit qui la marque et que la langue a fait un pas

vers le type de syntaxe qu'on appelle en général «isolant»? Le chinois dit: *lui demain venir – lui quand venir?* C'est donc dans la partie logique et arbitraire de la langue et en observant les phénomènes de concurrence et de substitution qui s'y développent que l'on risque de surprendre l'action des facteurs organiques sur le devenir des moyens d'expression.

Nous n'avons considéré jusqu'ici que des modifications introduites dans la langue à la suite de quelque innovation dont un parleur a pris l'initiative. Mais ce que nous venons de dire s'applique tout aussi bien, et même mieux, aux changements qui ont pour cause première une interprétation originale faite par un entendeur d'une tournure de syntaxe parfaitement régulière et normale dans la bouche de celui qui s'en est servi.

Beaucoup de modifications de l'usage n'ont pas d'autre origine que des accidents de ce genre. Ainsi *leur fils* en français est, au point de vue matériel, la simple continuation du latin illōrum fīlius, mais cet illōrum, réduit en français a *lor, leur* et privé de l'appui extérieur que lui fournissaient les habitudes de flexion du latin, a cessé, à un moment donné, d'être senti comme un complément génitif; on l'a associé aux possessifs comme *mon, ton, votre,* etc., on l'a fait entrer dans la catégorie des déterminatifs inhérents au substantif et on a pu ainsi lui créer un pluriel: *leurs.* Dans *excepté Paris,* le mot *excepté* a passé de la même façon de son rôle primitif de participe prédicatif de *Paris* (cf. *Paris excepté*) au rôle de préposition, et l'on connaît aussi cette curieuse forme du français populaire qui consiste à utiliser une particule interrogative *ti,* obtenue par un découpage approprié d'une phrase comme: *Jean est-il (=est-ti) content?* De là: *nous avons-ti bu?* pour *avons-nous bu?*

Dans tous ces cas le caractère arbitraire et proprement intellectuel de l'opération saute aux yeux, puisque, ce qui entre en ligne de compte, ce sont les classements internes de la langue et les tendances que peuvent avoir à certains moments certains types de classement à prendre le pas sur les autres. Nous sommes donc en plein dans le domaine des structures formelles et arbitraires de la langue, c'est-à-dire dans le lieu même où l'on peut saisir les mouvements caractéristiques de son devenir.

S'il paraît difficile de suivre le cheminement d'une innovation grammaticale et la façon dont elle surmonte les résistances que la langue lui oppose, il est beaucoup plus facile de constater ce qui se passe quand les procédés d'expression que l'évolution élimine reculent et cèdent le terrain pied à pied. Or cet aspect du phénomène diachronique n'est que l'envers et le côté négatif du phénomène positif, de l'extension progressive du concurrent plus favorisé. Il n'est donc peut-être pas inutile de le considérer pour obtenir, par contraste au moins, quelque lumière sur le phénomène positif qui nous intéresse.

On peut dire d'une façon générale qu'une institution de langue meurt lorsque son emploi a besoin d'être soutenu dans la parole par des facteurs de routine et d'automatisme. On la voit alors persister dans des ensembles phraséologiques usuels avec lesquels elle fait corps ou dans ces ensembles synthétiques à valeur lexicologique que l'on appelle *locutions;* ou bien aussi leur emploi est favorisé par la tradition des formes de langue les plus conservatrices et les plus surveillées, par exemple, en français, dans le style dit soutenu. A moins encore que cet élément de langue ne trouve dans certains de ses emplois une signification spéciale, ce qui lui crée comme une position de repli à la faveur de laquelle il reste vivant, mais dans de nouvelles limites plus restreintes.

Nous ne disons rien ici du cas fréquent où le procédé expressif en voie de déchéance, trouve, à la faveur d'une circonstance particulière, l'occasion de faire souche de quelque chose de vivant et renaît ainsi à de nouvelles destinées. Ce serait sortir de notre sujet.

Toutes ces choses que nous venons de présenter sous leur aspect général et abstrait demandent-elles à être illustrées par des faits concrets? En voici quelques exemples:

L'imparfait du subjonctif *que je chantasse* (< lat. cantāvissem, cantassem) a été concurrencé victorieusement de plusieurs côtés. D'abord comme irréel du présent, il s'est heurté avec une forme de création nouvelle, le conditionnel *je chanterais*. Ensuite en tant qu'il exprimait, comme la forme latine dont il dérive, l'irréel du passé, il est entré en conflit avec le temps composé correspondant *que j'eusse chanté* et avec *j'aurais chanté*. Enfin, quand il est régi, en vertu de la concordance des temps, par un verbe principal au passé, nous le voyons reculer aujourd'hui devant le présent du même mode; c'est-à-dire que la notion même de concordance des temps au subjonctif tombe en désuétude comme superflue. Or, dans tous ces cas, on peut constater que ce sont les verbes les plus usités, et en particulier les verbes auxiliaires — qui sont, pour ainsi dire, des mots faibles faisant plus ou moins unité morphologique avec le terme qu'ils introduisent — qui sont restés le plus longtemps fidèles à l'ancien usage.[28] En ce qui concerne l'imparfait de la concordance des temps, à la décadence duquel nous assistons, nous voyons en outre que c'est la troisième personne du singulier — la plus employée de toutes les formes de ce temps — qui reste le plus volontiers fidèle à cet usage. Ainsi *je voudrais que vous fussiez heureux, ... que nous fissions le nécessaire, ... que tu eusses plus de chance, ... qu'on acceptât sa proposition, ... qu'il reconnût ses torts* sont des choses qui s'écrivent et qui, dans certaines conditions, peuvent se dire, tandis qu'on recule devant *je voudrais que vous acceptassiez, ... que tu le reçusses.*

Ce même emploi de l'imparfait du subjonctif montre avec évidence la différence qu'il faut faire entre le style élevé, conservateur de tout ce qui peut être conservé de l'ancien usage, et le style familier ou ce langage populaire plus libre qu'on a appelé «la langue avancée» et qui, débarrassé de tout préjugé d'école, cultive de préférence tout ce qui est spontané et naturel dans les façons de parler.

Les cas de *locutions*, d'ensembles synthétiques qui conservent sous forme figée des tournures de syntaxe anciennes sont innombrables et bien connus. Pour rester dans le domaine du subjonctif imparfait on citera la formule optative: *plût à Dieu (au Ciel)* ou la forme *fût-ce,* qui ne s'analyse plus guère et que parfois l'on orthographie *fusse.* Les locutions: *sans bourse délier,* il *gèle à pierre fendre, ainsi soit-il, comme qui dirait;* des proverbes comme: *fais ce que dois, advienne que pourra,* etc., etc. contiennent tous dans leur structure des choses depuis longtemps disparues de la syntaxe vivante.

Il n'est pas difficile non plus de citer des formes jadis vivantes qui, en battant en retraite devant d'autres formes, ont trouvé certaines positions qui leur ont permis de continuer à vivre dans un champ sémantique spécial. Ainsi la négation par *ne* tout seul, supplantée par *ne ... pas* ou *ne ... point,* est devenue l'instrument propre à la négation explétive, qui n'a pas de valeur logique et qui nécessairement est moins appuyée: *Je crains qu'il ne pleuve.* On sait la valeur expressive spéciale qu'a prise l'adjectif antéposé depuis que la postposition de l'adjectif est devenue l'ordre normal; comparez: *un tableau admirable* et *un admirable tableau*. Depuis que *pire* et *moindre* ne sont plus les comparatifs normaux de *mauvais* et de *petit*, ils ont pris des valeurs d'un caractère affectif assez différentes de celles de *plus mauvais* et de *plus petit*, tandis que *meilleur*, seul usité, est resté le comparatif de *bon*, sans plus.

Ces valeurs nouvelles ne sont pas d'ailleurs nécessairement de l'ordre affectif. La logique aussi utilise ces restes. La préposition *en* par exemple, qui dans l'expression du rapport locatif a cédé la place à la préposition plus jeune *dans*, continue à vivre dans des domaines limités et dans des cas spéciaux. Ainsi elle exprime la date avec les millésimes: *en 1911*, le lieu avec les noms de pays féminin: *en Suisse*; comparez encore le rôle qu'elle joue dans les expressions comme: *combattre en héros, mettre des planches en tas, parler en anglais* et d'autres. On a affaire dans tous ces cas à une formule grammaticale générale donc vivante, mais d'une application restreinte quant au sens et quelquefois aussi quant à la forme.

On peut comparer — grossièrement — les usages qui subsistent d'une forme grammaticale en décadence (qu'il s'agisse d'emplois locutionnels, d'usages phraséologiques ou de valeurs spéciales) à l'archipel que formerait un continent disparu, mais dont certaines parties émergent encore des eaux, formant des îlots d'importances diverses. Entre ces îlots se répandent les flots de la mer qui ont envahi l'espace jadis occupé par la terre. Là règne l'usage nouveau, celui qui répond aux besoins actuels de la pensée et qui s'intègre dans le système de la langue, tel qu'il existe dans le subconscient des contemporains. C'est cet usage nouveau qui apparaît spontanément partout où la pensée, dégagée de tout entraînement formel ou affectif, peut structurer sa phrase selon les exigences de la logique abstraite.

Nous avons admis plus haut que seuls les changements qui intéressent les parties arbitraires et logiques du système seraient déterminants pour l'évolution générale de la langue. Nous ajoutons ici que c'est par l'action de ce que l'on pourrait appeler la «parole logiquement déterminée», sans son conflit avec les autres modes de la parole, que ces changements progressent dans l'usage et acquièrent la prépondérance. Si ces deux vues — car ce sont de simples vues que nous proposons ici — sont justes, le problème du devenir des systèmes de langue en apparaît mieux délimité et peut-être un peu moins complexe qu'il ne semblait au premier abord.

Néanmoins il ne faudrait pas s'abandonner à de trop grandes illusions. Le système de la langue n'est point une chose si simple qu'il soit facile d'y mettre et d'y maintenir l'ordre. Au moment même où une innovation en renouvelle heureusement une des parties, une autre partie se trouve peut-être indirectement atteinte dans son organisation par cette innovation-là. Cela est vrai; on sait en tous cas que cela se produit entre la partie phonologique du système de la langue et sa partie significative, qui est construite avec les phonèmes.

Une loi phonétique, c'est-à-dire la transformation régulière en un temps donné d'un certain phonème ou d'une série de phonèmes dans des conditions données, n'est pas autre chose qu'un effet du principe organique dans le domaine des sons. Par l'application de cette loi le système phonétique de la langue est modifié d'une façon ou d'une autre, mais son organisation systématique n'est pas compromise comme elle le serait si les sons des divers mots pouvaient évoluer chacun de son côté au mépris de toute solidarité. Ce phénomène, dont la régularité est commandée par les exigences de l'organisation phonologique, fait, en vertu même de ces exigences, violence au système significatif de la langue. Il a pour effet des suppressions ou des confusions de phonèmes désastreuses pour le fonctionnement des signes et qui, considérées dans ce plan, représentent des accidents contingentiels regrettables. C'est par l'application des lois phonétiques que les dialectes gascons ont confondu les mots latins gallus et cattus en un gat uniforme. Et tous les lecteurs de Gilliéron savent que ces accidents ne sont pas rares dans l'histoire du lexique. Nous avons rappelé également que, par l'effet de l'évolution phonétique, une série de formes de l'ancienne conjugaison sont devenues mal différenciées et par conséquent inutilisables: cantārem, cantā(ve)rō, cantā(ve)rim, cantā(ve)ram, ce qui a eu des conséquences considérables en grammaire. Cette même évolution phonétique a provoqué en français la confusion du participe présent latin cantantem avec le gérondif ablatif cantandō dans une forme unique chantant. Il est résulté un désordre qui a nécessité, comme nous l'avons vu p. 150, toute une série de rajustements. De nos jours une prononciation régnante fait confondre je donnai avec je donnais et, ce qui est plus gênant, je donnerai avec je donnerais. Toutes ces choses, qui représentent peut-être une réorganisation dans le plan phonique, sont des désorganisations contingentielles sur l'autre plan où les forces organiques doivent procéder, autant que faire se peut, à des réparations de fortune.

Or le phénomène inverse peut se produire également. Il peut arriver que les innovations sur le plan des moyens d'expression — nous pensons ici spécialement à de profonds remaniements du vocabulaire — soient une cause de déséquilibre et de désorganisation pour le système des sons.

La chose s'est produite deux fois dans l'histoire du français; d'abord quand le roman du VIe au VIIIe siècle s'est enrichi de nombreux emprunts faits aux langues germaniques et, ensuite, quand notre langue, à l'époque de la Renaissance, a adopté ou proposé à l'usage une foule de mots savants empruntés au grec et au latin.

Nous avons déjà fait en passant allusion au premier de ces faits et aux troubles apportés dans les habitudes phonologiques des habitants de l'ancienne Gaule par l'influence des Francs. Il vaut la peine de s'arrêter un instant sur le second. Toute une série de changements survenus dans la manière d'articuler le français entre le XIIe et le XVIe siècle: chute ou vocalisation de consonnes en fin de syllabe, réduction des affriquées en consonnes simples, réduction de nombreuses diphtongues en monophtongues et disparition d'hiatus intérieurs, marquent avec évidence une tendance à simplifier la structure de la syllabe. On peut dire, en gros, que le débit du français visait à se rapprocher du type où les consonnes simples alternent régulièrement avec les voyelles simples (en ajoutant parfois une liquide derrière ou devant la voyelle): *tatatatratarta*... soit: *j'ai perdu mon joli petit chapeau gris*. Or les innombrables termes empruntés aux langues classiques contenaient des groupes fort nombreux de consonnes soit à l'intérieur, soit à la fin des mots qui ne cadraient pas avec cette syllabation simplifiée: *suggérer, astringent, réduction, exceller, aspect, heptagone*, etc., de telle sorte que ces mots apportaient dans les usages de l'articulation française un élément tout à fait hétérogène. Ce n'est pas le lieu de dire comment la langue a pu s'accommoder d'un pareil état de choses. Si elle avait été abandonnée aux formes spontanées du parler populaire, il n'y a pas de doute qu'elle aurait fait un beau ravage de toutes ces consonnes gênantes. Mais surveillée de près dans le langage des gens cultivés, elle a respecté ces groupes consonantiques que protégeait le prestige de leur origine. Elle a donc dû chercher d'autres voies pour satisfaire dans la mesure du possible à ce que réclamait le système phonologique. Lesquelles a-t-elle trouvées? C'est un problème intéressant, mais qui est en dehors de notre horizon.

Ce qu'il nous importe de noter en terminant, c'est que cette dernière remarque fait surgir un nouveau problème et assez délicat devant nous. L'historien de la langue qui veut expliquer les transformations qu'il a constatées et définies n'a pas seulement à donner les raisons contingentielles et organiques d'un changement considéré en lui-même ou en connexion avec les parties du système qui y sont directement intéressées. Il peut avoir à tenir compte de tous les contre-coups que ce changement peut avoir contingentiellement sur d'autres parties plus éloignées du système et par conséquent à se demander dans chaque cas pourquoi ceci a été momentanément sacrifié à cela.

Ici encore la réponse sera dans certains cas assez facile. On comprend par exemple assez bien qu'une influence massive du vocabulaire, conditionnée par des circonstances déterminantes d'histoire et de culture, puisse faire violence aux habitudes du système phonologique, comme nous venons de le voir. Encore serait-il intéressant de calculer les forces et les résistances en présence, pour expliquer le résultat obtenu, c'est-à-dire la résultante mécanique de cet antagonisme. Dans d'autres cas le problème est plus difficile à résoudre et en particulier la question du bouleversement du système expressif de la langue par des phénomènes de phonétique historique ne manque pas d'être mystérieux. On peut sans peine établir des hypothèses plus ou moins plausibles: dire, par exemple, que les évolutions phonétiques ne peuvent compromettre que des éléments de peu d'importance dans le système, et que s'ils paraissent s'attaquer à des parties essentielles de la grammaire (système des temps ou système des cas), c'est que ces choses en apparence de grande conséquence sont en réalité déjà décadentes et n'opposent pas de résistance effective.[29] Mais cela ne suffit pas; il faut rendre ces thèses plausibles en considération des faits. La science se doit de nous dire un jour si les facteurs qui agissent sur les éléments phoniques de la langue sont assez puissants pour forcer l'organisation logique et expressive à céder devant eux, et s'il est vrai de dire, selon une formule ancienne que M. Dauzat a reprise, que «l'évolution des sons commande l'histoire de toute langue».[30]

Nous nous arrêtons ici en répétant que nous ne pensons aucunement avoir donné par ces quelques indications une solution aux problèmes passionnants de la linguistique évolutive. Nous n'avons voulu, comme nous l'avons fait pour les deux autres disciplines, que donner une idée suffisamment claire de la manière dont nous en définissons l'objet et dont nous en entrevoyons le programme.

Nous nous sommes efforcé par là, et nous espérons y avoir réussi dans quelque mesure, de dire ce que sont ces trois disciplines en elles-mêmes et dans leurs relations réciproques. Nous l'avons fait — on voudra bien nous rendre cette justice — en restant fidèle à l'esprit de notre maître, Ferdinand de Saussure, même là où nous avons jugé nécessaire d'apporter des changements aux formulations du *Cours de Linguistique générale*.

Une telle critique, en aidant à le mieux comprendre, le grandit, nous semble-t-il, plutôt qu'elle ne le diminue.

Notes

[1] *Cours de Linguistique générale*, 2e et 3e éd., p. 158 ss., 144 ss., 170 ss.

[2] *BSL 64*, 32.

[3] *Aperçu d'une histoire de la langue grecque*, 1913, et *Esquisse d'une histoire de la langue latine*, 1928.

[4] *Mélanges Bally*, Genève 1938 (éd. Georg & Cie.), p. 19 ss.

[5] *Cours de Linguistique générale* (2e et 3e éd.), p. 63-96.

[6] *Cours* (2e et 3e éd.), p. 37.

[7] Nous pensons spécialement à ses remarques sur le caractère essentiellement double de tous les éléments linguistiques et à sa définition de la langue comme pure forme, ensemble de rapports entre des rapports sans terme positif aucun. *Cours*, p. 23 ss. et p. 168 ss.

[8] *Programme et Méthodes de la Linguistique théorique*, Paris, Leipzig, Genève, 1908, p. 70 ss.

[9] Paul Stapffer, *Récréations grammaticales et littéraires*, p. 12 ss., 74 et 77.

[10] Et. Le Gal, *Ne dites pas... mais dites...*, p. 124, 51.

[11] Voir C. de Boer, *Remarques sur la fonction et l'histoire du gérondif français*, dans *A Rom. 13* (1929), p. 417 ss.

[12] *Ausführliche Grammatik der französischen Sprache* von Ph. Plattner, II (1900), III (1905) et IV (1907), Ergänzungen, Karlsruhe.

[13] *Traité de Phonétique*, Paris 1933.

[14] Voir ce que F. de Saussure dit sur l'identité: *Cours*, p. 150 ss.

[15]Au moment de mettre ces lignes sous presse, nous recevons le beau lfvre de M. Marcel Cressot: *La phrase et le vocabulaire de Huys-mans* (Paris, E. Droz, 1938). L'auteur parlant de ses devanciers dans des études du même genre dit: «Le grand, l'unique reproche que nous adresserons en bloc à tous ces ouvrages..., c'est qu'ils ne procèdent en fait d'aucune intention stylistique. Il ne suffit pas de signaler, même avec une très grande conscience..., la présence des mots: il convient de l'interpréter, d'en montrer la nécessité pour l'auteur sur le plan pratique et sur le plan esthétique». Cette critique est un programme que l'ouvrage lui-même s'efforce de réaliser.

[16]A. Grégoire, *L'Apprentissage du Langage, les deux premières an-nées.* Bibliothèque de la Fac. de Philosophie et des Lettres de l'Université de Liège, fasc. *73*, 1937.

[17]Albert Dauzat, *Histoire de la langue française*, Paris 1930 p. 114 ss.

[18]*Cours* (2e et 3e éd.), p. 221 ss., 238 ss., 242 ss.

[19]A ce sujet voir notre article dans les *Mélanges Bally*, p. 19 ss.

[20]*Le Problème de la langue à la lumière d'une théorie nouvelle, Revue Philosophique*, 42e année, n° 7, spéc. p. 26-29.

[21]*Cours de Ling. générale* (2e et 3e éd.), p. 180 ss.

[22]*Le Langage et la Vie,* Paris 1926, p. 141 ss., et Zurich 1935, p. 113 ss.

[23]Leipzig et Berlin, 1934.

[24]Voir A. Dauzat, *Histoire de la langue française*, Paris 1930, p. 37 s. et du même auteur son article *Le substrat germanique dans l'évolution phonétique du français* dans les *Mélanges van Ginneken*, Paris 1937, p. 267-272. Aux faits de vocalisme bien connus auxquels nous pensons ici, M. Dauzat en ajoute d'autres, très probants, concernant le consonantisme, mais qui ont un caractère négatif. Il s'agit des phénomènes de palatalisation dont l'action a été arrêtée par l'influence germanique.

[25]A. Meillet, *Esquisse d'une histoire de la langue latine,* Paris 1928, p. 118 ss.

[26]Karl Vossler, *Frankreichs Kultur und Sprache*, 2e éd., Heidelberg, 1929, p. 54.

[27]Sur tout le problème historique et actuel de cette forme d'interrogation voir L. Foulet, *Comment ont évolué les formes de l'interrogation, R 47* (1921), 243 ss., spéc. 253 ss., et E. Fromaigeat, *Les formes de l'interrogation en français moderne, VRom. 3* (1938), 1 ss., spéc. 33 ss.

[28]Alb. Sechehaye, *L'Imparfait du subjonctif et ses concurrents dans les hypothétiques normales en français, RF 19,* 384 ss.

[29]C'est la thèse que nous avons énoncée jadis dans notre ouvrage: *Programme et méthodes de la Linguistique théorique,* 1908.

[30]*Histoire de la langue française,* Paris 1930, p. 31.

DE LA DÉFINITION DU PHONÈME À LA
DÉFINITION DE L'ENTITÉ DE LANGUE*

Les phonologistes ont été naturellement amenés à examiner de près la question de la définition du phonème et sont arrivés très vite à un premier résultat négatif, à savoir que le phonème ne saurait être défini psychologiquement, comme Baudouin de Courtenay et d'autres avaient d'abord proposé de le faire,[1] c'est-à-dire par référence à une idée ou à une représentation qui existerait dans la conscience du sujet parlant. Cette conclusion actuellement acquise nous paraît entraîner une série de conséquences qui retentissent assez loin et sur lesquelles nous désirons attirer l'attention de nos lecteurs. Nous reconnaissons sans peine que nous n'apportons ici rien de proprement nouveau. Il s'agit d'une simple mise au point que nous ne croyons cependant pas inutile.

I. — Partant de la constatation ci-dessus mentionnée, nous ferons observer que, si le phonème ne saurait se définir psychologiquement, dans le sens où nous venons de le dire, il y a de multiples raisons pour en dire autant de toute entité de langue de quelque ordre qu'elle soit. Par voie de conséquence ou d'analogie ce qui est vrai du phonème paraît être vrai également de tout autre élément fonctionnel du système linguistique.

Par exemple, si les trois phonèmes qui, dans un certain ordre de succession, constituent le mot français : a - m - i ne peuvent exister à titre de représentation dans le cerveau d'un sujet parlant et entendant, le mot subira le même sort que ses parties et ne pourra pas non plus être l'objet d'une représentation adéquate. C'est parce que traditionnellement on était persuadé du contraire, parce que pendant longtemps personne ne s'était avisé de mettre en doute la «représentation du mot», qu'on a d'abord, et sans hésitation, parlé de la «représentation des phonèmes». Les deux affirmations sont solidaires et, si la conclusion s'est dévoilée fausse, les prémisses du raisonnement sont ébranlées. Mais on voit où cela conduit: en partant d'un simple mot, de proche en proche, il faudra dénier à tout signifiant, quel qu'il soit, la possibilité d'être défini psychologiquement — si du moins il est vrai, comme l'affirme de

---

Cahiers Ferdinand de Saussure 2 (1942), pp. 45-55.

Saussure,[2] que tout en grammaire se ramène finalement à des oppositions de formes matérielles différenciées.

Ce que nous venons de dire se rapporterait donc à tous les signes de la langue en tant que signifiants. Qu'en est-il de ces mêmes signes en tant que signifiés?

Pour refuser au phonème la capacité d'exister dans notre conscience, on allègue le fait qu'il ne correspond pas à une réalité matérielle simple, mais à une somme complexe de caractères différentiels et à des conditions abstraites de fonctionnement. Si cet argument est légitime, on pourra l'appliquer à plus forte raison au signifié linguistique en général, car tel qu'il a été défini par de Saussure, il est certainement au moins aussi complexe que le phonème et dans sa structure logique intérieure et dans les conditions de son emploi. Ce signifié, en effet, n'est ni un sens, ni une signification, il ne correspond ni à une idée précise, ni à un objet particulier, mais il est une *valeur,* c'est-à-dire une somme de virtualités expressives résultant des rapports que le signe entretient avec tous les autres signes de la langue qui se partagent arbitrairement entre eux la totalité de la matière mentale à exprimer.[3] De toute manière il faut donc refuser à ces valeurs — c'est-à-dire aux signifiés en général — la possibilité d'être définies psychologiquement, d'être saisies en elles-mêmes par un acte de conscience. Et si nous disons la même chose et des signifiés et des signifiants, nous devrons en dire autant encore du signe, unité de langue, qui résulte de leur étroite union en une unité expressive.

Mais il y a, pour conclure ainsi, une autre raison beaucoup plus décisive, parce que fondée directement sur les principes fondamentaux de la linguistique.

Trubetzkoy dit[4] avec raison que c'est tomber dans un cercle vicieux que de chercher dans le débit même du discours, tel que nous le percevons, les critères du phonème, quand on prétend que ce débit ne s'analyse en phonèmes que par référence à la langue qui l'organise et en dehors de laquelle il ne serait qu'une suite confuse et inanalysable de phénomènes vocaux. Or cet argument reste valable si nous remplaçons le terme de «phonème» par «entité» ou «unité de langue». Il revient à dire que l'acte de parole organisée,[5] phénomène de psychologie individuelle, n'existe qu'en fonction de la langue, phénomène de psychologie collective ou pour mieux dire phénomène «sociologique», qu'il est donc absurde de vouloir chercher dans la conscience que nous avons de notre parole, donc dans le plan de la psychologie individuelle, la définition des faits de langue, quels qu'ils soient, puisqu'ils sont tous en réalité d'un autre ordre.

Nous sommes donc non seulement autorisés, mais contraints de penser que ce que les phonologistes ont dit du phonème doit être généralisé et appliqué à toutes les entités linguistiques également.

II. — En étendant à toute entité linguistique une constatation négative faite d'abord à propos du seul phonème, nous n'avons naturellement rien encore de positif devant nous. L'intéressant n'est pas tant de savoir comment le phonème ne se définit pas, que de savoir comment il se définit et de savoir aussi si la définition positive qu'on en peut donner est susceptible ou non d'être appliquée à l'entité linguistique en général.

Trubetzkoy, devant l'impossibilité de maintenir la définition psychologique du phonème et en quête d'une définition purement linguistique, conformément aux principes de l'école structurale, propose de définir le phonème simplement par sa fonction dans le système de la langue, et depuis lors le débat est ouvert de savoir comment cette fonction générale du phonème doit être définie et formulée.[6]

Cette dernière partie de la question peut être ici négligée; mais nous avons à nous demander si, en principe, la définition par la fonction peut être acceptée et si, appliquée au phonème, elle peut par extension s'appliquer également à toute entité de langue. Poser ces questions, c'est y répondre. Il est évident que dans ce mécanisme au service de l'expression qu'est la langue, chaque rouage s'explique et se définit par la place qu'il y occupe et par le rôle spécial qui lui incombe, et cela est vrai également de toutes les parties du mécanisme. Nous n'avons donc rien à critiquer au principe de définition posé par Trubetzkoy et admis sans opposition par les phonologistes. Nous ferons seulement remarquer que ce principe de définition ne répond pas à lui seul à toutes les exigences de la science et ne saurait être présenté comme un substitut suffisant du principe de définition psychologique que l'on écarte.

Nous nous expliquons. Quand on a affaire à une science purement abstraite, aprioristique, concernant les formes de la pensée dans leurs rapports entre elles et dans leurs combinai-

sons, comme en logique et en mathématiques, on peut se contenter de définitions fonctionnelles. L'*x* d'une équation algébrique, la majeure, la mineure ou la conclusion d'un syllogisme
et beaucoup d'autres choses du même genre sont parfaitement
définies par leurs fonctions et ces définitions sont vraies à nos
yeux d'une vérité en soi, étrangère à toutes les contingences de
l'espace et du temps. Mais la langue n'est pas un système abstrait d'idées pures, elle est une combinaison particulière —
«arbitraire» dit Ferdinand de Saussure — de matière phonique
et de pensée. Elle est un fait concret, historique, situé quelque
part sur notre globe et qui évolue avec le temps. Tout en elle
est phénomène et un phénomène se définit par le milieu où il
surgit et par l'ordre auquel il appartient. En un mot il demande
une définition *existentielle*. Longtemps on a raisonné d'instinct
comme si tout fait de langue résultait de l'activité psychique
des sujets parlants et, en conséquence, on a demandé compte
du fait de langue à la conscience que nous en pouvions avoir.
C'était une définition existentielle. Or, à penser ainsi, on a
abouti à une impasse. On a dû reconnaître qu'on avait fait
fausse route.

Que faire maintenant? Oublier tout et recommencer à
frais nouveaux, sans plus se préoccuper de la définition existentielle? Non pas, mais, après avoir quitté la voie trompeuse
où l'on s'était engagé, chercher une meilleure voie et venir demander cette définition existentielle à la bonne adresse. La
définition psychologique, qui est fausse parce qu'elle repose
sur une conception erronée de la langue comme réalité psychologique, doit être remplacée par une définition sociologique en
harmonie avec le fait reconnu du véritable caractère de la langue. C'est à l'intérieur d'un système de langue particulier,
d'une réalité sociologique donnée, que chaque élément constitutif du tout et congénère à sa nature, se définira par sa place
et par sa fonction dans l'ensemble.

Cela est tellement évident qu'on pourrait dire que personne ne le conteste. Mais si personne ne le conteste, personne ne prend la peine de s'y arrêter. Nous allons essayer de
le faire et de montrer que cela n'est pas tout à fait sans profit.

III. — On sait qu'une institution sociologique est le résultat
de la collaboration spontanée et inconsciente des membres
d'une société visant naturellement à une même fin. On sait

aussi que, quand elle est née, cette institution s'impose à chacun avec l'autorité et le prestige du consentement collectif, les
individus isolés ne se rendant pas compte de la part qu'ils ont
prise et qu'ils continuent à prendre à l'œuvre commune.

Selon la nature de l'institution sociale, elle pourra avoir
divers modes d'existence. Souvent elle prend corps dans des
choses: un code, un tribunal, une prison, avec leurs particularités émanent de la conception du droit qui règne dans une
société donnée. Mais l'institution sociale est avant tout imprimée dans le psychisme des individus qui vivent sous sa loi.
Par exemple les mythes religieux, les idées morales existent
sous forme de croyances, d'opinions régnantes, de jugements
de valeurs et aussi sous forme d'habitudes: rites religieux,
formes de politesse, usages reçus, etc. Dans le domaine de la
langue, toutes ces choses peuvent jouer un certain rôle, mais,
ce qui est proprement caractéristique du phénomène linguistique, c'est tout un automatisme en matière d'expression de la
pensée, automatisme qui repose sur un jeu très compliqué de
réflexes acquis, lesquels réflexes sont, dans l'essentiel, identiques chez tous les sujets parlants. L'enfant qui apprend sa
langue imite tant bien que mal les façons de parler qu'il observe autour de lui et on le considère comme arrivé au but
quand il est parvenu, à force de tâtonnements, à régler suffisamment le jeu de ses automatismes sur celui des adultes.

La définition existentielle des faits de langue, les phonèmes
compris, nous place donc, non pas devant des représentations
conscientes — comme le voulait la définition psychologique —,
mais devant des réflexes (ou des combinaisons, des faisceaux
de réflexes), et nous voyons immédiatement que cette vue apporte avec elle quelque chose qui est propre à expliquer la nature et les modalités du phénomène langue. Nous voyons en
particulier pourquoi les faits de langue, dans leur aspect proprement linguistique, c'est-à-dire systématique et abstrait, ne
paraissent pas spontanément à la conscience de celui qui parle
ou entend; mais nous voyons aussi sans peine pourquoi et comment nous pouvons, par l'observation objective des faits de parole et par la réflexion, prendre une certaine connaissance de
ces choses.

Nous développerons brièvement ces deux points pour conclure.

Le premier point d'abord.

Chacun sait qu'un réflexe ou un jeu de réflexes bien réglé est une ressource sur laquelle nous pouvons, dans des conditions déterminées, nous appuyer avec confiance. C'est un instrument pratique qui rend avec précision les services que l'on en attend, même les plus compliqués, pourvu que le mécanisme automatique ait eu le temps et la possibilité de s'organiser.

Or, un réflexe est, par définition, un acte inconscient; non seulement il ne fait pas appel à la conscience qu'il remplace, mais d'instinct il l'écarte. Un appel intempestif à la réflexion risque de provoquer des perturbations dangereuses dans le mécanisme automatique. Inutile de donner des exemples d'un fait bien connu.

Pratiquement, l'individu qui parle n'a donc qu'à bien penser ce qu'il a à dire, qu'à être présent dans la situation qui inspire sa parole, afin que surgisse spontanément sur ses lèvres le discours propre à obtenir l'effet qu'il en attend. L'entendeur de son côté, s'il prête suffisamment attention au discours de son interlocuteur, réagira automatiquement par un acte d'interprétation et de compréhension. Il ne s'agit ni d'un côté, ni de l'autre, d'une opération intellectuelle comportant l'analyse des moyens mis en œuvre, mais de quelque chose d'immédiat, d'une impression portant directement sur le résultat.

Quant au système grammatical mis en œuvre, ce produit impersonnel de la vie sociale, ce chef-d'œuvre de l'intelligence humaine au service de la pensée, il n'a pas besoin de se manifester ni dans la conscience du sujet parlant ou du sujet entendant, ni dans aucune autre. Il suffit qu'il soit, dans un milieu donné, la norme cachée de tous les réflexes individuels et que l'effort continu des parleurs tende, par de multiples interventions intuitives et à peine conscientes, à la garder intangible ou, dans le cas où les facteurs d'altération l'emportent, à lui conserver une structure efficace quoique modifiée.

C'est ce que confirme d'une façon particulièrement claire l'expérience des peuples non civilisés dont les idiomes, souvent plus riches de formes et plus subtils que les nôtres, fonctionnent, vivent et évoluent sans qu'aucun des sujets parlants ne prenne jamais la peine d'analyser le moins du monde les procédés que sa parole met en œuvre.

Venons-en à notre second point.

Si la langue fonctionne parfaitement sans que nous prenions conscience de son fonctionnement, ce n'est pas à dire qu'un esprit réfléchi et cultivé l'ignore complètement. Nous avons tous, en effet, la possibilité d'en prendre une certaine connaissance en observant notre propre parole organisée ou celle des autres, soit que nous les entendions parler, soit que nous ayons sous les yeux des textes écrits qui témoignent de la parole des absents. C'est une source de connaissance indirecte, mais la source est largement ouverte et c'est en tout cas la seule qui soit à notre disposition. Et c'est là que la science linguistique trouvera le point de départ naturel et nécessaire de ses investigations.

A première vue, cette observation obvie, peut paraître pleinement suffisante, car si la parole organisée n'est pas la langue, elle nous suggère partout l'idée de la langue, c'est-à-dire d'une norme, d'une règle dont elle nous montre partout l'application. Cette suggestion est même si forte que c'est à elle que nous devons l'erreur antique et toujours vivante qui nous a valu les définitions psychologiques des faits de langue. Rien n'est plus naturel, en effet, pour un esprit peu averti, que de considérer l'application d'une règle comme un témoignage suffisant de la règle elle-même.

Pour sortir la pensée des linguistes de cette erreur, il a fallu l'apparition des principes saussuriens concernant la nature arbitraire et par conséquent abstraite et systématique de la langue considérée comme une pure forme. De là l'effort qui s'est dessiné vers une linguistique structurale. De là aussi, en particulier, l'apparition, grâce à Trubetzkoy et au Cercle de Prague, de la science phonologique, dont le succès a exercé une influence déterminante sur la pensée des linguistes. La phonologie nous a montré en effet comment, en partant des faits de parole les plus simples, mais en les classant et en les comparant avec une rigoureuse méthode, on arrive à dégager, non pas un simple jeu de sons articulés sensibles à l'oreille, mais un système abstrait de facteurs différentiels.

Ce qui est vrai de la grammaire des sons sera vrai, *mutatis mutandis,* de la grammaire en général. La langue sera, si l'on veut, dans la somme des détails de son application, mais ces détails-là doivent être d'abord distingués des détails qui appartiennent en propre à la parole et de plus leur somme restera une masse informe et sans efficacité tant qu'on n'aura pas mis à jour son caractère systématique, c'est-à-dire l'interrelation des parties dans un tout solidaire.

Or, pour cela il faut plus qu'une compilation superficielle de faits, il faut des classements méthodiques éclairés par une doctrine sûre, et c'est cela qui est en dehors du plan de la parole organisée, c'est cela dont nous ne saurions, en tant que parleurs, prendre une connaissance immédiate.

Heureux si nous pouvons, en tant que savants, nous en faire un jour une idée suffisamment adéquate, bien que toujours approximative en face de la complexité infinie et de l'instabilité congénitale de la réalité sociologique.

IV. — Limité par le manque d'espace, nous nous sommes contenté dans l'exposé ci-dessus d'examiner l'aspect théorique de notre problème. Qu'il nous soit permis de signaler brièvement avant de terminer un cas où les principes ici préconisés sont confirmés par l'expérience, du moins en ce qui concerne les phonèmes. L'article de Sapir, paru dans le *Journal de Psychologie*,[7] intitulé *La réalité psychologique des phonèmes*, pourrait, selon nous, s'appeler dans notre terminologie, «La définition existentielle (la réalité) des phonèmes en tant que réflexes acquis (psychologique)». L'auteur y mentionne plusieurs cas curieux où des sujets entendants et parlants commettent des fautes manifestes dans la manière de percevoir ou de rendre les sons d'un mot parce qu'ils obéissent à des automatismes interprétatifs et expressifs qui sont conditionnés par la valeur phonématique et fonctionnelle des sons. Ces automatismes sont d'autant plus impérieux que le sujet parlant ou entendant en ignore profondément les causes. Ainsi un indigène parlant une langue du Canada se refuse obstinément à considérer comme phonétiquement équivalents deux termes en réalité parfaitement homonymes : *dìní* «celui-ci» et *dìní* «cela fait du bruit». Cependant il est tout à fait incapable de dire en quoi cette différence consiste. Un examen minutieux de la question fait apparaître que ces deux mots se prononcent tous les deux avec une expiration glottale finale : *dìní*ʼ mais que dans un cas le ʼ n'est que l'accompagnement obligé de toute voyelle à la pause, tandis que dans l'autre il est le résidu d'une consonne finale susceptible de se manifester d'une façon plus précise dans une autre ambiance. Le fait de langue s'interpose donc ici entre le sujet et sa propre parole pour en fausser la perception.

Nous retrouvons là les trois opérations successives que nous avons distinguées plus haut. D'abord l'opération du sujet

qui obéit aveuglément aux impressions qui lui viennent automatiquement de la langue. Ensuite l'attitude objective de celui qui
observe cette parole du dehors et en saisit la réalité matérielle
phonétique, attitude que le sujet parlant ne pourra prendre qu'en
se dégageant par un effort intellectuel de ses préventions acquises. Enfin celle du savant qui observe, collectionne des
faits, compare et découvre enfin quelque chose des secrets de
la langue.

Il resterait à montrer des faits correspondants dans les
autres domaines de la grammaire où les conditions sont d'ailleurs toutes différentes.

Notes

[1]Trubetzkoy, *Grundzüge der Phonologie*, Trav. du Cercle de Prague,
vol. 7, 1939, p. 37. Il ressort de ce texte que Trubetzkoy a partagé
d'abord lui-même le point de vue psychologique de Baudouin de Courtenay
et qu'il ne s'en est dégagé qu'à la suite de beaucoup de réflexions et de
certains tâtonnements. Le rapport qu'il a présenté au Congrès de Genève, en 1931 (v. *Actes du deuxième Congrès intern. de linguistes*, Paris
1933, pp. 120 sv. et aussi p. 146) appartient à une phase où il n'avait pas
encore rompu avec le psychologisme.
[2]de Saussure. *Cours de linguistique générale*, 2e et 3e éd., p. 190
sv.
[3]de Saussure, o. c., pp. 155-162.
[4]Trubetzkoy, *Grundzüge der Phonologie*, v. note 1.
[5]Nous appelons «parole organisée» tout acte de parole dans la structure duquel les règles de la langue sont mises en œuvre. La parole organisée s'oppose à la parole inorganique et prégrammaticale, qui est
fondée uniquement sur l'emploi de procédés naturellement expressifs.
Voir *Les trois linguistiques saussuriennes*. Vox romanica, 5me vol.
1940, pp. 10 sv.
[6]Voir spécialement: Novák, *Projet d'une nouvelle définition du phonème*. Trav. du Cercle de Prague, 8, 1939, pp. 66 sv.
[7]Numéro du 15 janvier-15 avril 1933, pp. 247 sv.

ALBERT SECHEHAYE, CHARLES BALLY, HENRI FREI

POUR L'ARBITRAIRE DU SIGNE*

Voir: (1) Damourette et Pichon, *Des mots à la pensée,* vol. I, 1927, p. 95. (2) G. Esnault, compte-rendu du précédent ouvrage, *Mercure de France* du 1er juin 1935. (3) E. Benveniste, *Nature du signe linguistique, Acta linguistica,* vol. I, pp. 23-29. (4) E. Lerch, *Vom Wesen des sprachlichen Zeichens, ibid.* vol. I, pp. 145-162. (5) † Ed. Pichon, *Sur le signe linguistique, complément à l'article de M. Benveniste, Acta linguistica,* vol. II, pp. 51-52.

Ferdinand de Saussure, envisageant le problème linguistique sous son aspect strictement objectif et scientifique, a vivement éclairé, par la solution qu'il en a donnée, l'étroite connexion qui existe entre le développement de la langue, institution sociale au service de la parole, et le développement de la pensée humaine.

Les unités de la langue, soit les signes, sont des produits contingents de la vie collective. Elles ne reposent sur aucune relation naturelle entre un ensemble phonique et une idée ou un objet, mais seulement sur la convention qui se trouve établie à un moment donné dans un certain milieu social. Leur caractère propre, c'est d'être purement différentiels et de constituer ensemble, dans leur position et leur équilibre réciproque, une forme pure à deux faces, dont l'une est phonique et l'autre intellectuelle. De même que, dans la langue, la forme articulée est identique à la forme pensée qu'elle recouvre, de même, dans chaque signe, le signifiant recouvre exactement le signifié

---

*Acta Linguistica 2 (1940-1941), pp. 165-169. Cette déclaration a été rédigée à la suite d'une décision prise par la Comité de la Société genevoise de Linguistique, le 7 juin 1941.

et se trouve lié à lui par un lien de nécessité découlant du système. Cette nécessité, bien loin d'exclure la contingence, ou comme le dit Saussure »l'arbitraire du signe«, la suppose, car il y a deux procédés d'expression parfaitement distincts: un signifiant expressif par lui-même en vertu d'un lien naturel avec la chose signifiée ($\phi\acute{\upsilon}\sigma\epsilon\iota$) n'a pas besoin d'être encadré dans un système formel, et inversement, un signifiant associé à son signifié en vertu d'un système oppositionnel de signes imposé par la contrainte sociale ($\theta\acute{\epsilon}\sigma\epsilon\iota$) n'a pas besoin d'être naturellement expressif.

Pour Saussure la langue, institution sociale, est par nature une forme pure, un système de signes différentiels, et si certains signes de la langue se trouvent affectés par leur sonorité (onomatopées) ou par leur forme abstraite (dérivés) d'une certaine expressivité naturelle, ils ne sont jamais que partiellement motivés, ce qui ne change rien au caractère général du phénomène langue.

Telle est cette doctrine dont toutes les parties sont étroitement solidaires et qui, dans la pensée de son auteur, doit servir de base ferme à toute théorie linguistique.

Les textes dont on trouve ci-dessus la liste représentent dans leur ensemble une sorte de campagne dont le but est de contredire la pensée saussurienne et d'ébranler un des points importants du système.

Tandis que l'on maintient avec insistance la thèse du maître selon laquelle, au sein d'un système de langue, le signifiant et le signifié sont liés l'un à l'autre par un lien de nécessité, on rejette, comme fausse et en contradiction avec la première, la thèse qui veut que le signe soit arbitraire dans le sens indiqué ci-dessus.

Pour réfuter cette façon de voir les choses, il n'est pas indispensable de reprendre tout ce qui a été écrit sur ce sujet, il suffit de soumettre à un examen critique l'exposé de M. Benveniste (3), qui, plus que tous les autres textes en question, est à la fois médité dans le détail et bien centré sur le problème de l'arbitraire du signe.

Nous ne nous arrêterons pas sur la critique à laquelle M. Benveniste soumet au début de son exposé certaines définitions du signe de langue qu'on trouve dans le *Cours de Linguistique*

générale (spéc. pp. 102-104 de la 1ère éd.). Ces définitions effectivement ne sont pas parfaites et il faut les mettre sur le
compte des conditions dans lesquelles l'œuvre a été publiée.
Elles sont remplacées d'ailleurs, dans d'autres passages du
même livre, par d'autres formules plus parfaites et à la lumière desquelles il convient d'interpréter les premières. Nous
renvoyons à ce sujet aux remarques pertinentes qu'a faites M.
Ch. Bally dans un article paru récemment: *L'arbitraire du
signe, valeur et signification, Le Français moderne,* juillet
1940.[1]

Cette correction nécessaire n'a du reste qu'un rapport indirect avec notre débat et de toutes façons la conclusion de M.
Benveniste resterait la même (p. 24): «Il y a donc contradiction
entre la manière dont Saussure définit le signe linguistique et
la nature fondamentale qu'il lui attribue» — à savoir d'être arbitraire.

Qu'il y ait contradiction ou pas, qu'il s'agisse d'un trait
fondamental ou accessoire, cet arbitraire existe cependant.
Entre la série de phonèmes *b - ö -f* et l'animal que cette série
sert à désigner en français, il n'y a aucun lien de nécessité
naturelle en vertu duquel l'une appellerait l'autre. On peut
mettre quiconque au défi de prouver le contraire et M. Benveniste le sait bien puisque, contrairement à d'autres, il évite de
le nier tout à fait. Il se contente de le concéder en l'entourant
de réserves: «C'est seulement, dit-il p. 24, si l'on pense à
l'animal "boeuf" dans sa particularité concrète et «substantielle» que l'on est fondé à juger arbitraire la relation entre *böf*
d'une part, et *oks* de l'autre, à une même réalité.» Et ailleurs
(p. 29): «La part de contingence inhérente à la langue affecte la
dénomination en tant que symbole phonique de la réalité et dans
son rapport avec elle.» Comme Saussure n'a jamais voulu dire
autre chose, il n'y a pas là une réfutation de sa doctrine. La
divergence commence seulement quand il s'agit de savoir quelle
importance il convient d'attacher à cette constatation.

Selon notre contradicteur elle n'aurait, semble-t-il au premier abord, aucune conséquence quelconque: «Arbitraire, oui,
mais sous le regard impassible de Sirius, ou pour celui qui se
borne à constater du dehors la liaison établie entre une réalité
objective et un comportement humain, et se condamne ainsi à
n'y voir que contingence.... Le vrai problème est autrement
plus profond.» (p. 25).

Ce vrai problème, c'est naturellement de savoir comment la pensée revêt une forme dans la langue. L'arbitraire du signe n'y est pour rien, ou du moins — nouvelle concession (p. 26) — il a bien un certain rapport, ou, si l'on veut, une apparence de rapport plutôt qu'une connexion réelle avec la question primordiale; il touche au fameux problème: θέσει ou φύσει: les signes de la langue sont-ils de convention ou de convenance? Mais derrière cette question il y a, pense M. Benveniste, une autre question beaucoup plus importante, une question de métaphysique, celle de l'accord entre l'esprit et le monde. Question «que le linguiste sera peut-être un jour en mesure d'aborder avec fruit» (p. 26); mais l'arbitraire du signe ne lui apporte pour le moment qu'une fausse réponse, une réponse tout à fait grossière et provisoire.

Nous voici arrivés au centre de tout le débat. Nous découvrons ici des préoccupations qui ont sans doute été déterminantes dans toute cette affaire (voir le texte 1 *in fine*). Mal préparés pour discuter des rapports entre la pensée et le monde, nous refusons d'entrer, comme notre partenaire nous y invite, sur un terrain où d'ailleurs il ne s'aventure pas lui-même; mais nous osons, avec Ferdinand de Saussure, opposer à ces visées métaphysiques une solution de bon sens et de clarté dans le cadre et les limites de la science objective.

D'ailleurs M. Benveniste, qui semble avoir de la peine à se séparer du maître, dont il goûte la pensée forte et subtile, nous y aide en faisant lui-même une nouvelle concession qui l'éloigne passablement de son scepticisme initial. Il reconnaît (p. 27) que Saussure a tiré de cette constatation sans conséquence de l'arbitraire du signe «des conséquences qui retentissent loin,» et qu'il a «admirablement montré qu'on peut parler à la fois de l'immutabilité et de la mutabilité du signe: immutabilité parce qu'étant arbitraire, il ne peut être mis en question au nom d'une norme raisonnable, mutabilité parce qu'étant arbitraire, il est toujours susceptible de s'altérer.» Et M. Benveniste cite ici Saussure à l'appui (*Cours* p. 112): «Une langue est radicalement impuissante contre les facteurs qui déplacent d'instant en instant le rapport du signifié et du signifiant, c'est une des conséquences de l'arbitraire du signe.» On ne saurait être plus saussurien et pour le coup nous voilà de nouveau sur la terre en plein dans la réalité concrète de la langue vivante.

Bien, mais alors, pourquoi donc ne pas suivre le *Cours de Linguistique générale* jusqu'au bout? Quel scrupule nous oblige d'enfermer obstinément le signifiant et son signifié dans le cadre systématique de la langue (p. 28), et pourquoi nous serait-il interdit de procéder à la confrontation des signifiants avec les objets et les concepts d'objets qu'ils peuvent servir à désigner? Nous le comprenons d'autant moins que les sujets parlants procèdent constamment à cette confrontation par le moyen des significations dans la parole. N'est-ce pas grâce à ce processus mille et mille fois répété que «la vie mentale et la vie linguistique qui en est le reflet» procèdent à «des attributions successives depuis un état de relative grossièreté, jusqu'à un état d'intuitive finesse» (texte 1)?

Et comment enfin parler de ces attributions sans faire entrer en ligne de compte l'arbitraire du signe qui en est la condition négative? D'ailleurs, remarquons-le bien, M. Benveniste vient de le faire lui-même en termes généraux mais parfaitement clairs, lorsqu'il citait tout à l'heure avec approbation Saussure qui disait: «Une langue est radicalement impuissante contre les facteurs qui déplacent d'instant en instant le rapport du signifié et du signifiant. *C'est une des conséquences de l'arbitraire du signe.*»

En vérité nous n'arrivons pas à voir en quoi la doctrine de l'arbitraire du signe a été entamée: on l'attaque ouvertement, mais quand on en vient au fait et au prendre, on concède en passant tout ce qui la constitue.

Notes

[1]Voir aussi du même auteur: *Sur la motivation des signes linguistiques, Bulletin de la Soc. de Ling. de Paris*, tome XLI, pp. 75 sv.

SERGE KARCEVSKI

INTRODUCTION À L'ÉTUDE DE L'INTERJECTION*

Aha! — s'écria-t-il en portugais.

I

Cette petite phrase nous égaie, et pourtant A. Dumas père
en la rédigeant n'a point cherché d'effet comique. Nous nous
amusons aux dépens de l'auteur lui-même ayant commis cette
grosse bévue. On se demande: comment cet *aha!* aurait-il été
poussé en allemand, en russe... ? C'est qu'on ne doute pas un
instant qu'il s'agisse ici du langage «naturel» que l'homme n'a
pas besoin d'apprendre. Cependant, pour avoir le droit de penser ainsi, il aurait tout d'abord fallu procéder, dans des recoins
les plus divers de notre planète, à des enquêtes systématiques
sur le fonctionnement du langage des exclamations. Or, les
linguistes tiennent généralement les interjections en piètre estime, et quiconque veut se faire là-dessus une idée un peu ap-
profondie voit surgir devant lui de gros obstacles.

L'étude de cette espèce de «mots» pose inévitablement le
problème du signe arbitraire et du signe motivé. Après F. de
Saussure et Ch. Bally il serait difficile d'en dire quelque chose
de nouveau. Dans les lignes qui suivent il ne s'agit que d'une
prise de position.

Par suite d'incessantes confrontations des signifiés entre
eux, ceux-là parviennent à l'état de *concepts*. Un plan idéal se
constitue, pour ainsi dire, par-dessus les signes, dans lequel
les concepts s'intègrent. De même, c'est par suite des confrontations analogues entre les signifiants que ceux-là finissent
par se résoudre en un jeu d'oppositions différentielles. Un plan
phonique se forme alors, dominant par ses lois la totalité des

---

Cahiers Ferdinand de Saussure 1 (1941), pp. 57-75.

Serge Karcevski

signifiants. Il en résulte la scission de chaque signe en signifié et en signifiant que seule relie la contrainte sociale. Ainsi le signal naturel se transforme en *signe arbitraire*. Comme tel il est nécessairement entraîné dans le jeu de l'homonymie et de la synonymie, jeu qui suffit à lui seul à distinguer la langue de tous les autres systèmes sémiologiques. C'est en lui, en effet, que réside la «vie» de la langue puisque, rendant le signe mobile, il lui assure par là une adaptation permanente à la réalité toujours nouvelle.

Le *signe* qui serait *totalement motivé* ignorerait la dissociation du signifié et du signifiant, d'où résulterait l'impossibilité de l'homonymie et de la synonymie. Il ne saurait pas avoir de valeur conceptuelle et se présenterait de plus comme un bloc phonique indécomposable. Son fonctionnement ferait grand cas de l'opposition de l'acte de la phonation à celui de l'audition, opposition élémentaire et relevant de la parole. Le signe *totalement* motivé n'existe pas en réalité dans la langue, mais il est un postulat théorique fort utile au point de vue méthodologique.

C'est le signe arbitraire qui domine la langue. Cependant une lutte incessante s'y poursuit entre les tendances qui mènent à l'arbitraire du signe et celles qui s'y opposent en cherchant à lui assurer une motivation. Le rapport entre ces deux forces varie aussi bien d'une langue à l'autre qu'à l'intérieur du même système linguistique. Ainsi, par exemple, dans le russe la dérivation joue un rôle immense. Le mot dérivé étant, d'après la terminologie saussurienne, un signe «relativement motivé», cela signifie qu'en russe les tendances à la motivation du signe sont de beaucoup plus puissantes que par exemple en français ou en anglais. Selon toujours la même terminologie, ces dernières langues seraient du type «lexicologique» tandis que le russe serait une langue «grammaticale». Le plan sémiologique interjectionnel est le plan du signe motivé par excellence. Cependant la phonologie — le domaine du signe arbitraire par définition — réussit à y faire de gros ravages en imposant ses propres lois à la structure phonique d'un grand nombre d'interjections.

Tout en étant un signe motivé, l'interjection est intégrée dans la langue, d'où atténuation considérable de ses caractères particuliers. Le «signifié» en maintient, il est vrai, la valeur non conceptuelle, mais le «signifiant» subit souvent l'action analytique de la phonologie. L'homonymie et la synonymie ne restent pas non plus sans exercer certaine influence sur le signe.

II

Nous nous attacherons ici surtout à marquer ce qui distingue l'interjection des autres signes de la langue pour insister sur son originalité.

Malgré la pression exercée continuellement par la phonologie, l'aspect phonique des interjections offre bien des particularités. En voici quelques spécimens.

Le français, qui ignore les triphtongues, identifie pourtant le cri du chat par *miaou*. Ignorant également *r* vocalique, il dit que l'oiseau en s'envolant fait *frrr*. Le russe n'a pas de *rw*, cependant pour lui le chat crie *m'aw* et le chien pousse des *haw-haw*, tandis qu'il enregistre le vagissement de l'enfant comme *wā-wā*. Pour arrêter le cheval le Russe et le Finnois de même, crient «*tpru*», ce qui n'est que *r* bilabial long. En russe, *f* ne vient jamais devant une voyelle, pourtant les interjections n'en tiennent point compte : *fu!* (répulsion olfactive), *fyrk* ou *frrk* (ébrouement du cheval), etc.[1] Déjà au cours de l'évolution du slave commun, *e* initial a pris une prothèse, mais les exclamations s'en passent; ainsi en russe *e!, ehe!, ex!, ej!* Cet *e* exclamatif a passé d'ailleurs aux déictiques *étot*, *étak*, ainsi que dans les pronoms exclamatifs *ékoj*, *édakoj*, sans parler des déictiques exclamatifs du langage populaire *évot*, *évon*, etc. L'interjection est toujours accentuée, la conjonction jamais. De là quelques perturbations dans la phonologie générale du russe. Ainsi par exemple dans la conjonction *štəp* (orthographiée *čtob*), lorsqu'elle figure comme exclamation dans le juron *čtob t'eb'a!* ..., l'accent frappe la voyelle réduite, pourtant atone par définition. L'exclamation *no!* (prohibitive-exhortative), fonctionnant comme conjonction «mais», garde son *o*, tout en étant atone, ce qui est contraire aux lois phonologique russes. Un dernier exemple : le pronom *on* «il», même atone, ne réduit pas son *o*, à moins qu'il s'agisse d'une inversion. C'est que dans le premier cas, il pourrait être confondu avec l'exclamation-conjonction *an!*, danger qui ne se présente pas dans le second cas, l'exclamation ne formant jamais d'enclise.

Il serait facile de multiplier ces exemples. Ceux que nous

venons de citer suffisent, nous semble-t-il, pour démontrer que
la structure phonique des interjections échappe à l'emprise totale des lois de la phonologie.

Ce qu'il y a de commun à toutes les interjections, c'est
l'absence de valeur conceptuelle. Aussi ne sauraient-elles être
considérées comme des mots constituant une «partie du discours» à part quoique corrélative aux autres parties du discours.[2] Un concept n'existe qu'autant qu'intégré dans un système de concepts et que délimité et soutenu par ses semblables.
Le concept est un outil de classification. Dans nos langues, la
nature conceptuelle du mot est nettement accusée, grâce aux
valeurs formelles que le mot renferme, lesquelles encadrent la
valeur sémantique et font attribuer le mot à telle ou telle catégorie. Les interjections n'offrent rien de pareil. Ni *miaou,* ni
aha! ne contiennent la moindre valeur formelle. Et nous allons
en plus constater que ces signes-là fonctionnent d'une manière
toute différente du fonctionnement des parties du discours. Les
interjections relèvent d'un plan sémiologique particulier.

Le langage, en tant que mécanisme sémiologique, n'est pas
«monoplan». Tous les signes de la langue ne remplissent pas
la même fonction sémiologique. Si les mots ordinaires, les
parties du discours, *dénomment* les «choses», les numéraux ou
quantificateurs les *dénombrent* et les pronoms les *indiquent.*
Ce qui n'est pas la même chose. Quant aux interjections,
celles-là *signalent* une présence. Elles se meuvent sur le plan
non-conceptuel du langage lequel s'oppose par là à tous les autres plans sémiologiques. Notons en passant, sans pouvoir y
insister ici, que les exclamations et les pronoms entretiennent
pourtant des relations réciproques fort curieuses qui font présumer de leurs origines communes. Ce qu'on appelle «phonologie» règle la structure phonique des plans sémiologiques con-
ceptuels, celle des mots organisés en parties du discours tout
particulièrement. Mais son autocratie est plus ou moins tenue
en échec sur le plan non-conceptuel, interjectionnel.

III

Jusqu'à présent toutes les interjections étaient mises par
nous dans le même sac. Le moment est venu de procéder à
un tri.

La toute première constatation que les faits nous imposent,

c'est que les exclamations fonctionnent d'une manière radicalement différente de celle qui est propre à tout le reste des interjections. Et voilà donc le principe de la répartition des
interjections en deux grandes classes : 1) *exclamations* et
2) non-exclamations. En examinant de près les dernières, on
constate que le caractère positif qui leur est commun, c'est
qu'elles sont imitatives. Leur aspect phonique imite soit les
cris d'animaux, soit les bruits divers. On aboutit ainsi à la
distinction : 1) des *onomatopées* et 2) des non-onomatopées ou
exclamations.

Les exclamations pourraient être envisagées comme «cris»
humains intentionnels. Cependant l'analogie avec les cris d'animaux ne va pas loin. D'une manière générale, à chaque animal
n'est attribué qu'un seul cri. Les exceptions sont minimes et
ne concernent que les plus familiers des animaux. Ainsi le chat
fait *miaou*, mais aussi *ron-ron*. En russe on dit que le gros
chien fait *haw-haw*, tandis que le jappement du petit est représenté par *t'af-t'af*. On peut d'ailleurs y voir deux espèces différentes de chiens. Et vice-versa, tel cri ne caractérise que
tel animal. Ne pourrait-on pas considérer — au figuré, bien entendu — les bruits comme «cris» des choses? Or ici non plus
l'analogie n'est pas longue. La plupart des bruits sont «anony-
mes» : *vlan!*, *pan!*, *boum!* Ceux qui ne le sont pas ont des auteurs d'espèces différentes : *tic-tac, pif-paf, frrr; wā-wā* ou
bien l'imitation de la toux, du rire, etc. Il s'ensuit que les exclamations ont une double caractéristique : ce sont des émissions de la *voix humaine,* mais nécessairement *intentionnelles*.
Une toux imitée dans un récit descriptif n'est qu'un bruit, mais
un toussotement émis comme signal d'avertissement fonctionne
accidentellement comme exclamation. L'aboiement d'un chien,
en vue d'attirer l'attention du maître, tout intentionnel qu'il est,
demeure un cri. On peut aller plus loin. Les cris d'un enfant
réclamant sa mère ne sont non plus des exclamations. Cela
signifie que certaines émissions de la voix humaine intentionnelles portent l'estampille de la langue, sont «homologuées»,
tandis que d'autres sont répudiées comme relevant du langage
naturel.

Le caractère motivé des interjections onomatopéiques est
évident. Ce sont des images de la réalité perçue par l'oreille.
Pour le sentiment linguistique spontané tel oiseau profère réellement *cou-cou* et tel autre *cocorico*. Mais le caractère motivé

des exclamations est moins net. C'est que dans le premier cas
il s'agit d'un enregistrement, d'un acte d'audition, tandis que
l'exclamation est une émission, un acte de phonation. Ce sont
les conditions de la phonation s'effectuant surtout sous l'empire
d'une émotion qui motivent l'aspect phonique des exclamations.
Celui-ci trouve son point d'appui dans les phénomènes qui accompagnent la manifestation d'une émotion par la voix : les
modulations du ton, la mimique, quelquefois le geste. L'image
et l'émotion sont d'essence psychophysiologique différente, bien
qu'elles s'associent souvent.

Dans les sociétés primitives, outre le langage oral, on
pratique largement le langage gesticulé. Le second influe beaucoup sur le premier. On dirait qu'il lui est sous-jacent. Le
langage oral est d'un caractère pictural très accusé tout en
étant très émotif. Plus on médite sur l'interjection et plus on
est porté à y voir l'héritier direct, quoique bien appauvri, du
signe primitif syncrétique dans lequel la voix, la mimique et le
geste se fusionnaient. Il semble en outre que l'interjection
russe serait moins éloignée de son ancêtre que par exemple
l'interjection française.

Certains linguistes voient dans l'interjection un mot-phrase.
Nous avons expliqué que l'interjection diffère du mot par l'absence de valeur conceptuelle. Quant à la phrase, nous la définissons comme *unité d'échange dans le dialogue.* Or, seules
les exclamations sont susceptibles de cette fonction. Mais ce
sont là des phrases de nature particulière, phrases dépourvues
d'étoffe conceptuelle, phrases-signaux.

IV

Nous allons examiner le fonctionnement des onomatopées.
Tout signe peut être *cité,* c'est-à-dire être inclus dans la
structure asyndétique qu'on dénomme «discours direct». C'est
ce fonctionnement minimum qui est dévolu aux onomatopées.
Ainsi «Le chat fait: *ron-ron*», «Tout d'un coup j'entendis :
boum!» A propos de la seconde phrase on pourra remarquer
que ce n'est pas un discours direct, et on aura raison. Cela
nous oblige à faire une rapide excursion dans le domaine de
l'asyndète, qui se situe en deçà de la syntaxe et perpétue un
état de langue très archaïque, ignorant encore aussi bien la coordination que la subordination.

Il existe trois types de structures asyndétiques, mais il ne s'agira ici que d'un seul parmi eux. Aux phrases que nous venons de citer et qui le représentent très bien ajoutons encore deux que nous traduisons littéralement du russe : «J'entends — un chien aboie» et «Je vois — un chien court». Ce qui caractérise ce type d'asyndète, c'est qu'il renferme une double constatation. On serait tenté de représenter cela graphiquement par deux cercles concentriques. La constatation intérieure est «un chien court» et la constatation extérieure, enveloppant la première, est «je (le) vois». Sur le même patron sont construites les trois autres phrases.

Il est important de constater que l'onomatopée ne peut figurer que dans les structures aussi primitives. Le fait que l'onomatopée ne peut pas apparaître dans une subordonnée et que par exemple, du discours direct elle ne peut pas passer dans le discours indirect, est également très significatif. Le discours indirect ne vise qu'à la reproduction du signifié, — ce qui relève de la synonymie. Or, le discours direct reproduit fidèlement le signifiant, — ce qui l'apparente à l'interjection, laquelle n'admet que difficilement la scission entre le signifiant et le signifié. Parmi les exclamations françaises et russes seules *oui* et *non, da* et *net* peuvent figurer dans la subordonnée: *On skazal, čto da (net)* «Il dit que oui (non)».

Nous prétendons donc que les onomatopées ne constituent pas des phrases. Il y a pourtant des cas qui sembleraient infirmer notre thèse.

Voici une petite scène évoquée devant nous par M. Ch. Bally, au cours d'un entretien. — Des mains d'une domestique échappe une assiette qui se brise avec fracas. Je lance : *pan!* — A notre avis, il s'agit là d'une ellipse. La phrase complète serait quelque chose comme «Vous venez de faire : *pan!*» Nous sommes dans la parole. Mais quelle était pourtant la raison de lancer cette interjection? Si ce n'était là qu'une simple réaction à une excitation extérieure, nous nous trouverions dans la situation qu'on peut qualifier comme «zéro de dialogue» et qui n'offre qu'un intérêt fort médiocre pour un linguiste. Or nous pensons qu'il en est autrement. Ce *pan!* est adressé à un interlocuteur et signale une attitude psychologique qu'on peut interpréter comme «Je m'associe à votre acte pour en partager la responsabilité. Ne vous en inquiétez pas trop.» Que nous sommes ici sur le plan social, partant en plein dans le conventionnel et non pas dans le spontané, cela est prouvé par cette autre petite scène que nous empruntons à un roman russe[3] et qui se passe dans une pension à Berlin : «Enfin, ayant mal calculé son effort, il claqua de la porte de telle façon que Frau Stoboj, qui passait en ce moment dans le corridor avec une soucoupe de lait, prononça froidement : *hups!*» L'usage contraignait la maîtresse de la pension à articuler ce *hups!*, afin de minimiser la maladresse du pensionnaire, mais elle l'a fait à contre-cœur, «froidement».

Il ne paraît pas que l'admission de nouvelles onomatopées rencontre de la part de la langue quelque opposition. Pour impressionner son interlocuteur, comme lui-même a été impressionné par quelque bruit ou cri insolite, le sujet parlant a toute liberté d'imiter celui-là de son mieux, sans s'embarrasser beaucoup de la phonologie.

V

Ce paragraphe sera consacré à l'analyse d'une forme russe fort étrange et qui, à notre avis, n'a pas encore reçu d'explication satisfaisante. Les exemples cités plus bas n'ayant pas d'équivalents en français, seront traduits littéralement.

A côté d'une interjection, telle *bux!*, quelque chose comme *vlan! hop!* ou *pan!* le russe possède un *bux!* qui fonctionne comme prédicat, dans le langage expressif, bien entendu. Ainsi *On razbežals'a i* bux *v vodu!* «Il prit de l'élan et *hop* dans l'eau!»; *On sxvatil kamen'i* bux *jevo v reku!* «Il saisit une pierre et la *vlan* dans la rivière!»; ou bien encore ce proverbe : *Ne posmotrev v sv'atcy, da* bux *v kolokol!* «Sans avoir consulté le calendrier il fit le carillon», littéralement : «il frappa dans la cloche»; mais ce «frappa» est de nouveau rendu par le même *bux!*

On donne à cette forme le nom d'«interjection verbale». Nous pensons que celui de *verbe interjectionnel* lui conviendrait mieux.

Dans les exemples ci-dessus, le prédicat a la valeur d'un verbe, tantôt transitif, tantôt pas, perfectif et correspondant au prétérit. Sa caractéristique essentielle, c'est qu'il exprime un *acte ultra-rapide*, variété particulière et expressive de l'aspect perfectif momentané. On peut prétendre que cette variété a surgi parce que l'expressivité du perfectif-momentané est en

train de s'user. C'est ainsi que ce dernier est également attaqué par la création d'une variété que nous avons jadis dénom-
mée «isolative»; ainsi, par exemple, à côté de *tolknut'* «pousser
en un seul effort», existe *tolkanut'* qui souligne davantage la
discontinuité du procès.

Un acte ultra-rapide, qui est nécessairement soudain et
provoque une surprise, intéresse vivement la langue russe qui
cherche à l'exprimer de diverses manières. Dans le prédicat
interjectionnel l'acte inattendu trouve une expression morphologique.

Cette formation n'est propre qu'aux verbes tirés des onomatopées imitant des bruits brusques, sans durée. Ainsi *bux!*
> *buxat'* > *buxnut'*, d'où par une nouvelle réduction à la forme
interjectionnelle : *bux!* Cependant ce nouveau *bux!* est enrichi
de valeurs verbales : aspect, temps, transitivité éventuelle,
rapport au sujet. Ce n'est donc plus une interjection. C'est un
mot, un signe de nature conceptuelle quoique relevant du langage expressif.

Dès lors *bux!*, interjection, et *bux!* prédicatif n'évoquent
plus la même image. Les deux ne se comportent pas de la
même manière à l'égard de l'image syncrétique qui a été le
point de départ de la chaîne de la dérivation. L'interjection
évoque avant tout une image acoustique, le reste sommeillant
dans la pénombre. Les prédicats interjectionnels signifient
frapper, tomber, jeter, etc., c'est-à-dire qu'ils évoquent une
image *cinétique*. Ce mouvement, ce «coup» est accompagné
d'un bruit caractéristique, mais c'est là un fait concomitant,
bien que très important. L'image cinétique sous-jacente à
l'idée de «coup» est d'une fertilité prodigieuse. Pensons à tous
ces *coup de hache, coup de main, coup d'œil, coup de jarretière,
coup de glotte, coup de tête, coup d'horloge, coup de tonnerre,
coup de soleil, boire un coup, tout à coup*, etc., etc. En russe,
cette fécondité se manifeste surtout dans le domaine du verbe.

C'est pourquoi, sous l'effet de l'analogie, un certain nombre de verbes, ne dérivant point des interjections, ont créé des
formes interjectionnelles. Ainsi *tolkat'* > *tolknut'* «pousser» >
tolk!, *xvatit'!* «saisir» > *xvat'!*, *dvigat'* > *dvinut'* «mouvoir»
> *dvig!*, *gl'adet'!* «regarder» > *gl'ad'!*, etc. Les verbes ono-
matopéiques désignant les cris d'animaux n'ont pas de forme
interjectionnelle. C'est pourquoi le cas suivant est particulièrement instructif. L'imitation du jappement *t'af* (ou *t'av*) donne

lieu aux verbes *t'av-k-at'* / *t'av-k-nut'* d'où *t'av-k!* Cette dernière formation ne diffère pas seulement de l'initiale par la
présence du suffixe -*k*-, marque de ses origines déverbatives,
mais, en outre, elle ne signifie plus «japper» mais «mordre» ou
«happer» *Sobaka* t'avk *jevo za nogu!* «Le chien lui happa la
jambe». Encore un cas très curieux. A l'all. «Ich spucke
drauf!» le russe répond par *Mne na eto naplevat'!* et par *Ja*
t'fu *na eto!* Les verbes *plevat'* et *plunut'* «cracher» ne sont pas
tirés d'une interjection, bien qu'ils soient d'origine onomato-
péique. Ils n'ont pas non plus de forme interjectionnelle. D'autre part, l'interjection *t'fu!*, imitant l'acte de cracher, n'a pas
donné lieu à un verbe. Or, en comparant les deux phrases, on
a l'impression que ce *t'fu!* se conduit comme s'il était tiré du
verbe *plevat'*[4] dont il garde d'ailleurs le régime. On peut dire
que dans ce cas l'identité des signifiés l'a emporté sur la divergence des signifiants. Il est permis de parler ici de synonymie.

La tendance à différencier les deux signes se manifeste
également en ceci que les formations prédicatives ne se prêtent
pas à la «citation», qui demeure la fonction, l'unique, réservée
aux onomatopées. La phrase suivante de L. Tolstoï ne contredit
point notre assertion : *Vdrug slyšat* — grox *v kol'co u dverej.*
«Ils entendirent tout à coup quelqu'un frapper de l'anneau à la
porte». Cette structure asyndétique laisse sous-entendre un
sujet : *Kto-to grox...*

Les signes que nous venons d'examiner sont des mots, des
formes verbales aspectives particulières. Elles sont à cheval
sur la grammaire et sur le vocabulaire, ce qui est le propre de
l'aspect en général. En tant qu'ils relèvent du vocabulaire, ces
signes se rangent sous quelques chefs peu nombreux et dont le
prédominant est la notion de «coup». Ils se prêtent donc facilement au jeu de la synonymie et de l'homonymie, lequel n'a pas
beaucoup de prise sur les onomatopées ordinaires.

VI

Nous avons vu que les onomatopées, sans être des «mots»
n'étaient pas pour autant des phrases. Elle est en effet difficilement concevable, cette situation dialogale où l'un des interlocuteurs s'adresserait à l'autre par un *cocorico!* Et nous
nous sommes suffisamment expliqué au sujet de *pan!* et de

hups! pour n'avoir pas besoin d'y revenir. Seules les exclamations peuvent fonctionner comme phrases, *phrases non-
conceptuelles,* bien entendu, et c'est précisément à ce rôle-là
qu'elles sont destinées par la langue.

   La phrase est fonction du dialogue. Pour parler il faut
être deux. Vérité on ne peut plus banale. C'est pourquoi, sans
doute, est-elle si souvent négligée par les linguistes. Il n'existe
pas encore de théorie générale du dialogue. Bien peu nombreux
sont ceux qui tiennent à distinguer la phrase de la proposition
et entrevoient les problèmes qui en découlent. Nous avons eu
l'occasion d'en parler,[5] mais nos idées de jadis auraient besoin
d'une révision, ce qu'on ne saurait pas entreprendre ici. Cependant, afin de situer l'exclamation dans le système de la langue, force nous est de dire quelques mots sur le dialogue et sur
la phrase, en nous bornant à des généralités.

   Ne perdons pas de vue que la phrase est une *entité phonique.*
Les indices d'ordre non-phonique sont nettement insuffisants
pour la faire considérer comme entité grammaticale ou lexicale ou lexicale. Elle est une *unité d'échange dans le dialogue.*
Or, le dialogue est une espèce de joute sinon de duel entre ses
deux protagonistes. En fin de compte, il s'agit là d'une rencontre de deux volontés, et à la base de la phrase se trouve moins
une «communication» — comme C. Svedelius l'a pensé[6] — qu'une
intention, résidu de l'acte volitif primitif. Sur le plan grammatical, l'intention cherche à se cristalliser en «prédicat».
Mais comme il existe plusieurs espèces de phrases, il n'y a
pas de définition unique du prédicat.

   Dans la joute qu'est le dialogue, le protagoniste *A* est
«l'attaquant» et c'est à lui qu'appartient l'initiative. Son partenaire ne peut que répliquer aux *incitations* dont il est l'objet.
Parmi ces incitations la première place revient à la question,
à la *phrase interrogative.* Celle-là se caractérise par une intonation inachevée, tendue, ce qui traduit certaines inquiétudes
devant l'ignoré, l'inconnu, inquiétude que le partenaire est sol-
licité de faire disparaître. Au protagoniste *B* n'appartient en
propre que la phrase-réponse. Or, étant fonction de la question
qu'elle complète et parachève, celle-là relève de la parole. A
la question *Qu'est-ce que c'est que la baleine?,* la réponse
spontanée serait *Un animal,* proférée avec une intonation de
détente. Cependant un homme du peuple répondrait le plus souvent en reprenant d'abord la question *La baleine, c'est un*

animal, en russe *Kit − zver' takoj.*   C'est ainsi que nous abou-
tissons à *l'énoncé.*

Phonologiquement parlant, à la phrase interrogative s'oppose non pas la phrase-réponse, mais la phrase énonciative.
Celle-là, dans son intonation, réunit et la tension de la question
et la détente de la réponse. Par là se trouve être surmonté
dialectiquement ce qui sépare et oppose les deux protagonistes.
Dorénavant l'un et l'autre peuvent se servir de la même phrase,
le dialogue pouvant prendre la forme d'un échange d'énoncés.

Les deux phrases relèvent de la langue. Les questions
peuvent avoir recours à des indices d'ordre non-phonique : inversion, particules, pronom ignoratif-interrogatif,[7] etc. Mais
elles peuvent également ne pas y recourir. L'essentiel y demeure toujours l'intonation. L'énonciation présente zéro de
ces indices. Cela revient à dire que ces deux espèces de
phrases sont des entités phoniques qui ne se distinguent que
par leur intonation.

En passant aux phrases *volitives* ainsi qu'aux phrases *exclamatives,* nous quittons le domaine de la langue. Ce qui caractérise ces deux espèces d'entités phoniques, c'est le *ton*
expressif. Or, le ton expressif est un phénomène naturel,
susceptible, il est vrai, d'être manié intentionnellement, mais
qui est ignoré de la phonologie.

Les phrases *volitives* relèvent du langage «actif». Ici il
n'y a, à proprement parler, qu'un seul protagoniste. Peut-on
en effet considérer comme «interlocuteur» la personne à laquelle on adresse un ordre? Les indices d'ordre non-phonique
des phrases volitives sont tout à fait insuffisants. Dans le domaine du verbe, l'impératif est concurrencé par l'infinitif, par
le futur, voire même par le présent. En russe, le prétérit du
perfectif s'y prête également. Dans le domaine du nom, le vocatif cède de plus en plus la place à la simple mise en apostro-
phe, fait d'ordre phonique se confondant avec l'incise et relevant
de la phonologie intérieure de la phrase.

A côté du dialogue proprement dit, on doit distinguer encore deux situations particulières. A l'une d'elles on peut donner le nom de *faux dialogue,* quant à l'autre nous l'avons déjà
désignée comme *zéro de dialogue.*

Nous sommes dans le *faux dialogue* lorsque nous adressons
la parole à un *minus habens,* linguistiquement parlant: à un
animal, à un bébé, voire même à un allogène maniant mal notre

idiome. Pour nous mettre au niveau linguistique de notre partenaire, nous sommes parfois portés à déformer notre propre
langue. La mère qui, reprenant le balbutiement de son bébé,
lui adresse un *a-gu!*, n'est pas loin de penser qu'elle «cause»
avec lui. En lançant *kot-kot-kot...!*, les gens simples sont
prêts à s'imaginer qu'ils ont trouvé un langage commun avec
les poules. En s'adressant aux animaux on a souvent recours
à des onomatopées. Mais nous ne sommes plus ici dans le langage humain, et nous ne pouvons pas considérer ces onomatopées comme «phrases». Notons cependant que les cris lancés
aux animaux sont de nature «volitive»: ordres exhortatifs ou
prohibitifs, appels, — ce qui apparente l'attitude du sujet parlant
à celle de l'auteur de la phrase volitive. Ce dernier se place
souvent à la périphérie du dialogue, tout près du faux dialogue.

Les rôles des deux protagonistes peuvent être intervertis.
Le protagoniste *B* peut devenir un incitateur, ce qui se produit
dans la *duplique,* dont le cas le plus simple est représenté par
hein? Mais c'est seulement dans *zéro de dialogue* que le protagoniste *A* devient simplement «réactif», lorsque à une excitation extérieure il réagit par quelque exclamation sans l'adres-
ser à personne.

Les *exclamations* doivent être considérées comme des
substituts non-conceptuels des phrases ordinaires.

La phrase interrogative est représentée par *hein?* ou en
russe par *a?, neuželi?, razve?* et *čto...?* Par contre *oui* et
non représentent la phrase non-interrogative. Mais ce sont
surtout les phrases volitives qui ont le plus grand nombre de
représentants non-conceptuels. Toutes les exclamations du
partenaire *A* — à l'exception bien entendu de celles qui relèvent
de zéro de dialogue — sont des incitations : *hé!, pst!, allo!,
halte!,* en russe *ej!, ni-ni!, na!, nu!,* etc. Les deux dernières
sont, dans le sentiment linguistique, assimilées à l'impératif :
elles en reçoivent la marque du pluriel et peuvent s'ajouter la
particule *-ka*, qui ne peut accompagner que l'impératif (comp.
all. *mal*) : *nate!, nute!, nate-ka!, nu-ka!* etc. Le reste des exclamations doivent être envisagées comme substituts des
phrases *exclamatives* non spécifiées.

Grosso modo, les exclamations se subdivisent en *réactives*
et *incitatives.* Les premières relèvent du protagoniste *B,* à
moins qu'il s'agisse des réactions du protagoniste *A* aux exci-
tations extérieures (zéro de dialogue). Les secondes sont

l'apanage du protagoniste *A*, à l'exclusion de la duplique où le partenaire *B* passe lui aussi à l'attaque. Mais ce qu'il y a de plus important, c'est que le protagoniste *B* peut disposer de la presque totalité des exclamations de son partenaire, surtout en tant qu'introducteurs à la phrase exclamative conceptuelle.

Le plus souvent les exclamations sont employées non pas en tant qu'unités d'échange autonomes, mais pour introduire une phrase conceptuelle : *Ah, quel gaillard!, Ah, quelle canaille!* Le rapport entre l'exclamation et la phrase est bilatéral. D'une part, celle-ci explicite celle-là dans un langage conceptuel. Nos deux phrases peuvent être proférées sur un ton absolument identique, et alors seuls les mots *gaillard* et *canaille* révèleront qu'il s'agit de deux jugements de valeur diamétralement opposés. D'autre part, *ah!* sert de signal annonçant l'attitude du sujet parlant vis-à-vis de ce qu'il vient d'apprendre. Ici, l'exclamation exprime le sentiment de surprise et rien de plus. Employée toute seule elle trahirait par le ton si cette surprise est agréable ou désagréable. Dans nos exemples, cela n'est pas indispensable, puisque le reste de la phrase le dit d'une manière explicite.

Le langage expressif use largement de ces signaux avertisseurs. C'est là que nous entrevoyons l'origine des conjonctions de coordination russes *no, a, da* et *i*. Ces petits signes continuent toujours à fonctionner de plusieurs manières. Quant ils ne sont pas des exclamations autonomes ils sont des signaux introduisant des répliques. Ailleurs, ils fonctionnent comme «conjonctions extérieures» reliant, dans un monologue, la phrase à la phrase précédente, ou bien enfin ils sont «intériorisés» et relient la proposition subséquente à la proposition précédente, dans les cadres d'une même phrase. Dans ce dernier cas, nous avons affaire à des conjonctions proprement dites.

Il est intéressant de constater que le russe a fréquemment recours à divers pronoms dans la phrase exclamative; ainsi, par exemple, *Vse-to jevo počitajut!, Nigde-to on ne možet užitsʼa!, Takoj durak!, Gde-to on teperʼ!?, To-li ješčě budet!?,* etc.

VII

La place dont nous disposons ne nous permet pas d'entreprendre l'examen de la structure phonique des interjections.

Tout ce que nous pouvons faire ici, c'est d'enregistrer les plus importantes des exclamations utilisées par le protagoniste *B*. Il suffit de jeter un coup d'œil sur le tableau ci-dessous pour s'apercevoir qu'elles forment un système. Nous avons cherché à dégager les oppositions différentielles qui sont à la base de celui-là, en nous inspirant des idées du regretté N. S. Trubetzkoï.

Système des exclamations russes relevant du dialogue

1.	h^m?		h^m-h^m		h^m!		h^m... h^m.		
2.	*i* (...)		e		*a*		o	u	
3.			ehe		aha		oho		
4.	in (...)				an (...)				
5.	ni-ni		ne		na		*no* (...)	nu	
6.			t'e-t'e-t'e...		*da* (...)		totə		ts
7.			Net.		Da.				
8.	(j) ix (...)		ex (...)		ax (...)		ox (...)	ux (...)	
9.			ej (...)		aj (...)		oj (...)		
10.								fu (...)	

N. B. Sont accompagnées du signe (...) les exclamations qui ne servent *normalement* qu'à introduire la phrase. Les exclamations fonctionnant également comme conjonctions de coordination figurent en italiques.

1-7. *Phrases-réponses* standardisées du protagoniste *B*. 8-10. «Cris» humains transposés afin de servir d'introduction aux répliques du protagoniste *B*.

1. Exclamations proférées à bouche fermée, notées par *h* nasalisé.[8] Définition : *exclamations à phonème zéro*, vu que seul le *ton* les différencie. Leurs valeurs (de gauche à droite): *question* (comp. «hein?»),[9] *confirmation* (ou acquiescement), *reconnaissance* (satisfaction d'une découverte), *hésitation* et *refus* (négation). Opposition de ton : h^m? : h^m! (montant : descendant) — équipollente (donc qualitative); h^m... : (h^m? h^m! h^m-h^m) (égal : modifié) — équipollente; h^m?: h^m-h^m (tension : tension + détente) — privative; h^m. : (h^m? h^m! h^m-h^m et h^m...) (zéro de durée : durée) — privative.

2. *Exclamations vocaliques*. Valeurs : *assurance* : 1° *i!* attitude apaisante, 2° *e!* apaisante par mépris; *inquiétude* : 1° *o!* indignation (menace proférée), 2° *u!* peur (menace ressentie); attitude *neutre* : *a!* compréhension et *a?* («hein») non-compré-

hension (acte d'audition manqué). — Phonologie affective *: e! : i!* (mépris : absence de mépris) — opposition privative; *o! : u!* (attitude active : attitude passive) — oppos. d'équipollence; (*i!* et *e!*) : (*o!* et *u!*) (assurance : inquiétude) — oppos. d'équipollence; *a!/a?* (neutre) : toutes les autres (spécifiées) — oppos. privative.

3. Exclamations vocaliques *redoublées*, variantes vocalisées de h^m-h^m.

4-5. Exclamations *prohibitives-exhortatives*. Le *n* éveille la sensation d'un obstacle tantôt dressé *(an! ni-ni! ne! no!)*, tantôt levé *(in! na! nu!)*.

6. Exclamations (à dentale apicale) *mettant fin au dialogue :* *t'e-t'e-t'e*...(méprisant) dévalorise la parole de l'interlocuteur; par *totə* (menaçant) le sujet parlant, dans une duplique,[10] renchérit sur la justice que l'interlocuteur vient de lui rendre, pour se réserver le dernier mot; *ts!* (neutre) interrompt le dialogue (suppression de l'acte de phonation du partenaire); *da(...)!* (ambivalent) signale l'impatience soit devant le discours de l'interlocuteur soit devant son silence. — Oppositions : *ts!* : toutes les autres (neutre : spécifiées) — oppos. privative; *da(...)!* : *(t'e-t'e-t'e...* et *totə)* (ambivalence : différenciation) — oppos. privative; *t'e-t'e-t'e... : totə* (mépris : menace) — oppos. d'équipollence.

7. *Exclamations au degré zéro* se passant de tout ton expressif. Cas-limite de l'exclamation. *Da : Net* (confirmation : négation) — oppos. d'équipollence.

N. B. Les conjonctions de coordination continuent, quoique affaiblie, la valeur des exclamations correspondantes : *no* — opposition totale; *a* — simple divergence; *da* (ambivalent) — mi-rétraction (dans une duplique) ou simple surajoutation; *i* — absence d'opposition (continuité, voire même conséquence).

Ce qui fait l'exclamation, c'est le *ton*, tout comme l'intonation fait la phrase. C'est pourquoi la valeur expressive des timbres vocaliques peut à tout instant être totalement modifiée par le ton. Certaines oppositions deviennent alors supprimables.

Notes

[1]Sans parler d'une foule de mots expressifs, relevant de différentes parties du discours, qui utilisent largement *f* en tant que son pittoresque puisque «étranger.»

[2]Voir à ce propos l'excellente étude de L. Brun-Laloire *Interjection, langage et parole* (Revue de philologie française, t. XLII 1930).

[3]*Dar*, par V. Sirin.

[4]Notons que *t'fu!* n'est pas perfectif et exprime un présent.

[5]Auteur: *Sur la phonologie de la phrase* (T C L P IV, Prague 1931) et *Phrase et proposition* (Mélanges J. van Ginneken, Paris 1937).

[6]*L'analyse du langage appliquée à la langue française.* Upsala 1897.

[7]Le pronom *ignoratif* (pronom de la série *k*) se réalise en russe des manières suivantes: il peut être *interrogatif, exclamatif, indéfini, négatif, relatif* ou bien *anaphorique*. Ce sont là différentes attitudes du sujet parlant vis-à-vis de l'«ignoré» que ce pronom indique.

[8]Sur la suggestion de N. S. Trubetzkoï formulée dans une lettre à l'auteur en 1938.

[9]Nous considérons «*hein?*» ainsi que «*a?*» russe comme deux manières différentes de vocaliser *hm?*

[10]Dans la *duplique*, le protagoniste *A* cumule sa fonction avec celle du protagoniste *B*.

SUR LA PARATAXE ET LA SYNTAXE EN RUSSE*

I

Le problème se pose de la manière suivante : *Comment sont agencées deux propositions en vue de ne former qu'une seule phrase?*

Nous faisons une distinction rigoureuse entre la *proposition* et la *phrase*, distinction, nous semble-t-il, tout élémentaire et qui pour cette raison-là probablement n'est pour ainsi dire jamais mise en vedette par les linguistes.[1]

La *proposition* est une certaine *structure grammaticale* qui se caractérise par la présence d'un *prédical*. Ce dernier résulte de l'intervention de la personne parlante dans l'enchaînement syntagmatique, d'où une modification radicale des rapports entre le déterminé et le déterminant. Cette modification consiste en l'apparition des valeurs de *personne*, de *mode* et de *temps*.

Le déterminant acquiert la valeur de *personne* : comp. *l'herbe verte* et *l'herbe est verte* ou bien *l'herbe verdoyante* et

Cahiers Ferdinand de Saussure 7 (1948), pp. 33-38.

l'herbe verdoie. Ainsi le déterminé devient le *sujet* d'une proposition, autrement dit le «déterminé absolu», lequel ne sert de
déterminant à aucun mot de la proposition mais qui est par
contre déterminé par les autres mots de la proposition.

La valeur de *mode* dont est revêtu le déterminant prédicatif
est particulièrement importante. C'est en effet le mode qui reflète l'acte volitif qui est à la base de l'association du déterminé et du déterminant prédicatifs. Enfin cet acte est déterminé par rapport au *moment* du discours.

La *phrase* est fonction du *dialogue.* C'est l'unité d'échange
entre les interlocuteurs. Comme tout fait linguistique, elle est
à deux faces. Sur le plan conceptuel, c'est une unité de *communication;* sur le plan phonique, c'est une unité, souvent très
complexe, *d'intonation.* C'est le ton, l'intonation qui fait la
phrase. Celle-ci peut ne point posséder de structure grammaticale : les simples *oui, non, hein?,* etc. sont des phrases.
Pourtant, grâce à sa nature prédicative, autrement dit, grâce
à l'allusion à la présence de la personne parlante, la proposition est tout particulièrement apte à servir de phrase dans de
très diverses situations.

Il arrive constamment que la complexité de notre pensée
réclame une «communication» renfermant plusieurs actes de
prédication. Alors nous avons devant nous la phrase à plusieurs propositions.

Ici se pose la question : Comment sont agencées deux propositions voisinant dans le cadre d'une même phrase?

Les quelques pages qui suivent ne prétendent qu'à être une
étude préliminaire, une tentative de déblayer le terrain, un terrain très vaste et très «accidenté». Le premier handicap de
l'explorateur vient de l'absence d'une théorie générale du dialogue. Il y en a d'autres que nous mentionnerons dans la suite.

En abordant notre étude, faisons une constatation, à notre
avis très importante : *des deux propositions accouplées, la seconde est toujours fonction de la première.* La séquence est
ici un fait psychologique, pour ainsi dire «naturel».

Il est donc tout à fait naturel de commencer notre examen
par les combinaisons où tout repose sur le fait pur et simple
de la *séquence.* A ces structures-là nous réservons le nom de
parataxiques.

Elles sont très courantes en russe, surtout dans le langage
populaire ou familier. Leur interprétation n'est pas toujours

une chose aisée, vu qu'un lettré est porté à les considérer à
travers la *syntaxe,* c'est-à-dire comme structures elliptiques
résultant de la suppression des rapports de subordination ou de
coordination. Bref, comme des produits secondaires, tandis
que la parataxe, psychologiquement ainsi qu'historiquement,
précède la syntaxe. Elle est un fait de la pensée globale ne
s'attardant pas à s'analyser.

Nous croyons pouvoir distinguer *trois* espèces de tours
parataxiques.[2]

1° *Je vois : un chien court.* On serait tenté de représenter
le rapport entre ces deux propositions par deux cercles concentriques dont l'intérieur correspondrait à *un chien court.* Le
russe ne possédant pas de proposition infinitive et le langage
familier évitant volontiers la subordination, c'est là un tour
tout à fait normal lorsqu'il s'agit des *verba dicendi, sentiendi,*
etc. L'ordre des propositions peut être parfois interverti mais
alors le verbe principal se transforme en une simple incidente :
Un chien court, me semble-t-il ou *dis-je,* etc.

2° Tours à rapport bilatéral : prémisse ∽ déduction *Le
cheval court, la terre tremble* et inversement : *La terre tremble, —* (c'est que) *le cheval court.* Dans le premier cas, il s'agit
d'une conséquence, dans le second, d'une conclusion à la cause.
Ces tours, surtout sous la première forme, sont très fréquents
et sont largement utilisés pour former des proverbes et des
sentences.

3° *Un lutteur se présente, personne ne le connaît.* Il s'agit
d'une détermination complémentaire, suradjointe. De même *Je
rentre, mon frère m'attend* (déjà) où la seconde proposition
complète la première après coup. Il s'agit là d'un rapport uni-
latéral et assez relâché.

Notons que dans la parataxe les deux propositions sont séparées par une forte pause.

Parvenue à un certain degré d'abstraction, la pensée ne se
contente plus de la parataxe, mais cherche à spécifier et à expliciter les rapports entre les deux actes de prédication. On
dira par ex. *Je vois qu'un chien court; Si* (ou *quand*) *un cheval
court, alors la terre tremble; La terre tremble parce qu'un
cheval court; Un lutteur se présente que personne ne connaît;
Lorsque je suis rentré, mon frère m'attendait déjà; Un lutteur*

*se présente, mais personne ne le connaît; Un cheval court et
la terre tremble,* etc.

Ainsi nous quittons le domaine de la parataxe pour pénétrer dans celui de la *syntaxe* ou de l'explicitation des rapports
entre les propositions accouplées. Cette explicitation suit ou
bien la voie de la *coordination* ou bien celle de la *subordination*
Les deux se servent de signes linguistiques différents. Le point
de départ de l'une comme de l'autre doit être recherché dans la
structure du *dialogue,* tandis que la parataxe procède du monologue.

On peut, nous semble-t-il, distinguer deux grandes variétés
de dialogue. L'une, appelons-la «oppositive» ou «contradictoire», fait penser à une espèce de duel où les «communica-
tions» s'opposent. L'autre est un échange de questions et de
réponses; son objet est l'information. Il va de soi que, dans la
pratique, ces deux variétés peuvent s'entremêler et de plus
contenir des parties monologuées, quelle que soit la structure
de ces dernières.

Les conjonctions de coordination russes présentent deux
particularités remarquables.[3]

Sur les quatre conjonctions de base *(no, a, da* et *i)*, les
deux premières sont nettement adversatives, la seule non ad-
versative est *i;* quant à *da* (plutôt populaire ou familière), elle
peut jouer les deux rôles. De plus, ces quatre conjonctions
sont en même temps des exclamations. Souvent elles commencent aussi la réplique du partenaire *B* annonçant ainsi la position qu'il va prendre vis-à-vis de son interlocuteur. Les conjonctions ne sont donc que des exclamations «intériorisées».
C'est donc le dialogue «oppositif» qui sert de modèle à la coordination en russe.

Le problème de la parenté de la subordination avec le dialogue d'«information» mérite d'être posé.

Au cours des siècles, le russe a perdu le pronom relatif et
les fonctions de ce dernier dans la subordination ont été assu-
mées par l'interrogatif. Les interrogatifs forment un ensemble
ramifié et cohérent que nous désignerons sous le nom de «série
k». D'une manière presque parfaite y correspond la «série *t*»,
c'est-à-dire les déictiques. Or, les formules de subordination
sont de trois espèces: *(t)/k* (le *t,* l'antécédent, pouvant ne pas
être explicite), *k/t* et *-/k* (zéro de *t*).

Dans l'article auquel nous venons de faire allusion, nous

avions dit que les pronoms forment un plan sémiologique spécial, celui des signes qui *indiquent,* mais ne dénomment pas. Dès lors, pour ne parler que des interrogatifs, doivent être considérés comme «pronoms» les signes suivants : *kto, č'to, č'ej, kak, kakoj, kol'* (et ses dérivés), *kogda, kuda, gde,* les conjonctions *č'to, koli,* etc. Il en est de même pour les membres de la série *t* et ainsi de suite.

Les interrogatifs indiquent le «vide» dans le tissu sémantique, c'est-à-dire ce qui est ignoré. Or notre attitude vis-à-vis du «vide» varie. Dans *Kto on?* «Qui est-il?», c'est le désir de connaître, de remplir ce «vide» qui se manifeste, tandis que le même interrogatif en combinaison avec diverses et très nombreuses particules marque tantôt notre indifférence vis-à-vis de ce que nous ignorons (*kto-nibud', kto-ugodno,* etc.), tantôt une simple constatation de notre ignorance *(kto-to);* tantôt encore nous laissons intentionnellement dans l'ignorance notre interlocuteur *(koje-kto),* etc. etc.

La réponse la plus concrète à la question *Ty kuda?* «Où vas-tu?» serait naturellement *Tuda* «Là-bas» accompagnée du geste correspondant. C'est pourquoi la formule du dialogue d'information est *k/t,* c'est-à-dire «ignoratif» ∞ déictique.

Dans la subordination, l'ignoratif demeure tel, il ne nomme rien par lui-même. Dans *Č'to s vozu upalo, to propalo* «Ce qui est tombé du chariot est perdu», *Kuda ty pojdëš, tuda i ja pojdu* «Où tu iras moi aussi j'irai», ni l'objet perdu ni la direction ne sont nommés. La dénomination est d'ailleurs la fonction d'un plan sémiologique spécial dont les signes s'appellent «parties du discours».

Nous revenons aux trois formules de subordination.

1° *K/t : Kakov pop, takov i prixod* «Quel prêtre, telle (est) aussi la paroisse», prémisse ∞ déduction, formule largement utilisée par les proverbes et les sentences. *Koli* (synonyme *jesli < est'-li) možeš, (to) prixodi zavtra ko mne* «Si tu peux, viens me voir demain».

2° Plus analytique est la formule *(t)/k : On vernuls'a (togda), kogda vse uže spali* «Il est rentré quand tout le monde dormait déjà»; *Ja xoč'u kupit' imenno tu knigu, kotoruju vy mne rekomendovali* «J'ai l'intention de m'acheter précisément le (en russe *ce*) livre que vous m'avez recommandé».

3° La formule -/*k* est nettement livresque : *Ja sprosil knigu, kakovoj v biblioteke ne okazalos'* «J'ai demandé un livre, lequel ne se trouve point dans la bibliothèque»; *My živy, zdorovy, č'evo i vam želajem* «Nous nous portons bien, ce que nous vous souhaitons aussi».

L'étude des pronoms pose une foule de problèmes intéressants : le jeu de particules indéterminatives et négatives auprès des pronoms; la synonymie *(koli, si, kogda, jesli, raz, bude);* le «verbe» *jest'* ne relève-t-il pas du plan des pronoms?; la fusion des signes *t-k* en une unité (*tak-čto potomu-č'to,* sans antécédent); les conjonctions-pronoms; la classification des pronoms; les tours concessifs, etc. Nous nous flattons de l'espoir de pouvoir les aborder un jour.

Notes

[1]On chercherait en vain cette distinction par ex. dans l'ouvrage remarquable de I. Meščaninov, *Les membres de la proposition et les parties du discours* (en russe, Moscou 1945), pas plus que dans celui de V. Vinogradov, *La langue russe* (en russe, Moscou 1947).

[2]Dans la mesure du possible, les exemples russes seront cités dans la traduction française *littérale*.

[3]Nous avons eu l'occasion de les signaler dans notre article *Introduction à l'étude de l'interjection* (Cahiers F. de Saussure 1, Genève 1941).

ANDRÉ BURGER

PHONÉMATIQUE[1] ET DIACHRONIE
À PROPOS DE LA PALATALISATION
DES CONSONNES ROMANES*

La distinction saussurienne entre la synchronie et la diachronie est d'une telle évidence qu'on ne saurait sérieusement la contester. Ce qu'on a contesté, ce qu'on conteste toujours, c'est que les faits synchroniques soient, de nature, radicalement différents des faits diachroniques et qu'ils ne s'expliquent pas les uns par les autres. De la part des historiens de la langue formés à l'école des néogrammairiens, cette attitude n'a rien d'inattendu : ils sont convaincus, en effet, qu'un état de langue ne saurait s'expliquer que par son évolution antérieure et il y a là une part de vérité : son aspect extérieur, cela va sans dire, résulte de son passé; si le français oppose, par exemple, *roue : rue,* c'est que plus anciennement le latin opposait de même *rota : rūga* et qu'entre les deux états de langue il s'est produit une série de changements. Mais cela ne nous apprend rien sur la nature de l'opposition soit latine, soit française et le rapport historique lat. $\bar{u}$ > fr. $\ddot{u}$ paraît bien être d'une autre nature que le rapport fonctionnel de l'opposition française $u : \ddot{u}$.

Il est plus surprenant que plusieurs phonématiciens de l'école praguoise aient également attaqué l'idée d'une antinomie foncière entre le synchronique et le diachronique; leur point de vue est du reste exactement l'opposé de celui des néogrammairiens : pour eux, ce n'est pas l'évolution qui doit expliquer le système, mais le système qui doit expliquer l'évolution. Dès le congrès de la Haye, en 1928, Troubetskoy et MM. R. Jakobson et S. Karcevski soutiennent la thèse que «l'antinomie de la phonologie synchronique et de la phonétique diachronique se trouverait être supprimée du moment que les change-

Cahiers Ferdinand de Saussure 13 (1955), pp. 19-33.

ments phonétiques seraient considérés en fonction du système phonologique qui les subit» (*Actes du 1er Congrès des linguistes*, p. 33). Si ces derniers mots signifiaient simplement que tout changement a des conséquences pour l'ensemble du système, il n'y aurait là rien de nouveau; Saussure l'a enseigné très clairement, ainsi dans sa comparaison avec le jeu d'échecs, *C L G*, p. 126 s.; mais il a enseigné aussi que ces conséquences sont *fortuites*; cela ne signifie pas *sans cause*, mais *résultant de la rencontre de deux ou de plusieurs séries causales indépendantes;* ainsi, si on dit que l'opposition, en français, de *ciel* et de *sel* est fortuite, cela signifie que les changements qui ont fait passer lat. *caelum* à fr. *ciel* sont indépendants de ceux qui ont fait passer lat. *sal* à fr. *sel.* C'est ce caractère fortuit des résultats de l'évolution phonétique que les linguistes praguois ont contesté et ils n'ont pas reculé devant la nécessité où dès lors ils se trouvent de faire appel à la notion de finalité. Ainsi M. R. Jakobson écrit, dans ses *Remarques sur l'évolution phonologique du russe* (TCLP II, 1929), p. 17: «Ce n'est pas en renonçant à la notion de «loi phonique» qu'on dépasserait la tradition des néogrammairiens, mais bien en abandonnant la conception mécanique de cette notion et en l'interprétant téléologiquement»; et avec plus de force encore, Troubetskoy, *Journal de Psychologie XXX* (1933), p. 245 : ...«l'évolution du système phonologique est à chaque moment donné dirigée par la *tendance vers un but.* Sans admettre cet élément téléologique, il est impossible d'expliquer l'évolution phonologique».

Nous nous proposons d'examiner ces affirmations à la lumière d'un exemple précis, la palatalisation des consonnes romanes, que MM. Haudricourt et Juilland ont tenté d'expliquer téléologiquement dans leur livre récent *Essai pour une histoire structurale du phonétisme français*, p. 79 et suivantes. Leur explication porte sur l'évolution des groupes *ty* et *ky* et du *k* devant *i* ou *e*, du latin aux langues romanes. Selon eux, l'évolution purement phonétique devait aboutir à la confusion de *ty* et *ky*, comme c'est effectivement le cas en roumain et en italien du sud : roum. *puț* et *fața*, de lat. *puteum* et *facia*, en face de *cer*, de *caelum.* Leur non-confusion dans le reste de la Romania serait «difficilement explicable du point de vue strictement phonétique»; la différence de traitement s'expliquerait par le caractère «rustique, illettré» du latin oriental, «plus urbain, plus littéraire» du latin occidental : dans la partie orientale du domaine, l'évolution phonétique se développant librement, *ty* et *ky* se confondent en *c*,[2] tandis que $k^{e,i}$, dont l'évolution est plus lente, oblique vers *č* pour éviter de se confondre avec *c;* dans la partie centrale, par contre, le latin plus soigné maintient la distinction de *ty* et *ky*, ce qui a pour résultat de ralentir l'évolution de *ky* qui se laisse rattraper par celle de $k^{e,i}$; *ty* arrive le premier à l'étape *c*, c'est pourquoi *ky* et $k^{e,i}$ obliquent ensemble vers *č*, d'où it. *pozzo*, mais *faccia* et *cielo;* enfin, dans la partie occidentale, «le soin de distinguer entre *Ky* (1) et *Ty* (2), en s'opposant à la palatalisation, a tellement ralenti leur évolution qu'ils ont été rattrapés dans leur évolution palatale par *Ki* (3) qui évoluait vers le même but : *t′* (1, 2, 3). De telle façon que *Ky* (1), *Ty* (2) et *Ki* (3) se sont confondus en *t′* (1, 2, 3)». De là v. fr. *puiz, face, ciel*, esp. *pozo, haz, cielo*.

Sans insister sur quelques erreurs de fait (le toscan ne confond pas *ky* et $k^{e,i}$, cp. *acciaio* et *vicino;* le *z* de *pozo* est en vieil espagnol une sonore qui se distingue de la sourde de *braço*), ni sur l'hypothèse gratuite et contestable d'une différence de qualité entre le latin oriental et occidental, ni sur le résultat curieux d'un effort pour maintenir une triple distinction qui aboutirait (à l'ouest) à une triple confusion, nous relèverons que le point de départ de l'explication est erroné : non seulement rien ne fait croire que l'évolution phonétique libre de *ty* et *ky* aboutisse nécessairement à leur confusion, mais en fait, dans le domaine slave, *ty* et *ky*, qui se sont confondus en russe, en serbo-croate et en slovène, sont restés distincts en vieux-slave, en bulgare et en slave occidental (voir Meillet-Vaillant, *Le slave commun*, p. 89 et 94) : personne, sans doute, ne songera à invoquer des différences de *qualité* à l'intérieur du slave commun. D'autre part, si en daco-roumain $k^{e,i}$ aboutit à *č*, en istro-roumain et en aroumain il aboutit à *c* (note *ţ*), tout comme en roman occidental. Dès lors, toute la construction de MM. Haudricourt et Juilland s'écroule, et avec elle leur idée, préconçue, d'un but où tendrait l'évolution.

C'est aussi qu'ils n'ont considéré qu'une petite partie du problème, ce qui peut surprendre après leur vive critique de l'«atomisme positiviste» de la linguistique du XIXe siècle (*o.c.* p. 1 s.). En réalité, le phénomène de la palatalisation s'étend à toutes les consonnes, sans exception; toutes peuvent se placer devant un *y* et tout groupe «consonne + *y*» a abouti à une consonne mouillée; le système consonantique du latin s'est ainsi dédoublé en roman commun, opposant une série de mouillées

à la série des non mouillées, *p* : *p̰*, *t* : *t̰*, etc., et ces oppositions
sont distinctives; en voici quelques exemples:

r.c. **braka* : **brak̰a*   roum. *bracă* : *braţă*, v. fr. *braie* :
                               brace.
   *kalkare : **kalk̰are*   esp. *calcar* : *calzar*, v. fr. *chauchier* :
                               chaucier; cp. roum. *călca* et *(în-)calţa*.
   *kaptare : **kapt̰are*   it. *cattare* : *cacciare*, esp. *catar* :
                               cazar; cp. v. fr. *(a-)chater* et *chacier*.
   *leƀare : **leƀare*   v. pr. *levar* : *leujar*, it. *levare* : v. pis.
                               lebbiare; cp. v. fr. *lever* et *(a-)legier*.
   *filu : **fil̰u*   it. *filo* : *figlio*, esp. *hilo* : *hijo*, etc.
   *parat : **par̰at*   it. *para* : *paia*; cp. v. fr. *(com-)pere*
                               et *paire*.

Le point de départ du phénomène est indiqué par un fait de
métrique qui apparaît chez les poètes de la fin de l'époque ré-
publicaine (la métrique de Plaute et Térence est ambiguë sur
ce point) et qui assure une réalisation [y] du *i* devant voyelle:

Lucr. II, 991 Denique caelesti sumus omnes semine oriundi
Cat. LV, 10 (phalécien) Camerium mihi, pessimae puellae
Virg. *G.* I, 482 Fluuiorum rex Eridanus camposque per
omnes
Hor. *Sat.* II, 1 Vt Nasidieni iuuit te cena beati?

La scansion de ces vers suppose une prononciation *oryundī*,
Cameryum, *fluuyōrum*, *Nāsidyenī*, celle, probablement de la
conversation familière, qui, un peu plus tard s'étend aux *e* en
hiatus, comme le montrent des graphies, telles que *ualia*, *peria*,
CIL IV, 1173 (Pompéi), pour *ualeat*, *pereat*.

Ce changement, est-il besoin de le dire, est purement phonétique et du type le plus banal; la réalisation [ya] est plus éco-
nomique, physiologiquement, que [ia]; elle ne touche pas au
système associatif qui connaît *y* et probablement comme simple
variante de *i* (voir R. Godel, *Studia lingu.*, 1954, p. 92). Sur le
plan syntagmatique, toutefois, elle multiplie les groupes «consonne + *y*» qui jusque là n'existaient que dans des composés
comme *ab-*, *ad-*, *con-iurāre*, et seulement pour un petit nombre
de consonnes. C'est là l'amorce du développement ultérieur,
mais personne, je présume, ne songera à l'interpréter téléologiquement.

A partir du 1er siècle de notre ère, un autre fait nous

donne une indication précieuse sur la prononciation du *y* latin:
la confusion graphique entre *i* [y], *di* devant voyelle et *z*, dont
les exemples les plus anciens proviennent de Pompéi; ainsi

i noté	*di*	*codiugi*	CIL X, 2559
	z	*Zerax*	CIL X 3699 (251 ap. J.-C.)
di noté	*i*	*Aiutor*	CIL IV, 7069 (Pompéi)
	z	*oze*	CIL VIII, 8424 (IIe siècle)
z noté	*i*	*Iosimus*	CIL IV, 4599 (Pompéi)
	di	*baptidiata*	Rossi, *Inscr. Chr.* I, 350.

Il ressort de là que le *y* latin tendait à se confondre avec le
résultat de l'évolution de *di* en hiatus, c'est-à-dire que tous
deux tendaient vers *ḏ;* et en effet, dans toutes les langues romanes, ils se sont confondus : *iam, diurnum* aboutissent à it.
gia, giorno, v. fr. *ja, jorn; iacēre, Diana*, à roum. *zăcea, zină;
ianua, Diana*, à log. *yanna, yana*. Au point de vue physiologique,
le passage de *y* à *ḏ* implique un renforcement, une exagération
du relèvement de la langue; au point de vue fonctionnel, tant du
moins que la confusion avec *di* en hiatus n'est pas accomplie, il
ne s'agit que d'une réalisation différente du même phonème; le
système n'en est pas touché. Mais les conséquences de ce
changement n'en seront pas moins considérables.

On ne saurait, en effet, séparer cette réalisation nouvelle
du *y* du passage des groupes «consonne + *y*» aux consonnes
mouillées correspondantes, dont les premiers indices apparaissent au IIe siècle de notre ère, dans des graphies comme *mun-
diciei* CIL VI, 975 *a* (de 136), *Crescentsian[us]* CIL XIV, 246
(de 140; mais l'original est perdu). A partir du IVe siècle, les
graphies de ce genre deviennent nombreuses et il s'y ajoute les
témoignages de grammairiens. Ce passage suppose toujours
une anticipation du mouvement de relèvement de la langue qui
caractérise le *y* : il se produit pendant l'articulation de la consonne précédente, au lieu d'en attendre l'explosion; ainsi l'articulation du *ḻ* est une combinaison des articulations du *l* et du
y. En outre ce relèvement est très nettement renforcé, comme
on peut l'observer aisément pour les labiales où l'articulation
des lèvres et celle de la langue, bien que simultanées, restent
distinctes. Soit le *p*, étudié par Rousselot, *Principes* II, 604, à
l'aide du palais artificiel (il s'agit d'un *p* «mou» du russe); le
tracé montre que pendant l'occlusion des lèvres la langue s'est
relevée non comme pour un *y*, mais comme pour un *ḻ* : il y a à

la fois *anticipation et renforcement du relèvement de la langue*, par rapport à *py*. Ce simple changement articulatoire suffit à expliquer les résultats si divers de la palatalisation des consonnes romanes.

Nous devons nous borner ici à quelques exemples instructifs.[3] Le groupe *ly* > *l̦* aboutit en logudorien à l'affriquée sifflante notée *dz*, en vieil-espagnol à l'affriquée chuintante notée *j* [ǰ], passée ensuite à [ž], puis à [x]: **fil̦a* > log. *fidza*, esp. *hija*. Ces traitements supposent qu'au moment de l'explosion les bords latéraux de la langue étaient relevés contre le palais, d'où la réalisation [l̦ᵈ]. De même *n̦* a pu se réaliser en [n̦ᵈ]: *uīnea* > **ƀīn̦a* > log. *bindza; lāneum* > **lan̦u* > fr. *lange*, etc. Dès lors la confusion de *n* et de *n̦d* s'explique d'elle-même: *uerecundia* aboutit à it. *vergogna*, fr. *vergogne*, pg. *vergonha*, etc., comme *cicōnia* à it. *cicogna*, v. fr. *ceoigne*, pg. *cegonha*. On a vu plus haut que, pour l'articulation du *p̦*, la langue se relève dans la position d'un *ț;* au moment de l'explosion, il en est résulté, dans plusieurs langues romanes un son transitoire, soit [p̦ᵗ], d'où rét. *sapt'a*, v. pr. *sapcha*, fr. *sache*, it. du sud *saccia*. De même le *k̦* s'est réalisé en [k̦ᵗ], d'où la géminée de it. *acciaio* et la sourde de fr. *acier*, v. esp. *acero*, issus de **akar̦u*; et c'est pourquoi *k̦ț* s'est confondu avec *k̦* : it. *tracciare*, v. fr. *tracier* de **trak̦tare*, comme *n̦d* s'est confondu avec *n̦*. Par contre, *t* et *y* s'articulant tous deux dans la partie antérieure de la bouche, *ț* ne pouvait avoir cette articulation complexe; de là la sonore de it. *ragione*, fr. *raison*, v. esp. *razón*, de **rațone*.

Enfin, des formes comme esp. *sepa*, pg. *saiba*, de **sapaț*, roum. *roib*, de **rob̦u*, s'expliquent tout aussi facilement: simplement l'anticipation est ici plus forte, la langue a commencé à se relever dès avant la fermeture complète des lèvres, faisant diphtonguer le *a* en *ai*, le *o* en *oi;* en compensation, elle se détache aussi plus tôt du palais, avant l'explosion, d'où l'absence de son transitoire après la consonne. De même esp. *era*, fr. *aire*, de **ar̦a*, en face de roum. *arie*, it. *aia*, etc.

On le voit, les faits de palatalisation s'expliquent de la même façon d'un bout à l'autre de la Romania et par des procès purement phonétiques. Il n'en est pas moins résulté, en ajoutant le passage de *w* et de *b* intervocalique à *ƀ*, un système consonantique tout nouveau; le simple inventaire des phonèmes des deux systèmes en fait apparaître à la fois les analogies et les différences:

latin

	f				s				
p		b		t		d		k	g
	m				n				
					r				
					l				
	(y)					(w)			

roman commun

f f̱   ƀ ƀ̱   s s̱
p p̱   b ḇ   t ṯ   d ḏ   k ḵ   g g̱
   m m̱   n ṉ
                                r ṟ
                                l ḻ

Le trait le plus caractéristique du nouveau système est la corrélation de mouillure qui le traverse d'un bout à l'autre, enchaînant toutes les consonnes dans une même série d'oppositions bilatérales proportionnelles. Cela a entraîné une conséquence : les consonnes non mouillées se sont dorénavant réalisées différemment selon qu'elles étaient suivies d'une voyelle antérieure, i̯, ę (pour i̯, ę voir plus bas, p. 29) ou d'une voyelle postérieure. On a prononcé, p. ex., [l¹ętu], mais [lᵘǫku], [p¹ęde], mais [pᵘǫtet]: simples variantes combinatoires, mais qui dans la plupart des langues romanes auront un résultat considérable, le passage de ę à *ye* et de ǫ à *wo*.

Cette affirmation risque de surprendre les romanistes; aussi ne sera-t-il pas inutile de rappeler brièvement les faits slaves dont le parallélisme avec les faits romans est remarquable et ne peut être l'effet du hasard.[4] Entre l'indo-européen et le slave commun, il y a eu également passage des groupes «consonne + *y*» à «consonne mouillée», avec la même conséquence: les non mouillées ont deux variantes combinatoires, «molle» et «dure», selon qu'elles sont suivies de voyelles antérieures ou postérieures. Par exemple, le vieux-slave oppose encore un *ḻ* à un *l* non mouillé, mais ce dernier comporte les deux variantes *lⁱ* et *lᵘ* (voir Meillet-Vaillant, *Le slave commun*, p. 17 et 86 s.). L'évolution ultérieure a été différente en russe et en slave occidental, d'une part, en serbo-croate et en slovène, de l'autre; en russe, les molles se sont confondues avec

les mouillées, d'où il est résulté une opposition générale «molles»: «dures» (voir Jakobson, *Remarques sur l'évol. phonol. du
russe*, T C L P II (1929), chap. VII). Le serbo-croate a suivi
une autre voie : la plupart des mouillées ont perdu leur mouillure dans leur évolution subséquente (la langue actuelle n'en
connaît plus que quatre) et, en conséquence, la distinction des
molles et des dures a disparu aussi; le serbo-croate oppose un
$\underline{l}$ à un l, le même, phonématiquement, devant i, e et u, o. On
peut résumer les deux évolutions de la manière suivante:

slave commun $\underline{l} : l^i / l^u$ $\underline{l} : l^i / l^u$

russe $l' : l$ s.-cr. $\underline{l} : l$

Or le serbo-croate a gardé des traces de l'ancienne mollesse des consonnes non mouillées devant i, e. Ainsi les gut-
turales k^i, g^i ont passé à $\check{c}$, $\check{z}$ (c, z dans certaines positions) :
le pluriel de *òko* «œil» est *òči*, le vocatif de *drŭg* «compagnon»
est *drûže*. Un autre effet de cette mollesse est offert par les
dialectes dits «jékaviens» et «ikaviens», par opposition à l'«ékavien» : au *è*, bref, de l'ékavien, le jékavien répond par *je* [ye],
au *é*, long, par *ije* [iye]; l'ikavien y répond par *ì*, bref et *í*, long;
ainsi en face de ék. *mlèkār* «laitier», on a jék. *mljèkār*, ik.
mlìkār; en face de ék. *mléko*, jék. *mlijèko*, ik. *mlíko* (voir
Meillet-Vaillant, *Gramm. de la l. serbo-croate*, p. 5); il est
clair que *je*, *ì* et *ije*, *í* résultent de l'ancienne prononciation
molle des consonnes devant i, e : $l^i e$ est devenu *lye*, *li*, et $l^i \bar{e}$
est devenu *liye*, *lī*.

Les langues romanes ont suivi la même voie que le serbo-
croate; elles ont toutes perdu la corrélation générale de mouillure et, en conséquence, la distinction des molles et des dures.
De cette distinction, le logudorien n'a presque pas gardé de
traces, mais les autres langues ont, comme le serbe, fait passer les gutturales molles aux affriquées correspondantes :
rom. comm. **kịbịtate* est devenu roum. *cetate*, it. *città*, eng.
čited, v. fr. *citet*, v. pr. *ciutat*, v. esp. *ciudad*, etc., et **k^i ẹlu*
est devenu roum. *cer*, it. *cielo*, eng. *čiel*, v. fr. *ciel*, v. pr. *cel*,
v. esp. *cielo*, etc.; mais le logudorien a *kelu* et *kimige* (de *cī-*
micem). Pour les autres consonnes, l'amollissement n'y a en
général laissé que peu de traces; par exemple, *s* passe à *š* devant *i* en engadin et en vieux-lombard : r.c. **s^i ik* > eng. *schi*,
v. lomb. *sci;* de même, sporadiquement, ailleurs : it. *scimmia*,

esp. *jimia* (cp. lat. *sīmius*); it. *vescica*, eng. *vschia*, log. *bušika*, esp. *vejiga*, du latin *uessīca*. On trouverait beaucoup de faits de ce genre dans les dialectes; mais c'est en roumain qu'ils sont le plus clairs et de date sûrement ancienne; ici en effet, non seulement *s*, mais la plupart des dentales ont été attaquées par la mollesse et ont passé *t* à *ţ* [c], *d* à *z*, *s* à *ş* [*š*], *l* à *i* [y] en passant par *ḷ* qui subsiste dialectalement:

lat. *sentīre, terra*	roum. *simţi, ţară*
dīcere, decem	*zice, zece*
sīc, septem	*şi, şapte*
līnum, leporem	*in*[yin], *iepure*

En macédo-roumain, cette palatalisation atteint aussi les labiales *p, b, f, v, m:*

pīnus, pectus	*k'in, k'iept*
albī, bene	*alg'i, g'ine*
fīlum, ferrum	*h'ir, h'ier*
uīnum, uenīs	*yin, yin*
dormīre, medium	*durn'ire, n'edzu*

(voir Densusianu, *Hist. de la l. roum.* I, p. 307 ss.)

Il apparaît ainsi clairement qu'en roman comme en serbe le passage de *ę* à *ie* est la conséquence de l'amollissement des consonnes. Le passage de *ǫ* à *uo* résulte de même de la labio-vélarisation des consonnes dures, parallèle à la palatalisation des molles et qui souvent l'accompagne pour renforcer la différence, comme le remarque Troubetskoy, *Principes* p. 145 (trad. Cantineau) : «La nuance *i* des consonnes mouillées est obtenue par l'élévation de la partie moyenne de la langue vers le palais dur, et, pour souligner d'une façon particulière l'opposition, dans les consonnes non mouillées la partie postérieure de la masse linguale s'élève souvent vers le palais mou».[5] De même, M. A. Martinet, *T C L P* 8 (1939), p. 283 : «La marque de corrélation de palatalisation consiste en une tendance à rapprocher la partie antérieure de la langue du sommet de la voûte palatale. Pour opposer la série non palatale à la série palatale, on ne se contente pas en général de laisser la langue dans une position neutre; on tend à la relever en arrière dans la direction du voile.» Le fait s'observe dans plusieurs parlers slaves, voir O. Broch, *Slavische Phonetik*, p. 203 ss. (Palatalisierung) et p. 224 ss. (Labiovelarisierung) et la réalisation comporte souvent un son transitoire : [l^{i}e], [l^{u}o], etc. Il s'agit là d'oppositions phonématiques; mais il en va de même des variantes combinatoires «molles»/«dures»; à un *p^{i}e* ou un *l^{i}e* répond un *p^{u}o* et un *l^{u}o* : **p^{i}ede*, **l^{i}etu*, mais **p^{u}otet*, **l^{u}oku*.

Il n'y a dès lors plus lieu de s'étonner de la diversité des résultats de la diphtongaison romane ni de son absence dans une partie du domaine. En roman commun il ne s'agit que de variantes combinatoires dont les effets se sont développés (ou ne se sont pas développés) parallèlement, mais indépendamment dans les diverses langues. Par contre, ce qui est plus surprenant, à première vue, c'est que le *e* et le *i̦* n'aient pas amolli les consonnes précédentes; le fait est net en roumain qui, en face de *tară, zece, șapta, iepure,* garde intactes les consonnes correspondantes dans

teară,	*teme*	de *tēla,*	*timēre*
deșert,	*deget*	de *dēsertus,*	*digitus*
seară,	*sec*	de *sēra,*	*siccus*
lin,	*limba*	de *lēnis,*	*lingua*

L'engadin oppose de même *schi* de *sīc* et *sek'* de *siccum, l'in* de *līnum* et *leungua* de *lingua*. C'est là un héritage du latin; en effet, le *u* de *Herculēs* et de *adulēscens* prouvent une prononciation vélaire du *l* devant *ē;* en roman commun il en va de même devant *i̦* qui se confond avec *e* presque partout. En position non accentuée, l'opposition *e̦ : e* est neutralisée et le phonème se réalise en [e̦], ce qui explique le *o* de v. it. *utole,* it. *fievole,* prov. *frevol* et le *u* de cal. *písule* (de *pensilem*).[6] Seules les gutturales se sont amollies, assez pour s'affriquer, pas assez pour produire une diphtongaison, et même en végliote elles sont restées intactes : *cēna > kaina, cēra > kaira,* en face de *cīuitatem > čituot, centum > čant*.

Si nous essayons de dégager les enseignements de cette évolution, nous remarquerons qu'elle est commandée tout entière par deux changements purement phonétiques, le passage de *i* et *e* entre consonne et voyelle à *y* et le passage des groupes «consonne + *y*» à «consonne mouillée». Le système n'y est pour rien. La phonétique en explique le comment, mais le pourquoi nous échappe; nous pouvons seulement observer que ces changements, le second en particulier, coïncident avec l'expansion du latin dans l'empire et il est naturel de penser que cette expansion n'a pas été sans conséquences pour la

langue; mais nous ne sommes pas en mesure d'établir aucun
lien nécessaire entre le fait historique et le fait linguistique.
De finalité, il n'en est pas question; ce n'est certainement pas
dans le but d'aboutir au système du roman commun que les
contemporains de Catulle ont pris l'habitude de réaliser le *i* en
hiatus en *y;* c'est pourtant là la condition nécessaire de tout le
développement ultérieur.

On a vu plus haut que la naissance des variantes *l^i/l^u* semble liée à un système qui possède une corrélation générale de
mouillure. Faut-il parler dans ce cas d'une action du système?
Je ne le pense pas. Il s'agit de simples variantes combinatoires
où le système n'est pas engagé mais qui relèvent seulement de
la réalisation dans la parole. Sans vouloir tirer une règle générale des deux exemples slave et roman, nous dirons qu'il
semble bien que les sujets parlants dont la langue possède une
corrélation générale de mouillure ont tendance à prendre l'habitude de marquer plus nettement la différence de réalisation
des consonnes selon qu'elles sont placées devant une voyelle
antérieure ou postérieure.

L'action des habitudes articulatoires semble en effet beaucoup plus importante pour l'évolution de la langue que l'action
du système. Pour expliquer le passage en vieil-espagnol de *f-*
à *h-* (sauf devant *r* et *w*), MM. Haudricourt et Juilland supposent
un intermédiaire *ƥ-*, dont la faiblesse articulatoire rend compte
de l'aboutissement à *h-* (*o.c.*, p. 62 ss.). Cette hypothèse est
rendue très vraisemblable par la répétition du même procès en
espagnol moderne dans certaines prononciations dialectales,
particulièrement américaines. Ainsi en Argentine on peut observer pour un mot comme *fuego* les prononciations populaires
[ƥwego], [^hwego], [wego] (voir B. Malmberg, *Etudes sur la phonétique de l'espagnol parlé en Argentine,* p. 95 ss.). Mais quand
nos auteurs voient la cause de cette évolution dans le «type de
corrélation à trois séries de consonnes» caractéristique de
l'espagnol, il semble bien qu'ils prennent l'effet pour la cause.
Le type de corrélation à trois séries de consonnes ne se constitue qu'au cours du XVIe siècle, avec la confusion de *x* [š] et
j [ž] et leur passage à *x* et celle de *ç* [c] et *z* [j] et leur passage
à *ƥ*, alors que «la langue ancienne distinguait un *b* explosif sonore et un *v* fricatif sonore» (Menédez-Pidal, *Gram. hist. esp.*,
p. 67; de même R. Lapesa, *Hist. de la lengua esp.,* p. 239). Ce
type de corrélation apparaît donc comme le résultat d'une longue

évolution déterminée par les habitudes articulatoires des habitants de la Vieille-Castille, car tout indique que ces changements se sont produits d'abord en castillan. Dès lors l'hypothèse d'une action du substrat, proposée par M. R. Menéndez-Pidal, a toutes les chances d'être la bonne. Il est vraisemblable que le *ƀ* du roman commun a subsisté tel quel dans cette région et que le *f* a fini par se réaliser parallèlement en [ɸ] (sauf toutefois devant *r* et *w*), qui passe à *h* avant que le nouveau type de corrélation se soit constitué.

L'exemple classique d'une évolution dont la direction est donnée par les habitudes articulatoires du groupe est celui des mutations germaniques des occlusives. Dans un article fort intéressant paru dans *Lingua* I, p. 77 ss., M. J. Kurylowicz a interprété ces mutations comme un renversement du rapport entre les deux séries corrélatives *p, t, k* et *b, d, g;* d'une opposition «sourdes (non marquées) : sonores (marquées)» on est passé à une opposition «fortes aspirées (marquées) : douces sourdes (non marquées)». Mais quand il veut expliquer ce renversement «par l'identification de *p, t, k* situés après *s,* avec les phonèmes *b, d, g* se trouvant dans d'autres positions», c'est de nouveau l'effet pris pour la cause. Du moins si l'on en croit Troubetskoy, *Principes,* p. 84 (trad. Cantineau) : «tout terme d'opposition qui est admis dans la position de neutralisation est, au point de vue du système phonologique en question, *non marqué,* tandis que le terme opposé est *marqué».* La position après *s,* dans le cas considéré, étant position de neutralisation, il en résulte que tant que *p, t, k* sont non marqués, les occlusives après *s* s'identifieront nécessairement avec eux; pour qu'elles puissent s'identifier avec *b d g,* il faut que *p, t, k* soient déjà devenus les termes marqués et *b, d, g* les termes non marqués de l'opposition, autrement dit que la mutation ait déjà eu lieu. Dès lors l'explication traditionnelle par l'articulation à glotte ouverte, avec l'hypothèse d'une action du substrat, reste la plus plausible.

Il peut cependant arriver que le système provoque un changement. On en trouve un bon exemple dans l'ouvrage de M. B. Malmberg déjà cité (ci-dessus, p. 22), p. 87 ss. Dans le parler populaire argentin, *bw-* a passé à *gw* (ou *ɡw*), ainsi *bueno* se prononce [gweno]; c'est que le système possédait une série de variantes combinatoires suivant la position forte ou faible de la consonne : *b/ƀ, d/đ, g/ǥ;* or dans les mots commençant par *w*, le *w*- a été renforcé sur ce modèle en *gw (gw)*, en position forte; ainsi *huevo* est prononcé [gweƀo/weƀo]; comme la forme faible de *bueno* est [weno], la réalisation de *bueno* en [gweno] résulte évidemment d'une adaptation de la variante *bw-/w-* au type *gw-/w-* plus conforme au système. Il n'y a pas là de finalité, il y a un procès psychologique analogue à celui qui, sur le plan des signes, fait remplacer, p. ex., v. fr. *post* par *pondu*, créé sur *pondre*, d'après l'opposition *répondre : répondu*, etc. L'action analogique ne se produit pas pour améliorer le système, mais parce que le système est interprété de telle façon par le sujet parlant.

Mais en général le rôle du système dans l'évolution de la langue est essentiellement négatif et conservateur : il laisse le champ libre aux innovations qui n'entraînent pas de gêne pour l'intercompréhension; il empêche ceux qui la gêneraient. On a observé, dans la première moitié de ce siècle, une tendance des jeunes générations parisiennes à confondre les nasales *ã* et *õ* d'une part, *œ̃* et *ẽ*, de l'autre. Cette tendance n'a abouti que dans le second cas; c'est que l'opposition *œ̃ : ẽ* est d'un rendement presque nul, sa disparition ne gêne pas le fonctionnement de la parole; au contraire, *õ* et *ã* restent distincts parce que le rendement de leur opposition est considérable; il serait gênant de confondre *angle* et *ongle, lent* et *long, fendre* et *fondre*, etc. Il est naturel que l'enfant qui apprend sa langue maternelle en interprétant les faits de parole de son entourage se rende maître des oppositions utiles; car l'enfant a un but, qui est d'entrer dans la communauté linguistique et l'acquisition des oppositions phonématiques utiles est le moyen indispensable pour y parvenir. Mais les innovations sont dépourvues de but, elles sont toujours une interprétation erronée de la norme antérieure, qui se traduit par une réalisation nouvelle:[7] *i* en hiatus interprété comme la variante consonantique du phonème et réalisée en [y]; un groupe comme *ky* interprété comme un seul phonème et réalisé en [ḵ]; *bw-* interprété comme la variante forte de *w-* et réalisé en [gw]; *õ* interprété comme identique à *ẽ* et confondu avec lui dans la réalisation unique [ẽ], etc. Il s'agit là de phénomènes d'ordre physiologique, psychologique, et, en tant qu'ils se généralisent, sociologique; ils sont en dehors du domaine de la phonématique.

L'absence de finalité dans l'évolution phonétique et la possibilité même du changement découlent du principe formulé par Saussure, *C L G*, p. 100 : «Le lien unissant le signifiant au signifié est arbitraire.» Pour distinguer les signifiés «fils» et «fil», il est indifférent d'opposer *fīlius : fīlus* ou *filus : filus* ou *figlio : filo* ou *hijo : hilo* ou encore *Sohn : Faden*. L'opposition seule est nécessaire, la forme sous laquelle elle se manifeste est contingente.

Est-ce à dire que la phonématique n'aurait pas de place dans l'étude diachronique du langage? Loin de là. Seulement son rôle n'est pas de rechercher les causes, mais d'interpréter les résultats des changements phonétiques. Ces résultats sont de nouvelles oppositions, donc d'ordre synchronique, radicalement différents des faits historiques qui les ont produits, et ils sont fortuits; ils n'en sont pas moins des effets dont les changements sont la cause et c'est ce rapport de cause à effet que la phonématique est en mesure de mettre en lumière. Il lui suffit pour cela de comparer deux synchronies, celle d'avant et celle d'après le changement; ce dernier ni ses modalités ne l'intéressent en eux-mêmes, ils sont du ressort de la phonétique. C'est là, en somme, ce qu'a fait M. R. Jakobson dans ses *Remarques sur l'évolution phonologique du russe,* et c'est ce qu'il nous invite à faire dans ses *Principes de phonologie historique* (dans Troubetskoy, *Principes de phonologie,* p. 315 ss., trad. Cantineau). Il y a là un vaste champ de recherches et dont on peut attendre les plus beaux résultats, mais à condition de maintenir rigoureusement la distinction entre les faits synchroniques et les faits diachroniques et de bannir de l'étude de ces derniers toute considération téléologique : «la langue ne prémédite rien» (Saussure, *C L G,* p. 127).

Notes

[1] Nous préférons le terme de phonématique à celui de phonologie parce que le second a été employé dans un autre sens, entre autres par Saussure, et parce que tous les composés français en *phono-* se réfèrent au son et non au phonème.

[2] Nous notons par *c* l'affriquée sifflante sourde, it. *zio;* par *j* la correspondante sonore, it. *zero.*

[3] Pour plus de détails, voir mon article de la *Revue des études indoeuropéenes* III (1943), p. 183 ss. Comme il semble avoir passé inaperçu, nous ne nous sommes pas fait scrupule d'en résumer ici l'essentiel.

[4] Pour plus de détails, voir mon article de la *Romania* LXI (1935), p.

129 ss. Pour d'autres hypothèses sur la diphtongaison romane, voir Fr.
Schürr, R.F. 50 (1936), p. 275 ss.; H. Lausberg, *ib.* 60 (1947), p. 297
ss.; W. von Wartburg, *Die Ausgliederung der rom. Sprachräume,* p. 139
ss. Aucune de ces explications ne me paraît rendre compte de l'ensemble des faits romans, non plus que les hypothèses téléologiques de MM.
Haudricourt et Juilland, *o.c.,* p. 25, 27, 44 ss.

[5]Notons encore cette remarque, *ib.* p. 146: «L'opposition entre consonnes mouillées et non mouillées exerce en outre une forte influence
sur la réalisation des voyelles environnantes et l'observateur étranger
ne remarque parfois que les variantes combinatoires des voyelles, sans
percevoir les différences de timbre des consonnes.»

[6]Voir aussi les observations de Meillet, à propos d'une communication de Dauzat sur la vélarisation du *l* intervocalique dans une partie de
la Romania, *B.S.L.* XXXII, fasc. 2, p. *XIV* s.

[7]Nouvelle en tant que normale; ainsi *i* en hiatus a pu se réaliser en
[y] occasionnellement, dans un débit rapide, etc. Mais le changement n'a
abouti que quand la réalisation [i] est considérée comme anormale.

SIGNIFICATIONS ET VALEUR DU SUFFIXE
VERBAL FRANÇAIS -ę-*

1. Valeur et signification

A plusieurs reprises, Saussure fait une distinction expresse
entre *valeur* et *signification.* Le passage le plus explicite est
celui qui se lit dans l'introduction au deuxième cours (*CFS,* 15,
1957, p. 49): «La valeur, ce n'est pas la signification. La valeur est donnée par d'autres données; elle est donnée, en plus
de la signification, par le rapport entre un tout et une certaine
idée (*R* / ... le rapport avec d'autres idées *G*), par la situation
réciproque des pièces de la langue (*R* / ... des pièces d'échecs
G).»

Dans l'étude pénétrante qu'il a faite de la pensée de Saussure, M. R. Godel a examiné cette distinction; malgré l'affirmation péremptoire de Saussure, il conclut qu'elle est illusoire:
«Si Saussure, comme il semble, a cherché une double dénomination du signifié correspondant à celle de l'entité linguistique,
on comprend ce qu'il entend par valeur; mais il suffit de poser
l'équation:

Cahiers Ferdinand de Saussure 18 (1961), pp. 5-15.

$$\begin{array}{lll} \textit{valeur} & & \textit{signifié} \\ \textit{terme} & = \textit{signe} & \\ & & \text{(signifiant)} \end{array}$$

pour que l'inutilité des mots *sens, signification* saute aux yeux.»[1]

Je ne pense pas que cette équation, explicitée, page 247, en ces termes: «les valeurs sont aux termes ce que les signifiés sont aux signes», corresponde à la pensée de Saussure pour qui *signifié* et *signifiant,* pris isolément, ne sont que des abstractions, ainsi dans la comparaison avec une feuille de papier (*CFS,* 15, p. 24): «On ne peut découper le recto d'une feuille sans le verso. On ne peut prendre l'un des deux que par abstraction.» Par *valeur,* au contraire, Saussure entend une entité linguistique «concrète» (au sens saussurien de «ressenti par la conscience des sujets parlants»); Godel, *op. cit.,* p. 257, sous *concret*); ainsi *CFS,* 15, page 26: «La véritable nature de ces unités [...], c'est d'être des *valeurs.* Ce système d'unités qu<'>est (qui est *R*) un système de signes est un système de valeurs.» Il est clair que Saussure n'aurait pas parlé d'un système de signifiés; l'équation juste est:

$$\textit{terme = valeur = signe}$$

les trois mots connotant la même entité linguistique considérée sous des angles différents: *terme* en tant que pièce d'un système, *valeur* par rapport à ses possibilités sémantiques, *signe,* par rapport à sa structure interne à double face, *signifié* et *signifiant.*

A l'appui de son interprétation, M. Godel cite la phrase suivante, tirée du dernier chapitre du troisième cours: «*urteilen, erachten* ont un ensemble de significations qui ne coïncident qu'en partie avec fr. *juger, estimer*», qu'il commente ainsi: «Elles ne coïncident pas, précisément parce qu'elles sont des valeurs.» Pourtant, il est impossible de remplacer ici *significations* par *valeurs* ou *signifiés : urteilen* et *erachten* n'ont chacun qu'une valeur et qu'un signifié; de plus, Saussure ne dit pas que les significations ne coïncident pas, mais qu'elles «ne coïncident qu'en partie» avec les mots français.

Au début du même chapitre (Godel, *op. cit.,* p. 236), Saussure dit: «Là où il y a des termes, il y a des valeurs. L'idée de valeur est toujours impliquée dans celle de termes. Il sera toujours difficile de se faire une idée déterminée de l'idée de valeur.[2] Valeur devient ici synonyme de sens, signification, et

cela indique un autre terrain de confusion, davantage dans les
choses elles-mêmes. La valeur est bien un élément du sens.[3]
Mais il importe de ne pas prendre le sens, d'abord, autrement
que comme une valeur. <Il est> très difficile de voir comment
le sens reste dépendant, et cependant distinct, de la valeur,
mais cela est nécessaire, si on n'en reste pas à la conception
de la langue comme une nomenclature.»

Cette dernière phrase me paraît importante pour comprendre la pensée de Saussure; on sait combien il a combattu cette
conception simpliste de la langue; or, pour la dépasser, il est
nécessaire, selon lui, de distinguer *sens (= signification)* et *valeur;* la distinction est certainement authentiquement saussurienne.

Faudrait-il, par contre, identifier *signification* et *signifié?*
On pourrait sans doute relever plusieurs passages où le premier terme tient la place du second, par exemple *CFS,* 15, page
24: «Le signe est double: $\frac{\text{signification}}{\text{syllabes}}$»; mais il est clair qu'il
s'agit ici d'une première ébauche de terminologie remplacée
ensuite par les termes plus précis de signifiant et signifié.
Toutefois, comme nous l'avons déjà relevé, dans l'expression
«un ensemble de significations», on ne pourrait substituer signifiés à significations: *urteilen, erachten* n'ont chacun qu'un
signifié; ils ont pourtant «un ensemble de significations». La
signification serait donc un élément du signifié. Est-ce bien là
ce que pensait Saussure? Quoiqu'il n'ait nulle part examiné
particulièrement le phénomène de la polysémie, cela ne me paraît pas douteux: il est nécessaire, dit-il, de distinguer entre
valeur et sens (signification) si la langue n'est pas une pure
nomenclature. Or si signifié et signification s'identifiaient,
nous aurions un nombre donné de significations à chacune desquelles s'accolerait un signifiant comme une simple étiquette;
on ne pourrait parler que d'un système de classement, non d'un
système de valeurs se déterminant réciproquement. Mais si la
langue est un système de valeurs, si c'est de la valeur que dépend le sens, cela signifie que c'est la valeur, entité purement
virtuelle, qui permet la manifestation, dans le discours, de significations diverses mais qui toutes dépendent des rapports
qu'elle entretient avec les autres valeurs du système. D'une
valeur donnée peut découler un nombre indéterminé de significations; c'est l'ensemble des significations qui se manifestent

dans le discours qui représentent le signifié. La polysémie
n'est pas un phénomène exceptionnel, elle est inhérente à la
nature même de la langue. Dans un passage du deuxième cours,
dont l'allure paradoxale est bien dans la manière de Saussure,
on lit ceci (*CFS*, 15, p. 22): «Si par impossible on n'avait choisi
au début que deux signes, toutes les significations se seraient
réparties sur ces deux signes. L'un aurait désigné une moitié
des objets et l'autre, l'autre moitié.»[4]

Comment se distinguent les différentes significations d'un
même signifié, Saussure ne l'a pas dit explicitement, sans doute
parce que la chose va de soi: c'est évidemment les rapports
syntagmatiques, dans le discours, qui font apparaître, à chaque
fois, la signification voulue. C'est pourquoi, bien que le système des valeurs soit différent d'une langue à l'autre, la traduction reste possible: la répartition des significations entre
les signes est différente, mais celles-là peuvent toujours se
manifester dans un contexte approprié: dans *tondre un mouton*
et *manger du mouton,* nous avons pour un même signe deux significations que l'anglais répartit entre deux signes, *sheep* et
mutton.

Ce n'est pas la valeur qui se réalise dans la parole, mais
les significations. L'inventaire en est relativement facile à
établir en observant les faits de parole; c'est ce que font les
bons dictionnaires pour le vocabulaire et les bonnes grammaires pour les mots grammaticaux, les suffixes, les désinences.
La grande difficulté est de remonter des significations à la valeur; il faudrait, pour délimiter exactement la valeur d'un
terme, connaître celles des termes qui l'entourent dans le système: il y a cercle. Pour tenter de le briser, on en est réduit
à opérer avec les signifiés; or, le signifié n'est, suivant l'expression de Saussure, «que le résumé de la valeur linguistique»
(Godel, *op. cit.,* p. 276, sous *signifié*), ce que j'interprète ainsi:
la somme des significations réalisées n'épuise pas le potentiel
sémantique de la valeur.

2. Significations du suffixe verbal -ę-[5]

Le suffixe -*ę*- entre dans la composition de quatre séries
de syntagmes verbaux: l'imparfait, le plus-que-parfait, le conditionnel présent et le conditionnel imparfait. Comme à l'imparfait il ne se combine qu'avec le radical verbal et la

désinence, c'est là qu'il sera le plus facile d'en saisir les significations, mais les autres temps devront aussi être considérés.

L'inventaire des significations de l'imparfait a été fait par Damourette et Pichon[6] avec beaucoup de minutie et une grande abondance d'exemples. Nous ne retiendrons ici que les plus typiques.

a) Il indique que l'événement se situe dans le passé:

(Un enfant se souvient de la fête de Noël.) Il était là, le petit arbre.

L'indication du passé, en effet, ne résulte ni de la situation, ni des rapports syntagmatiques; si le présent est inadmissible, le futur est parfaitement possible: l'enfant indiquerait qu'il pense au Noël prochain. On peut donc dire que l'imparfait signifie le passé en l'absence de rapports syntagmatiques faisant apparaître une autre signification.

b) Il indique que l'événement est supposé:

Si elle avait été là, elle était tuée.
Une seconde de plus, le coup partait.

L'événement supposé se situe ici dans le passé; il peut également se situer dans le présent ou le futur:

Si j'avais eu deux points de plus, j'entrais à l'école de Lyon et j'étais médecin militaire à l'heure actuelle.
C'est la robe que je mettais pour aller chez Le Sénéchal; alors, si tu la défais! (C'est le dimanche suivant que Mme JL doit aller chez Le Sénéchal).

Le syntagme *si* x *imparfait,* en proposition indépendante et avec une intonation particulière, exprime diverses nuances affectives (suggestion, souhait, regret, etc.) et l'événement supposé se situe dans le présent ou le futur, jamais dans le passé:

Si nous allions danser?
Si j'étais roi!
Si encore ça servait à quelque chose!

Le même syntagme, en proposition subordonnée et en relation avec un conditionnel de la principale, exprime une hypothèse; l'événement supposé se situe dans le présent ou le futur:

Si j'étais riche, j'aurais une auto.

c) Il indique une référence à une pensée ou une parole antérieure au moment de la parole:

Vous lui avez dit que j'étais là?
Je savais que vous étiez là.
Ils feignirent d'abord de le prendre en riant: Je plaisantais.

L'événement peut se situer dans le futur:

Qu'est-ce qu'elle a dit qu'on mangeait demain, Jeanne?

Il faut enfin rappeler ici l'imparfait hypocoristique, où le parleur n'exprime pas sa propre pensée, mais celle qu'il attribue à son interlocuteur:

(On montre une flamme à un enfant de sept mois) C'était joli!

Plus-que-parfait. Le radical de l'auxiliaire, en se combinant avec le suffixe *-ɛ-*, peut indiquer l'antériorité par rapport à un événement passé:

Chaque fois que j'allais chez lui, il était sorti.

C'est là une de ses significations les plus courantes, mais il peut aussi indiquer simplement un passé accompli, par rapport au moment de la parole:

Je n'y avais jamais été auparavant.

C'est-à-dire avant maintenant. De même:

Je vous l'avais bien dit.

Il peut indiquer un événement supposé, mais seulement là où l'idée d'antériorité ou d'accomplissement est admissible; par exemple, il n'indiquera pas une suggestion (si nous allions danser?), mais fort bien un regret:

Si j'avais su!

L'événement se situe souvent dans le passé, mais le présent et même le futur ne sont pas exclus:

Si j'avais fait fortune, je me retirerais des affaires.

Cela ne signifie pas: si j'avais fait fortune antérieurement, mais: si ma fortune était faite maintenant, si l'événement supposé était accompli maintenant. Situation dans le futur:

> Si jamais j'avais fait fortune, etc.

Le plus-que-parfait, enfin, peut aussi indiquer une référence à une pensée antérieure, l'événement supposé se situant
dans le passé, le présent ou le futur:

> Vous lui avez dit que j'étais sorti?
> (Il viendra demain) Si vous lui disiez que j'étais sorti?

Conditionnel présent. Combinant le suffixe -ę- avec le
suffixe -r- du futur, quand il est en rapport avec une hypothèse
exprimée ou non, irréalisable ou non, il indique la conclusion
de l'hypothèse:

> Si j'étais riche, j'aurais une auto.
> Ce serait admirable! (Si cela s'était réalisé ou se réa
> lisait une fois).

— Après *quand* «même si», l'hypothèse est elle-même exprimée par le conditionnel:

> Quand vous me haïriez, je ne m'en plaindrais pas.

— Dans une interrogative, un événement supposé présent,
de la réalité duquel on s'enquiert:

> Serait-il malade?

— Une référence à une parole ou une pensée antérieure:

> Elle m'a dit qu'elle viendrait.
> J'ai téléphoné à Harari; il était aux abonnés absents, il
> rentrerait à trois heures (m'a-t-on dit).

— Un événement passé, mais postérieur à un autre événement passé:

> Ce matin, il était très impressionné parce qu'il irait à
> la Morgue.

Cet emploi est fréquent chez les historiens:

> Ce Blanchard, ayant trahi une fois, trahirait encore.

Du point de vue des témoins du premier événement, le second ne peut être que pronostiqué.

— Le conditionnel ludique indique un pur jeu de l'imagination:

> Je serais l'Arabe et tu serais le chameau.

Conditionnel imparfait. On le trouve dans des positions analogues, dans la mesure où le contexte admet une signification d'antériorité ou d'accomplissement:

> Si j'avais été riche, j'aurais eu une auto.

L'événement peut se situer dans l'avenir:

> Si j'avais de quoi m'établir, dans dix ans j'aurais fait fortune.

— Référence à la pensée d'un tiers:

> L'ennemi aurait battu en retraite.

— On ne le trouve guère (du moins je n'en ai pas relevé d'exemple) pour indiquer un événement passé postérieur à un autre événement passé; une phrase comme:

> Ce Blanchard, ayant trahi une fois, aurait encore trahi

signifie, par exemple, qu'on a pris des mesures pour l'empêcher de trahir encore; l'événement est purement supposé. Toutefois une phrase comme celle-ci semble tout à fait concevable:

> Il se préparait à trahir, mais on ne s'en apercevrait
> qu'après qu'il aurait trahi.

où *il aurait trahi* est postérieur à *il se préparait* et antérieur à *on s'en apercevrait.*

De cette rapide revue il ressort que les significations de nos quatre temps peuvent se grouper sous trois chefs:

a) Ils peuvent situer l'événement dans le passé.

b) Ils peuvent indiquer un événement supposé; la situation de l'événement dans le temps n'est pas indiquée par le suffixe.

c) Ils peuvent indiquer une référence à une pensée antérieure au moment de la parole; la situation de l'événement dans le temps n'est pas non plus indiquée par le suffixe.

3. Valeur du suffixe verbal -ę-

Pour confronter nos quatre temps avec ceux qui les entourent de plus près, nous choisirons à dessein un contexte aussi simple que possible pour éviter des rapports syntagmatiques trop complexes.

A la question: Quel temps fait-il ce matin? on peut répondre:

Il neige; il a neigé; il neigera; il aura neigé.

On ne peut pas répondre:

Il neigeait; il avait neigé; il neigerait; il aurait neigé.

Quel est l'élément commun qui caractérise la première série de temps et l'oppose à la seconde? C'est, je crois, ceci: qu'ils se réfèrent tous à un événement en relation avec le moment de la parole: pour *il neige* c'est clair; pour *il a neigé,* l'événement est accompli, mais le parleur peut encore voir la neige sur le sol; pour *il neigera,* l'événement n'est pas encore réalisé, mais le parleur peut le pronostiquer, d'après l'état de l'atmosphère; pour *il aura neigé,* ce qu'a vu le parleur lui fait croire probable une chute de neige antérieure. Les quatre temps se réfèrent à la situation actuelle du parleur. Si les quatre temps de la seconde série sont impossibles, c'est qu'ils se réfèrent à d'autres situations: *il neigeait, il avait neigé* répondraient, par exemple, à la question: Quel temps faisait-il quand tu es sorti? *Il neigerait, il aurait neigé.* à la question: Quel temps dit-on qu'il fait en Angleterre? On pourrait donc donner au suffixe -*ę*- l'étiquette d'*inactuel,* au sens de «qui ne se réfère pas à l'actualité du parleur, au moment de la parole».[7]

M. L. Hjelmslev enseigne que dans un système linguistique «il n'y a que des oppositions entre A d'un côté et A + non - A de l'autre»,[8] c'est-à-dire qu'il s'agit toujours d'une relation d'inclusion. Sans discuter la question de savoir si ce type d'opposition est le seul que connaisse la langue, il faut reconnaître qu'il y joue un rôle de première importance et il semble bien que la relation entre nos deux classes de temps soit de ce type. En effet, le présent peut se substituer à un temps du passé: c'est ce qu'on appelle le présent narratif. Le parfait ne s'emploie pas seulement pour indiquer un événement dont les conséquences durent encore; on peut dire: *hier il a neigé,* même si

la neige a fondu; le futur dit des historiens se réfère à un événement passé:

> Jusque-là les Grecs avaient vécu dans des quartiers
> séparés, sortes de «concessions» analogues à celles que les
> Européens recevront en Chine jusqu'au siècle dernier.

On peut donc poser entre nos deux classes la relation:

actuel ⊃ inactuel[9]

A l'intérieur de l'inactuel, l'imparfait se substitue au conditionnel: ... *le coup partait* «serait parti», ... *j'étais médecin*
«je serais médecin». Après *si* hypothétique, l'imparfait est
seul admis; nous avons là, comme l'a indiqué M. F. Kahn,[10] un
cas de «neutralisation», c'est-à-dire une position où les deux
signes ne peuvent pas être opposés; or c'est toujours celui qui
occupe la position de neutralisation qui inclut l'autre. On peut
donc poser:

imparfait ⊃ conditionnel

Pour l'opposition *imparfait : plus-que-parfait,* je ne connais pas de cas aussi net de substitution. Toutefois, entre deux
phrases comme:

> (A midi) j'avais marché depuis le matin / je marchais
> depuis le matin

la seule différence est que dans la première l'antériorité de
l'événement, par rapport à midi, est expressément signifiée,
dans la seconde elle n'est qu'implicite; mais il est clair que
dans les deux cas la marche est antérieure à midi; on peut donc
dire également que l'imparfait peut se substituer au plus-que-
parfait et poser la relation:

imparfait ⊃ plus-que-parfait

Le plus-que-parfait, après *si* hypothétique, occupe la position de neutralisation de l'opposition *plus-que-parfait : conti-
tionnel imparfait,* il inclut donc ce dernier:

plus-que-parfait ⊃ conditionnel imparfait

Pour l'opposition *conditionnel présent : conditionnel imparfait,* le cas est le même que pour celle de l'imparfait en face du
plus-que-parfait. Soit les deux phrases:

(Si j'avais de quoi m'établir) en dix ans j'aurais fait fortune / en dix ans je ferais fortune

on voit qu'ici encore la seule différence est que l'antériorité
est signifiée explicitement dans la première, implicitement
dans la seconde. Mais dans les deux cas l'événement s'accomplit dans le laps de temps compris entre le moment de la parole
et le terme de dix ans. Nous pouvons donc poser pour nos quatre temps les relations suivantes:

$$\text{imparfait} \supset \text{conditionnel présent}$$
$$\cup \qquad\qquad\qquad \cup$$
$$\text{plus-que-parfait} \supset \text{conditionnel imparfait}$$

ce qu'on pourrait illustrer par le schéma suivant:

actuel

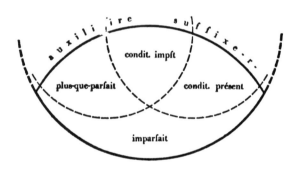

inactuel

Conclusion

La valeur du suffixe -ę- est l'«inactuel»; il indique que
l'événement signifié par le radical verbal est en dehors de
l'actualité du parleur au moment de la parole. De là découlent
les diverses significations de l'imparfait. Il se combine soit
avec le radical de l'auxiliaire, qui indique l'«accompli», soit
avec le suffixe -r- qui indique le «pronostiqué», soit avec tous
les deux; de là les significations du plus-que-parfait et des
deux conditionnels.

Il ressort de là que le système du verbe français n'est pas

construit sur l'idée logique ou psychologique de temps. Les diverses notions temporelles que les syntagmes verbaux sont aptes à indiquer relèvent des significations et non des valeurs.

Notes

[1]R. Godel, *Les sources manuscrites du Cours de linguistique générale de F. de Saussure,* Genève, 1957, p. 242.

[2]Ainsi *D;* M. Godel corrige: de <la> valeur.

[3]«*Elément* ne doit en tout cas pas s'entendre au sens de partie composante, mais plutôt de facteur (ce qui produit), source (ce dont procède qqch)», Godel, *op. cit.,* p. 236, note 359.

[4]Voir encore Godel, *Sources manuscrites,* p. 245 s.; les «valeurs plus étroitement circonscrites» sont précisément les significations.

[5]Nous prenons la forme -ę- comme représentant des variantes combinatoires du suffixe.

[6]J. Damourette et E. Pichon, *Essai de grammaire de la langue française,* V, pp. 175-246; nous leur empruntons la plupart de nos exemples; d'autres sont empruntés à H. Frei, *Le livre des deux mille phrases,* Genève, 1953; quelques-uns sont de nous.

[7]Damourette et Pichon, *op. cit.,* V, pp. 166 ss., posent un «taxième d'ACTUALITÉ, qui oppose les tiroirs NONCAUX *je fais, je ferai, j'ai fait, j'aurai fait* aux tiroirs TONCAUX *je faisais, je ferais, j'avais fait, j'aurais fait* ». Mais pour eux, *actualité* signife «durée vécue»: A l'actualité présente, celle du moi-ici-maintenant, celle qui est en train de se vivre, s'opposent ainsi toutes les actualités, les unes centrées sur un autre être, les autres éventuellement à venir, les autres passées, qui ne sont pas celles de moi-maintenant, et dont le caractère de durée n'est qu'évoqué; les phénomènes non présentifiés, mais actualisés, ressortissent tous à l'expression par le toncal». Mais alors, comment le futur, par exemple, peut-il se ranger sous le «taxième d'actualité»? page 169, il se range sous le «taxième le plus abstrait, le plus sèchement intellectuel», à savoir «l'énarration»; et comment peut-il appartenir au «noncal» et non au «toncal»?

[8]*La catégorie des cas,* p. 102.

[9]C'est-à-dire: l'actuel inclut l'inactuel.

[10]*Le système des temps de l'indicatif,* Genève, 1954, p. 42.

ESSAI D'ANALYSE D'UN SYSTÈME DE VALEURS*

1. Depuis que Saussure a défini la langue comme un système de valeurs, l'expression est devenue courante; mais l'application des principes saussuriens à un cas précis d'une langue donnée demeure un problème difficile. L'explication du système verbal français a été tenté à plusieurs reprises; quels que soient les mérites divers et éminents de ces tentatives, il ne semble pas qu'aucune d'elles puisse passer pour définitive. Cela tient, entre autres, à ce qu'elles ignorent, presque toutes, la distinction saussurienne entre rapports syntagmatiques et rapports associatifs; la seule exception, à ma connaissance, est l'ouvrage original et suggestif de M. Félix Kahn, *Le système des temps de l'indicatif,* où il a tenté de dépasser l'étude des significations, qui se déterminent au niveau des rapports syntagmatiques, pour en déduire le système des valeurs, qui se déterminent au niveau des rapports associatifs; il a de plus tenté d'appliquer, sur le plan des signes, les résultats obtenus par les phonologues sur le plan phonématique. A ces deux points de vue, nous nous sommes inspiré de son exemple. Si cependant ses conclusions ne nous paraissent pas acceptables, c'est qu'il n'a pas su se défaire de l'idée préconçue que le système du verbe français, au moins à l'indicatif, serait fondé sur la notion de temps. Mais si les formes de l'indicatif peuvent, dans certaines positions syntaxiques, assumer une signification temporelle, les valeurs, nous le verrons, ne sont pas d'ordre temporel.

2. Pour le classement des signes verbaux, notre critère sera le suivant: si à une série de signes comportant une même particularité sématique liée à une même particularité sémantique correspond une série de signes dépourvus de ces deux particularités, et si chaque signe de la première série est inclus par le terme correspondant de la seconde, les deux séries formeront deux classes distinctes, liées par une chaîne d'oppositions binaires proportionnelles. C'est la contrepartie, sur le plan des signes, de la *corrélation* des phonologues, série d'oppositions binaires, privatives et proportionnelles, dont l'un des termes est *marqué* et le terme correspondant *non marqué.*

Cahiers Ferdinand de Saussure 19 (1962), p. 67-76.

Ainsi, en français, *b, d, g* forment la classe des occlusives *sonores*, en face de *p, t, k*, classe des occlusives *non sonores* (sourdes) et on a *p : b = t : d = k : g.*

   3. La distinction traditionnelle entre *mode indicatif* et *mode conditionnel* a été rejetée par plusieurs linguistes qui font rentrer le conditionnel dans l'indicatif. Quoi qu'il en soit de l'étiquette, il est certain que cet ensemble de formes constitue un système partiel d'une grande cohérence. Il comprend les quatorze temps suivants:

	présent	imparfait	futur	conditionnel présent
passé simple	parfait	plus-que-parfait	futur parfait	conditionnel parfait
passé antérieur	parfait surcomposé	plus-que-parfait surcomposé	futur surcomposé	conditionnel surcomposé

   On remarquera que dans ce tableau le passé simple et le passé antérieur ont une position particulière: la forme simple, de par son emploi, se place au niveau non des autres formes simples, mais des formes composées, et la forme composée au niveau des formes surcomposées. D'autre part, ces deux formes appartiennent uniquement à la langue écrite. Dans ces vers de La Fontaine:

La cigogne au long bec n'en put attraper miette
Et le drôle eut lappé le tout en un moment

la langue parlée remplacerait *put* par *a pu* et *eut lappé* par *a eu lappé.* Il s'agit là d'un reste de l'ancien système qui s'est intégré au système nouveau en tant que variantes littéraires libres du parfait et du parfait surcomposé dans leur emploi narratif. Nous pouvons dès lors les laisser de côté.

   En revanche, les formes surcomposées appartiennent indéniablement à la langue parlée, comme le montre le bel ouvrage de M. M. Cornu, *Les formes surcomposées en français* (Berne, 1953). Mais les exemples relevés en sont relativement rares et la nature exacte de leurs fonctions est discutée. Nous n'en parlerons qu'après avoir analysé les relations mutuelles des huit temps simples et composés.

   4. Les quatre temps simples et les quatre temps composés de la langue parlée présentent trois séries particulièrement importantes d'oppositions:

1° Formes sans suffixe -ę- : formes à suffixe -ę-.
2° Formes sans suffixe -r- : formes à suffixe -r-.
3° Formes simples: formes composées.

Pour la première série, nous renvoyons le lecteur à l'article publié dans ces *Cahiers*,[1] où nous en avons fait une analyse détaillée; nous nous bornerons à en rappeler ici les conclusions: les formes sans suffixe -ę- constituent la classe du *non inactuel*, qui inclut celle de l'*inactuel*, constituée par les formes pourvues de ce suffixe.

5. Le suffixe -r- n'a pas pour fonction unique d'exprimer une relation temporelle. Il entre en effet dans la composition de signes qui peuvent, suivant leur position, se référer aussi bien à un événement passé que présent ou futur. Ainsi le futur parfait, dans *il aura manqué le train* se réfère à un événement passé, le futur, dans *il sera malade* peut se référer à un événement présent ou futur, suivant la situation. Il en va de même pour le conditionnel: *on m'avait dit qu'il viendrait (hier/aujourd'hui/demain)*. Il n'y a pas lieu, pour le futur, de parler d'«emploi modal» ou de «variété non propre». Soit *il a trop mangé hier soir, il sera malade maintenant* et *il a trop mangé ce soir, il sera malade demain*: ce qui situe le référé de *sera* dans le présent ou le futur, c'est les adverbes *maintenant* et *demain*, mais l'emploi du futur n'est pas différent: dans les deux cas il s'agit d'une *conjecture* fondée sur un indice *actuel*, c'est-à-dire faisant partie de l'actualité du parleur au moment de la parole; c'est le parleur qui sait, au moment où il parle, que la personne en question a trop mangé. Pour le conditionnel, il combine le suffixe -r- avec le suffixe -ę- d'inactuel; il s'agit d'une conjecture fondée sur un indice inactuel: ainsi *il viendrait* n'est pas donné comme une conjecture du parleur, mais d'un tiers: *on m'avait dit*; de même pour *l'ennemi aurait battu en retraite*. Dans s'*il faisait beau, il viendrait*, la conjecture se fonde sur une pure hypothèse.

Il est facile de voir que le non conjecturé inclut le conjecturé; le présent peut se substituer au futur: *il part demain*, et le parfait au futur parfait: *j'ai fini dans cinq minutes*. Pour l'imparfait et le plus-que-parfait, voir *CFS* 18, p. 14. On peut donc poser la classe du *conjecturé* constituée par les quatre temps pourvus du suffixe -r-, en face de la classe du *non conjecturé*, constituée par les quatre temps qui en sont dépourvus.

6. A leur tour, les formes composées n'ont pas pour fonc-

tion unique d'exprimer un rapport temporel. Le parfait peut se référer à un événement passé, présent ou futur: *hier il a neigé; jour pris, je dois parler, je parle, j'ai parlé* (Racine, *Les Plaideurs*); *j'ai fini dans cinq minutes*. Pour le futur parfait, comparer: *il aura neigé hier* et *j'irai skier quand il aura neigé*. Pour le plus-que-parfait et le conditionnel parfait, voir *CFS* 18, p. 10 ss.

Le caractère sémantique commun à tous ces exemples, c'est l'*accompli*; de ce caractère fondamental résulte facilement une signification d'antériorité quand une forme composée se trouve en rapport syntagmatique avec une forme simple: *quand il a mangé, il sort; quand il aura mangé, il sortira*, etc. Mais ce n'est là qu'une des possibilités sémantiques découlant de la valeur d'accompli; dans l'exemple de Racine, *j'ai parlé* n'offre pas trace d'antériorité.

Les quatre temps simples formeront donc la classe du *non accompli* qui inclut celle de l'*accompli* constituée par les quatre temps composés: le présent narratif peut en effet se substituer au parfait dans le récit: *Je sors ma montre, c'est l'heure de retourner à bord et je l'appelle* (Damourette et Pichon, V, p. 262). De même, le futur peut se substituer au futur parfait: *en dix ans j'aurai fait/je ferai fortune*; dans les deux cas, l'événement s'accomplit en dix ans; mais l'indication de l'accompli est explicite avec *j'aurai fait*, implicite avec *je ferai*. Pour l'imparfait et le plus-que-parfait, voir *CFS* 18, p. 14.

7. Ainsi nos huit temps sont liés entre eux par trois séries d'oppositions inclusives:

1° non inactuel ⊃ inactuel

il fait	: il faisait
il a fait	: il avait fait
il fera	: il ferait
il aura fait	: il aurait fait

2° non conjecturé ⊃ conjecturé

il fait	: il fera
il faisait	: il ferait
il a fait	: il aura fait
il avait fait	: il aurait fait

3° non accompli ⊃ accompli

il fait	: il a fait
il faisait	: il avait fait
il fera	: il aura fait
il ferait	: il aurait fait

On remarquera qu'il existe, pour la deuxième série, une position de neutralisation, après *si* hypothétique:

> s'il fait beau, il sortira;
> s'il faisait beau, il sortirait;
> s'il a fait beau, il sera sorti;
> s'il avait fait beau, il serait sorti;

où *fait* se substitue à *fera*, etc.

La relation d'inclusion lie étroitement les termes opposés, puisqu'elle signifie que le champ sémantique du terme inclus est compris dans celui du terme incluant.

8. Ces oppositions forment bien trois séries proportionnelles. En effet, si dans une phrase comme:

il dit qu'il neige /a neigé /neigera /aura neigé,

on remplace *il dit* par *il disait,* on est obligé de remplacer symétriquement chaque signe non inactuel par le signe inactuel correspondant: *il neigeait, il avait neigé, il neigerait, il aurait neigé,* ce qui permet de poser:

> présent : imparfait = parfait : plus-que-parfait = futur : conditionnel présent = futur parfait : conditionnel parfait.

De même, si dans la phrase suivante:

Dès qu'il a bu un verre de trop, il est bon à tuer.

on remplace *il a bu* par *il avait/aura/aurait bu,* on doit remplacer *il est* par *il était/sera/serait,* d'où la série proportionnelle:

> présent : parfait = imparfait : plus-que-parfait = futur : futur parfait = conditionnel présent : conditionnel parfait.

Enfin, des phrases hypothétiques données au paragraphe précédent, on peut tirer:

> présent : futur = imparfait : conditionnel présent = parfait : futur parfait = plus-que-parfait : conditionnel parfait.

9. Si maintenant nous combinons nos trois séries d'oppositions, nous obtenons pour chaque terme sa place relativement aux termes immédiatement contigus, c'est-à-dire ceux qui entretiennent avec lui une relation d'inclusion. Soit, en prenant comme type le verbe *faire* et en remplaçant le signe d'inclusion par une flèche dirigée vers le terme inclus:

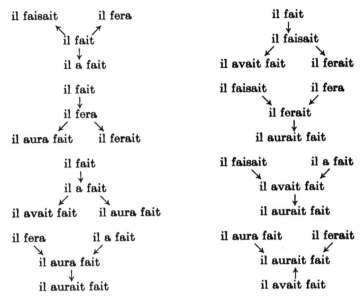

Chaque terme est au centre de trois relations d'inclusion. Des formes simples, le présent est trois fois le terme incluant, l'imparfait et le futur chacun deux fois, le conditionnel présent une fois; pour les formes composées, le non accompli incluant l'accompli, le parfait ne sera le terme incluant que deux fois, le plus-que-parfait et le futur parfait chacun une fois, le conditionnel parfait aucune fois. Ces rapports peuvent encore s'exprimer en posant les six chaînes d'oppositions inclusives que constituent nos huit termes; on part chaque fois du présent pour aboutir au conditionnel parfait:

il fait ⊃ il faisait ⊃ il ferait   ⊃ il aurait fait
il fait ⊃ il faisait ⊃ il avait fait ⊃ il aurait fait
il fait ⊃ il fera   ⊃ il ferait   ⊃ il aurait fait
il fait ⊃ il fera   ⊃ il aura fait ⊃ il aurait fait
il fait ⊃ il a fait ⊃ il avait fait ⊃ il aurait fait
il fait ⊃ il a fait ⊃ il aura fait ⊃ il aurait fait

La valeur de chacun de ces huit termes peut être définie de la façon suivante:

présent : non inactuel, non conjecturé, non accompli;
imparfait : inactuel, *non conjecturé, non accompli;*
futur : conjecturé, *non inactuel, non accompli;*
conditionnel : inactuel, conjecturé, *non accompli;*

parfait : accompli, *non inactuel, non conjecturé;*
plus-que-parfait : accompli, inactuel, *non conjecturé;*
futur parfait : accompli, conjecturé, *non inactuel;*
conditionnel parfait : accompli, conjecturé, inactuel.

De ces valeurs dépendent toutes les significations qu'ils peuvent
prendre suivant leurs positions dans le discours.

  10. Il est malaisé de mettre en évidence la caractéristique
sémantique propre aux formes surcomposées, à cause de la rareté de leur emploi. L. Foulet, *Romania* LI, y voit «à la fois un
état présent et une action terminée» (p. 229) et encore «un intervalle entre l'événement et le moment de la parole» (p. 227).
Pour M. C. de Boer, *Revue de lingu. romane* III, «le passé surcomposé est un parfait avec accentuation de l'idée de *réalisation définitive*» (p. 289), mais il repousse l'idée d'un recul dans
le passé.

  Les exemples produits se présentent dans les positions
typiques suivantes:

  dans une subordonnée temporelle, en rapport syntagmatique
avec la forme composée correspondante:

    1) Ça m'a pris quand j'ai eu mangé.

— en rapport syntagmatique avec un repère temporel:

    2) Je l'ai eu terminée vendredi (ma cure).

— avec une indication de durée: *vite, en un moment,* etc.:

    3) Tu as vite eu fait, papa! (d'aller et de revenir; le
retour coïncide avec le moment de la parole).

    4) J'avais peur du guignol de chat là; parce qu'il serait
monté sur la table, il aurait eu vite bu le bol de lait! (il faut
comprendre: «j'avais peur...parce que, s'il était monté...»).

enfin, un type largement répandu en France mais qui serait absent de l'usage parisien:

    5) J'ai eu vendu des cartes à 5 sous la douzaine.

  Dans le premier exemple, le rapport d'antériorité est clair,
mais ce n'est là qu'une signification propre à cette position
puisqu'on ne la retrouve pas dans les autres; dans l'exemple 2,
la fin de la cure coïncide avec le repère temporel «vendredi»,
et dans l'exemple 3, l'accomplissement de l'événement coïncide

avec le moment de la parole; dans l'exemple 4, l'événement indiqué par le surcomposé est postérieur à celui qu'indique le composé; de plus, il peut se situer aussi bien dans le futur que dans le passé: rien n'empêche de préciser: *parce que, demain matin,* etc. Le «recul dans le passé» qu'indique l'exemple 5 n'est donc aussi qu'une signification propre à cette position.

Dans l'exemple 4, si on oppose *il aurait vite bu* à *il aurait eu vite bu,* il semble qu'il y ait une différence de sens très nette: le premier syntagme signifierait: «il se serait dépêché de boire», le second: «il aurait achevé de boire en peu de temps». Les expressions «action terminée» de Foulet, «réalisation définitive» de M. de Boer semblent donc adéquates. Dans son *Système des temps de l'indicatif,* p. 73 (note), M. F. Kahn se demande, à propos de la phrase *Comme tu as grandi!,* «A-t-il fini de grandir?» Le parfait ne l'indique pas; il indique seulement que, jusqu'au moment de la parole, un événement s'est accompli, savoir, une augmentation de croissance, mais il reste muet sur la suite. Or, on ne pourrait pas substituer: **Comme tu as eu grandi!* Par contre, on pourrait dire: *Il a vite eu grandi,* et il semble bien que le surcomposé indiquerait que la croissance est arrivée à son terme.

Qu'il y ait inclusion des formes surcomposées par les formes composées, cela est évident; celles-ci peuvent presque toujours se substituer à celles-là, ce qui explique leur rareté; dans la langue écrite, le parfait se substitue au parfait surcomposé même dans la subordonnée temporelle:

> Quand je l'ai comprise et sentie
> J'en étais déjà dégoûté (de la vérité)
> > (Musset, cité par Cornu, p. 94.)

D'oppositions syntagmatiques comme:

> ça m'a pris quand j'ai eu mangé;
> ça m'aura pris quand j'aurai eu mangé;

etc., d'une part et, de l'autre:

> ça me prend quand j'ai mangé;
> ça me prendra quand j'aurai mangé;

etc., on peut tirer, non seulement:

> parfait : parfait surcomposé = futur parfait : futur surcomposé;

mais encore:

parfait surcomposé : parfait = parfait : présent;

où le parfait joue le rôle de moyenne proportionnelle, c'est-à-dire qu'il est à égale distance du présent et du parfait surcomposé. C'est la contrepartie de ce que les phonologues ont appelé *opposition graduelle*. Il résulte de là que les oppositions des formes composées et surcomposées entre elles sont exactement symétriques aux oppositions des formes simples et composées entre elles.

Quelle étiquette donner à la particularité sémantique des formes surcomposées? Par analogie avec *surcomposé,* je risquerai celle de *suraccompli* qui indique bien le caractère graduel des oppositions

non accompli : accompli : suraccompli.

11. Et voici le tableau d'ensemble qui résume et illustre notre analyse:

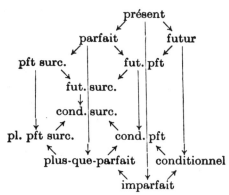

On en pourra déduire toutes les autres oppositions dont l'examen détaillé déborderait le cadre de cet article. Nous nous bornerons à un exemple qui indiquera la méthode à suivre, celui de l'opposition *parfait : imparfait.* Dans une phrase comme: *trois secondes après, la bombe a éclaté,* on peut remplacer le parfait par l'imparfait: *la bombe éclatait.* Il s'agit ici d'une substitution réciproque, où rien n'indique dans quel sens se fait la substitution; au contraire dans *je pars demain,* il y a substitution unilatérale parce qu'ici c'est le présent qui se substitue au futur en en assumant la fonction, alors que dans *je partirai demain* le futur ne se substitue pas au présent (voir F. Kahn, *o.c.* p. 53). Seule la substitution unilatérale implique une relation d'inclusion et en effet, cette relation n'existe pas entre le parfait et l'imparfait. On a attribué à l'imparfait une valeur imperfective ou durative, exprimant «le déroulement de l'action». Il est clair qu'il n'en saurait être question dans notre exemple. Mais notre analyse nous permet de donner au problème une solution purement linguistique. Rappelons la définition de nos deux temps:

> *parfait :* accompli, *non inactuel, non conjecturé;*
> *imparfait :* inactuel, *non accompli, non conjecturé.*

En laissant de côté le *non conjecturé* qui leur est commun, on voit que le parfait exprime l'*accompli* explicitement et l'*inactuel* implicitement; inversement, l'imparfait exprime l'*inactuel* explicitement et l'*accompli* implicitement. On conçoit dès lors que l'un et l'autre soit recevable dans cette position; la langue laisse le choix au parleur qui peut à son gré expliciter soit l'*accompli*, soit l'*inactuel;* la différence est d'ordre stylistique, comme l'avait bien vu Bally, *Traité de stylistique,* p. 262.

Si le parfait et l'imparfait ne s'incluent pas l'un l'autre, on remarquera qu'ils incluent l'un et l'autre le plus-que-parfait. C'est sur la partie de leur champ sémantique qui s'étend sur celui du plus-que-parfait que le parfait et l'imparfait se rencontrent; dans l'exemple en question, ils sont l'un et l'autre des substituts du plus-que-parfait. En effet, on peut également dire: *trois secondes après, la bombe avait éclaté,* où l'*accompli* et l'*inactuel* sont tous deux explicité; on peut aussi n'expliciter ni l'un ni l'autre et dire: *trois secondes après, la bombe éclate,* avec le présent narratif, le présent incluant à la fois l'*accompli* et l'*inactuel.*

12. Saussure a défini la valeur linguistique comme une entité purement négative, différentielle et oppositive. Il ne faut attacher aucune importance aux étiquettes approximatives que nous avons proposé: *inactuel,* etc. Nous ne l'avons fait que pour la commodité et par référence aux significations du discours. Mais seules comptent les différences et les oppositions. On pourrait fort bien remplacer ces étiquettes, ainsi que la nomenclature traditionnelle, par des lettres ou des chiffres, représenter p. ex. le présent, l'imparfait, etc., par α, β, etc., et l'*inactuel,* le *conjecturé,* l'*accompli* par *a, b, c.* La formule du présent serait $\alpha = -a\text{-}b\text{-}c,$ celle de l'imparfait $\beta = +a\text{-}b\text{-}c,$

et on aurait $\alpha \supset \beta$. Le seul élément positif est l'accord des parleurs à attribuer la même valeur significative aux différences.

Notes

[1]A. Burger, *Significations et valeur du suffixe verbal français -ę-*, *CFS* 18 (1961), p. 5 ss.

HENRI FREI

UN SYSTÈME CHINOIS DES ASPECTS*

1

Achevé et inachevé

Un maître chinois frotté de grammaire occidentale sans avoir fait de linguistique m'expliquait comme suit les trois principales particules qui, dans le parler de Pékin, tiennent la place de nos temps: *na* correspond au présent, *lāĭčə* à l'imparfait et *la* au passé. Un regard jeté sur mes *Peiping Sentences*[1] montre immédiatement combien il est difficile de chercher, dans ce domaine, un parallèle avec les temps de nos grammaires de l'Occident.

Dans les phrases suivantes, par exemple, le *na* du texte chinois ne saurait être traduit par un présent, mais répond à un passé:

258. Ma grand-mère filait encore.
809. Il lui faisait la cour.
1678. Il n'est pas encore debout (en chinois: Il ne s'est pas encore levé).

On ne pourrait remplacer ci-dessous le passé français, qui correspond à *lāĭčə*,[2] par un imparfait:

385. Je suis allé à Pékin aujourd'hui.
1647. J'y suis allé en mars.
970. Comment est-ce que ça s'écrit déjà, ce mot?

Acta Linguistica 2 (1940-1941), pp. 137-150. D'après une communication présentée à une réunion de linguistes à Genève le 18 mai 1940 sous le titre "L'expression des aspects dans le chinois d'aujourd'hui (parler de Pékin)."

La particule *la* n'exprime pas exclusivement le passé; elle convient tout aussi bien au présent:

110. J'ai sommeil.
205. Le sel est mouillé.
547. Pourquoi jeter tout ça?
802. Voilà ce type qui vient de nouveau m'embêter.
991. *Oiseaux:* Oui, je les vois tous les deux.
1501. *Avion:* Il prend de la hauteur.
1656. C'est la fin de l'année qui approche.

et au futur:

149. Ma fille sera bientôt grande.
154. Il ne passera pas la nuit (ch. Il ne vivra pas jusqu'à demain).
1067. J'aimerais vendre mon appareil (photographique).
1628. Ce sera prêt demain matin.
1633. Tout sera prêt dans 8 jours environ.

Un examen attentif des interprétations de mon témoin montre que le chinois s'intéresse moins à l'idée de temps qu'à celle d'aspect. La particule *la* indique que le procès est achevé, *na* qu'il est inachevé, indépendamment de toute différence entre présent, passé et futur. Il est vrai que *laĭčə* implique toujours une comparaison avec un état postérieur qui est le moment présent, et ne peut donc se rapporter qu'au passé, mais il s'agit d'un procès conçu comme inachevé. L'expression du temps, en chinois, est subordonnée à celle de l'aspect. Je reproduis ci-après quelques phrases caractéristiques avec, entre crochets, la réponse du témoin à ma question: "Pourquoi *laĭčə* au lieu de *la*?":

385. *Dit à Tientsin:* Je suis allé à Pékin aujourd'hui [je suis revenu].
1024. Il l'a juré [après, il peut jurer de nouveau].
1108. Nous étions dans la même classe au temps du collège [aujourd'hui nous sommes encore camarades; même s'il est mort on ne peut mettre *la*, car le rapport de camarades reste le même].
1137. *Gamins:* Ils ont lancé des pierres dans le jardin [ils peuvent revenir].
1647. J'y suis allé en mars [maintenant je suis ici].
970. Comment est-ce que ça s'écrit déjà, ce mot? Litté-

ralement: Ce mot a été écrit comment? [après, il est possible que je l'écrive de nouveau].

1999. *Conférence:* Il y avait une cinquantaine de personnes [si l'on met *la*, la conférence n'est pas encore commencée: "Il y a une cinquantaine de personnes déjà, et il peut en venir encore"].

On voit d'ailleurs par ces exemples que la différence entre achevé et inachevé ne repose pas nécessairement sur la réalité même, mais dépend dans chaque cas de la conception qu'en a le sujet parlant. Ce qui est conforme au principe général de l'arbitraire du signifié, tel qu'il a été exposé dans *Le Langage et la Vie*[3] de M. Bally et dans ma *Grammaire des Fautes:*[4] de même que le signifiant est arbitraire par rapport au signifié, ce dernier, de son côté, n'est pas un simple décalque des choses.

2

Classification des signes aspectifs

Les particules *la*, *na* et $\widehat{lai}\check{c}ə$ ne sont pas les seuls signes aspectifs que possède le pékinois. Mais ce sont les plus généraux. Les autres, plus spéciaux, se rangent tout naturellement, dans l'esprit de mon témoin, sous l'un des deux aspects fondamentaux:

	Achevé	Inachevé
Particules:	*la* sens général	*na* sens général
		$\widehat{lai}\check{c}ə$ sens général, avec idée de prétérit
Auxiliaires:	*cien* sens résultatif	*čə* sens duratif
	$\widehat{tao}_4$ do.	
	$\widehat{cao}_2$ do.	
Adverbes:	$k'u\widehat{ai}_4$ «bientôt»	$\check{c}_2$ «sans interruption, continuellement»
		$\check{c}e\eta_4$ «juste»
	$i_3ci\eta_{(1)}$ «déjà»[5]	$h\widehat{ai}_2$ «encore»

C'est d'abord toute une série d'auxiliaires de résultat. Les verbes de perception forment en chinois un groupe de signes plus ou moins motivés, petit système qui contraste avec l'arbitraire de nos langues dans le même domaine. Pour un

Chinois, «regarder» et «voir» ne sont pas deux concepts, mais le second est simplement l'aspect résultatif du premier, dont il se distingue dans l'expression par l'addition de l'auxiliaire *cien:* $k'an_4$ (ou $c'i\widehat{ao}_2$) «regarder»: $k'an_4$ *cien* (ou $c'iao_2$ *cien*) «voir». De même pour «écouter» $(t'i\eta_1)$ et «entendre» $(t'i\eta_1$ *cien)*, «sentir» (olfaction) comme acte volitif (uen_2) ou comme résultat $(uen_2$ *cien).*

Le système se continue parallèlement pour d'autres catégories, avec d'autres auxiliaires, principalement $t\widehat{ao}_4$ et $\check{c}\widehat{ao}_2$.

Ainsi le verbe $\varsigma ia\eta_3$ «penser» marque la pensée comme un procès de recherche et quelquefois de désir (all. *sinnen, nachdenken*); $\varsigma ia\eta_3$ $t\widehat{ao}_4$ décrit la pensée comme aboutissant à une conception nette (all. *erdenken*, angl. *realize*) ou, avec une négation, comme n'y aboutissant pas:

1000. *Je ne m'attendais pas* à cette riposte.

1487. *Je ne savais pas* que c'était si loin.

1944. *Je n'aurais* jamais *cru* que c'est si difficile que ça.

759. C'est quand même *étonnant* cette victoire, avec si peu d'hommes!

Le numéro 906 *(Oh, vous ne pourriez guère vous imaginer!)* fait apparaître les deux emplois dans la même phrase:

$'\widehat{ei}_1,$	nin_2	$\varsigma ia\eta_3$	$\vert^6$ $t\widehat{ou}_1$	$\varsigma ia\eta_3$	pu_2	$t\widehat{ao}_4$
oh,	vous	pensez,	quand même	ne pouvez		
				concevoir[7]		

Les idées de «chercher» et de «trouver» s'expriment par un seul verbe $(\check{c}\widehat{ao}_3)$, la seconde étant conçue comme le résultat de la première:

859. *Canif:* Malgré toutes mes *recherches*, je n'ai pas pu le *découvrir.*

uo_2	$t_sen_3mə$	$\check{c}\widehat{ao}_3$	$\vert$ ie_3	me_2	$\check{c}\widehat{ao}_3$	$\check{c}\widehat{ao}_2$
je	comment?	cherchai	pourtant	ne	trouvai	

La nuance exprimée par le verbe $\check{c}\widehat{ao}_3$ suivi de l'auxiliaire $\check{c}\widehat{ao}_2$ correspond en gros à celle de l'allemand *auffinden* ou du français *dénicher*.[8]

Tous ces auxiliaires de résultat, moins abstraits que *la*, sont rangés dans la conscience de mon témoin sous la catégorie de l'achevé, dont ils marquent une nuance. Ils s'opposent dans leur ensemble à l'auxiliaire duratif $\check{c}ə$,[9] qui, lui, marche avec l'inachevé. Là encore, beaucoup d'oppositions conceptuelles que les langues indo-éuropéennes rendent par des verbes différents *(prendre* et *tenir, placer* et *laisser, mettre* et *porter)* sont traitées comme de simples différences d'aspect d'un même verbe: les verbes simples na_2 «prendre», $fa\eta_4$ «placer», $\check{c}'uan_1$ «mettre (vêtements)» ne sont pas accompagnés d'un signe aspectif explicite, mais ils tirent de leur opposition avec les duratifs correspondants $na_2\check{c}\partial$ «tenir», $fa\eta_4\check{c}\partial$ «laisser», $\check{c}'uan_1\check{c}\partial$ «porter (vêtements)» une valeur ponctuelle et relèvent ainsi, du point de vue chinois, de l'aspect achevé.[10]

Ici encore, ces distinctions ne dépendent pas uniquement de la nature des procès envisagés, mais aussi de la conception imposée à mon témoin par le système sémantique de la langue. Il est aisé de comprendre que d'une langue à l'autre, et, dans la même langue, d'un parleur à l'autre, quelquefois d'une occasion à l'autre chez le même parleur, une pensée puisse être exprimée sous des aspects différents. Ainsi la phrase 180, dite à un garçon (On ne *tient* pas sa fourchette comme ça!), a été rendue en chinois par le verbe non duratif: On ne *prend* pas... En français, *Il était en noir* (1306), *Elle portait une robe rose* (1310) comportent, outre la notion du temps relatif, qui n'est pas chinoise, une valeur durative; mais dans les phrases correspondantes de mon témoin, $\check{c}'uan_1la$ «a mis *ou* avait mis» appartient au domaine de l'achevé.

Il y a des cas plus difficiles à saisir. J'ai été bien surpris d'apprendre qu'attraper une balle (74. *Attrape-la!*), prendre quelqu'un par la main (69. *Prends-moi par la main, veux-tu?*) ou le saisir par le bras (70. *Il m'a saisi par le bras*) sont duratifs, et il m'a fallu procéder à des recoupements à l'aide de témoins différents pour m'assurer qu'un malentendu ne s'est pas glissé dans l'interprétation du questionnaire. C'est que $cie_1\check{c}\partial$ (74), $la_1\check{c}\partial$ (69), $ci\widehat{ou}_1\check{c}\partial$ (70), pour mon témoin, c'est «recevoir» (cie_1), «prendre» (la_1), «saisir» $(ci\widehat{ou}_1)$ et «ne pas lâcher» $(\check{c}\partial)$. L'opposition avec l'auxiliaire $\check{c}\widehat{ao}_2$, qui insiste sur le résultat, fait éclater la différence: 541. *J'ai reçu pas un sou jusqu'à présent* $(cie_1\ \check{c}\widehat{ao}_2)$, 883. *Je suis sans nouvelles de mes soeurs depuis quelque temps* $(me_2\ cie_1\ \check{c}\widehat{ao}$ «n'ai pas reçu»).

Descendant d'un degré de plus dans le concret, nous rencontrons d'un côté l'adverbe $k'u\widehat{ai}_4$ «bientôt», qui appartient à la sphère de l'achevé, de l'autre les adverbes $\check{c}_2$ «sans interruption, continuellement» (1250. *Il y a de la vapeur qui s'élève sur les champs*) et *čəη₄* «juste, justement» (300. *Elle fait sa toilette*), qui ressortissent à l'inachevé. L'opposition de $i_3\ ciη_{(1)}$ «déjà» (achevé) et de $\widehat{hai}_2$ «encore» (inachevé) est également caractéristique, comme on le verra plus loin.

La décomposition aspective de concepts que nos langues traitent en général comme des entités simples («voir», «entendre», «concevoir», «découvrir», «tenir», «laisser», «porter», etc.), montre que le chinois parlé se trouve, sur ce point, du côté de ce que F. de Saussure appelle l'arbitraire relatif, en face de l'arbitraire absolu de nos langues; continuant à appliquer la terminologie de Saussure, on peut dire que c'est, sur ce point toujours, une langue plus grammaticale, par opposition avec les nôtres, qui sont plus lexicologiques.[11] En définitive, donc, un système dont la solide charpente fait contraste avec l'inorganisation de nos langues dans le même domaine.

3

Degré de coercition du système

Il reste à déterminer avec quelle force ce système s'impose à la masse parlante. Il est difficile, dès qu'il s'agit de Saussure, de ne pas songer à Durkheim:[12] qui dit "système" avec Saussure pense "coercition" avec Durkheim.

Or, d'après M. Maspero, "il n'y a aucune catégorie grammaticale" en chinois. "Les grammairiens européens du chinois parlent de singulier et pluriel, de temps passé et futur, d'aspect duratif, de mode potentiel dans la langue parlée actuelle. Ce sont des formules commodes, mais fausses."[13] Selon lui, "un Chinois pense ordinairement nom et verbe indépendamment de ces notions: il peut les ajouter après coup comme des indications utiles, mais elles ne sont pas nécessaires" (p. 35). On exprime le passé ou le duratif moins rarement que le futur, "mais ce n'est jamais nécessaire. Leur emploi n'est jamais qu'une sorte d'emphase portée sur le temps ou l'aspect" (même page).

M. Tch'en estime que les particules chinoises sont "dépourvues de tout sens propre."[14] Leur emploi est presque purement affectif et n'a à peu près rien de grammatical: "d'un côté l'emploi des particules dans les phrases n'est jamais exempt d'une certaine nuance de sentiments; d'autre part, une particule n'a jamais un sens limité et ne sert pas à exprimer un seul sentiment, c'est-à-dire qu'une même particule, introduite dans des phrases différentes, ne présente jamais exactement un cas pareil. Il serait donc vain de vouloir définir avec précision la fonction des particules dans l'expression des éléments affectifs de la parole" (p. 78).

Que faut-il penser de ces deux thèses négatives? Je n'examinerai la question qu'au point de vue de l'aspect, et, indirectement, du mode, sans m'occuper des autres catégories.[15] Une étude attentive des phrases de mon enquête, qui ne reproduisent pas le chinois d'un sinologue,[16] mais celui d'un Pékinois, permet de donner au problème une solution assez nette; les matériaux nuancés que je possède m'empêcheront d'ailleurs, grâce aux statistiques qu'ils fournissent, de tomber dans l'erreur qui consisterait à prendre simplement le contrepied des affirmations absolues de M. Maspero et de M. Tch'en.

Voici d'abord quelques chiffres qui sont de nature à faire réfléchir. Sur un total de 2000[17] phrases, les particules *la*, *na* et *laica* sont employées avec une valeur aspective respectivement 645, 75 et 38 fois. Quant aux auxiliaires *cien*, *táo*, *čao$_2$* et *čə*, ils fonctionnent aspectivement dans 24, 7, 23 et 97 phrases. Le nombre total des phrases où tous ces signes aspectifs figurent est de 769; enfin, sur celles-ci il y en a 122 où ils apparaissent en combinaison (côte à côte ou séparés).

Les particules et les auxiliaires forment, avec les tons, l'élément le plus difficile du chinois parlé, celui qu'un étranger ne peut guère acquérir qu'en dernier lieu. En face de tous ces signes qui me paraissaient souvent accessoires, il m'est arrivé maintes fois, à propos d'une phrase donnée, de demander à mon témoin si telle particule ou tel auxiliaire est vraiment obligatoire. Les réponses essuyées ne laissent aucun doute: "On vous comprendrait, mais la phrase ne serait pas naturelle"; ou bien: "C'est difficile à prononcer";[18] ou encore: "Nous autres Chinois, nous ne parlons guère ainsi"; ou enfin, plus crûment: "C'est le chinois des étrangers." Il est instructif de constater que l'impression de petit-nègre qui se dégage, pour un Occidental, du chinois de certains sinologues (et qu'ils veulent faire dégager!) ne diffère pas en somme de celle que produit sur un autochtone une phrase chinoise dépouillée de son appareil d'auxiliaires et de particules.

Dans d'autres cas, mes questions ont porté sur le choix du

signe aspectif. Il est arrivé à mon témoin d'hésiter entre des
signes appartenant à la même catégorie générale, comme entre
na, *lāĭčə* et *čə*, ou entre *la* et tel ou tel auxiliaire de résultat,
signes qui, comme on le verra plus loin, diffèrent entre eux,
dans chacune des deux séries, principalement par leur degré
de généralité. Mais jamais, dans sa bouche, un signe appartenant à la catégorie de l'achevé n'a été employé pour un procès
inachevé, ni inversement.

Cette constatation concerne les rapports mémoriels, que
contractent les signes entre eux en dehors du discours.
Plaçons-nous maintenant au point de vue discursif. Ici un
système, dans la mesure où il présente un caractère coercitif
— mais, dans le cas contraire, est-ce un système? —, doit se
manifester par un jeu d'attractions et de répulsions.

Positivement d'abord: les signes aspectifs, ont une tendance à s'appeler mutuellement à l'intérieur de chacun des
deux aspects fondamentaux. L'adverbe $k'u\widehat{ai}_4$ «bientôt» (achevé)
figure 13 fois avec la particule achevée *la*, 2 fois sans. L'adverbe $i_3 ci\eta_{(1)}$ «déjà» (achevé) s'accompagne, dans toutes les 12
phrases où il apparaît, de la même particule *la*. Inversement,
l'adverbe $če\eta_4$ «juste» (inachevé) appelle à sa suite 1 fois l'auxiliaire duratif *čə* (inachevé), 3 fois la particule inachevée *na*, 3
fois *čə* et *na* en combinaison (côte à côte ou séparés); 7 fois il
est seul. L'adverbe $h\widehat{ai}_2$ «encore» (inachevé) attire 28 fois *na*,
1 fois *lāĭčə* + *na*, 7 fois *čə* + *na*; 14 fois il est isolé. L'auxiliaire
čə (inachevé), sur 97 emplois, fait surgir 27 fois la particule *na*
après lui, immédiatement ou à distance.

Ces corrélations entre signes du même aspect donnent à
beaucoup de phrases pékinoises une certaine teinte appliquée
avec plus ou moins d'uniformité, comme par touches successives, sur l'ensemble de la chaîne parlée. Voici un exemple
appartenant à l'inachevé:

350. Je suis à la recherche d'un appartement (à Pékin:
d'une maison).

uo$_3$	čəη_4		cā̂o$_3$	čə	faη_2 t$_S$	na
moi	juste		cherche		maison	

Le pendant de cette phrase dans le domaine de l'achevé serait:
uo$_2$ $i_3ci\eta_{(1)}$ | cā̂o$_3$ $c\widehat{ao}_{(2)}$ faη_2 t$_S$ *la*, où l'adverbe achevé se com-
bine avec un auxiliaire achevé (résultatif) et une particule ache-
vée: «J'ai trouvé...».

Comme contre-preuve négative, j'ajoute qu'il est impossible, plus exactement: interdit, d'associer dans la même phrase ou le même membre de phrase un signe de l'achevé avec un signe appartenant à l'inachevé. Ainsi $\widehat{hai}_2 \ldots na$ est fréquent et $i_3ci\eta_{(1)} \ldots la$ plus ou moins obligatoire; mais $\widehat{hai}_2 \ldots$ la et $i_3ci\eta_{(1)} \ldots \widehat{na}$, que je propose sournoisement — petit essai de linguistique expérimentale — à mon témoin, le remplissent d'indignation: il ne s'agit pas seulement de fautes de langue, ce sont des crimes de lèse-logique!

Autre indice d'un système coercitif: les signes aspectifs rangés sur la ligne du discours ne peuvent pas se suivre dans n'importe quel ordre; ils sont soumis, dans chacune des deux classes, à un enchaînement plus ou moins rigoureux: adverbe aspectif ... auxiliaire ... particule aspective ... particule modale. Dans une langue à morphologie pauvre, comme le chinois, cette séquence contribue par sa fixité à distinguer les catégories grammaticales (qui existent bel et bien, même si elles ne sont pas identiques à celles de nos langues). Ainsi l'auxiliaire ne peut venir qu'après le verbe, jamais avant; une particule aspective ne figure devant un verbe que dans des conditions tout à fait déterminées;[19] elle ne sera jamais répétée sans un autre signe entre deux;[20] et ainsi de suite, une série de règles précises qui cadrent mal avec le caractère amorphe sous lequel des observateurs de surface nous présentent cette langue dont l'architecture prodigieuse, mais discrète, apparaîtra mieux au fur et à mesure que les méthodes de la linguistique saussurienne l'auront pénétrée davantage.

Et l'organisation ne s'arrête pas là. Il y a des corrélations générales entre le système séquentiel et le domaine sémantique, d'une part, le domaine de la phonologie non-articulatoire de l'autre. Nous retrouvons ici, sous une forme plus large, quoique moins apparente, le problème de la limitation de l'arbitraire, avec de nouveau la même réponse. Une langue où tout est en correspondance avec tout: ordre des catégories grammaticales ◡ordre des catégories sémantiques ◡ordre prosodique, est évidemment du côté de l'arbitraire relatif.

On a vu que le temps peut être exprimé par cumul dans un signe aspectif, ainsi le prétérit dans la particule de l'inachevé $\widehat{lai}\check{c}\partial$. Mais il est subordonné à l'aspect au point de vue de la séquence aussi, car les déterminations temporelles, aussi bien que les spatiales, figurent autant que possible en tête de l'énoncé,

sous forme d'adverbes ou de propositions adverbiales. Et de
même que le temps est subordonné à l'aspect, ce dernier est
subordonné au mode: dans la phrase chinoise la particule
modale, quand il y en a une, vient toujours après la particule
aspective, sans aucune exception, et ferme la marche. Il s'agit
surtout de *ma* (interrogatif), *pa*[21] (atténuatif) et *a*[22] (exclamatif):

1844. *Etoffe:* (Trois mètres,) est-ce que ça suffira? $\widehat{kou}_4$ *la ma?*

1973. Est-ce qu'il habite (toujours au même endroit)? $\check{c}u_4$ *čə na ma?*

1668. Est-ce qu'il y a eu (quelque chose, le jour avant)? $\widehat{iou}_3 \dots l\widehat{aic}$ə *ma?*

1583. (Ça prend trop de place,) laissons (ça)! $suan_4$ *la pa!*

1555. *Photographe:* Restez immobiles, ne bougeons plus!
(En chinois: je photographie!) $\check{c}\widehat{ao}_4$ *la ā!*

Cette séquence temps-aspect-mode s'insère dans un principe qui peut être vérifié jusque dans le détail: les déterminations successives de la phrase chinoise tendent à procéder du
particulier au général, ou, si l'on veut, du concret à l'abstrait,
ou même, du sémantique à l'asémantique.

Des deux particules de l'inachevé, *l\widehat{aic}ə* et *na*, la première,
en vertu de la notion de temps passé qu'elle implique, est plus
particulière (ou plus concrète, ou plus chargée de sens);[23] or
l\widehat{aic}ə, quand il se combine avec *na* dans la même phrase, vient
toujours avant (*na l\widehat{aic}ə* est impossible):

258. *Rouet:* (Ma grand-mère) filait encore.

$\dots h\widehat{ai}_2$ $fa\eta_3$ $çial_4$ *l\widehat{aic}ə na* (adverbe demi-concret + verbe +
particule mixte + particule pure).

Le cas, fréquent dans le langage si vivant de mon témoin,
où la particule *la* figure deux fois, n'est pas moins démonstratif:

405. Nous avons perdu notre chemin.

uo$_3$men	mi$_2$	*la*	taol$_4$	*la*
nous	perdîmes	(achevé)	le chemin	(asémantique)

Dans tous les exemples de ce type,[24] la première particule a,
chez mon témoin, sa valeur aspective, tandis que le sens de la
seconde est affaibli à tel point qu'il la considère tantôt comme
modale tantôt comme asémantique. En revanche, c'est en géné-

ral la première qui est facultative, et la seconde obligatoire, mais cette dernière assume, dès qu'elle fonctionne seule, le rôle aspectif: uo$_3$ men mi$_2$ tãol$_4$ *la* (achevé).

La contre-partie phonique du principe, c'est que plus un signe est chargé de sens, plus son ton apparaît avec netteté: le cas se vérifie pour les adverbes aspectifs et une partie des auxiliaires; au contraire, plus un signe est asémantique, plus il est atone, comme le montrent certains auxiliaires et toutes les particules. La courbe prosodique de la phrase chinoise va donc de l'intoné à l'atone.

4

Prolongement modal du système

Outre le caractère coercitif par lequel il s'impose à l'individu, tout système a quelque chose d'impérialiste, en ce qu'il tend à se propager au delà de son domaine propre.

Les particules aspectives prennent souvent une valeur modale, *la* le sens de la certitude et *na* celui de l'incertain. Soit la phrase

445. Ça y est, nous entrons dans le port.

t$_s$an$_2$men	cin$_4$	k'ou$_3$	*la*
nous	entrons	le port	

Le procès n'est pas achevé, et *la* fonctionne comme une simple particule affirmative qui correspond assez exactement à l'exclamation *Ça y est.* Autre exemple: 1114. *Eh bien, pour moi c'est le chapitre III qui est le plus intéressant.* L'incertitude qui flotte au début de cette phrase («vous n'êtes peut-être pas du même avis...») est marquée en chinois par *na*: uo$_3$ *na*, uo$_2$ ciãõ$_3$tə ... (moi, je trouve...).

Il en résulte que *la* et *na* finissent très souvent par correspondre à un simple point d'exclamation ou d'interrogation qui clôt la phrase pour lui donner sa teinte modale définitive:

117. (Le médecin dit que le malade) est en bonne voie.

hen$_3$	cien$_4$	c'i$_3$sə	*la*
très	paraît	s'améliorant	*!*

1949. *Tu sors sans parapluie:* Et s'il pleut?

ia͡o$_4$	çia$_4$	ü$_3$	na
si	il tombe	de la pluie	?

Dans ce domaine du mode comme dans celui de l'aspect, la coercition plus ou moins forte du système se manifeste par des formules où un signe relativement concret de valeur modale tend à faire surgir au bout de la phrase une particule modale de même couleur. L'adverbe *t'a͡i*$_4$ «trop» figure 35 fois avec *la*, 6 fois sans; le verbe *ka͡i*$_1$ «devoir, il faut» l'appelle 6 fois, 4 fois il est seul; l'adverbe prohibitif *pie*$_2$ le réclame 7 fois, 3 fois il s'accompagne de l'exclamation *a*, 8 fois il est isolé:

459. (L'aérodrome est) trop loin (de la ville): ...*t'a͡i*$_4$ üan$_3$ *la*.

796. *Réussite de l'examen:* Quel bonheur! C'est lui qui sera content! En chinois: ...il devra se réjouir: *ka͡i*$_1$ ka͡o$_1$çi η$_4$ *la*.

782. (Allons,) ne t'énerve pas!...*pie*$_2$ ma͡o$_4$ huo$_3$ *la*.

Quant à *na*, on l'attend tout naturellement à la fin des phrases qui contiennent une construction interrogative ou un mot interrogatif.[25]

Tout vise à concorder, non seulement à l'intérieur de chacun des deux systèmes, aspectif et modal, mais encore de l'un à l'autre. La possibilité d'échanger certaines formules en est une preuve. Ainsi le type d'impératif atténué: verbe + *la* (achevé) + *pa* peut être remplacé dans presque tous les cas par la construction: verbe redoublé[26] + *pa*:

63. (Tu as les mains toutes tachées d'encre, va vite te) laver: ...*çi*$_3$ *la pa* ou *çi*$_3$ *çi pa*. On voit comme les deux domaines sont proches.

*   *   *

J'ai connu dans une école de langues orientales un maître chinois qui avait la douce manie d'expliquer par le mot *rythme* tous les mystères de sa langue, l'emploi des particules notamment, qui ne se laissaient pas ramener à des règles grammaticales visibles, mais son explication n'allait guère plus loin que ce mot. M. Tch'en croit pouvoir rendre compte des particules par l'*affectivité*, encore un de ces mots à tout faire qui servent à expliquer par une étiquette ce qu'on ne comprend pas très bien.

Le système que je viens d'exposer s'inscrit en faux contre ceux qui prétendent que le chinois ne possède pas de catégories grammaticales et que l'usage des particules dans cette langue n'a à peu près rien de grammatical. Si ces dernières n'existaient pas, la linguistique saussurienne aurait à les inventer, car rien ne révèle mieux qu'elles, derrière les dehors flous qui l'estompent, ce que c'est qu'un système avec sa force coercitive et son impérialisme.[27]

Notes

[1]Sur cet ouvrage encore inédit, collection de 2000 phrases dites et interprétées par le même témoin, cf. *Qu'est-ce qu'un Dictionnaire de phrases?* dans *Cahiers Ferdinand de Saussure* 1 (1941).

[2]Au lieu de *lai̯čə*, qui est un pékinisme, on emploie aussi l'adverbe t_s'əη₂; mais ce mot appartient à un style trop élevé pour qu'il apparaisse dans le parler de mon témoin.

[3]Zurich (Niehans) 1935², p. 120 et suiv., p. 188 et suiv.

[4]Genève (Kundig) et Leipzig (Harrassowitz) 1929, p. 134 et suiv.

[5]Les petits chiffres au bas des syllabes désignent les 4 tons; ceux entre parenthèses indiquent les tons qui sont prononcés avec une intensité plus faible. Les divergences qu'on trouvera dans la notation des tons pour certains mots, par exemple *uo₃* et *uo₂*, ou *pu₄* et *pu₂*, obéissent à des règles précises qui relèvent de la phonologie discursive (sandhi des tons) et ne sauraient être étudiées ici.

[6]La barre verticale figure une pause légère, moins importante que celle marquée par une virgule.

[7]L'insertion de la négation *pu₄* entre un verbe et son auxiliaire forme un potentiel négatif; il faut supposer la présence d'un verbe *tə₂* «pouvoir», mais qui est implicite et n'apparaît qu'au mode positif: *çiaη₃ tə ta̯o₄*. Les Occidentaux qui parlent le chinois en y mêlant les habitudes de leur langue maternelle ignorent ce sinicisme et emploient la construction négation + pouvoir + verbe: *pu₄ nəη₂ çiaη₃*, ce qui donne au sens une acception spéciale et n'est pas très chinois.

[8]Mais sans l'acception familière de ce dernier.

[9]Dans la transcription chinoise du pékinois, les auxiliaires *ča̯o₂* et *čə* sont rendus par le même caractère, bien qu'il s'agisse de mots distincts, conçus comme appartenant à deux mondes opposés.

[10]Pour *s'asseoir (t_suo₄)* et *être assis (t_suo₄čə), se mettre debout (čan₄ c'i₃ lai̯(₂))* et *être debout (čan₄čə)*, on peut dire que le français et le chinois marchent à peu près de conserve. Chose curieuse, certains concepts que nos langues distinguent, non seulement sont exprimés couramment en chinois par le même verbe, mais ne sont pas différenciés aspectivement; c'est le cas de *šue₄ cia̯o₄*, qui répond aussi bien à «se

coucher» (110. *J'ai sommeil, j'ai envie de me coucher*) qu'à «dormir» (107. *Il dort*).

[11]Cette vue est exactement l'inverse de celle de Saussure, selon lequel «le type de l'ultra-lexicologique est le chinois» (*Cours*, 1ère éd., p. 189-190); «en chinois, la plupart des mots sont indécomposables» (p. 234). Le maître genevois tablait sans doute sur le chinois des sinologues, qui connaissent en général mieux la langue écrite que la langue parlée; son affirmation ne vaut pas pour cette dernière.

[12]Cf. W. Doroszewski, *Quelques remarques sur les rapports de la sociologie et de la linguistique: Durkheim et F. de Saussure*, dans *Psychologie du Langage*, Paris (Alcan) 1933, p. 82-91.

[13]Henri Maspero, *La langue chinoise, Conférences de l'Institut de linguistique*, Année 1933, Paris (Boivin) 1934, p. 34.

[14]Ting-Ming Tch'en, *Etude phonétique des particules de la langue chinoise*, Paris (Héraklès) 1938, p. 47. Cf. mon compte rendu: *Acta Linguistica* 1 (1939), p. 119-123.

[15]Ainsi *a*, utilisé entre autres particules par M. Tch'en pour son argumentation, n'a qu'une valeur modale et ne joue pas de rôle aspectif.

[16]J'ai soumis à mon témoin les matériaux à l'aide desquels M. Maspero entend démontrer que le chinois n'a pas de catégories grammaticales. Soit qu'ils appartiennent en partie à la langue écrite, soit qu'ils soient en partie artificiels, ou dialectaux, ou inintelligibles pour une autre raison, mon ami Tchang n'est guère parvenu à comprendre les exemples cités. J'ajoute qu'il ne possède aucune langue étrangère et ne peut donc être suspect d'avoir été influencé par nos grammaires.

[17]Ce chiffre serait trop élevé pour servir de base à des calculs de pourcentage, car il s'en faut de beaucoup que toutes les phrases comportent une valeur aspective. Mais seul un autochtone saurait faire le départ des phrases avec aspect ou sans, puisque, comme il est apparu plus haut, la répartition des pensées entre les aspects ne se recouvre pas d'une langue à l'autre.

[18]En chinois: pu_2 $šun_4$ t_sue_3, litt. "(cela) ne (pu_2) convient $(šun_4)$ à la bouche (t_sue_3)"; sans doute parce que la phrase ne lui semblait pas étoffée.

[19]A savoir quand elle s'insère entre les deux termes d'un verbe qui est répété en vue d'atténuer le sens: 59. *Pour m'avertir:* Il m'a touché $(t'uη_3$ *la* $t'uη_3)$ le bras; 1942. *Pour obtenir le poste:* Il a fait une vague tentative (litt. il essaya-essaya: $š_4$ *la* $š$).

[20]405. Nous avons perdu notre chemin: mi_2 *la* $taol_4$ *la* (verbe + *particule* + objet + *particule*).

[21]Quelquefois $p\bar{a}$.

[22]Quelquefois $\bar{a}$.

[23]Au point de vue du chinois, le temps est plus particulier (ou plus concret, ou plus chargé de sens) que l'aspect.

[24]Il y en a plus de 40.

[25]Ici les statistiques mèneraient vers un chemin glissant, car sur ce point l'harmonie du système est dérangée par la collision fréquente de

na avec la particule exclamative *a* lorsque cette dernière est précédée d'un *n* de transition (explosif) après un mot terminé en *n* (implosif): Le mot *c'ŭan₄* «conseil» à la fin de la phrase 766 *(Pourquoi n'as-tu pas voulu écouter mon conseil?)* est-il suivi d'une interrogation *(c'ŭan₄ na)* ou d'une exclamation *(c'ŭan₄ n-a)* ? La confusion est si fréquente que mon témoin, dans sa peine à faire la distinction, est allé jusqu'à dire qu'il s'agit d'un seul et même mot susceptible de deux emplois différents.

[26] En chinois, on répète le verbe pour l'atténuer (cf. note 19): c'est un procédé modal, à la différence du redoublement indo-européen, qui est aspectif ou qui l'est devenu.

[27] Le système ici décrit est celui du parler de Pékin. S'il se rencontre ailleurs en Chine, il doit en tout cas se réaliser en partie sous d'autres formes. Ainsi *la* est panchinois, mais *laičə* est un pékinisme. D'autre part, dans les dialectes qui, comme celui du Se-tch'ouan, ne connaissent pas de distinction phonologique entre *l* initial et *n* initial, la différence entre achevé et inachevé, si elle existe, ne saurait se marquer par l'opposition de *la* et de *na*.

DE LA LINGUISTIQUE COMME SCIENCE DE LOIS*

Résumé

La linguistique aboutit à des formules du type "si... toujours et partout" énonçant entre les faits des rapports conditionnellement nécessaires, donc à des lois semblables à celles des sciences exactes et naturelles. La tâche prochaine des linguistes (y compris les phonéticiens et les phonologues) sera d'établir un nombre aussi grand que possible de ces lois et, en vue de la détermination de la place exacte occupée par la linguistique dans le cadre de la sémiologie, de distinguer, parmi ces lois, celles qui sont propres à la science de la langue et celles qui appartiennent à la science générale des signes.

La linguistique est, ou du moins tend à devenir de plus en plus, une science de lois; elle se distinguera toujours

Lingua 1 (1948), pp. 25-33. D'après une conférence faite à l'Université de Genève le 14 novembre 1946 sous le titre *Place de la linguistique dans une classification des sciences.*

plus nettement de l'histoire du langage et de la gram-
maire.   Adrien Naville[1]

La distinction que l'on a coutume de faire entre les sciences exactes et naturelles et les sciences morales ou humaines, — les *Naturwissenschaften* et les *Geisteswissenschaften*
des Allemands, — ne date pas d'aujourd'hui.

Ampère déjà, dans son *Essai sur la philosophie des sciences,* qui est de 1834, avait opposé les sciences cosmologiques
et les sciences noologiques,[2] faisant de ces deux groupes deux
embranchements symétriques, mais entièrement séparés.
D'autres ont été du même avis que le physicien français, par
exemple Wilhelm Dilthey, qui devait fortement insister, dans
son *Einleitung in die Geisteswissenschaften* (1883),[3] sur l'indépendance de ces dernières à l'égard des sciences de la nature.
Il prétendait que le travail de pensée de celui qui cultive les
sciences de l'esprit repose sur l'expérience personnelle ("Er-
lebnis") et sur l'intuition ("Einfühlung"), et que la tâche de cette
sorte de sciences consiste essentiellement à saisir les faits
concrets; seules les sciences naturelles auraient pour but de
parvenir à une conscience fondée sur des lois d'ordre causal.
Cette conception séparatiste existe toujours, sous une forme
plus ou moins consciente, chez nombre d'intellectuels, et il
m'est arrivé de rencontrer dans mes auditoires des étudiants
qui s'insurgeaient à l'idée que la linguistique pourrait être une
discipline opérant avec des lois du genre de celles que connaissent les sciences exactes et naturelles.

Mais d'autres estiment qu'il n'existe pas de cloison étanche
entre les deux groupes. Herbert Spencer pensait que "si les
phénomènes simultanés ou successifs de la biologie et de la sociologie n'ont pas encore été rapportés à leurs lois, il faut en
conclure, non que ces lois n'existent pas, mais que jusqu'à présent elles ont échappé à nos moyens d'analyse."[4] Edmond Goblot, de son côté, a soutenu dans son *Système des sciences*[5]
qu'il n'y a pas d'indétermination dans les choses, mais que
celle-ci n'existe que dans la pensée. "Si une idée manque de
précision," écrivait-il, "c'est que l'esprit n'a pas pu saisir la
vérité d'une étreinte assez vigoureuse ou la traiter avec assez
de délicatesse; l'imperfection de la connaissance n'est jamais
dans l'objet à connaître. On a longtemps pensé que les méthodes des sciences de la matière ne pouvaient convenir aux

sciences de l'esprit, que les unes relevaient davantage de l'esprit de géométrie, les autres de l'esprit de finesse. Or, il faut de l'esprit de finesse même en géométrie et de l'esprit de géométrie même en morale. La psychologie est devenue une science positive et même expérimentale. Les autres sciences morales, réintégrées par Auguste Comte dans le domaine de la science positive sous le nom de sociologie, sont maintenant traitées de plus en plus comme des sciences naturelles." Et Goblot ajoutait en note: "Il reste maintenant à abattre la cloison que sépare, dans les Universités, la Faculté des Lettres de la Faculté des Sciences."

La question est de savoir si les lois que les linguistes prétendent découvrir relèvent de la même définition que celles des sciences exactes et naturelles. La définition proposée par le penseur genevois Adrien Naville (1845-1930) dans divers opuscules et en particulier dans sa *Classification des sciences*[6] nous servira de critère. La loi, selon lui, est une formule énonçant un rapport conditionnellement nécessaire entre des faits: Si de 25 on retranche 16 il reste 9; Si un triangle a 3 angles égaux, ses 3 côtés aussi sont égaux.

Est-il possible de retrouver, dans les sciences morales, le concept de loi ainsi défini? Selon Naville, les lois de la sociologie, par exemple, ne diffèrent pas de celles de la physique, et citant la loi de l'offre et de la demande (Toujours et partout, toutes choses restant égales d'ailleurs, si l'offre augmente ou si la demande diminue, les prix s'abaissent, et inversement) il remarque que c'est là une formule tout à fait semblable à celles des physiciens et des chimistes.[7]

Et en linguistique? A la fin de son compte rendu de l'ouvrage d'Albert Sechehaye, *Programme et méthodes de la linguistique théorique*, Naville regrettait que l'auteur n'eût pas dressé un programme visant à la découverte de lois. Sechehaye écrivait en effet que "la morphologie statique a pour tâche de connaître ce qui est possible en fait d'agencements de symboles correspondant à la pensée" (p. XII) et que le problème que cette discipline doit résoudre "semble pouvoir se formuler en ces termes: comment peut-on, par des symboles de l'ordre articulatoire ..., construire quelque chose dont la suite et la forme correspondent à la suite et à la forme de la pensée?" (p. 142). Et Naville de remarquer: "Ces formules ne me paraissent pas suffisantes ou du moins pas suffisamment claires. J'aime l'idée

de possibilité que l'auteur y a mise, mais je regrette l'absence
de l'idée de nécessité. Le problème complet de la morphologie
statique ne comprend-il pas la question des rapports nécessaires de dépendance entre les symboles choisis? N'est-ce
pas cette science qui doit nous apprendre p. ex. que tel système
de suffixes est nécessairement lié à tel système de préfixes,
selon les circonstances — comme la biologie statique nous apprend que telle constitution des dents est nécessairement liée
à telle constitution de l'estomac, selon les circonstances? Si
c'est la pensée de l'auteur, pourquoi ne l'a-t-il pas énoncée
plus clairement? »[8] Par cette critique, parue en 1908 dans une
revue d'histoire et restée ignorée probablement de la plupart
des linguistes, Adrien Naville annonçait, des années à l'avance,
la voie où s'engagera la linguistique contemporaine.

*   *   *

Bien que Ferdinand de Saussure[9] ait admis, dans la langue,
l'existence de lois au sens où l'entendent les sciences physiques
et naturelles, les linguistes d'aujourd'hui n'ont pas encore nettement pris conscience de ce caractère de leur discipline. Mais
il leur arrive d'opérer avec le concept de loi sans le nommer:
au terme près, n'est-ce pas l'essentiel?

Dans son rapport sur *Les oppositions linguistiques* présenté en 1937 au XIe Congrès International de Psychologie, le
regretté Viggo Brøndal remarquait que dans certaines oppositions l'existence d'un terme exige celle d'un autre, ou même de
plusieurs autres. Si une langue, par exemple, possède la classe
abstraite des nombres purs (cas en somme assez rare en dehors des grandes langues de civilisation), elle possédera nécessairement la classe également abstraite et exactement op-
posée des purs adverbes (parmi lesquels la négation); de même
on n'a pas de subjonctif sans impératif, pas d'aoriste sans imparfait, pas de présent sans prétérit, pas de singulier sans pluriel. L'existence du nom (qui n'est pas du tout universelle)
suppose celle du verbe, du pronom et de la conjonction; de
même on n'a pas de vrai génitif sans datif, qu'accompagnent
invariablement un locatif et un instrumental.[10] Je ne discute
pas ici de l'exactitude des assertions de l'auteur, ni de la manière dont il les présente. Brøndal s'appuyait sur des matériaux souvent discutables et mal digérés,[11] et il écrivait la

langue, pas toujours intelligible au commun des mortels, du philosophe. Mais la démarche de son esprit, au moins dans ce passage, est bien celle du mathématicien, du géomètre, du chimiste ou du physicien à la poursuite des rapports de mutuelle dépendance qui existent entre les faits.

Nombre des constatations générales faites par Trubetzkoy au sujet des systèmes phonologiques peuvent être considérées, pour autant qu'elles se vérifient toujours et partout, comme des lois au sens défini plus haut. J'en citerai trois.

Voici d'abord ce qu'on pourrait appeler la loi du parallélisme des timbres extrêmes. Dans tous les systèmes de voyelles, les deux classes maximalement sombre et maximalement claire présentent toujours le même nombre de degrés de sonorité (sauf, dans les systèmes triangulaires, pour le degré le plus sonore, à savoir *a*).[12] Exemples:

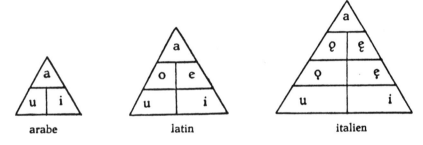

arabe   latin   italien

Mais quand il y a 3 classes de timbre, celle qui se trouve au milieu a tantôt le même nombre de degrés, tantôt moins, mais jamais plus que les deux extrêmes.[13] Les phonologues discutent la question de savoir si le français d'aujourd'hui possède deux degrés de sonorité pour *o* et pour *e;* mais ceux qui admettent l'existence d'un *o* ouvert et d'un *o* fermé sont amenés à faire, parallèlement, la même division pour *e,* et inversement, ce qui confirme la première loi. Dans le cas de *ö,* au contraire, étant donné le nombre minime des exemples où la différence entre *ọ̈* et *ọ̈* joue un rôle distinctif,[14] tout le monde semble d'accord pour ne reconnaître qu'un seul phonème:

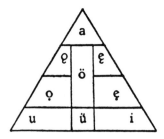

Dans les dialectes alémaniques de Suisse, dont sans doute tous, sauf celui de Schaffhouse, appartiennent au type rectangulaire, la classe du milieu présente, à ma connaissance, moins de phonèmes que les deux classes extrêmes. Le tableau que j'obtiens pour le zuricois (ville) est identique à celui du finnois, langue citée comme exemple par Trubetzkoy:[15]

a		ä
o	ö	e
u	ü	i

Enfin, lorsque la classe de timbre intermédiaire n'offre pas tous les degrés de sonorité, c'est généralement le plus sonore qui fait défaut, tandis que le plus sourd paraît toujours exister.[16] Autrement dit, un triangle comme le suivant serait impossible:

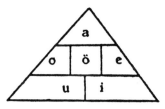

tandis que l'inverse semble attesté par l'arménien moderne:[17]

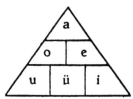

J'ai montré[18] naguère qu'il n'est pas indispensable d'être "structuraliste" ou phonologue pour découvrir, en linguistique, l'existence de lois. Les "lois phonétiques" des néogrammairiens, il est vrai, n'étaient pas des lois proprement dites. Constatant des évolutions qui ont lieu dans une période donnée et dans une aire donnée (p. ex. la formule selon laquelle, en France, entre le 5e et le 8e siècle, *c* placé devant *a* devient *tš*), il leur manque la détermination "toujours et partout" qui accompagne nécessairement les lois des sciences exactes et naturelles. Mais la comparaison des nombreuses lois et tendances phonétiques découvertes jusqu'à ce jour permet de constater que dans une série de cas le passage de telle étape de l'évolution à telle autre ne s'effectue pas par n'importe quel chemin, mais à travers un intermédiaire déterminé. C'est en passant par *tš* qu'un *k* ou un *t*, à partir de l'étape commune *ty*, deviennent *š* (*c a p u m : fr. *chef*, cf. angl. *chief* emprunté au v. fr.), par *ts* qu'ils deviennent *s*. La yodification de *l* suppose toujours et partout *l* mouillé comme étape préalable, tandis que, lorsque *l* passe à *u*, l'intermédiaire est un *l* dit vélaire. De même, pas de rhotacisme de *s* sans une phase *z*, mais pas d'amuïssement de *s* sans une phase *h*. De telles lois de passage se vérifient à toutes les époques et dans les langues et les parlers les plus divers, ce qui montre que la notion de loi scientifique s'applique non seulement au domaine des états de langue, mais encore à celui des faits qui se substituent les uns aux autres dans le temps.

Si François Bacon a pu dire que savoir c'est pouvoir,[19] c'est principalement, et peut-être uniquement, parce que savoir c'est prévoir, sans d'ailleurs que ce terme implique nécessairement la notion de temps pour les faits eux-mêmes. Une loi, quand elle est exacte, permet en effet la découverte de faits cachés, ignorés pour le moment ou qui ne seront jamais attestés directement, mais dont cette loi implique l'existence.

Un exemple personnel. Dans un petit recueil des dialectes suisses, l'auteur, M. E. Dieth, affirme que le dialecte de Bâle-Ville distingue soigneusement *i* fermé et *i* ouvert, qu'il transcrit par *y* et par *i* (ex. *iber der Ry* "über den Rhein"), mais pour *u* il ne mentionne pas d'opposition parallèle.[20] Le texte donné comme spécimen me fait conclure à un système rectangulaire à 2 classes de timbre, mais la colonne des voyelles sombres présente un degré de sonorité de moins que l'autre. J'en

infère, d'après la loi de Trubetzkoy exposée plus haut, que ce
dialecte (que je ne pratique pas) doit posséder aussi deux sortes
de *u*. Un ami bâlois,[21] consulté, m'écrit que son parler distingue en effet un *u* ouvert et un *u* fermé. Le tableau complet est
donc:

a	ä
ǫ	ę
ọ	ẹ
y	i̦
u̦	i̦

Autre exemple. Une loi de passage me dit que tout *s* qui se
rhotacise passe d'abord par une phase *z*. Nous connaissons
cette étape par les témoignages de l'osque (infinitif *ezum,* cf.
lat. *esse;* gén. pl. *-āzum,* lat. *-ārum*) et du gotique (*hvazuh*
"chacun," cf. sk. *káḥ*). Là où elle n'est pas attestée directement, comme en latin ou en grec (laconien βίωρ, att. ἴσωs;
crét. κόρμοs, att. κόσμοs), elle peut donc être inférée.

*   *   *

Le but de ces pages serait atteint si j'avais réussi à convaincre le lecteur que la linguistique n'est pas seulement une
science de faits, mais aussi une science de lois. La linguistique des faits — ceci à l'adresse des linguistes qui pratiquent
leur discipline à la manière des gens qui étiquettent des papil-
lons ou qui collent des timbres dans un album — n'est qu'une
étape vers la linguistique des lois.

Plus on découvrira de telles lois, mieux il deviendra possible de déterminer la place exacte qui doit être assignée à la
linguistique parmi les autres sciences sociales.

On sait que Ferdinand de Saussure, dans l'introduction de
son *Cours,*[22] avait classé la linguistique dans une science plus
large, baptisée par lui du terme de sémiologie, elle-même une
partie essentielle de la sociologie et ayant pour fonction d'étudier la vie des signes dans l'ensemble de la société. Cette science nouvelle, après un demi-siècle bientôt,[23] n'a malheureuse-

ment pas encore pris forme, et elle reste un *desideratum*.
Mais l'idée, qui n'a pas passé inaperçue, — il ne manque pas de
penseurs qui s'y soient référés, expressément ou non,[24] — est
en marche.[25]

Pour le linguiste qui cherche à définir les rapports qui
rattachent sa discipline aux autres sciences sociales, la tâche
prochaine sera de faire le départ, parmi les lois découvertes,
entre celles qui concernent exclusivement la langue et celles
qui, dépassant le cadre de la linguistique, se rapportent à un
groupe ou même à l'ensemble des systèmes de signes. Ainsi
les lois données comme exemples dans les pages précédentes
ne concernent sans doute que la langue; mais des deux principes
de Saussure touchant la nature du signe linguistique: l'arbitraire du signe et le caractère linéaire du signifiant, le premier paraît être une loi générale de la sémiologie,[26] tandis que
le second, quoique débordant la linguistique, — on le retrouve
dans le domaine de la musique et des signaux acoustiques, — ne
s'applique pas à toutes les espèces de systèmes.

Notes

[1]*Nouvelle classification des sciences,* Paris (Alcan) 1901[2], p. 104.

[2]Il y faisait une place à la linguistique sous le terme de glossologie.

[3]Cet ouvrage a été traduit en français par Louis Sauzin sous le titre
Introduction à l'étude des sciences humaines, Paris (Presses universi-
taires) 1942.

[4]*The Classification of the Sciences,* 1864. Je cite d'après la traduction française (1909[9]).

[5]Paris (Colin) 1922, p. 160-161.

[6]Paris (Alcan) 1920[3].

[7]*Programme sommaire des sciences sociales,* Genève (Georg)
1909, p. 5.

[8]*Revue de synthèse historique,* 1908, p. 7.

[9]*Cours de linguistique générale,* Lausanne 1916[1], p. 138-139. Il
appelait cela le point de vue panchronique, par opposition aux "lois" qui,
dans certaines limites de temps et de lieu, s'imposent aux individus par
la contrainte de l'usage collectif à la manière des lois sociales (p. 133-
138). Pour être complet, il faudrait dire: panchronique et pantopique.
Dans l'introduction de ma *Grammaire des fautes* (Genève 1929), j'ai opposé dans le même sens la loi et la règle (p. 23-25).

[10]*Essais de linguistique générale,* Copenhague (Munksgaard) 1943,
p. 45.

[11]Cf. mon compte rendu des *Essais* dans *Zs. f. rom. Philologie,* 64 (1944), p. 148-153.

[12]*Grundzüge der Phonologie (= Trav. du Cercle linguist. de Prague,* 7),* Prague 1939, p. 102.

[13]*Grundzüge,* p. 102-103.

[14]D'ailleurs discutables: *jeune/jeûne, veulent/veule.* Cf. A. Martinet, *La prononciation du français contemporain,* Paris (Droz) 1945, p. 130 et suiv.

[15]*Grundzüge,* p. 102; *Zur allg. Theorie der phonolog. Vokalsysteme,* dans *Trav. du Cercle linguist. de Prague,* 1, p. 48.

[16]*Grundzüge,* p. 103.

[17]D'après les explications de M. Rob. Godel, maître à l'Ecole d'interprètes de l'Université de Genève, qui ajoute que cette langue possède, phonétiquement, un [ö] bref ouvert, mais qui s'oppose à l'ensemble du système à titre de voyelle indéfinie (ǝ).

[18]*Lois de passage,* dans *Zs. f. rom. Philologie,* 64 (1944), p. 557-568.

[19]"Nam et ipsa scientia potestas est."

[20]*Stimmen der Heimat,* Verlag Phonogrammarchiv der Univ. Zürich, 1939, p. 11-12.

[21]M. Ed. Thommen, qui précise cependant que l'opposition *u̯/u* est moins fréquente. Exemples: *du̯s* «draussen» / *dus* «sanft» *su̯f* «Suff, fr. cuite» / *suf* «sauf!, fr. bois!».

[22]P. 34.

[23]Adrien Naville la mentionne dès 1901 dans sa *Nouvelle classification des sciences,* p. 104, en en attribuant la paternité à F. de Saussure.

[24]Dans maints passages de sa *Sprachtheorie* (Iéna 1934) où il cherche à montrer en quoi le signe linguistique diffère des autres espèces de signes, Karl Bühler traite les problèmes en sémiologue. Bally a souvent signalé les rapports entre la langue et le geste, et c'est peut-être par là qu'il faudrait commencer.

[25]Cf. en dernier lieu Eric Buyssens, *Les Langages et le Discours* (coll. Lebègue, no. 27), Bruxelles (Office de publicité) 1943.

[26]*Cours,* p. 102-103.

LANGUE, PAROLE ET DIFFÉRENCIATION*

Rien n'est isolé et tout participe à tout.

Anaxagore[1]

Journal de psychologie normale et pathologique, avril-juin 1952, pp. 137-157.

De toutes les vues nouvelles introduites dans la linguistique par Ferdinand de Saussure, une des plus importantes et des plus célèbres est sa distinction de la langue et de la parole.

I. Les deux conceptions saussuriennes de la langue

1. L'auteur du *Cours de linguistique générale*[2] considère la langue en même temps comme une institution sociale et comme un système de valeurs.

1. 1. La langue est une institution sociale.

1. 1. 1. A la différence de la parole, qui consiste en «actes» (30, 31, 39), en «manifestations [...] momentanées» (29), et qui ne représente que «la somme de ce que les gens disent» (39), la «somme des cas particuliers» (39), la langue est virtuelle: «C'est un trésor déposé par la pratique de la parole dans les sujets appartenant à une même communauté, un système grammatical existant virtuellement dans chaque cerveau...» (31).

1. 1. 2. A la différence de la parole, qui est «l'acte individuel» (30), et où «il n'y a [...] rien de collectif» (39), la langue est «sociale dans son essence et indépendante de l'individu» (38). «En séparant la langue de la parole, on sépare du même coup: 1° ce qui est social de ce qui est individuel; 2° ce qui est essentiel de ce qui est accessoire et plus ou moins accidentel» (31).

1. 1. 3. A la différence de la parole, «acte individuel de volonté et d'intelligence» (31), qui «comprend: a) des combinaisons individuelles dépendant de la volonté de ceux qui parlent; b) des actes de phonation également volontaires» (39), la langue est soumise à la contrainte sociale. «Extérieure à l'individu, qui à lui seul ne peut ni la créer ni la modifier» (32), elle est quelque chose qui est déposé dans chaque cerveau, «tout en étant commun à tous et placé en dehors de la volonté des dépositaires» (39).

«...par rapport à la communauté linguistique qui l'emploie, il [le signifiant] n'est pas libre, il est imposé. La masse sociale n'est point consultée, et le signifiant choisi par la langue ne pourrait pas être remplacé par un autre» (106).

«...dans le fonctionnement de la parole, la loi synchronique est obligatoire, en ce sens qu'elle s'impose aux individus par la contrainte de l'usage collectif» (135).

«... si l'on veut démontrer que la loi admise dans une collectivité est une chose que l'on subit, et non une règle librement consentie, c'est bien la langue qui en offre la preuve la plus éclatante» (106).

1. 2. Mais pour Saussure «la langue ne peut être», en même temps, «qu'un système de valeurs pures» (161).

1. 2. 1. Par *valeur,* il entend la valeur d'échange des économistes (118, 166) ou «la valeur respective des pièces» (129) dans une partie d'échecs.

Les éléments dont se compose un système de langue, à savoir d'un côté les signifiants (exemple : *four*), y compris les phonèmes qui les constituent *(f, u* et *r),* de l'autre les signifiés (le sens «four»), n'ont aucune existence linguistique par eux-mêmes: ce ne sont que bulles de sons et pensée amorphe.

Ils existent seulement par leurs différences réciproques *(four* différent de *cour, pour, jour, tour, fer, fou,* etc.; «four» différent de «fourneau», «potager», «poêle», «réchaud», «radiateur», etc.) et, en même temps, par leur combinaison sous forme de signes comprenant chacun un signifiant et un signifié *(four* «four»): «Un système linguistique est une série de différences de sons combinées avec une série de différences d'idées; mais cette mise en regard d'un certain nombre de signes acoustiques avec autant de découpures faites dans la masse de la pensée engendre un système de valeurs» (173).[3]

1. 2. 2. Cette conception différentialiste de la langue est liée, chez Saussure, au principe de l'arbitraire du signe. «Puisqu'il n'y a point d'image vocale qui réponde plus qu'une autre à ce qu'elle est chargée de dire, il est évident, même *a priori,* que jamais un fragment de langue ne pourra être fondé, en dernière analyse, sur autre chose que sur sa non-coïncidence avec le reste. *Arbitraire* et *différentiel* sont deux qualités corrélatives» (169). Un signe arbitraire ne peut donc reposer que sur des différences. Si le choix qui appelle tel signifiant pour tel signifié n'était pas parfaitement arbitraire, «la notion de valeur perdrait quelque chose de son caractère, puisqu'elle contiendrait un élément imposé du dehors» (163).

1. 3. «A son tour, l'arbitraire du signe nous fait mieux

comprendre pourquoi le fait social peut seul créer un système linguistique. La collectivité est nécessaire pour établir des valeurs dont l'unique raison d'être est dans l'usage et le consentement général; l'individu à lui seul est incapable d'en fixer aucune» (163).

Les deux conceptions saussuriennes de la langue, comme institution sociale et comme système de valeurs, sont donc liées l'une à l'autre, dans ce sens que tout ce qui est différentiel est nécessairement fixé par la contrainte sociale.

Mais peut-on renverser cette proposition et dire que tout ce qui est institutionnel est nécessairement différentiel? Les deux conceptions saussuriennes de la langue se recouvrent-elles exactement?

II. Les deux conceptions sont-elles contradictoires?

2. Le fait que les éléments linguistiques, — phonèmes et signifiants, signifiés, — peuvent comporter des variétés obligatoires qui, à première vue du moins, ne sont pas différentielles, semble impliquer une contradiction entre la conception institutionaliste et la conception différentialiste de la langue.

2.1. Phonème et variétés phoniques obligatoires.

2. 1. 1. Bien que, dans la doctrine de Trubetzkoy, qui attribue la phonologie à la langue et la phonétique à la parole, les deux conceptions saussuriennes de la langue ne soient pas distinguées l'une de l'autre,[4] ses définitions du phonème et des variantes phonétiques concernent spécialement la langue comme système de valeurs différentielles. La phonologie de Trubetzkoy est la science des fonctions phoniques différenciatives.

En français, *a* et *o* sont des phonèmes, parce qu'ils servent à différencier des signifiants pourvus de signifiés différents: *gras/gros*. Les diverses prononciations de l'*r* français, — *r* vibrant apical alvéolaire (dit *roulé*), *r* vibrant uvulaire (dit *grasseyé*), *r* non-vibrant dorsal (dit *parisien*), *r* vibrant pharyngal, — ne sont pas des phonèmes, parce qu'il n'existe pas en français de signes distingués par ces différences, mais des variantes phonétiques.[5] N'étant pas «distinctives», les variantes n'appartiennent pas, selon Trubetzkoy, à la phonologie et à la langue, mais à la phonétique et, partant, à la parole.

2. 1. 2. Lorsque les variantes phonétiques sont déterminées

par leur entourage phonique, Trubetzkoy les appelle *combina-*
toires.[6] Le phonème *l* du français apparaît sous forme d'une
série de variantes combinatoires: il est sourd après une sourde
(oncle), sonore après une consonne sonore *(ongle)*, après voyelle
(balle) ou devant *(lame)*, mouillé devant yod *(milieu)*, vélaire
devant voyelle postérieure *(clos, clou)*, dental dans d'autres positions *(larme)*.

Or, les variantes combinatoires sont en général imposées.[7]
En français, tout *o̥* intense est fermé en finale absolue, ouvert
devant *r*. L'enfant ou l'étranger qui s'avisera de prononcer *peu*
avec un *o̥* ouvert ou *peur* avec un *o̥* fermé interloquera ses auditeurs et se verra bientôt rappelé à l'ordre par le ridicule ou
par d'autres sanctions.

2. 1. 3. Quelques critiques[8] ont très bien vu que le caractère obligatoire de ces variantes ne cadre guère avec la proportion troubetzkoyenne *phonologie : phonétique = langue : pa-*
role. Si, parce qu'elles n'ont pas de fonctions différenciatives,
elles n'appartiennent qu'à la phonétique, elles n'en relèvent pas
moins de la langue par leur nature imposée.

Ils n'ont pas signalé, en revanche, la contradiction qui paraît en résulter pour l'équation saussurienne *langue institution*
sociale = langue système de valeurs. Si ces deux termes se
recouvrent, comment une même réalité phonique pourrait-elle
être en même temps institutionnelle et non-différentielle?

Mais cette difficulté ne surgit pas seulement sur le plan
phonique.

2. 1. 4. A la fin de sa réponse aux critiques du phonéticien
Alfred Schmitt,[9] Trubetzkoy avait relevé que le point de vue
phonologique supprime la séparation méthodologique traditionnellement faite entre phonétique et grammaire: «La phonologie
en tant que théorie des fonctions des oppositions[10] phoniques et
la morphologie en tant que théorie des fonctions des oppositions
formelles ne sont que deux branches d'une même science, qui
doit s'occuper des fonctions des oppositions de valeurs linguistiques, et toutes les branches de cette science utilisent les
mêmes méthodes d'investigation. La manière dont la théorie
des sons est pratiquée par l'école dite «phonologique» suppose
un traitement analogue des autres parties de la théorie du langage, — une *théorie* nouvelle, *structurale, du langage*» (151).

Effectivement, un article d'Albert Sechehaye, *De la*

définition du phonème à la définition de l'entité de langue,[11] a
attiré l'attention sur «une série de conséquences qui retentissent assez loin» entraînées par la définition différentialiste du
phonème:

«... si le phonème ne saurait se définir psychologiquement,
dans le sens où nous venons de le voir [«c'est-à-dire par référence à une idée ou à une représentation qui existerait dans la
conscience du sujet parlant» (45)], (46) il y a de multiples raisons pour en dire autant de toute entité de langue de quelque
ordre qu'elle soit. Par voie de conséquence ou d'analogie, ce
qui est vrai du phonème paraît être vrai également de tout autre
élément fonctionnel du système linguistique.

«Par exemple, si les trois phonèmes qui, dans un certain
ordre de succession, constituent le mot français: *a-m-i* ne
peuvent exister à titre de représentation dans le cerveau d'un
sujet parlant et entendant, le mot subira le même sort que ses
parties et ne pourra pas non plus être l'objet d'une représentation adéquate. C'est parce que traditionnellement on était persuadé du contraire, parce que pendant longtemps personne ne
s'était avisé de mettre en doute la «représentation du mot»,[12]
qu'on a d'abord, et sans hésitation, parlé de la «représentation
des phonèmes».[13] Les deux affirmations sont solidaires et, si
la conclusion s'est dévoilée fausse, les prémisses du raisonnement sont ébranlées. Mais on sait où cela conduit: en partant
d'un simple mot, de proche en proche, il faudra dénier à tout
signifiant, quel qu'il soit, la possibilité d'être défini psychologiquement — si du moins il est vrai, comme l'affirme de Saussure, que tout en grammaire se ramène finalement à des oppositions de formes matérielles différenciées.

«Ce que nous venons de dire se rapporterait donc à tous
les signes de la langue en tant que signifiants. Qu'en est-il de
ces mêmes signes en tant que signifiés?

«Pour refuser au phonème la capacité d'exister dans notre
conscience, on allègue le fait qu'il ne correspond pas à une réalité matérielle simple, mais à une somme complexe de caractères différentiels et à des conditions abstraites de fonctionnement. Si cet argument est légitime, on pourra l'appliquer à
plus forte raison au signifié linguistique en général, car tel
qu'il a été défini par de Saussure, il est certainement au moins
aussi complexe que le phonème et dans sa structure logique intérieure et dans les conditions de son (47) emploi. Ce signifié,

en effet, n'est ni un sens, ni une signification, il ne correspond
ni à une idée précise, ni à un objet particulier, mais il est une
valeur, c'est-à-dire une somme de virtualités expressives résultant des rapports que le signe entretient avec tous les autres
signes de la langue qui se partagent arbitrairement entre eux la
totalité de la matière mentale à exprimer. De toute manière, il
faut donc refuser à ces valeurs — c'est-à-dire aux signifiés en
général — la possibilité d'être définies psychologiquement, d'être
saisies en elles-mêmes par un acte de conscience. Et si nous
disons la même chose et des signifiés et des signifiants, nous
devrons en dire autant encore du signe, unité de langue, qui résulte de leur étroite union en une unité expressive».[14]

Il paraît donc légitime d'examiner si l'on peut étendre
l'opposition entre phonème et variétés phoniques au domaine
du signe, pour distinguer, de façon parallèle, signifiant et variétés sématiques,[15] signifié et variétés sémantiques.

2. 2. Signifiant et variétés sématiques obligatoires.

Le radical du verbe français *lever* apparaît sous deux formes différentes: *ləv-* (p. ex. dans *nous levons*) et *lèv-* (ex. *ils
lèvent*). Si cette variation n'a pas de fonctions différenciatives,
ləv- et *lèv-* ne sont pas des signifiants, mais des variétés combinatoires[16] d'un seul et même signifiant. Quant à ce signifiant
lui-même, c'est une valeur, et comme telle il n'est pas plus
objectivement représentable que le phonème; par convention,
on pourra le désigner au moyen de la formule d'alternance
ləv-/lèv-, ou encore par la formule *lEv-*, où *E* symbolise l'alternance *ə/è*.

2. 2. 1. En admettant que le parallélisme avec les faits
phoniques, toutes choses égales d'ailleurs, soit juste, la proportion troubetzkoyenne *phonologie : phonétique = langue : parole* (cf. § 2. 1. 1.) peut être étendue aux faits sématiques: *signifiant : variétés sématiques = phonème : variétés phonétiques
= langue : parole*, ce qui reviendrait à dire que le signifiant appartient à la langue et les variétés sématiques à la parole.

2. 2. 2. Or, les variétés sématiques combinatoires paraissent être en majeure partie imposées. L'usager du français n'est pas libre de dire *nous lèvons* au lieu de *nous levons*,
ni *ils levent* à la place de *ils lèvent*.

2. 2. 3. Ce qui nous mène, semble-t-il, quant aux deux

conceptions saussuriennes de la langue, à la même impasse que dans le cas des variétés phoniques. Les variétés sématiques paraissent relever de la langue dans la mesure où elles sont obligatoires, de la parole en tant que non-différenciatives.

2. 3. Signifié et variétés <u>sémantiques</u> obligatoires.

La distinction *signifiant/variétés sématiques* et la distinction *signifié/variétés sémantiques* sont en principe parallèles.

C'est dans le domaine des variétés combinatoires que le phénomène de la variation sémantique apparaît avec le plus de netteté. Selon son entourage sémantique, c'est-à-dire selon les signifiés qui l'accompagnent dans la chaîne parlée, le signifié allemand «Land» se présente sous des variétés sémantiques diverses:

«Terre»: *zu Wasser und zu Lande, landeinwärts, landen, Landenge, Landklima, Gartenland, Landratte, an Land gehen*, etc.;

«Campagne»: *Stadt und Land, Landhaus, Landarbeiter, auf dem Lande, auf's Land gehen, ländlich*, etc.;

«Plaine»: *vom Berg in's Land*, etc.;

«Région, contrée, pays»: *Land und Leute, Landkarte, wenn der Frühling in's Land kommt, Landesaufnahme*, etc.;

«Nation»: *Landesverrat, Landesfarben, Landesausstellung, Landesverteidigung, hier zu Lande, landesüblich*, etc.;

«Division territoriale»: *Bundesland* (en Autriche), *die Länder* (en Allemagne), etc.;

«Domaine»: *das Land der Phantasie*, etc.

2. 3. 1. Ici encore, parallèlement à ce qui a lieu dans les domaines phonique (§ 2. 1. 1.) et sématique (§ 2. 2. 1.), on pourra être tenté de croire que seuls les signifiés sont des valeurs et relèvent de la langue, tandis que les variétés sémantiques, n'ayant pas de caractère différenciatif par elles-mêmes, déterminées qu'elles sont par l'entourage ou par la situation,[17] n'appartiennent qu'à la parole.

2. 3. 2. Or, les variétés sémantiques combinatoires ne sont pas libres en principe. Lorsque, en français, on parle d'une *base d'opérations*, d'une *salle d'opérations*, d'une *opération frauduleuse*, des *quatre opérations*, etc., la variété sémantique (militaire, chirurgicale, financière, mathématique, etc.) où se manifeste le signifié «opération» est dans chaque cas fixée par le contexte: elle est obligatoire.

2. 3. 3. Nous voici donc de nouveau dans la même impasse: des variétés (sémantiques en l'espèce) à verser dans la langue en tant qu'elles sont imposées, dans la parole en tant que non-différenciatives.

III. Essai de solution

3. Une contradiction aussi grave n'étant pas compatible avec une théorie scientifique cohérente, il est indispensable d'en rechercher la suppression. Cette entreprise peut être conduite par deux voies opposées: en soumettant la doctrine de Saussure à une mise au point (§ 3. 1.), ou en revisant l'interprétation des faits (§ 3. 2.).

3. 1. S'il fallait retoucher la doctrine du Maître, on pourrait émettre l'idée que la notion de langue institution sociale est plus étendue que celle de langue système de valeurs, autrement dit qu'une partie seulement des faits obligatoires est différentielle. On figurerait la langue dans ce cas par deux cercles concentriques dont l'un, au centre, comprendrait les phonèmes, les signifiants et les signifiés: *institutionnels et différentiels;* l'autre, plus large, les variétés obligatoires (phoniques, sématiques et sémantiques): *institutionnelles, mais non-différentielles* (voir la figure ci-contre).

3. 2. Cependant il paraît évident que dans la pensée de Saussure lui-même ses deux vues de la langue, — comme institution sociale et comme système de valeurs —, étaient coextensives, que la première ne débordait pas sur la seconde. Avant d'avoir la témérité de vouloir, comme tant d'autres, mettre au point la doctrine du penseur qui a proclamé, tout à la fin de son enseignement: *Dans la langue il n'y a que des différences,*[18] il sera prudent de reprendre l'interprétation des faits pour essayer de la pousser plus avant.

3. 2. 1. Analyse subphonématique.

3. 2. 1. 1. Partant de la règle établie par Saussure de «déterminer les éléments différentiels des phonèmes» (70) et des considérations de Trubetzkoy sur le «contenu des phonèmes» *(Phonemgehalt),*[19] les phonologues et phonémistes considèrent aujourd'hui les phonèmes comme des «faisceaux de propriétés distinctives»,[20] de «traits pertinents»,[21] de «composantes simultanées»,[22] qu'ils cherchent à dissocier par l'analyse.

Ainsi le phonème *p* du français actuel se définit par une
série de différences. C'est simultanément une consonne:
priser/iriser, une occlusive: *priser/friser*, une sourde:
priser/briser, une labiale: *prix/tri/cri*, une orale: *pain/
main/nain*. C'est ce faisceau d'éléments différentiels (conso-
nité, occlusion, sourdité, labialité, oralité), — je les appellerai
des subphonèmes —, qui constitue le phonème *p* du français.

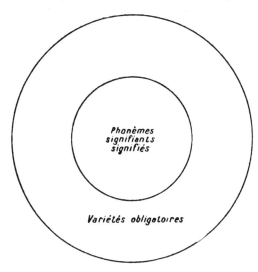

Dans la mesure où elle table sur les oppositions de signes
mises en jeu dans la langue considérée, l'analyse subphonématique ne relève pas de la phonétique, mais de la linguistique.[23]
En fait, deux phonèmes de prononciation semblable appartenant
à deux langues différentes peuvent comprendre des subphonèmes
différents. Ainsi le *p* français est phonétiquement une non-
aspirée; mais la non-aspiration ne fait pas partie des éléments
différentiels de ce phonème, puisque le français ne présente
pas de signifiants qui soient différenciés à l'aide d'un *p* non-
aspiré et d'un *p* aspiré. Inversement, le phonème *p* du grec
ancien, dont la prononciation ne semble pas avoir différé de
celle du *p* français,[24] était, lui, une non-aspirée: cf. *pôs* (πῶς)
«comment?»/*p'ôs* (φῶς) «lumière».[25]

3. 2. 1. 2. Ce ne sont pas les phonèmes, mais les subphonèmes qui sont différentiels.[26] Peut-on dire, par exemple, que
ce sont les phonèmes *p* et *b* qui différencient les signifiants
priser et *briser* l'un de l'autre? Chacun des deux est composé

d'un certain nombre de subphonèmes: occlusion, labialité et sourdité dans le cas de *p*, — occlusion, labialité et sonorité dans le cas de *b*. Comme tous les deux sont des occlusives et des labiales, seuls les subphonèmes sourdité et sonorité différencient *priser* et *briser* l'un de l'autre.

3. 2. 1. 3. Un article pénétrant de M. Zellig S. Harris[27] a introduit dans l'analyse subphonématique un facteur nouveau, dont il importe de tirer les conséquences. L'auteur a montré que «dans des cas spéciaux une composante [...] peut s'étendre sur plus d'un phonème». Cela revient à dire que deux (ou plus de deux) subphonèmes successifs identiques peuvent être considérés comme un seul subphonème long.

Soient, dans le signifiant *apte,* les deux phonèmes successifs *p* et *t*. Le premier comprend les subphonèmes occlusion, sourdité et labialité, le second les subphonèmes occlusion, sourdité et dentalité. Les deux subphonèmes successifs occlusion peuvent être considérés comme un seul subphonème long, de même les deux subphonèmes sourdité. Cette analyse pourrait être représentée graphiquement par des traits de longueur inégale, juxtaposés et superposés:

$$- \ p \ t \ -$$
$$- \ -$$
$$\underline{\qquad}$$
$$\underline{\qquad}$$

Les deux traits brefs successifs symbolisent la labialité et la dentalité, les traits longs l'occlusion et la sourdité.[28]

3. 2. 1. 4. M. Roman Jakobson a affirmé que la variation combinatoire existe aussi bien pour les faisceaux que pour les phonèmes.[29] La difficulté que fait naître, quant à la double conception saussurienne de la langue, l'existence de phonèmes et de variétés, les uns différenciatifs et les autres non, mais tous les deux obligatoires, ne serait donc que déplacée.

Mais l'affirmation de M. Jakobson ne vaut que si tous les subphonèmes ont la longueur d'un phonème. Or, si d'une part c'est le subphonème qui est différenciatif et non le phonème, et si d'autre part le subphonème qui fait partie d'une variété combinatoire n'est qu'une partie du parcours d'un subphonème plus long, la notion de variation combinatoire non-différenciative s'évanouit. Soit le couple all. *dich* [*d' i x'*] «te» et *doch* [*dox*] «si, cependant». Ce qui différencie ces deux signifiants, dans la théorie de Trubetzkoy, c'est la différence entre *i* et *o*, qui sont donc des phonèmes, tandis que la différence entre l'*ich-Laut* de *dich* et l'*ach-Laut* de *doch*, et naturellement aussi celle, moins audible, entre le *d* initial prépalatal de *dich* et le *d* initial non palatal de *doch*, ne sont que des variations combinatoires non-différenciatives dépendant de ces deux phonèmes *i* et *o*.

Le subphonème prépalatalité de *d'* et de *x'* est contenu également dans le phonème prépalatal *i*, ce qui implique un subphonème long prépalatalité qui court tout le long du signifiant *dich*. Inversement, le subphonème non-palatalité de *d* et de *x* appartient en propre aussi au phonème vélaire *o*, d'où parallèlement un subphonème long non-palatalité qui embrasse l'ensemble du signifiant *doch*:[30]

$$d'\ i\ x' \qquad\qquad d\ o\ x$$
$$\overline{-\ -\ -} \qquad\qquad \overline{-\ -\ -}$$

Ainsi donc, si *d'* et *x'*, dans l'analyse troubetzkoyenne, ne sont que des variétés combinatoires de *i*, l'analyse subphonématique dégage un subphonème long prépalatalité commun à *d'*, à *i* et à *x'*, et c'est lui qui différencie *dich* de *doch*. Tout, dans les signifiants, est différentiel, quoique à des degrés variables, et la dissociation en phonèmes (différenciatifs) et variétés (non-différenciatives) doit faire place à la notion de codifférentialité.

3. 2. 1. 5. Pour réfuter la démonstration qui précède, il faudrait pouvoir soutenir plausiblement que les subphonèmes longs se subdivisent eux-mêmes en segments successivement différenciatifs et non-différenciatifs, que par exemple le subphonème prépalatalité qui court le long du signifiant *dich* n'est différenciatif que sur la partie qui traverse la voyelle, tandis que les segments de ce même subphonème qui correspondent aux deux consonnes n'auraient qu'un caractère combinatoire et non-différenciatif, qu'ils ne seraient en quelque sorte qu'anticipation et prolongement inutiles. Cela reviendrait à nier, en somme, la notion de «composantes longues» introduite par M. Harris: il n'y aurait que des subphonèmes successifs identiques limités chacun à un seul phonème.

Cette objection cadrerait mal avec le fait qu'un phonème — encore une fois, selon Trubetzkoy, le seul élément différenciatif du signifiant à l'exclusion des variétés combinatoires — peut

être partiellement ou entièrement escamoté dans la parole sans
que le signifiant dont il fait partie cesse d'être différentiel.

Il arrive en effet qu'un état de langue comprenne des phonèmes intermittents,[31] c'est-à-dire dont la réalisation est tantôt explicite tantôt latente. L'*e* muet du français est un phonème
intermittent: *il le sait/il l'a su*. De même l'*i* de l'allemand.

Comment se fait-il que dans cette dernière langue les mots
mich, dich, sich puissent être prononcés familièrement *m' ch,
d' ch, s' ch* [*m' x', d' x', s' x'*] sans qu'ils cessent d'être intelligibles? On peut avancer deux explications, assez différentes.

La première, qui assigne la fonction différenciative au phonème, est néanmoins obligée de concéder à la variété combinatoire un certain rôle, mais qui ne serait qu'indirect. Dans *d' ch,
m' ch, s' ch*, les variétés combinatoires prépalatales *d'* et *x'*,
m' et *x'*, *s'* et *x'*, qui ne peuvent survenir que dans le voisinage
de phonèmes prépalataux, auraient simplement pour tâche de
signaler la latence du phonème voisin *i*, qui seul serait proprement différenciatif. C'est la fonction *associative*, ou *associative auxiliaire*, de Trubetzkoy.[32]

La seconde explication, qui attribue la fonction différenciative aux subphonèmes, soutient qu'un subphonème long est différenciatif tout le long de son trajet, à la manière d'un fil conducteur que le courant électrique traverse d'un bout à l'autre,
et que par conséquent la différenciation est opérante même
quand une partie du subphonème long reste latente.

3. 2. 1. 6. Il importe maintenant d'examiner si l'analyse en
faisceaux d'éléments différentiels peut être transportée du domaine du phonème à celui du signe et si, là aussi, elle fait éva-
nouir la notion de variation combinatoire non-différenciative.
Conformément aux subdivisions des paragraphes antérieurs, je
traiterai successivement des variétés sématiques (cf. § 2. 2.)
et des variétés sémantiques (cf. § 2. 3.).

3. 2. 2. Analyse subsématique.

3. 2. 2. 1. Les signifiants ne s'analysent pas moins que les
phonèmes en faisceaux d'éléments différentiels. Un signifiant
n'est pas encore défini quand on a réussi à indiquer les phonèmes qui le constituent (p. ex. *i* et *n* pour le préfixe *in-* de
inutile, en face de *p* et *ŏ* du préfixe *peu* dans *peu utile*) et l'ordre dans lequel ils se suivent (*i + n* dans *inutile*, *n + i* dans *ni
utile*). Il faut encore signaler la place où il figure dans le

syntagme (préfixe: *inutile*/suffixe: *alpine*) et la classe sématique à laquelle il appartient: *in-* est prévocalique *(inutile)*,
tandis que *i-* est préliquide *(illégal, irrégulier)* et prénasal *(im-
mobile, innombrable)* et que *ē-* figure dans tous les autres cas
(inconnu). Ce sont là autant d'éléments différentiels — de subsignifiants —, dont le faisceau constitue le signifiant *in-*.

3. 2. 2. 2. Ce ne sont pas les signifiants *dé-* et *ā-*, mais
une partie seulement de leurs éléments différentiels, qui distinguent les syntagmes *déraciner* et *enraciner* l'un de l'autre,
puisque tous les deux sont des préfixes et que tous les deux sont
préconsonantiques (cf. *désorganiser, enivrer*).

3. 2. 2. 3. Entre *in-* et *-utile* il y a, comme dirait Bally,[33]
conditionnement réciproque: «Il consiste en ce que, dans un
syntagme donné, un signe *doit* être employé à l'exclusion d'un
ou plusieurs autres qui ont pourtant exactement la même valeur» (§ 239). Or, «conditionnement réciproque implique [...]
pléonasme» (§ 240): un certain élément différentiel, à savoir
ici la classe sématique (syntagme préfixal dont le radical commence par une voyelle), se trouve à la fois dans *in-* et dans
-utile. Cet élément commun peut être appelé un subsignifiant
long.

De même, dans *nous levons* en face de *je lève*, il y a quelque chose de commun à *lev-* et à *-ons*, l'appartenance à une
même classe de conjugaison: les verbes de la 1re conjugaison
qui ont un *e* muet dans la dernière syllabe du radical de l'infinitif *(lever, cf. rêver)*.

De même encore, la désinence d'ablatif du latin *host-e* ne
contient pas seulement le phonème *e*, mais aussi le caractère
d'appartenance à la 3e déclinaison (cf. *domin-o, ict-u*, etc.), et
ce subsignifiant est commun à la désinence et au radical.

3. 2. 2. 4. Parallèlement à ce qui a été constaté pour les
variétés combinatoires phoniques, la notion de variétés combinatoires sématiques non-différenciatives doit donc faire place
à celle de codifférentialité.

Dans les syntagmes *inutile* et *inconnu*, les préfixes *in-* et
ē- sont certes des variétés combinatoires, mais on ne peut prétendre qu'elles ne soient pas différenciatives: elle participent
au caractère différentiel des radicaux *-utile* et *-connu*.

De même, la notion d'une certaine classe de conjugaison se
trouvant à la fois dans *lev-* et dans *-ons*, à la fois dans *lèv-* et

dans -e, la variation *lev-/lèv-* participe au caractère différentiel des autres éléments des syntagmes où elle figure.

3. 2. 2. 5. La notion de signifiant intermittent, c'est-à-dire dont la réalisation est tantôt explicite tantôt latente, est parallèle à celle de phonème intermittent. Le *z* du pluriel, en français, est un signifiant intermittent:[34] : *ils y vont/ils vont.*

Un signifiant peut rester latent sans que le syntagme dont il fait partie cesse d'être différentiel. Comment se fait-il qu'une phrase telle que *ils dorment,* où le *z* du pluriel n'est pas réalisé, soit néanmoins comprise comme l'opposé de *il dort?* En apparence, c'est-à-dire tant qu'on ne descend pas dans l'analyse subsématique, la différence radicale *dor/dorm* n'est qu'une variation combinatoire, non-différenciative, qui accompagne la différence *il/il-z.* Mais dans le cas de *il dort/ils dorment,* tout se passe comme si la fonction différenciative était reportée sur les radicaux, *dor* indiquant le singulier, *dorm* le pluriel.

Dira-t-on de nouveau, à la manière de Trubetzkoy, que le radical *dorm* a une fonction *associative* (ou *associative auxiliaire*), consistant à signaler la latence de *z*?

Le point de vue subsématique, qui assigne la fonction différenciative au subsignifiant long commun à *z* et à *dorm,* soutient que ce subsignifiant est différenciatif sur tout son parcours, même si une partie (à savoir celle qui correspond à *z*) est escamotée.[35]

3. 2. 3. Analyse subsémantique.

3. 2. 3. 1. La désintégration du signifié dans les subsignifiés qui le constituent est parallèle, *mutatis mutandis*, à celle du signifiant en ses subsignifiants ou à celle du phonème en ses subphonèmes.

L'analyse sublinguistique dégage, dans le signe -*o* [36] qui termine le syntagme verbal latin *mones* «j'avertis», au moins six subsignifiés: 1° "première personne": cf. *moneo* «tu avertis», *monet* «il avertit»; 2° "singulier": cf. *monemus* «nous avertissons»; 3° "présent": cf. *monebam* «j'avertissais», *monebo* «j'avertirai»; 4° "indicatif": cf. *moneam* «que j'avertisse», *mone* «avertis!»; 5° "infectum": cf. *monui* «j'ai averti»; 6° "actif": cf. *moneor* «je suis averti».

Dans l'expression *cumul des signifeés* qu'emploie Bally

(§ 227) à propos de cet exemple, le terme de *signifié* ne correspond pas au signifié-valeur de Saussure. Au lieu de signifiés cumulés sur un signifiant, on parlera de subsignifiés réunis en un faisceau qui, lui, forme *le* signifié (valeur) de la désinence verbale latine *-o*.

L'analyse subsémantique peut être pratiquée sur tous les signes de la langue, y compris ceux du vocabulaire. Ainsi *père* contient deux éléments différentiels, le subsignifié "mâle" (cf. *mère*) et le subsignifié "géniteur" (cf. *fils*). De même, on peut dégager de l'allemand *auf* «sur»[37] un subsignifié "contact" (cf. *über* «au dessus de») et un subsignifié "position supérieure" (cf. *an* «à, contre»).[38]

3. 2. 3. 2. Ce ne sont pas les signifiés, pas plus que les signifiants, qui distinguent les syntagmes les uns des autres.

Ainsi *moneo* et *mones* ne sont pas distingués par les signifiés correspondant à *-o* et à *-es*, mais seulement par certains de leurs éléments différentiels: les subsignifiés "1re personne" et "2e personne," puisque les autres subsignifiés ("singulier," "présent," "indicatif," "infectum," "actif") sont communs aux deux termes du couple.

De même, les syntagmes *grand-père* et *grand-mère* ne sont pas distingués par les signifiés «père» et «mère», puisqu'une partie des subsignifiés qui les forment est identique (à savoir le subsignifié "parents"). mais seulement par les subsignifiés "mâle" et "femelle."

De même encore, les syntagmes all. *auf dem Tisch* «sur la table» et *über dem Tisch* «au-dessus de la table» ne sont distingués que par les subsignifiés "contact" et "absence de contact," puisque le subsignifié "position supérieure" leur est commun.

3. 2. 3. 3. Il y a des subsignifiés longs comme il existe des subsignifiants longs. Tout pléonasme de langue[39] suppose la notion de subsignifié long.

Soit le syntagme *les yeux*. Il comprend deux signifiés successifs dont chacun est à son tour un faisceau d'au moins deux subsignifiés:

«les»:   1° "article défini": cf. *des yeux;*
         2° "pluriel": cf. *l'œil;*
«yeux»: 1° "subsignifié exprimé par le radical": cf. *oreilles, bouche, nez,* etc.;

2° "pluriel": cf. *l'œil*.

Or, deux de ces subsignifiés, ceux du pluriel, sont identiques et peuvent être considérés comme un seul subsignifié long.

De même, il faut supposer un pléonasme, et par conséquent un subsignifié long, dans *salle d'opérations* : salle de "chirurgie," destinée aux opérations "chirurgicales."[40]

3. 2. 3. 4. Soit, maintenant, le couple *l'œil/les yeux*. On y verra d'abord un cas de variation sématique combinatoire, où un seul et même signifiant prend des formes différentes *(œil/ yeux)* selon son entourage.

L'analyse subsémantique montre que ces deux syntagmes ne sont pas distingués par les subsignifiés "article défini," qui sont identiques, ni par les subsignifiés qui correspondent aux deux radicaux, puisqu'ils sont identiques aussi ("œil"), mais uniquement par le subsignifié long "singulier" et le subsignifié long "pluriel."

Comme chacun de ces deux subsignifiés longs s'étend sur tout le syntagme, chacun des deux signifiés de chacun des deux syntagmes est différentiel. Il y a donc codifférentialité sémantique.

L'analyse subsémantique révèle le même phénomène de codifférentialité dans le cas de la variation sémantique combinatoire. On comparera les deux syntagmes *salle d'opérations* et *base d'opérations*, où le même signifié «opération» apparaît, en vertu de son entourage *(salle,* respectivement *base),* sous deux variétés sémantiques différentes. Ces deux syntagmes sont distingués par deux subsignifiés longs: "chirurgical"/ "militaire" (ou "naval," etc.).

3. 2. 3. 5. Tout ce qui a été dit des signifiants intermittents (§ 3. 2. 2. 5.) pourrait être répété, *mutatis mutandis,* des signifiés intermittents.

IV. Conclusions

4. Si la méthode d'analyse différentielle du phonème, du signifiant et du signifié, telle qu'elle a été esquissée et appliquée dans les paragraphes qui précèdent, se justifie, on retiendra les conclusions suivantes.

4. 1. La proportion *phonologie : phonétique = langue :*

parole, qui fait partie de l'axiomatique des phonologues, n'est qu'une fausse symétrie, composée de deux membres hétérogènes. Il ne me semble donc pas exact de dire que la phonologie troubetzkoyenne est «la première science qui ait réussi, à l'intérieur de la linguistique, à réaliser la distinction saussurienne» de la langue et de la parole.[41]

4. 2. Le phonème, le signifiant et le signifié sont des notions secondaires, parce qu'ils ne sont qu'indirectement différenciatifs. Chaque fois que cela sera possible, le linguiste les dissociera dans leurs éléments différentiels: subphonèmes, subsignifiants et subsignifiés.

4. 3. Au niveau de l'analyse sublinguistique, la notion de «variantes combinatoires» *non-différenciatives,* un des piliers angulaires de la doctrine de Trubetzkoy, — sa distinction de la phonétique et de la phonologie est en partie échafaudée là-dessus —, s'effondre. Une variété combinatoire, qu'elle soit phonique, sématique ou sémantique, peut se définir en effet comme un faisceau d'éléments différentiels dont l'un au moins opère en même temps dans son entourage; c'est le subphonème long (resp. le subsignifiant long ou le subsignifié long) qui est différenciatif: «Rien n'est isolé et tout participe à tout.»

4. 4. Le fait que les variétés obligatoires appartiennent à la langue n'entraîne pas de contradiction pour la double conception saussurienne de la *langue institution sociale* et de la *langue système de valeurs.*

Notes

[1] οὐδὲ χωρὶς ἔστιν εἶναι, ἀλλὰ πάντα παντὸς μοῖραν μετέχει (Diels, fragm. 6).

[2] Toutes mes citations se rapporteront à la 1re édition: Lausanne-Paris, Payot, 1916.

[3] A la fin de son chapitre sur la valeur linguistique, Saussure avait précisé que les termes *opposition* et *distinct* ne peuvent s'appliquer qu'aux signes («termes positifs», 174; «la seule espèce de faits que comporte la langue», 173), les termes *différence* et *différent* aux éléments constitutifs des signes seulement, c'est-à-dire aux signifiés ou aux signifiants (et par conséquent aussi aux phonèmes), qui n'ont rien de positif: «Une différence suppose en général des termes positifs entre lesquels elle s'établit; mais dans la langue il n'y a que des différences *sans*

termes positifs. Qu'on prenne le signifié ou le signifiant, la langue ne comporte ni des idées ni des sons qui préexisteraient au système linguistique, mais seulement des différences conceptuelles et des différences phoniques issues de ce système» (172). M. Rulon S. Wells a relevé (*Word*, 3, 1947, p. 13-14) que, dans les autres parties du *Cours,* cette séparation terminologique n'est pas observée de façon cohérente. Je m'explique cette contradiction par le fait que le chapitre en question a été exposé tout à la fin du semestre d'été 1911, tandis que les passages dissidents ont été empruntés par les éditeurs à des leçons antérieures (par exemple, la phrase fameuse sur les phonèmes considérés avant tout comme «des entités *oppositives,* relatives et négatives» (171), si souvent citée par Trubetzkoy et ses disciples, est tirée d'un cours de 1907!). Si l'on veut s'en tenir à la terminologie de Saussure dernière manière, universellement voilée aujourd'hui sur ce point, il sera donc nécessaire de décrire les systèmes de phonèmes, les systèmes de signifiants et les systèmes de signifiés non pas comme des systèmes d'oppositions, mais comme des systèmes de différences. L'intelligence de la doctrine de Saussure en dépend.

[4]1° «Comme le phonème appartient à la langue et que la langue est une institution sociale, le phonème est justement une *valeur*...» (N. S. Trubetzkoy, *Grundzüge der Phonologie,* Prague, 1939, p. 41; trad. p. J. Cantineau, *Principes de phonologie,* Paris, Klincksieck, 1949, p. 46); 2° «...un phonème est un élément différentiel, une *valeur* linguistique au sens de F. de Saussure...» (Trubetzkoy, La phonologie actuelle, dans *Journ. de Psychologie,* 30, 1933, p. 233).

[5]Ce sont les *allophones* (ou, par abrégé, *phones*) des phonémistes américains. Cf. Bernard Bloch and George L. Trager, *Outline of Linguistic Analysis,* Baltimore, 1942, § 3.3.

[6]Ce sont les *positional variants* des phonémistes américains. Le *Principle of complementary distribution* (Bloch-Trager, §§ 3.3. et 3.4.) n'est guère qu'un décalque de la règle III de Trubetzkoy: *Grundz.,* 44 = Cantineau, 50.

[7]Il y a des cas où elles sont facultatives: *Grundz.,* 46 = Cantineau, 52. Dans le français *heureux,* la prononciation fermée du premier *ö* est une variante combinatoire facultative.

[8]J. v. Laziczius, Die Scheidung langue-parole in der Lautforschung, dans *Proceed. of the 3rd Intern. Congr. of Phonet. Sciences,* Gand, 1939, p. 13-23; N. van Wijk, La délimitation des domaines de la phonologie et de la phonétique, *ibid.,* 8-12.

[9]Ueber eine neue Kritik des Phonembegriffes, dans *Arch. für vergleichende Phonetik,* 1 (1937), p. 129-53.

[10]Sur l'impropriété de ce terme au point de vue saussurien, cf. ma note au § 1. 2. 1.

[11]*Cahiers F. de Saussure,* 2 (1942), p. 45-55. Les petites capitales sont de moi.

[12]Le *Cours* lui-même parle tantôt de l'*image acoustique* et du *concept* (ou de l'*idée*), tantôt du *signifiant* et du *signifié.* Ce flottement

s'explique par le fait que Saussure n'a introduit dans son enseignement les termes techniques *signe, signifiant* et *signifié* que pendant la seconde quinzaine de mai 1911 et que les passages où il est question de l'image acoustique et du concept (ou de l'idée) ont été empruntés par les éditeurs à des leçons antérieures à cette date.

[13]On sait que Trubetzkoy lui-même avait commencé, sous l'influence de Baudouin de Courtenay, par faire de la phonologie psychologiste. L'auteur d'un manuel récent (Eug. Dieth, *Vademekum der Phonetik,* Berne, Francke, 1950), qui consacre à la phonologie toute une section (§§ 423-60, cf. aussi §§ 20-22), croit encore que cette discipline s'occupe de la «représentation du son» *(Lautvorstellung)* !

[14]Un linguiste a, cependant, accusé Sechehaye de psychologisme: «M. Marcel Cohen signale qu'il est heureux que la communication de B. Pottier donne une occasion de parler de certains aspects de la doctrine de l'école genevoise: après que les disciples de F. de Saussure ont eu inscrit à la fin de la version imprimée de son cours l'affirmation que la linguistique s'occupe de la langue en elle-même, ils ont dans leurs propres ouvrages (Sechehaye surtout, mais aussi Bally) fait une large place à un "psychologisme" qui rappelle les errements antérieurs au développement de la linguistique» *(Bull. de la Soc. de Linguist.,* XLV, 4, 1949, p. xvii). Cette sévère appréciation ne peut certainement pas s'appliquer aux extraits de Sechehaye qu'on vient de lire.

[15]J'emploie *sématique* (substantif et adjectif; du gr. σῆμα «signe», surtout «signe matériel») pour tout ce qui concerne le signifiant, au lieu des termes traditionnels *morphologie* et *morphologique,* qui admettent un grand nombre de définitions et mènent à des malentendus.

[16]Ce sont les *morpheme alternants* des linguistes américains. Cf. Z. S. Harris, Morpheme Alternants in Linguistic Analysis, dans *Language,* 18 (1942), p. 169-80. Ils les appellent aussi *morphs :* Ch. F. Hockett, Problems of Morphemic Analysis, dans *Language,* 23 (1947), p. 321-43, spec. p. 322, n. 7.

[17]Lorsqu'un militaire, un chirurgien, un banquier, un mathématicien parlent d'*opérations,* la variété sémantique du signifié «opération» est fixée par la situation.

[18]Cf. H. Frei, Saussure contre Saussure?, dans *Cah. F. de Saussure,* 9 (1950), p. 7-28, n. 32.

[19]*Grundz.,* 59-60 = Cantineau, 68-9.

[20]R. Jakobson, On the Identification of Phonemic Entities, dans *Trav. du Cercle linguist. de Copenhague,* 5 (1949), p. 205-13, spéc. p. 208.

[21]A. Martinet, Où en est la phonologie?, dans *Lingua,* 1 (1947), p. 34-58, spéc. p. 43-44.

[22]Z. S. Harris, Simultaneous Components in Phonology, dans *Language,* 20 (1944), p. 181-205.

[23]La désintégration du phonème en ses éléments différentiels ne signifie pas un retour à la phonétique, comme se l'imagine M. E. Buyssens (Mise au point de quelques notions fondamentales de la phonologie, dans *Cah. F. de Saussure,* 8, 1949, p. 37-60): «On a vu que Saussure attribuait un caractère négatif aux phonèmes. Par contre, Trubetzkoy a

très bien compris qu'il fallait définir le contenu du phonème et que pour
cela il fallait sortir du système d'oppositions phonologiques et se tourner vers la phonétique» (48, avec renvoi aux *Grundz.*, 81-82 = Cantineau,
95). C'est Saussure, néanmoins, qui montre la voie exacte: «. . . dans la
production du son, les facteurs qui peuvent entrer en jeu sont l'expiration, l'articulation buccale, la vibration du larynx et la résonance nasale.
Mais énumérer ces facteurs de production du son, ce n'est pas encore
déterminer les éléments différentiels des phonèmes. Pour classer ces
derniers, il importe bien moins de savoir en quoi ils consistent que ce
qui les distingue [= ancienne terminologie, cf. ma note au § 1. 2. 1.] les
uns des autres» (70). Si les subphonèmes ne se définissent pas par leur
correspondance avec les phénomènes physiologiques et acoustiques,
mais par leurs différences mutuelles (d'ailleurs variables d'une langue
à l'autre), ils ne sont pas plus «positifs» (ou «substantiels») que les
phonèmes, et l'analyse subphonématique n'est donc pas plus phonétique
que l'analyse phonématique.

[24]La présence d'un *b* dans lat. *burrus*, *buxus* et *carbasus* en face de
gr. πυρρός, πύξος et κάρπασος pourrait faire songer à une douce (on sait
que les sinologues allemands transcrivent les occlusives sourdes douces
du chinois par les lettres *b*, *d*, *g*), mais le latin est soupçonné d'avoir
emprunté ces mots à une langue autre que le grec.

[25]Dans la phonématique du grec ancien, les phonèmes *p* (π), *t* (τ) et
k (κ) contiennent chacun un subphonème zéro (aspiration zéro): cf. *p‘*
(φ), *t‘* (ϑ) et *k‘* (χ). Mon article: Zéro, vide et intermittent, *Zeitsch.
für Phonetik*, 4, 1950, p. 161-91, ne tient pas encore compte du point de
vue subphonématique.

[26]Cf. Jakobson, *art. cit.* : «Only when brought up to the level of distinctive features, the linguistic analysis enables us to verify Saussure's
cardinal statement on phonemic units as first and foremost «*entités oppositives*». The phoneme by itself is not a term of opposition» (208) [sur
distinctif, oppositif, opposition, cf. ma note au § 1. 2. 1.]. — Cf. Martinet,
art. cit.: «Ce n'est pas le phonème, mais le trait pertinent qui est l'unité
de base de la phonologie» (46). — Cf. J. Lotz: «. . . it is actually the fea-
ture and not the entire phoneme that plays the dominating role, and phoneme proves to be a derived notion» (Speech and Language, dans *The
Journ. of the Acoustical Soc. of America*, 22, 1950, p. 712-17, spéc. p.
715).

[27]*Art. cit.*

[28]L'exemple de l'harmonie vocalique suggère qu'il existe des subphonèmes longs discontinus: turc *göz-ler-im* «mes yeux» *(ö .. e .. i)*,
mektup-lar-im «mes lettres» *(u .. a .. i)*. Cf. R. Godel, *Gramm. turque*,
Genève, 1945, §§ 7 et suiv. L'auteur me fait remarquer cependant que
dans cette langue le subphonème palatalité (resp. postpalatalité) est continu: il comprend les voyelles et les consonnes; c'est ce qui l'a fait
penser depuis longtemps que l'analyse troubetzkoyenne s'applique mal
à ces cas, le facteur différentiel résidant dans le groupe et non dans les
phonèmes.

De même, on peut supposer que le subphonème cacuminalité contenu dans les phonèmes *r* et *n* du mot sanscrit *karanam* «action» ne saute pas par-dessus la voyelle *a*, mais déteint aussi sur elle.

[29]*Art. cit.* : «...for bundles the question of contextual variance is quite as pertinent as for sequences» (208).

[30]Les traits brefs symbolisent les subphonèmes brefs entrant dans la constitution de chacun des 3 phonèmes de ces deux signifiants. Pour simplifier, je n'indique qu'un trait dans chaque cas; une description plus détaillée, qui n'intéresse pas la démonstration présente, aurait à super-poser pour chaque phonème plusieurs traits brefs représentant plusieurs subphonèmes brefs.

[31]Cf. H. Frei, *art. cit.*

[32]*Grundz.*, 47 = Cantineau, 53.

[33]*Linguist. générale et linguist. française*, 2e éd., Berne, Francke, 1944.

[34]Cf. H. Frei, *art. cit.* : § 4. 6.

[35] Pour celui qui désire traiter la linguistique en science autonome, cette interprétation a en outre l'avantage de rendre inutile l'explication traditionnelle des faits d'ellipse par la mémoire, facteur extérieur au système de la langue. Cette remarque vaut naturellement aussi pour les phonèmes intermittents (§ 3. 2. 1. 5) et les signifiés intermittents (§ 3. 2. 3. 5).

[36] Cf. l'analyse faite par M. Jakobson de la terminaison verbale lat. -*mus*: *Actes du VIe Congr. intern. des Linguistes,* Paris, Klincksieck, 1949, p. 7.

[37] J'emprunte cet exemple librement, en y appliquant ma propre ter-minologie, à M. J. Fourquet, Analyse linguistique et analyse phonologique (dans *Trav. du Cercle linguist. de Copenhague*, 5, 1949, p. 38-47, spéc. p. 46-7), qui montre bien quelle sorte de parallélisme il y a entre la décom-position du signifié et celle du phonème.

[38]Toutes ces analyses tablent sur les oppositions de signes fonction-nant dans les langues en question. Quand cette condition est observée, la dissociation du signifié en ses éléments n'est pas plus, pour le lin-guiste, une déviation dans les domaines de la logique ou de la psycho-logie que la désintégration du phonème ne signifie un retour à la phoné-tique (cf. § 3. 2. 1. 1.).

[39]C'est le *pléonasme grammatical obligatoire* de Bally (§§ 234-8). Le pléonasme fautif *(descendre en bas)* ou expressif *(voir de ses pro-pres yeux)* relève de la parole ou de la stylistique.

[40] L'interprétation soutenue dans ce paragraphe se trouve suggérée ailleurs déjà. Edward Sapir (*Language*, 1921, 140) écrit au sujet des terminaisons de pluriel -*s* et -*en* en anglais: «They are plural elements only in so far as plurality is predicated of certain selected concepts [...] A little of the force of -*s* and -*en* is anticipated by, or appropriated by, the words *book* or *ox* themselves, just as the conceptual force of -*th* in *dep-th* is appreciably weaker than that of -*ness* in *goodness...*». Selon Bally (§§ 239-43: *Conditionnement réciproque arbitraire*), «Condition-nement réciproque implique [...] pléonasme: la notion d'adjectif se

trouve à la fois dans *stupid-* et dans *-ité,* celle de verbe à la fois dans *fabric-* et dans *-ation,* etc.» Cf. § 242: «Si là phrase "Tu réussiras" est transposée en complément d'objet dans "Je doute que tu réussisses," on constate que le verbe *douter* oblige le verbe *réussir* à passer du futur indicatif au présent subjonctif; [...] Ici encore, conditionnement implique pléonasme: il y a quelque chose du doute dans "que tu réussisses", aussi bien que dans "je doute"».

[41]E. Benveniste, dans *Bull. de la Soc. de Linguist.,* 46 (1950), fasc. 1 (n° 132), p. xxx.

LA MÉTHODE DES DICTIONNAIRES DE PHRASES*

"... mehr als die schwierigste Rechnung, die mit Hilfe alter Operationen ausgeführt wird, dedeutet die Ermittelung einer neuen Operationsart : in der Vervollkommenung der Methoden liegt der wahre Fortschritt der Wissenschaft" (Schuchardt, 409).[1]

1. But du dictionnaire de phrases. — 2. Procédés d'enquête : par simple observation ou par questionnaire. — 3. Le questionnaire. — 4. L'enquête. — 5. Utilisation des relevés.

1. La méthode des dictionnaires de phrases cherche à remédier à deux points faibles de la linguistique, telle qu'elle est pratiquée par la plupart des savants : la pléthore des matériaux et leur hétérogénéité.

1.1. D'une part, les faits par lesquels se manifeste une langue sont si abondants que le nombre des exemples que peut citer le linguiste, dans le cas d'un idiome vivant, n'a théoriquement et pratiquement pas de limites. Mais la tendance des linguistes est d'en utiliser le plus grand nombre possible.

Les sept tomes de la grammaire française de Damourette et Pichon reposent sur l'analyse de plus de 34.000 exemples écrits et parlés, et les auteurs déclarent, au terme de leur ouvrage (§ 3164), qu'en plus d'un quart de siècle d'efforts ils ont "essayé de faire l'inventaire le moins incomplet possible des ressources" de cette langue.

Le livre des deux mille phrases (1953; 2e éd. 1966), pp. 11-20.

J'extrais de la préface d'un atlas linguistique (Saareste) les lignes suivantes : "la condition préalable pour l'étude fructueuse d'une langue est d'en posséder des matériaux aussi abondants que possible..."

Nous tenons là un reste de l'époque présaussurienne, où l'on considérait la langue non comme un système de valeurs immatérielles se définissant par leur opposition réciproque, mais comme une masse d'éléments concrets, ayant chacun son existence propre, quasi comme les pierres qui entrent dans la construction d'un édifice, d'où la nécessité où l'on se croit de recueillir l'ensemble de ces matériaux, ou du moins le maximum possible, pour obtenir une vue générale. Si au contraire la langue constitue une "forme" (Saussure),[2] c'est-à-dire un équilibre d'éléments insubstantiels, la connaissance de chaque pièce implique celle de tout le reste et il suffira dès lors de matériaux en nombre limité.

Une expérience tirée de la vie ordinaire suggère qu'il doit en être ainsi. A l'ouïe de quelques mots seulement, nous reconnaissons immédiatement telle ou telle langue dont nous avons l'habitude. N'est-ce pas parce que le système se retrouve dans la moindre parcelle comme une goutte de pluie implique tous les facteurs du phénomène pluie ?

1.2. D'autre part, même en admettant qu'une langue forme un système, on ne sait jamais avec certitude jusqu'à quel point ce dernier constitue un tout fermé. Qu'on pense aux différences de dialectes, aux distinctions sociales, sans parler des oppositions d'âge et de sexe ! Il en résulte que des faits présentés comme appartenant à une langue donnée ne relèvent pas toujours strictement du même système : autant de cerveaux, autant de systèmes linguistiques particuliers.

La pratique courante, pour une langue telle que le français, d'établir une grammaire "générale" combinant, outre la langue écrite et la langue parlée, diverses époques, diverses classes sociales et même diverses régions, ne peut aboutir, dans l'état actuel de la science, qu'à un méli-mélo : une grammaire à plusieurs systèmes, dont aucun n'a été étudié séparément. Il suffit, pour s'en convaincre, de consulter les six volumes de la *Grammaire* de Nyrop ou les sept tomes de l'*Essai* de Damourette et Pichon.

Sur les quelque 34.000 exemples de ce dernier, 2900 à peine relèvent de l'observation orale, soit un peu plus de 8%.

Ils ont été recueillis de la bouche de 8 à 900 personnes appartenant aux milieux les plus différents : bourgeoisie et peuple,
médecins et infirmières, adultes et enfants, Parisiens et pro-
vinciaux, citadins et paysans. La plupart de ces témoins ne
fournissent qu'un seul exemple chacun. Les quatre qui ont été
le plus mis à contribution ont procuré respectivement : moins
de 400 exemples (Mme EJ), moins de 200 (M. P), plus de 100
(M. WF et Mme A). Il ne s'agit donc pas, à strictement parler,
dans l'ouvrage en question, d'un système du français, mais
d'une pluralité de systèmes dont on peut certes supposer la coexistence et l'interaction partielles, mais dont aucun n'a été
décrit et défini pour soi.

1.3. La méthode des dictionnaires de phrases procède de
l'idée que la meilleure manière d'obvier à ces difficultés est
de partir d'un ensemble limité de pensées usuelles pour examiner comment chacune est exprimée par une seule et même
personne dans son parler individuel. Le but de cette méthode
est donc de fournir des matériaux limités et individuels (idio-
syncrasiques).

2. L'introduction de la méthode des questionnaires, lancée
par les dialectologues, a pour la linguistique une signification
parallèle à l'entrée, dans toute autre science empirique, de la
méthode expérimentale. C'est le remplacement de l'observation pure et simple des faits, ou son complètement, par l'"observation provoquée" (Claude Bernard).[3] Au lieu de recueillir
au hasard des conversations et pendant des années, à la manière
d'Edouard Pichon, les faits dont il peut avoir besoin, le linguiste
se les procure systématiquement, et d'une manière relativement
rapide, au moyen de questions appropriées posées à un certain
nombre de témoins choisis.

2.1. Les avantages et les défauts respectifs de l'observation simple et de la méthode des questionnaires ont été souvent
discutés, notamment à propos de géographie linguistique.
La méthode des questionnaires a sur l'observation simple
l'avantage de l'homogénéité des matériaux, recueillis sur un
seul[4] témoin et dans un temps relativement court. Alors que le
relevé des 2000 phrases, si les séances ne sont pas trop espa-
cées et que le témoin ait été bien choisi et n'abandonne pas en
cours de route ni ne doive être abandonné, peut être confortable-

ment effectué dans l'espace de quelques mois, les 2800 à 2900 exemples oraux de Damourette et Pichon sont le résultat d'une enquête qui a duré 29 ans (de 1911 à 1940) et qui a atteint plus de 850 personnes, dont 140 à peu près furent des témoins de rencontre à l'état-civil inconnu.

En revanche, l'observation simple, comme on l'a souvent remarqué, a sur la méthode des questionnaires l'avantage de fournir, au lieu de traductions, des matériaux spontanés. Cependant, lorsque le questionnaire est composé de phrases, dont la situation sera précisée chaque fois que cela paraîtra nécessaire, le risque d'enregistrer des réponses erronées ou artificielles se réduit considérablement.[5]

2.2. Le vice irrémédiable des questionnaires de mots est d'inciter le témoin à rendre le mot du questionnaire par un mot appartenant apparemment à la même catégorie grammaticale, alors que le nombre, la répartition et par conséquent la définition de ces catégories varient d'une langue à l'autre. A la rigueur, cela peut aller tant qu'il s'agit de mots désignant des choses, mais dès que l'on quitte, tant soit peu, le domaine concret, les différences de perspective éclatent. Au substantif français *appétit* figurant dans un questionnaire de mots, un témoin de langue anglaise répondra automatiquement par le substantif *appetite*, mais si le vocable français apparaît dans une phrase (45. *Symptôme de maladie :* Il a peu d'appétit), la réponse pourra être fort différente, par exemple *He's off his food*. Cette tournure ne contient que des mots de très haute fréquence; effectivement, *appetite* ne se rencontre ni dans les 850 mots du *Basic English* (Ogden), qui le périphrase par *desire for food*, ni dans le *1000-Word Radius* de Palmer, ni dans les 2000 mots de l'*Interim Report on Vocabulary Selection*.[6]

3. Le but du questionnaire est d'enregistrer la parole au service de la pensée et de l'action chez l'homme quelconque.

3.1. Quelles idées, donc, mettre dans le questionnaire? Naturellement, pas de pensées rares et originales, mais les plus banales et les plus courantes, celles qui sont la raison d'être du langage dans la vie de tous les jours.

Il s'agissait, par conséquent, de mettre à la base du questionnaire une sorte de sélection des notions, parallèle, dans le domaine de la pensée, à la sélection de vocabulaire[7] pratiquée

par les Anglo-Saxons pour l'enseignement de la langue maternelle aux étrangers. Si des mots tels que *nature, nourriture,
jambe, tomber, pleuvoir, bleu*, etc., doivent être appris avant
idiosyncrasie, fenouil, péroné, s'affaler, bruiner, pers, il en
est évidemment de même pour les notions qui leur correspondent. A cet effet, j'ai choisi dans la pensée usuelle un ensemble
de 2000 notions dont chacune est illustrée par une phrase empruntée à la vie quotidienne.

Ce choix n'a pas été adapté spécialement à l'étude d'une
famille de langues donnée. C'est la raison pour laquelle la
sphère des idées qui remplissent le questionnaire, orienté plutôt vers le présent et l'avenir que vers le passé, est celle de la
culture moderne, de caractère de plus en plus urbain et technique, de l'Occident, celle-ci étant la seule à étendre son emprise sur tous les continents.

Les notions ont été classées en deux parties (notées A et
B), comprenant au total 13 chapitres (I-XIII) et 150 sections
(I-CL). Cet arrangement s'inspire des dictionnaires qui partent de l'idée, depuis le *Thesaurus* de Roget et ceux de ses imi-
tateurs en toutes langues jusqu'au *Tableau synoptique* qui termine le *Traité* de Bally et au *Deutscher Wortschatz* de Dornseiff;
mais, au rebours de leurs classifications, je parcours la voie
empirique qui va de l'homme aux choses. La première partie
de la liste s'occupe de l'homme en partant du corps pour passer
successivement à la nourriture et aux vêtements, à l'habitation
et aux transports, à l'industrie et à l'économie, à la société, à
l'âme et aux signes, tandis que la seconde traite de la nature
(êtres et choses, phénomènes) et de l'abstraction (espace, temps,
ordre, quantité et qualité, existence et relation).

Naturellement, et comme c'est généralement le cas pour
les dictionnaires idéologiques, cette classification des notions
n'est pas invulnérable à toute critique; pour éviter des malentendus, il convient cependant de souligner qu'outre l'assurance
qu'elle procure qu'aucune des faces les plus courantes de la vie
de l'homme moderne n'a été oubliée, elle n'a qu'une portée pratique : faciliter le travail de l'enquêteur et du témoin et, après
publication du relevé, la consultation par le lecteur. Mais il
reste bien entendu que chaque langue possède son système de
signes à elle et qu'une classification des notions, qui relèvent
de la pensée et sont en principe des entités extra-linguistiques,
est autre chose qu'une organisation de signifiants et de signifiés
formant la langue au sens saussurien de ce terme.[8]

3.2. Chacune des 2000 notions est illustrée par une phrase empruntée à la vie de tous les jours. Exemple:

1294. [Disparaître]. Il a disparu au tournant.

3.2.1. Le mot-souche qui exprime la notion n'apparaît pas nécessairement sous la même forme dans la phrase correspondante :

1321. [Peinture]. Et si on faisait peindre le portail en vert?

1351. [Mauvaise odeur]. La viande commence à sentir.

1695. [Fréquence]. *Autobus :* A. Est-ce qu'il passe souvent? — B. Il y en a un toutes les dix minutes.

Pour éviter que l'enquêteur et le témoin ne se laissent influencer, les mots-souches ne figurent pas en regard des phrases respectives, mais ont été groupés, en manière de sommaire, au début de chacune des 150 sections.

3.2.2. L'expression "2000 phrases" ne doit pas être prise à la lettre. En fait, il s'agit d'énoncés : phrases proprement dites et quasi-phrases (exclamations et interjections, adverbes : *Oui. Peut-être. Demain*), et souvent un seul numéro comprend plusieurs énoncés successifs.

3.2.3. Chaque numéro a une seule teneur sans aucune variante : l'ensemble est comparable à une collection d'instantanés pris sur un même individu dans des situations diverses. Chacune, en fait, est censée avoir été dite une fois seulement, toujours par le même témoin,[9] dans des circonstances définies (faits concrets, lieu, temps, personnes, disposition d'esprit), qu'on appellera la situation.[10] Celle-ci, quand il y a lieu de la préciser pour éviter des équivoques, est signalée en italiques au début de la phrase, à la manière des indications scéniques qui figurent dans les pièces de théâtre :

31. *Courant d'air :* Ça m'a fait éternuer.

1893. *Fâché :* Mais dites donc, est-ce que ça vous regarde?[11]

Comme le même individu, selon les situations où il se trouve, peut adapter sa parole aux "registres" stylistiques et sociaux les plus divers, l'homogénéité des phrases du dictionnaire s'arrête à l'individu. La langue d'un individu est une donnée immédiatement observable, tandis que les "registres" en question, qui constituent un problème et non une donnée, ne peuvent être pris comme point de départ. A l'heure actuelle,

il n'existe d'ailleurs pas encore de critères scientifiques pour
les établir. C'est au contraire par la comparaison de relevés
mono-individuels qu'on parviendra peut-être un jour à les définir.

La notion d'*idiolect*[12] donnerait des matériaux mieux déli-
mités, mais sans supprimer pour autant les variations de style,
puisque, même avec un même interlocuteur on peut changer de
ton (colère, etc.). Et surtout, en obligeant de multiplier les relevés pour un même individu, cela ne répondrait pas au but éco-
nomique des dictionnaires de phrases; même ainsi, le monologue (ex. no. 1010) et le polylogue (la parole adressée à
plusieurs individus à la fois) échapperaient à l'enquête et, par
exemple, la 2e personne du pluriel, employée comme adresse
directe (nos. 996, 1140, etc.), n'apparaîtrait jamais!

3.2.4. La plupart des phrases du questionnaire sont courtes;
et les numéros relativement plus longs ne sont en général
qu'une succession de brefs énoncés. L'individu quelconque
préfère la parataxe à l'hypotaxe. Il ignore les longues périodes
compliquées et n'a pas de goût marqué pour les propositions
relatives : il ne s'exprime pas comme les sorbonnagres. Qui
reprochera à une collection d'instantanés de ne pas être un pa-
norama ou un long métrage?

3.2.5. Conformément à la banalité linguistique de l'homme
quelconque (cf. supra : 3.1.), beaucoup de phrases du questionnaire se ressemblent. L'original chez qui tout ce qui tombe
des lèvres est une trouvaille n'existe que dans les pièces de
théâtre et appartient donc à la littérature.

Les linguistes hypnotisés par la préoccupation d'être complets (cf. supra : 1.1.) s'attachent au contraire à créer des questionnaires destinés à faire apparaître les types d'expression les
plus variés. On aboutit ainsi à des drôleries du genre suivant :
"Mon chien, le tien et celui de ton ami sont très fatigués d'avoir
couru" (Cohen no. 276).

On oublie que le relief numérique des types syntaxiques
(morphologiques, etc.) d'une langue est inégal : alors que certains reviennent sans cesse, d'autres sont rares ou très rares.
Un questionnaire dont chaque numéro présenterait une formule
différente serait contraire à la réalité statistique des langues.

3.2.6. Une autre méthode, plus voisine de la vie, en apparence, eût été d'élaborer chacune des 150 sections en autant

de conversations.[13] Mais la compression, dans un seul entretien, de notions relativement nombreuses et appartenant à la même sphère, — par exemple, sous la section 1 *(Tête)*, les notions "tête," "cheveux," "chauve," "front," "visage," "teint," "pâle" et "cou," — risque de produire des résultats souvent artificiels et même comiques, comme il ressort de la plupart des manuels de conversation contenant des dialogues classés par matières.[14] En fait, une conversation familière, même quand elle porte sur un sujet donné, se poursuit le plus souvent à bâtons rompus.

En revanche, certaines phrases ont été installées dans le questionnaire de manière à s'enchaîner, soit à l'intérieur d'un même numéro :

1924. A. Est-ce que cette étoffe est solide? — B. Elle est solide, je vous assure. Elle tiendra.

soit d'un numéro à l'autre:

1645. *Voyage, pas décembre* : A. Nous ne pourrions pas faire ça en janvier? —

1646. B. En tout cas février c'est trop tard.

4. Au rebours des dictionnaires traditionnels, qui, se plaçant au point de vue de la langue, présentent l'emploi des mots, des expressions et des phrases dans des situations variées, le dictionnaire de phrases note le langage sous l'aspect de la parole, comme une série d'actes uniques (cr. supra : 3.2.3.).

4.1. Sauf dans le cas d'un idiome dont l'inventaire des phonèmes est généralement connu ou a été établi par l'enquêteur lui-même, la notation sera donc, en principe, du type phonétique, quitte, pour le linguiste qui utilisera le relevé, à la compléter par une transcription phonématique qu'il élaborera lui-même. L'enquêteur notera, et enregistrera si possible, l'accentuation et l'intonation, — et aussi, dans certains cas, les gestes; une phrase reste souvent inintelligible quand on n'en voit pas la mimique accompagnante.

4.2. Une longue expérience a malheureusement montré que trop fréquemment le témoin, même quand il n'est pas particulièrement cultivé, adopte instinctivement le style des manuels de conversation pour étrangers et l'élocution des professeurs de littérature et de diction, alors que dans la vie courante, dans sa famille ou avec ses camarades, il s'exprime tout autrement. C'est là le principal écueil des enquêtes par questionnaire.

4.3. L'universalité d'application du questionnaire (cf. supra : 3.1.) est limitée jusqu'à un certain point par la diversité des milieux géographiques, nationaux et sociaux ; il ne sera donc guère possible d'éviter certaines inégalités d'un relevé à l'autre.

C'est ainsi que les noms de villes et de pays, dans la mesure où ils sont localisés par rapport à l'habitat du témoin, devront être remplacés éventuellement par des équivalents.

Les noms de famille seront choisis parmi ceux qui, dans l'esprit du témoin,[15] sont les quatre plus fréquents de sa localité : *Dupont, Durand, Martin, Mercier* en ce qui concerne Paris.

Les mêmes adaptations s'imposeront, s'il y a lieu, pour la faune, la flore, le climat, etc.

Dans certains cas, plus délicats, le témoin se trouvera obligé de faire correspondre sa phrase à une situation qui n'est pas exactement celle du questionnaire, ou de l'accompagner d'un commentaire. Ainsi la phrase 2 *(Elle a les cheveux frisés)* ne saurait être dite, en Chine ou au Japon, que d'une étrangère ou d'une métisse. Un témoin anglais (une dame cultivée) a ajouté au no. 39 *(Je vais souffler sur le thé pour le refroidir)* la remarque : *Bad manners.* Dans des cas de ce genre, souvent intéressants et donc dignes d'être signalés, l'enquêteur inscrira, en tête ou à la fin de la phrase du relevé, les additions ou modifications requises.

Tout cela n'altérera guère, dans l'ensemble, l'homogénéité et par conséquent la comparabilité, d'une langue à l'autre, des matériaux obtenus.

4.4. Le questionnaire a servi jusqu'ici aux relevés suivants :

Idiome	Enquêteur
alémanique (Bâle-Ville)	F. Kahn
allemand (Hanovre)	F. Kahn
anglais (Londres)	H. Frei
berbère (deux dialectes)	L. Galand
chinois (ville de Pékin)	H. Frei et S. W. Lou
français (Paris)	F. Kahn
japonais (Tokio)[16]	H. Frei

D'autres enquêtes[17] sont en cours.

5. Le fait que le dictionnaire de phrases note le langage

sous l'aspect de la parole n'empêche nullement d'utiliser cet instrument pour l'étude de la langue. Bien au contraire, il fournit à cette discipline une base empirique, puisque toute linguistique qui se veut scientifique, c'est-à-dire fondée sur autre chose que l'à priori, doit partir du concret et pour cela, comme l'usager qui délimite les entités concrètes le long de la chaîne phonique, "se placer dans la parole, envisagée comme document de langue" (Saussure).[18]

5.1. Une collection de matériaux homogènes a l'avantage de se prêter à la statistique.

Les grammaires savantes visent à décrire en détail le maximum des faits observables. Si un linguiste essayait d'établir la grammaire d'une langue à l'aide des éléments fournis par un dictionnaire de phrases, comme si ces matériaux limités, mais homogènes,[19] étaient la seule source d'information la concernant, il pourrait en résulter une grammaire de type nouveau : une grammaire statistique, dans laquelle chaque facteur important du système serait cité avec son coefficient d'usage.

Pour autant que l'enquête portera, avec les mêmes phrases et la même méthode, sur deux langues ou plus, les matériaux ainsi obtenus permettront en outre des statistiques comparatives.

5.2. Une discipline telle que la géographie linguistique, basée sur la comparaison de mots extraits de listes, ressemble à l'anatomie comparée à laquelle on aboutirait si celle-ci se bornait, comme avant Cuvier, à la simple comparaison des organes, d'un animal à l'autre, sans tenir compte de leur assemblage et de leurs fonctions dans le corps.

C'est qu'au fond les questionnaires à l'aide desquels les linguistes géographes recueillent leurs matériaux répondent encore, en gros, malgré certaines améliorations, aux problèmes qui agitaient les savants vers les années 1880 : vérification des lois phonétiques, histoire des mots et des choses *(Wörter und Sachen)*, folklore, etc. On est même allé jusqu'à prétendre que la méthode historique et la méthode géographique ne font qu'un : "Von zwei 'Methoden,' eine historische und eine geographische, kann gar nicht die Rede sein, trotz der oft gebotenen Arbeitsteilung bei den Vorstudien. Es gibt nur eine einzige, nämlich die historisch-geographische" (J. Dupont).[20]

Le point de vue géographique pourrait rendre des services

à la linguistique synchronique. Mais si l'on veut appliquer la notion d'espace à l'étude des systèmes de langues, la méthode correcte ne consistera pas à mettre en rapport, entre les divers points de la carte, des pièces détachées : des mots extraits de listes ; elle consistera à comparer, après l'avoir établi, le système linguistique de chacun des points.

Dans un ouvrage célèbre, dont la méthode s'imite d'une manière mécanique depuis une cinquantaine d'années, Gilliéron a étudié les rapports que manifestent entre elles, entre les divers points du territoire gallo-roman, les expressions de l'*abeille* cartographiées dans l'*Atlas linguistique de la France*. Or ces rapports, pour autant que les points en question appartiennent à des systèmes différents, sont d'ordre extra-linguistique. Ils ne sont des faits linguistiques que dans la mesure où ils existent dans les mêmes cerveaux, par exemple lorsque plusieurs points forment un même parler ou dialecte ou lorsqu'il s'agit de sujets bilingues. Ce qui est proprement linguistique, ce sont les rapports contractés chez les mêmes sujets, en un point donné ou dans un groupe de points homogènes appartenant au même parler ou dialecte, entre le mot *abeille* et le reste du système : *bourdon, guêpe, frelon, mouche, essaim, ruche, nectar, miel, dard, butiner, bourdonner, fleur*, etc.

De même si, en se plaçant sur un plan plus vaste, on considérait Paris et Bâle-Ville comme des points d'une carte linguistique de l'Europe, il ne serait pas scientifique de mettre en rapport des pièces détachées, par exemple le passé composé du parisien et celui du bâlois, avant d'avoir établi quels sont les liens noués entre ce temps et les autres temps grammaticaux dans le système linguistique de chacun de ces deux points.

5.3. Le relevé du dictionnaire de phrases n'est pas destiné à l'enseignement de la langue. Celui qui voudrait néanmoins s'en servir à des fins didactiques aurait à regrouper les numéros, par exemple en un certain nombre de classes dont chacune appartiendrait à un type syntagmatique différent, à la manière des "structure drills" des linguistes anglo-saxons.[21]

Références

Ch. Bally, *Traité de stylistique français* (Heidelberg 1909), repr. Genève/Paris 1951.

do. *Le langage et la vie*, Genève 1952[3] (Soc. de publ. rom. et fr., 34).

Claude Bernard, *Introduction à l'étude de la médecine ex-périmentale* (1865).

Karl Bühler, *Sprachtheorie*, Jena 1934 (repr. 1965).

Marcel Cohen, *Questionnaire linguistique*, Paris 1931.

Jacques Damourette et Edouard Pichon, *Des mots à la pensée. Essai de grammaire de la langue française*, Paris 1927 et suiv.

Franz Dornseiff, *Der Deutsche Wortschatz nach Sachgruppen* (Berlin 1934), 1954[4].

L. Faucett, Maki, *A Study in English Word-values*, Oxford University Press.

J. Gilliéron, *Généalogie des mots qui désignent l'abeille d'après l'Atlas linguistique de la France*, Paris 1918 (Biblioth. de l'Ecole des Hautes Etudes, sc. histor. et philol., 225).

James Douglas Haygood, *Le vocabulaire fondamental du français*, Paris 1937, repr. Genève.

[L. Faucett, Harold E. Palmer, E. L. Thorndike, M. P. West], *Interim Report on Vocabulary Selection for the Teaching of English as a Foreign Language*, London 1936.

Rud. Hallig, W. v. Wartburg, *Begriffssystem als Grundlage für die Lexikographie. Versuch eines Ordnungsschemas.* Berlin 1952 (Abh. d. Dt. Ak. d. Wiss. zu Berlin, Kl. f. Spr., Lit. u. Kunst, 1952, nr. 4).

Kr. Nyrop, *Grammaire historique de la langue française*, Copenhague 1899 et suiv.

C. K. Ogden, *The Basic Dictionary*, London 1932.

Harold E. Palmer, *The I. R. E. T. Standard English Vocabulary. The 1000-Word Radius :* The Bull. of the Institute for Research in English Teaching, no. 100, Tokyo, Jan. 1934, p. 8-9.

Peter Mark Roget, *Thesaurus of English Words and Phrases* (1852), new ed. London 1962.

Andrus Saareste, *Eesti Murdeatlas. Atlas des parlers estoniens*, I. Tartu 1938.

Ferdinand de Saussure, *Cours de linguistique générale* (1916), 1955[5].

Hugo Schuchardt-Brevier, Halle (1922) 1928[2].

Notes

[1]Traduction: l'élaboration d'un nouveau procédé a plus d'importance que le calcul le plus difficile effectué à l'aide d'opérations traditionnelles; le vrai progrès scientifique réside dans le perfectionnement des méthodes.

[2]Chapitre sur la *Valeur linguistique,* in fine: "La langue est une forme et non une substance."

[3]1re partie, ch. 1, § 5: "L'expérience n'est au fond qu'une observation provoquée." — Il va sans dire que l'usage d'instruments n'est pas indispensable à la méthode expérimentale. Ce qui la définit, c'est l'action de l'investigateur sur les êtres ou les choses en vue de faire apparaître les phénomènes à observer.

[4]Il est vrai que l'observation simple peut, elle aussi, porter sur une seule personne dans le cas du langage enfantin, par exemple, mais ce n'est généralement pas le cas.

[5]L'expérience acquise au cours des enquêtes faites jusqu'ici a montré qu'il est utile de soumettre le relevé à un ou plusieurs témoins supplémentaires. Mais pour que l'homogénéité ne soit pas détruite — puisqu'il n'y a pas deux personnes qui parlent de la même manière — les retouches proposées ne seront admises que dans la mesure où le témoin original les acceptera (à moins que l'un ou l'autre des reviseurs ne finisse par être gardé comme témoin définitif).

[6]Dans la liste de Faucett et Maki, il occupe la cote 2577 (1 = fréquence maximale).

[7]Cf. *Interim Report* et Haygood.

[8]Il n'existe, on le devine, aucune commune mesure entre la méthode ici décrite et le "système des concepts" imaginé par Hallig et Wartburg comme schème quasi universel pour la classification des faits lexicaux.

[9]Là où le questionnaire comporte des bouts de dialogue, le témoin se mettra à tour de rôle à la place de chacun des interlocuteurs.

[10]Un des vices fondamentaux de la théorie linguistique de Bühler (§ 2: *Das Organonmodell der Sprache*) est d'avoir restreint la situation aux phénomènes extérieurs *(Gegenstände und Sachverhalte)* et d'en avoir exclu, par son schéma tripartite (émetteur-récepteur-situation), le parleur et l'entendeur. En réalité, dans chaque acte de parole la situation à laquelle le parleur a affaire comprend aussi: la disposition d'esprit du parleur lui-même, l'entendeur qui lui fait face et les phrases échangées précédemment (au fur et à mesure de la conversation qui se déroule, celles-ci s'agrègent à la situation).

[11]Ces indications peuvent différer selon les langues. Comme le genre des pronoms français est ambigu aux cas obliques, on signalera s'ils se rapportent au masculin ou au féminin: 140. *A lui:* Quel âge lui donnez-vous? Dans un questionnaire allemand ou anglais, cela serait superflu.

[12]Bernard Bloch: "totality of the possible utterances of one speaker at one time in using a language to interact with one other speaker": *Lg* 24 (1948), p. 7.

[13]Cf. Bally 1952, p. 30 et suiv. *(Enquête sur les faits d'expression)*.

[14]Témoin cet extrait d'un *Guide de l'arabe parlé* [Syrie], cité par le *Journal de Genève* du 21 juillet 1955: "J'ai besoin de prendre un bain, depuis que je suis en voyage je n'en ai pas pris. Y a-t-il des bains chauds dans cette ville? — Oui, monsieur, il y a plusieurs bains bien tenus. — Il me faut un cabinet spécial, pour moi seul, afin de me déshabiller. — Par ici, s'il vous plaît. — Apportez-moi des serviettes propres, avec lesquelles personne ne se soit essuyé... — Voici un pagne pour le milieu du corps. Voici une serviette que vous mettrez sur vos épaules. Ne marchez pas nu-pieds, je vais vous apporter des socques. — Je ne sais pas marcher avec les socques: je glisse. — Je vous tiendrai par la main. — Le cuir de ces socques est trop étroit, donnez-m'en d'autres qui soient plus larges. Je crains de tomber, tenez-moi par la main. — Par où est la porte? — A droite. Restez d'abord dans le bain extérieur, pour vous faire peu à peu à la grande chaleur. Asseyez-vous sur le bassin couvert, et si vous voulez transpirer beaucoup, mettez-vous sur le foyer. Plus vous transpirerez et plus la crasse se détrempera. — Appelez le baigneur pour qu'il vienne me frotter, car j'ai transpiré suffisamment. — Voulez-vous que je vous assouplisse? — Non, je n'y suis pas habitué, cela me fait mal. — Laissez-moi vous masser. — Non, non, je ne le veux pas. — Couchez-vous sur le dos, sur le ventre, tournez-vous sur ce côté, donnez-moi la main, étendez le pied. — Qu'est-ce que vous allez encore faire? — Je vais vous laver avec la filasse et le savon. — L'eau est très chaude. — Ouvrez le robinet de l'eau froide. — Où est la baignoire? Je ne puis y tenir, faites-moi sortir. Je vais tomber en syncope. — Bien vous fasse! Garçon, apportez le linge à essuyer. — Je m'essuierai tout seul. Apportez-moi une tasse de café, un verre de limonade, un narguilé. Où est la glace? Il me faut un peigne. Où est le maître du bain? Quel est le tarif? — Il n'y a pas de tarif, chacun paye suivant sa condition. — Prenez ceci pour vous. — Portez-vous bien."

[15]Plutôt que selon la statistique qui se dégagerait du Bottin.

[16]Publication en préparation (Waseda University, Tokyo).

[17]Anglais et letton.

[18]Chapitre sur les *Entités concrètes de la langue*, § 2.

[19]Dans le sens défini plus haut: 3.2.3.

[20]J. Dupont, dans *Leuvense Bijdragen* 42 (1952), p. 90. Traduction: Il ne peut nullement être question de deux "méthodes," l'une historique, l'autre géographique, bien que lors des études préliminaires une telle division du travail soit souvent requise. Il n'y a qu'une méthode, la méthode historico-géographique.

[21]Exemples: le type *Elle a les cheveux frisés* (nos. 2, 5, 25, 53, 75, 88, 1370, 1447), ou encore les deux classes formées par les numéros 356, 426, 600, 695, 1114, 1350, 1888, respectivement 786, 895, 1191, 1484, 1514, 1656, 1664, 1900, 1979, qui s'opposent par le signifié et par le signifiant (intonation!).

CRITÈRES DE CLASSEMENT*

C'est une illusion de croire qu'on peut se mouvoir dans le domaine du sens pur quand on fait de la syntaxe.

F. de Saussure[1]

Classes d'indications[2]

1. Sous le terme d'*assiette,* qu'ils définissent comme «un certain degré de détermination touchant l'identité permanente de la substance», J. Damourette et E. Pichon[3] ont établi pour le français d'aujourd'hui une classification des espèces d'indications qui est essentiellement psychologique, c'est-à-dire qui appartient, comme eût dit Saussure, au «domaine du sens pur».

1.1. Le point de vue pseudo-linguistique. — Ils estiment que «l'entité de la substance peut être, quant à son identité permanente, envisagée de quatre façons»: «comme d'existence imaginaire ou à tout le moins douteuse *(a s s i e t t e illusoire)*»: «comme réelle, mais n'étant encore déterminée par aucun signe ni aucune circonstance *(assiette transitoire)*»: «comme repérée dans un ensemble mal limité *(assiette présentatoire)*»: «comme déterminée absolument dans un ensemble déterminé *(assiette notoire)*».

Quatre phrases parallèles servent d'illustration: un même substantif, *explication,* y «apparaît chaque fois avec une nuance de définitude particulière» et qui «va en croissant»:

a) *Phénomène dont on n'a jamais donné d'explication:* «On indique simplement que le phénomène n'a pas été expliqué, et l'explication en est envisagée comme h o r s d u m o n d e r é e l.»

b) *Phénomène dont on n'a jamais donné une explication:* «l'espèce substantielle des explications est conçue comme réelle, et... par conséquent il aurait été ou il sera possible qu'un individu de cette espèce soit choisi comme convenant à la s o - lution du problème envisagé.»

c) *Phénomène dont on n'a jamais donné cette explication:* «dans l'espèce substantielle des explications, l'un des individus,

Zeitschrift für Phonetik und allgemeine Sprachwissenschaft 10 (1957), pp. 26-29.

en dehors du problème actuel, en dehors même de toute condition de congruence, a été arbitrairement choisi et dénommé: «cette explication». On constate... que cette explication n'a pas été donnée comme convenant au phénomène envisagé.»

d) *Phénomène dont on n'a jamais donné l'explication:* «Dans l'espèce substantielle des explications, il en est une qui, dans l'Absolu, répond au phénomène envisagé. C'est l'explication du phénomène. Le tout est de la trouver et de la donner. La phrase exprime qu'on ne l'a pas fait.»

1.2. Le point de vue linguistique. — La base de la classification de Damourette et Pichon est exclusivement psychologique. Si nous essayons de sortir du «domaine du sens pur» pour fonder la répartition sur un critère proprement linguistique, nous constatons que les espèces d'indications se réduisent exactement à deux.

Ce critère consiste dans la possibilité ou l'impossibilité de substituer l'un des deux pronoms ou représentants *en* et *le* respectivement dans leur compatibilité ou leur incompatibilité avec l'un ou l'autre des deux types d'indications:

I.	a. *On n'en a jamais donné.*	Ou:	*On n'en a jamais donné, d'explication.*
	b. *On n'en a jamais donné.*	Ou:	*On n'en a jamais donné, une explication.*
II.	c. *On ne l'a jamais donnée.*	Ou:	*On ne l'a jamais donnée, cette explication.*
	d. *On ne l'a jamais donnée.*	Ou:	*On ne l'a jamais donnée, l'explication.*

Entre I et II, il est strictement impossible d'intervertir *en* et *le*.

Tous les autres exemples que l'on pourrait rencontrer ou imaginer se distribuent entre les deux espèces: *On n'en a jamais donné, deux explications* (*plusieurs explications*, etc.);[4] mais: *On ne les a jamais données, les deux explications* (*mes preuves*, etc.).

Le partitif, qui ne peut entrer normalement dans la phrase-exemple des auteurs, appartient au type *en: Il en a, de la chance!*

Puisque l'indéfini et le partitif appartiennent à la même classe *(Il en a, une chance!; Il en a, de la chance!)*, les deux types *le* et *en* seront appelés, du point de vue sémantique, le défini et le non-défini.

Classes d'articles

2. En partant de l'inventaire traditionnel, qui distingue en français moderne trois articles, on peut classer ceux-ci soit d'une manière ternaire si on les considère comme coordonnés, soit d'une manière binaire si l'on réunit deux d'entre eux dans une même classe; ce qui donne, à priori, quatre classifications possibles:

> défini: indéfini: partitif
> (défini + indéfini): partitif
> (défini + partitif): indéfini
> (indéfini + partitif): défini.

2.1. Le point de vue pseudo-linguistique. — Chacune de ces quatre possibilités théoriques se retrouve dans les exposés des grammairiens. Mais dans presque tous les cas les distinctions de pensée en sont le seul critère; en fait, dès qu'on se meut «dans le domaine du sens pur», c'est-à-dire en dehors du système de correspondances entre découpures de signifiants et découpures de signifiés qui constitue la langue, h'importe quel arrangement est concevable.

Beaucoup de grammairiens se contentent de poser les trois espèces d'articles comme des entités coordonnées. Ainsi H. Bonnard,[5] qui les définit à l'aide de deux oppositions: «sens indéterminé» et «sens déterminé», «notions nombrables» et «notions continues», ce qui l'amène cependant à établir un tableau quadripartite où l'article défini figure dans deux cases, en contradiction avec le postulat saussurien de la correspondance signifiant-signifié:

	Sens indéterminé	Sens déterminé
Notions nombrables	*une pomme*	*la pomme*
	des pommes	*les pommes*
Notions continues	*du beurre*	*le beurre*

Selon W. von Wartburg et P. Zumthor,[6] «il faut distinguer, d'une part les articles déterminatifs proprement dits, défini et indéfini, d'autre part l'article partitif.»

Pour l'Académie[7] aussi, il n'y a que «deux sortes d'articles», mais ce sont: «l'*article défini*, qui peut aussi être employé dans le sens *partitif*, et l'*article indéfini*». «Précédé de la préposition *de*, l'article défini peut indiquer une partie d'un objet; on l'appelle alors *partitif: Donnez-moi de l'argent. Il a mangé des fruits*.» F. Brunot[8] remarque à ce propos: «Il est bien vrai que ce partitif existe et qu'il est commun. Mais les exemples donnés sont plus que contestables. *De l'argent* n'éveille pas l'idée d'une partie d'un tout.[9] Quant à *des fruits*, il n'aurait un sens partitif que si on complétait en disant: *des fruits qui sont sur la table*. Dans *manger des fruits, des* est simplement le pluriel de *un*, et exprime un nombre indéfini.»

Enfin, Damourette et Pichon rangent l'article indéfini et l'article partitif dans la même classe: «*Un, des* et *du* sont... respectivement les formes numératives et massive de l'article transitoire.» (t. I, § 348). «...un substantif nominal peut en somme être assis transitoirement de façon absolument pure par les formes articulaires suivantes: *un, une; du, de la; des*.» (t. I, §380). M. Grevisse[10] opte pour la même répartition: «On distingue souvent *trois* espèces d'articles: l'article *défini*, l'article *indéfini* et l'article *partitif*. Mais l'article partitif peut se rattacher, par la forme, à l'article défini, et par le sens, à l'article indéfini. Nous le considérerons comme une variété de l'article indéfini». «L'article *partitif* n'est autre chose, pour le sens, qu'un article indéfini placé devant le nom des objets qui ne peuvent se compter, pour indiquer que l'on ne considère qu'une partie de l'espèce désignée par le nom; c'est essentiellement la préposition *de* détournée de sa fonction habituelle, qui est de marquer un rapport: *J'ai bu du vin, de la bière, de l'eau. Manger des confitures*.»

2.2. Le point de vue linguistique. — Le critère linguistique utilisé au § 1.2. montre que c'est la quatrième solution qui est la bonne.

2.2.1. On a vu, à la fin du dit paragraphe, que l'indication indéfinie et l'indication partitive appartiennent à la même classe, le non-défini (type *en*); or, l'indication et l'indiquant sont des espèces parallèles, et les articles ne sont que des sortes d'indiquants (à savoir, les indiquants les plus généraux).

2.2.2. La démonstration peut être faite d'une autre manière encore.

On dit souvent que l'article partitif n'a pas, ou presque jamais de pluriel: «On observera qu'au point de vue de la

signification, *des* n'est presque jamais un véritable article partitif, mais doit être regardé, à peu près dans tous les cas,
comme le pluriel de l'indéfini *un*...» (Grevisse, § 327 N. B.).
Pour F. Brunot et Ch. Bruneau,[11] «l'article partitif n'a pas de
pluriel...Il n'existe de forme plurielle de l'article partitif que
dans un cas particulier, quand un nom susceptible d'être précédé de cet article n'a pas de singulier. Pour les personnes
qui disent: «faire les confitures», «prenez *des* confitures» (*de
la* confiture) offre un «*des*» partitif.» Au contraire, G. Cayrou,
P. Laurent et Mlle J. Lods[12] distinguent les deux pluriels (partitif: J'ai pris *des* gâteaux de cette assiette; indéfini: J'ai écrit
des lettres à mes amis), mais conviennent qu'il est souvent très
difficile de décider: «Ainsi: Manger *des* raisins, peut être le
pluriel, soit de: Manger *du* raisin, soit de: Manger *un* raisin.»

On observera d'abord que le partitif et le pluriel ne sont
pas des notions incompatibles et que, en dehors de l'article
partitif, le pluriel partitif existe dans le français d'aujourd'hui
comme une espèce distincte. C'est le cas, fort courant, mais
guère enregistré par les grammairiens, du démonstratif ou du
possessif transposés en partitifs au moyen de *de:* J'ai appris
de ces choses sur lui!; Vous aurez *de mes* nouvelles!:

Il suffit dès lors de construire le paradigme:

| Manger *de ce* raisin | *de votre* raisin | *du* raisin | *un* raisin |
| *de ces* raisins | *de vos* raisins | *des* raisins | |

pour constater que *des* neutralise le partitif et l'indéfini, qui
dans ce cas sont distingués, quand ils peuvent l'être, uniquement par le contexte. Or, on sait depuis N. Trubetzkoy[13] que
la neutralisation, à la différence de l'homonymie, ne peut se
produire qu'entre éléments appartenant à une même classe.
Elle est donc un indice de l'identité de classe; en l'espèce, *des*
peut être considéré comme l'«*archisigne*»[14] pluriel de la classe
du non-défini.

Justification

3. La méthode utilisée ci-dessus pour fonder les classifications sur un critère linguistique (§§ 1.2. et 2.2.1.) se justifie
par l'axiome et le théorème suivants:

Axiome: Une langue donnée, à tout moment de son histoire,
forme un système.

Théorème: Deux parties d'un système linguistique ne peuvent être contradictoires entre elles (sinon, il n'y a pas système).

Le sous-système formé par les pronoms et représentants *(en, le)* chargés de se substituer aux indications, ou de les annoncer ou reprendre dans le discours, peut être plus simple que celui formé par ces dernières, mais il ne peut lui être contradictoire. De même pour le rapport entre articles (qui sont des indiquants) et indications.

Le critère employé est donc fondé sur l'hypothèse que, entre des sous-systèmes parallèles, les classes les plus générales sont les mêmes.[15]

Notes

[1]*Cours de linguistique générale,* 1908-1909, notes d'étudiant, ms. A. Riedlinger, p. 58 (= déc. 1908).

[2]Sur la notion d'indication, cf. H. Frei, *Caractérisation, indication, spécification (For* Roman Jakobson, Leyde 1956, p. 161-168).

[3]*Des mots à la pensée, Essai de grammaire de la langue française,* t. I, § 298.

[4]Il va sans dire que si, dans tous ces exemples, on supprime la virgule, c'est-à-dire la pause, *en* a une autre fonction, correspondant à *de* + régime: *On n'en a jamais donné l'explication* (*en* = "de ce phénomène").

[5]*Grammaire française des lycées et collèges,* Paris 1950, § 61. *(Sens de l'article).*

[6]*Précis de syntaxe du français contemporain,* Berne 1947, § 753.

[7]*Grammaire de l'Académie Française,* Paris 1932, p. 35 et 36. Ici, c'est pour ainsi dire le «son pur», c'est-à-dire le son indépendamment du sens, qui sert à établir la classification.

[8]*Observations sur la Grammaire de l'Académie Française,* Paris 1932, p. 39-40.

[9]Ici, l'exemple n'est pas contestable, mais la définition.

[10]*Le bon usage,* Bruxelles 1949, §§ 307 N. B. et 326.

[11]*Précis de grammaire historique de la langue française,* Paris 1949, § 316.

[12]*Le français d'aujourd'hui,* Paris 1949, § 145 N.B.

[13]*Grundzüge der Phonologie* (TCLP 7), Prague 1939, p. 70-71; J. Cantineau, *Principes de phonologie* (traduction du précédent), Paris 1949, p. 81.

[14]Cf. F. Kahn, *Le système des temps de l'indicatif chez un Parisien et chez une Bâloise* (Soc. de publications romanes et françaises, 46), Genève 1954, p. 42 et n. 3.

[15]Pour la justification de la même méthode appliquée à un domaine voisin, cf. H. Frei, *Cas et dèses en français*, CFS 12 (1954), p. 29-47, §§ 4.0. et 4.1.

MODES DE RÉDUCTION DES SYNTAGMES*

1. Réductions concrètes. — 2. Réductions géométriques (lignages). — 3. Formules. — 4. Statistiques. — 5. Résumé de la marche des opérations.

Le linguiste qui étudie un corpus formé d'une collection d'énoncés dispose de diverses méthodes pour exposer, sous une forme négligeant l'accessoire, les structures de syntagmes que son analyse a dégagées.

On entendra par structure la manière dont les parties d'un ensemble se comportent entre elles pour constituer un système. Un syntagme est un système, et qui a une structure.

Il existe deux sortes de structures: uniformes ou hiérarchiques.

Dans un syntagme du type uniforme, par exemple *bleu-blanc-rouge*, toutes les unités se comportent entre elles de la même façon (en symboles: A-B-C); il en résulte qu'un tel ensemble n'a pas de sous-syntagmes.[1]

Un syntagme qui comprend un ou plusieurs sous-syntagmes forme une structure hiérarchique. Les divisions principales d'un syntagme sont ses architermes (angl. *immediate constituents*). Les architermes du syntagme *une robe rose*, dans la phrase *Elle portait une robe rose* (1310),[2] sont *une + robe rose* (A + BC), ceux du syntagme *la peau foncée*, dans *Elle a la peau foncée* (88), sont *la peau + foncée* (AB + C). L'immense majorité des syntagmes appartient au type hiérarchique.

La structure d'un syntagme peut être réduite à ses archi-

Cahiers Ferdinand de Saussure 22 (Genève: Librairie Droz, 1966), pp. 41-51.

termes selon trois modes d'exposition: concret, géométrique ou par formules.

1. Les réductions concrètes existent sous deux formes: soustractive ou globale, qui peuvent se combiner.

La réduction soustractive consiste à supprimer, dans un énoncé, toutes les unités qui ne sont pas indispensables à son existence comme énoncé:

Les meubles, on les fera transporter plus tard (397) → On les fera transporter. Cf. Fig. 8.

Ils sont bien trop fiers pour moi, ces gens-là! (816)→ Ils sont fiers. Cf. Fig. 9.

Je pense que c'est pire (845) → Je pense, *ou:* C'est pire. Cf. Fig. 3.

Il viendra certainement (1037) → Il viendra. Cf. Fig. 10.

Les roses sont fanées, tout est par terre (1172) → Les roses sont fanées, *ou:* Tout est par terre. Cf. Fig. 6.

Il aime la chasse (1229) → Il aime. Cf. Fig. 10.

La couleur est si belle et reposante, vous ne trouvez pas? (1305) → La couleur est belle, *ou:* La couleur est reposante. Cf. Fig. 5.

Elle a une belle voix (1345) → Elle a une voix. Cf. Fig. 2.

La réduction globale a pour effet de remplacer les sous-syntagmes par des unités simples:

On les *transporte* (397)
Ils *le* sont (816)
Je *le* pense (845)
Elles meurent, tout *tombe* (1172)
Il *l'*aime (1229)
*Elle l'*est (1305)
Elle *en* a une (1345)

Que la réduction soit du type soustractif ou global, il n'est pas nécessaire que le sens de l'énoncé reste identique: l'analyse porte exclusivement sur la structure syntagmatique.

La réduction concrète a l'avantage de dégager les syntagmes faîtiers par opposition aux sous-syntagmes (cf. les figures correspondant aux exemples cités). Elle constitue un préalable de la notation géométrique ou par formules.

2. Depuis longtemps, les linguistes s'aident de figures
schématiques pour représenter la structure des syntagmes.
Un type de graphes qui est en train de se répandre est l'«arbre»,
ainsi appelé sans doute à cause de sa ressemblance avec les
arbres généalogiques:

Fig. 1 (Cooper 39)[3]

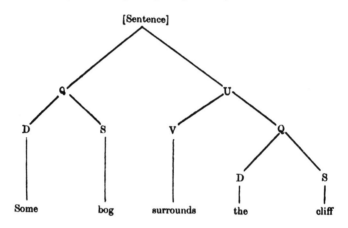

L'arbre se compose de branches (droites) et de nœuds
(angl. *nodes*); ceux-ci sont les points d'où partent les branches.
Il se lit de haut en bas, en passant des syntagmes aux sous-
syntagmes, et de gauche à droite. Pour correspondre à un
énoncé complet (et non à une partie d'énoncé ni à plusieurs
énoncés), il doit comprendre un syntagme faîtier auquel se rattachent les autres syntagmes.
     Les nœuds répondent à trois notions différentes, mais
liées. Ils représentent les catènes, c'est-à-dire les signes non
segmentaux qui combinent les unités entre elles pour en faire
des syntagmes (Frei 1962; *Synt. et méth.* § 2.2). Ils figurent
aussi les classes syntagmatiques, le plus souvent étiquetées à
l'aide de symboles ajoutés (Fig. 1 et n. 3). Enfin, ils se réfèrent aux rôles ou fonctions syntaxiques (sujet, objet, épithète,
etc.; cf. Frei 1954).
     Dans la pratique actuelle, les arbres sont peu différenciés
les uns des autres; on ne les utilise pas pour représenter par
leur dessin même les divers types de relations syntagmatiques.
Il y aurait avantage, cependant, à le faire pour les trois principales au moins: mutuelle dépendance, dépendance unilatérale
et coordination (cf. Frei, *Synt. et méth.* § 6.1).

Le «pignon» ($\wedge$) symbolisera la relation de mutuelle dépendance (les constructions exocentriques de Bloomfield), tandis que la figure de la «déviation» servira pour la dépendance unilatérale, la déviation de droite ($\bigwedge$) pour l'ordre noyau-satellite et celle de gauche ($\bigwedge$) pour l'ordre inverse:

Fig. 2

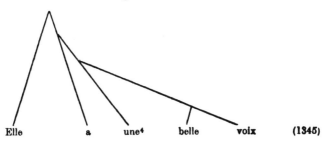

Elle   a   une⁴   belle   voix   (1345)

Les architermes successifs sont:

Elle + a une belle voix
    a + une belle voix (noyau + satellite)
        une + belle voix (noyau⁴ + satellite)
            belle + voix (satellite + noyau).

Le pignon n'est pas toujours au sommet de la figure; il peut lui-même dépendre d'une déviation:

Fig. 3

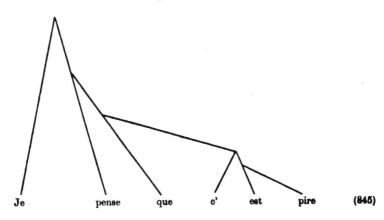

Je   pense   que   c'   est   pire   (845)

Le sous-syntagme *c'est pire* est accroché à *que*.

Quant au rapport de coordination, il sera exprimé par le schéma de la «balance»:

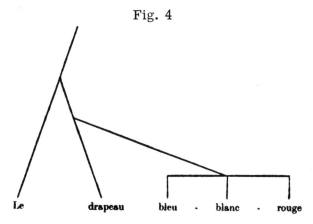

Fig. 4

Il va sans dire que la balance peut commander des pignons et des déviations, et qu'il existe aussi des balances faîtières, ce qui est le cas lorsque deux énoncés sont coordonnés en un seul:

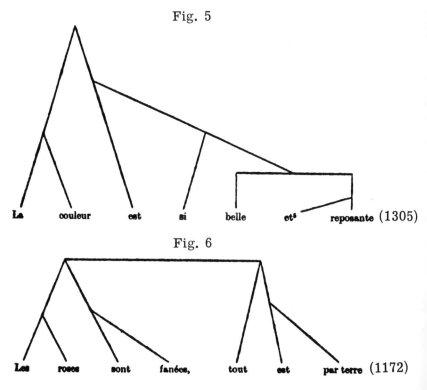

Fig. 5

Fig. 6

La représentation de syntagmes discontinus provoque naturellement des croisements de lignes. Afin d'éviter que les
lieux d'intersection ne soient pris pour des nœuds, il convien-
dra de figurer ces derniers, au moins dans ce cas, par un procédé explicite:

Fig. 7

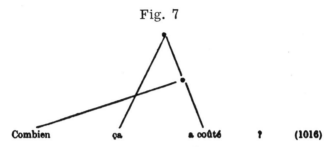

Dans la figuration de la phrase fractionnée (la *phrase segmentée* de Bally: §§ 79-99; cf. Frei, *Synt. et méth.* § 3.24), le
satellite (le «thème» de Bally) sera représenté en couleur (ou
dans la typographie en noir par des pointillés):

Fig. 8 (Type AZ de Bally)

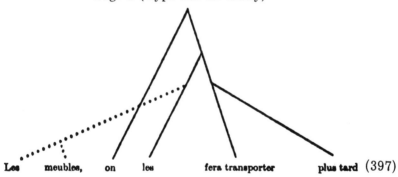

Fig. 9 (Type ZA de Bally)

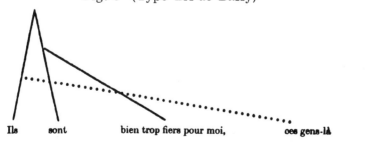

Lorsque la vue d'ensemble risque d'être compromise par un trop grand enchevêtrement de lignes, on traitera les derniers sous-syntagmes comme des unités simples (quitte à ajouter le détail dans des figures annexes). Exemples: Fig. 7 *(a coûté)*, Fig. 8 *(fera transporter)*, Fig. 9 *(bien trop fiers pour moi), (ces gens-là)*.

3. La réduction géométrique des syntagmes ne constitue pas, dans la présentation des résultats de l'analyse, l'étape finale: «Il arrivera un jour [...] où on reconnaîtra que les quantités du langage et leurs rapports sont régulièrement exprimables, *dans leur nature fondamentale,* par des formules mathématiques» (Saussure, notes pour un article sur Whitney, nov. 1894: Godel 44 et 220). Lentement, après plus d'un demi-siècle, cette prophétie va se réaliser (cf., parmi les travaux les plus récents, Cooper, Postal et Schnelle).

La notation géométrique apparaît au débutant comme un procédé plus concret et plus directement intelligible que les formules. En revanche, la formalisation permet une précision accrue; par elle, on peut représenter en principe toutes les distinctions, tandis que les lignages se contentent de figurer l'essentiel: on ne saurait les détailler davantage sans risquer d'aboutir à un écheveau. Par exemple, ce sont les mêmes lignes qui symbolisent la relation d'«objet» et celle de «circonstance»:

Fig. 10

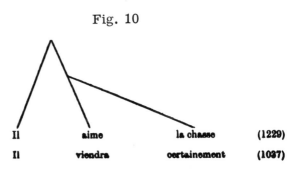

| Il | aime | la chasse | (1229) |
| Il | viendra | certainement | (1037) |

Un autre avantage des formules est leur maniabilité. La syntagmatique ne comprend pas seulement l'étude des rapports tactiques entre architermes; en dehors du domaine des sciences de la nature, tout système tactique est doublé et commandé par un système de rapports non tactiques *(alias* associatifs, paradigmatiques, etc.). D'où il résulte que dans la langue «Tous les phénomènes sont des rapports entre des rapports» (Saussure II: CFS 15, p. 68). Soit la relation tactique de dépendance unilatérale: *belle voix;* elle peut être rendue géométriquement (Fig. 2: déviation) ou algébriquement, par la mise entre parenthèses du satellite: *(belle) voix,* en symboles: *(s)n.* Or, cette relation est en même temps liée à deux autres relations, qui sont d'ordre non tactique.

La première est une relation d'appartenance: *belle voix* et *voix* sont membres d'une même classe de substitutions (Frei, *Synt. et méth.* § 3.2), ce qui peut s'exprimer géométriquement par l'inscription dans un rectangle:

$$\boxed{\begin{array}{c} \textbf{belle voix} \\[4pt] \textbf{voix} \end{array}}$$

ou par une formule (Cooper 20: *set-membership relation*):

$$sn \in \{sn, n\}^{6}$$
$$n \in \{sn, n\}^{7}$$
$$\sim s \in \{sn, n\}^{8}$$

La seconde est une relation d'inclusion entre les membres de la classe. En vertu du critère de la réversibilité unilatérale (à savoir: *belle voix* est toujours remplaçable, en principe, par *voix,* mais la substitution inverse n'est pas praticable en toutes circonstances: Frei 1956, 162, § 2.4; *Synt. et méth.* § 6.221), le syntagme satellite-noyau est inclus dans le noyau, ce qui peut se traduire géométriquement par les cercles d'Euler (un cercle inscrit dans un autre), ou par une formule: $sn \subset n$.

Mais si les rapports non tactiques s'accommodent assez bien de la notation géométrique, les choses se gâtent dès qu'il s'agit de représenter «des rapports entre des rapports», par exemple celui entre tactique et non-tactique. Ainsi, le rapport tactique de dépendance unilatérale présuppose la relation non tactique d'inclusion (Frei, *Synt. et méth.* § 6.3): si *belle voix* n'était pas inclus dans *voix, belle* ne serait pas le satellite de *voix.* On pourra noter cette corrélation (rapport entre des relations) au moyen du symbole d'implication matérielle ɔ:

$$(sn \subset n) \; \supset \; (s)n, \, ^{9}$$

tandis qu'il serait fort malaisé de projeter dans l'espace une algèbre où, selon l'expression de Saussure *(ibid.)*, «on n'aura que des termes complexes».

La complexité s'accroît quand une science devient suffisamment avancée pour qu'on en arrive à l'exposer sous forme d'un enchaînement d'axiomes et de théorèmes: «Ich glaube: Alles, was Gegenstand des wissenschaftlichen Denkens überhaupt sein kann, verfällt, sobald es zur Bildung einer Theorie reif ist, der axiomatischen Methode und damit mittelbar der Mathematik» (Hilbert 415). On sait que chez les savants modernes l'axiomatisation est liée à la formalisation (Bocheński 78-9).

4. Alors que la réduction concrète est autant une méthode d'analyse que d'exposition, les lignages et les formules ne constituent que des moyens de notation et sont par conséquent tributaires de l'analyse syntagmatique préalable;[10] mais ils aident à la perfectionner. A leur tour, les analyses notées géométriquement ou par des formules, pour manifester leur pleine utilité, devront être élaborées statistiquement.

En effet, normalement il n'arrive pas que tous les énoncés dont se compose un corpus aient chacun une structure syntagmatique différente. Ainsi, le schème dont relève la phrase 2 se retrouve ailleurs:

> Elle a les cheveux frisés (2)
> Il a le cœur faible (53)
> Elle a les jambes courtes (75)
> Elle a la peau foncée (88)
> Tu as les mains glacées (1370)
> etc.

Il existe donc des structures récurrentes, c'est-à-dire des types.

Le relief numérique de ces types étant inégal, il sera nécessaire d'en faire la statistique. Il est vrai que les résultats de cette dernière dépendront toujours jusqu'à un certain point de la nature du corpus, par conséquent de celui qui l'a choisi ou qui a composé le questionnaire de l'enquête (Frei 1953, 18-9: § 5.2); mais cette objection tombe lorsque deux langues (ou dialectes ou idiolectes) sont confrontées sur la base de relevés obtenus par le même questionnaire: même si l'adoption de tel questionnaire plutôt que tel autre est subjective par définition, les différences que l'on constatera entre les statistiques des deux corpus seront indépendantes de ce choix.[11]

5. Pour autant que l'on peut sérier chronologiquement les opérations d'analyse et de notation des syntagmes, la filière se présentera donc comme suit: réductions soustractives ⟶ réductions globales ⟶ lignages ⟶ formalisation ⟶ statistiques unilingues ⟶ confrontations typologiques.

Références

Bally, Charles, *Linguistique générale et linguistique française*. Berne, Francke 1965[4].

Bocheński, I. M., *Die zeitgenössischen Denkmethoden*. Berne, Francke 1954 (Dalp-Taschenbücher 304).

Cooper, William S., *Set Theory and Syntactic Description*. The Hague, Mouton 1964 (Janua linguarum, series minor 34).

Frei, Henri, *Le livre des deux mille phrases*. Genève, Droz 1953 (Société de publications romanes et françaises, 40).

—— *Cas et dèses en français:* CFS 12 (1954), 29-47.

—— *Caractérisation, indication, spécification:* For Roman Jakobson, The Hague, Mouton 1956, 161-8.

—— *L'unité linguistique complexe:* Lingua 11 (1962), 128-40.

—— *Syntaxe et méthode en linguistique synchronique:* Handbuch der geisteswissenschaftlichen Methodik, München, Oldenbourg (sous presse).

Godel, Robert, *Les sources manuscrites du Cours de linguistique générale de F. de Saussure*. Genève, Droz 1957 (Société de publications romanes et françaises, 61).

Hilbert, David, *Axiomatisches Denken:* Mathematische Annalen 78 (1918), 405-15.

Kahn, Félix, *Le système des temps de l'indicatif chez un Parisien et chez une Bâloise*. Genève, Droz 1954 (Société de publications romanes et françaises, 46).

Postal, Paul, *Constituent Structure:* A Study of Contemporary Models of Syntactic Description. Bloomington, Indiana University 1964.

Saussure II = *Cours de linguistique générale (1908-1909)*. *Introduction (d'après des notes d'étudiants):* CFS 15 (1957), 3-103.

Schnelle, H., *Methoden mathematischer Linguistik:* Handbuch der geisteswissenschaftlichen Methodik, München, Oldenbourg (sous presse).
Seiler, Hansjakob, *Relativsatz, Attribut und Apposition.*
Wiesbaden, Harrassowitz 1960.

Notes

[1]La logique appelle les structures uniformes des *coordinations.*
Cependant, le rapport grammatical de coordination, uniforme en tant que
syntagme faîtier, comprend très souvent des termes subdivisés en sous-
syntagmes: cf. fig. 5 et 6.
[2]Les exemples suivis d'un chiffre entre parenthèses se réfèrent
aux numéros de mon *Livre des deux mille phrases.*
[3]Symboles: Q(uantified noun), U (= predicate phrase), D(eterminer),
S(ingular noun), V(erb).
[4]Contrairement à la conception de Bloomfield, l'article est le noyau:
Frei 1956, 163-5; *Synt. et méth.* §§ 3.232, 3.321; Seiler 12-3.
[5]La conjonction de coordination fait partie de l'un des deux termes:
Frei, *Synt. et méth.* §§ 3.232, 5.2.
[6]A lire: «sn appartient à la classe formée par sn et n».
[7]A lire: «n appartient à la classe formée par sn et n».
[8]A lire: «s n'appartient pas à la classe formée par sn et n».
[9]A lire: «si sn est inclus dans n, alors (s)n».
[10]Sur la manière d'établir celle-ci, cf. Frei, *Synt. et méth.*
[11]L'ouvrage de Kahn est un exemple de cette méthode de confrontation typologique des langues.

ROBERT GODEL

LA QUESTION DES SIGNES ZÉRO*

1. Signe latent ou absence de signe

Un signe zéro n'est pas simplement l'absence d'un signe au sens saussurien, c'est-à-dire de l'ensemble *signifiant + signifié* : c'est un signe implicite dont le signifié se dégage de rapports mémoriels ou discursifs, mais dont le signifiant n'admet aucune réalisation phonique : dans tch. *žen,* gén. plur. de *žena,* il y a une désinence zéro.[1]

1.1. On ne peut constater l'absence d'un signe que comme une *lacune* dans une famille de signes ou dans un énoncé. Le premier cas est celui des séries défectives de la flexion ou de la dérivation : lat. *ferire* n'a pas de perfectum; certains adjectifs français, comme *dru, morne, jaune,* ne sont pas accompagnés d'un nom de qualité. Ces lacunes mémorielles sont des faits de langue, mais des faits particuliers et isolés. L'opposition de l'infectum et du perfectum, par exemple, est essentielle à la structure du paradigme verbal en latin; mais cette structure n'est pas réalisée intégralement dans la conjugaison de tous les verbes.

1.2. Une phrase inachevée comme *quos ego...* présente une lacune discursive. Ici, c'est la structure syntagmatique qui s'est réalisée incomplètement dans la parole. Peu importe qu'il y ait, de la part de celui qui parle, intention ou défaillance; peu importe aussi que la phrase incomplète puisse être comprise intuitivement, grâce à des indices étrangers à la langue: l'analyse constate l'absence d'un signe que le contexte ne permet pas de rétablir à coup sûr.

Cahiers Ferdinand de Saussure 11 (Genève: Librairie Droz, 1953), pp. 31-41.

Il n'en est pas de même des abréviations conventionnelles du style télégraphique ou des petites annonces: là, comme dans les abréviations graphiques, on peut voir des suppressions de signifiants.

1.2.1. Dans ces deux cas, du reste, l'énoncé est incomplet. Il n'en est pas de même des syntagmes elliptiques : l'ellipse n'est ni un accident de la parole ni une abréviation conventionnelle. Elle n'apparaît qu'à la réflexion; or, de la réflexion à la spéculation abstraite, le pas est vite franchi, surtout en matière de langue. Si, comme on l'admet généralement, l'ellipse est un signe latent et non l'absence d'un signe non indispensable à intelligence de l'énoncé, il faudra, pour qu'on puisse parler d'ellipse, que le signe latent se laisse rétablir intégralement — donc, que le signifié évoque sans hésitation possible le signifiant correspondant.

Faut-il, par exemple, voir avec Bally une «ellipse de situation» dans: *regardez!*, qu'il interprète par: *regardez ceci?*[2] Nous n'y voyons qu'une absence de signe: dans l'emploi absolu d'un terme susceptible de régir un complément, nous constatons qu'il n'y a pas de complément. Autrement, on ferait une ellipse quand on dit: *Pierre lit* sans savoir ce qu'il lit, ou quand on désigne quelqu'un comme: *le directeur,* sans avoir idée, peut-être, de ce qu'il dirige. Il va de soi qu'on ne dit pas: *regardez!* sans avoir l'idée de quelque objet visible; mais une idée ne devient un signifié que par l'emploi d'un signe; et rien, ici, ne réclame l'adjonction de tel signe *(ceci)* plutôt que de tel autre *(ici, ces gens,* etc.).

2. Le signe zéro et l'ellipse

2.1. Ces deux espèces de signes latents ont été nettement distinguées par Bally.[3] Le signe zéro est obligatoire: le gén. plur. de *žena* est — et ne peut être que *žen;* l'ellipse est facultative, et le signe explicite suggéré par le contexte peut toujours être rétabli: *un litre de (vin) rouge.*

L'équivalence avec un signe explicite (lat. *consul: princep-s*) n'est pas un caractère nécessaire du signe zéro. Au contraire, l'ellipse suppose toujours l'équivalence exacte du signe latent avec le signe explicite.

2.1.1. Le signe zéro est donc une unité de langue; l'ellipse ne se réalise que dans la parole. Seules, les conditions de l'ellipse résident dans la langue: dans *necessitatis inventa antiquiora sunt quam voluptatis (inventa)*, l'ellipse est rendue possible par la valeur particulière du génitif latin; dans *frigida (aqua) lavabatur,* par le genre grammatical et l'accord.

Avec raison, Bally a mis en parallèle l'ellipse et l'agglutination:[4] l'une et l'autre peuvent, dans des expressions devenues usuelles, engendrer dans la langue des signes immotivés — ainsi *capitale,* issu d'une ellipse, et *chef-lieu,* produit d'une agglutination. Mais à ce moment, l'ellipse a cessé d'exister.

2.1.2. Bally a toujours maintenu cette distinction nécessaire: dans *Linguistique générale et linguistique française,*[5] trois sections du chapitre intitulé *Non linéarité ou dystaxie* traitent successivement de la sous-entente, de l'ellipse et du signe zéro, et il est clair que cette dernière expression ne dénote pas un genre dont la sous-entente et l'ellipse seraient les espèces. On ne fera donc pas un sort aux passages où Bally a parlé de signe zéro dans un sens large pour désigner les signes latents en général; le contexte exclut d'ailleurs tout soupçon de confusion.[6]

2.2. En revanche, et bien que Bally invoque ici la distinction saussurienne entre langue et parole, sa théorie de la *sous-entente* nous paraît moins bien fondée.

Les termes d'ellipse et de sous-entente, d'ailleurs, ne recouvrent pas exactement ceux d'ellipse discursive et d'ellipse mémorielle, proposés par M. Frei.[7] La sous-entente s'apparente à l'ellipse par son caractère facultatif; elle s'en distingue — et par là se rapproche du signe zéro — en ce qu'elle a «une valeur uniquement grammaticale», tandis que l'ellipse «peut représenter, au gré des circonstances, n'importe quel signe ou groupe de signes, pourvu qu'il soit de nature lexicale».[8]

On pourrait rappeler ici que, comme l'a montré Saussure,[9] il n'y a pas de démarcation vraiment nette entre lexique et grammaire: tout signe a une certaine valeur grammaticale et une certaine signification; il appartient à une classe de signes comportant certaines fonctions, et diffère sémantiquement des autres signes de sa classe. Mais surtout, il nous semble que les exemples réunis par Bally sous l'étiquette sous-entente[10] ne relèvent pas tous de la même explication.

Une relation syntagmatique peut n'avoir d'autre signe que le groupement des termes et la séquence: dans *the man I have seen,*[11] par exemple, la séquence est significative (cf. *I have seen the man*). S'il existe, parallèlement, un type syntagmatique avec un signe phonique de relation, il ne s'ensuit pas que le signe «tactique» doive être interprété comme une ellipse du signe phonique. En effet, les deux constructions peuvent n'avoir pas — ou pas constamment — la même valeur, et alors elles sont opposables: ainsi M. Benveniste a démontré qu'en indo-européen, la phrase nominale n'est pas une phrase à verbe *être* sous-entendu;[12] et Bally lui-même, qui cite comme exemple de sous-entente *travailler la nuit,* signale la différence aspective entre *... la nuit* et *... pendant la nuit.*[13] Ou bien, les deux types syntagmatiques sont en concurrence, et on peut avoir affaire à une ellipse ordinaire — par exemple dans *non ego credulus illis (sum).*

3. Le signe zéro : définitions et exemples

3.1. Pour Bally, «un signe zéro est un signe qui, sans signifiant positif, figure avec une valeur déterminée à une place déterminée d'un syntagme échangeable avec un ou plusieurs syntagmes de même espèce où ce signe a une forme explicite».[14]

Aux exemples classiques de suffixes et de désinences zéro, Bally ajoute celui de la *copule zéro* en russe, au présent de l'indicatif, et celui de la *préposition zéro* en français, devant le complément direct. Ce dernier est contestable, car il suppose démontrée la thèse que «tout substantif est prédestiné à être sujet et que dans toute autre fonction il est transposé et ne peut l'être que par une préposition».[15]

3.2. Au début de son article *Zéro, vide et intermittent,*[16] M. Frei écrit : «On parle de signe zéro dans le cas où l'absence d'un signifiant explicite fonctionne elle-même comme un signifiant... Le signe zéro peut donc être défini comme un monème implicite, faisant partie d'un syntagme, et en opposition significative avec un ou plusieurs monèmes explicites figurant dans d'autres syntagmes».

3.3. Les deux définitions concordent pour l'essentiel. M. Frei substitue *monème* à *signe* — avec raison, puisqu'un signifiant zéro ne saurait être divisible;[17] et, s'il n'assigne pas au signe zéro une place déterminée dans le syntagme, il note plus loin qu'un phonème implicite est localisable dans la chaîne

phonique, et les notations *0-père, vir-0* indiquent qu'il en est de
même du signifiant zéro. La différence est moins dans les définitions mêmes que dans le principe des applications qui en
sont faites : ce n'est pas par hasard que M. Frei parle simplement d'«oppositions significatives», alors que Bally réclame
pour le signe zéro une «valeur déterminée».

3.3.1. Bally, qui procède par échange entre syntagmes «de
même espèce», fait état des ressemblances: le signifiant zéro
et le signifiant explicite recouvrent soit un signifié identique
(cri : hurlement), soit des signifiés solidaires (russe *dom nov*:
dom bĭl nov), dont la différence se reproduit régulièrement dans
toute une classe de signes:

$$0 : bĭl = čitayu : čital, \text{ etc.}$$

Le signe zéro se dégage d'une opposition proportionnelle.[18]
C'est dans ce sens, semble-t-il, qu'on doit entendre l'expression «échangeable avec un ou plusieurs syntagmes de même
espèce»; car dans bien des cas, l'échange est possible sans
qu'apparaisse un signe zéro: *robe*, par exemple, est syntagmatiquement «échangeable» avec *robe neuve, robe de bal*, etc.,
mais rien, dans la langue, ne permet de décomposer le signifié
«robe» et de fabriquer un syntagme **robe-0* (cf. 1.2.1.).

3.3.2. M. Frei, comme on doit s'y attendre,[19] ne tient
compte que des différences. Toute opposition entre un signe
quelconque *a* et un syntagme *ab* ou *ba* implique un signe zéro.
On posera donc *0-père* en regard de *beau-père, grand-père;* on
découvrira, dans *je chante*, outre la désinence zéro (cf. *chantons, chant-ais, chante-rai*...), un signe zéro de l'affirmation
(cf. *je ne chante pas*). Et le même signe sera tout à la fois monème et syntagme, puisque les oppositions *0-père : beau-père,
père-0 : père adoptif* sont aussi valables que *père : mère, fils*,
etc.

En confirmant ce point de vue, M. Frei me fait remarquer[20]
que la différence entre monème et syntagme ne réside pas uniquement dans les signifiants: à preuve les cas de synthèse sémantique (fr. *au = à + le*), auxquels j'ajouterais ceux d'agglutination: *plateforme*, par exemple, n'est pas un syntagme puisque,
du côté sémantique, l'opposition *forme : plateforme* est isolée.
Mais il ne s'ensuit pas que la distinction saussurienne entre
unité et syntagme soit illusoire.

3.3.2.1. On pourrait objecter que dans *0-père,* par exemple, le signe zéro est fictif, puisqu'il ne correspond à aucun signifié déterminable (cf. 3.1). Mais ceci pourrait impliquer le risque d'une confusion entre signifié et concept: il n'est pas nécessaire qu'un signifié se définisse par une idée positive; il suffit qu'il soit différenciel. Or précisément, il est impossible de déceler une différence entre *père* et *0-père;* au contraire, l'identité du signe *père,* isolé ou en syntagme, est prouvée par le parallélisme des différences sémantiques dans les séries

> *père, mère, parents...*
> *beau-père, belle-mère, beaux-parents...*

3.3.2.2. Le rôle attribué au signe zéro par M. Frei nous paraît contredire le principe saussurien du caractère arbitraire du signe.[21] En effet, un syntagme *a-0* (ou *0-a*) sera motivé au même titre qu'un syntagme à termes explicites *(ab):* il ne sera pas seulement opposable, dans sa totalité, à d'autres signes de même nature (car un monème aussi peut être opposé à des syntagmes, ainsi *robe : robe de bal,* 3.3.1.); il sera déterminé également, dans sa forme et sa valeur, par des associations partielles. C'est ce qui nous empêche d'admettre, avec Bally, une «motivation par cumul des signifiés»:[22] si ar. *'a'mā,* lat. *equa* sont motivés,[23] les mots français *aveugle, jument* sont totalement arbitraires.

3.4. De même que tout autre signe, un signe zéro ne peut exister que comme élément oppositionnel. Si l'on admet qu'un monème est opposable à un syntagme, il ne suffit pas d'une opposition du type *a : ab* pour que se dégage un signe zéro; il faut qu'on ait des raisons de reconnaître, entre deux signes homophones, une opposition dont seule la formule *a : a-0 (0-a)* puisse rendre compte.

Or un signe peut changer de valeur grammaticale tout en restant le même: il suffit que le changement de valeur ne se trouve jamais marqué par un signe explicite. En latin, *contra* fonctionne comme adverbe ou comme préposition, sans l'appoint d'un signe transpositeur dans l'un ou l'autre emploi. Comme il en est de même de tous les signes de cette classe, il n'existe aucune raison de considérer l'adverbe comme dérivé de la préposition, ou vice-versa, et par conséquent d'établir une opposition *contra : *contra-0.*

3.4.1. Bien plus souvent que les oppositions entre signes explicites, celles qu'on peut invoquer en faveur d'un signe zéro sont susceptibles d'analyses contradictoires.[24] Soit par exemple le couple *scie : scier*. On peut voir dans *scie* un mot primaire comme *hache* ou *vrille*, et *scier* est alors un verbe dérivé; mais le rapport inverse est concevable, et s'exprimerait par la proportion

$$scier : scie\text{-}0 = h\hat{a}cher : h\hat{a}choir$$
$$passer : passoire, \text{etc.}$$

3.4.2. En arménien moderne (dialecte occidental), les désinences *-me* (ablatif), *-mov* (instrumental), propres aux pronoms personnels, interrogatif, relatif, s'emploient aussi pour un petit nombre de substantifs désignant des personnes, et se joignent alors à la forme du génitif-datif (sauf dans le mot *Asdvaj* «Dieu»):

	dal «belle-sœur»	*martig* «gens»	(*Asdvaj* «Dieu»)
G-D.	*daloč*	*martoc*	(*Asduj-o*)
Abl.	*daločme*	*martocme*	(*Asduj-me*)

M. C.-F. Hockett[25] analyse: *daloč-me,* soit: *daloč-*, radical des cas obliques; *-me,* désinence (cf. *Asdvaj: Asduj-me*), et en conséquence trouve une désinence zéro dans le génitif-datif *daloč*. Mais l'analyse: *dal-očme* est également plausible, puisque le rapport *dal: dal-oč* est homologue du rapport *Asdvaj: Asduj-o, hars: hars-i,* etc. Il y a dans ce paradigme plusieurs oppositions simultanées, et l'analyse sématique aboutira toujours à décomposer en trois éléments le signifiant *dal/oč/me,* alors que deux seulement se laissent distinguer dans le signifié.

Mais dans la langue parlée, le type de flexion examiné ici a gagné les mots *mart* «homme, personne», *dəga* «garçon» dont le génitif-datif est en *-u*. Or *-u* ne peut être considéré comme élément radical, car on ne saurait analyser

mart	*dəga*	autrement que	*Hay* «Arménien»	*gov* «vache»
mart-u	*dəg-u*		*Hay-u*	*gov-u*
mart-ume	*dəg-ume*		*Hay-e*	*gov-e*

d'autant plus que ce dernier paradigme *(Hay, gov)* est aussi celui de tous les infinitifs et du pluriel régulier *(harser, asdvaj-ner)*. Si séduisante que soit l'analyse de C.-F. Hockett, elle n'est donc pas inattaquable.[26]

4. La question du signe zéro est, au fond, une question de *structure du mot.* Telle est, nous semble-t-il, l'idée qui se dégage des passages du *Cours de linguistique générale* où il en est parlé.

4.1. On n'y trouve pas, il est vrai, une définition ou une théorie générale du signe zéro, mais des exemples avec des commentaires. D'abord, celui de la désinence zéro des gén. plur. *slov, žen,* donné deux fois dans le troisième cours (1910-1911): au chapitre intitulé *La linguistique statique et la linguistique historique; dualité de la linguistique;*[27] puis dans la dernière leçon du cours, à l'appui du principe que, dans la langue, il n'y a que des différences:[28] la désinence zéro s'oppose aux désinences explicites des autres cas. L'autre exemple est celui du grec φλόξ, où l'existence d'un suffixe zéro est prouvée par la différence entre *phleg-/phlog-,* racine commune à une famille de signes, et *phlog-,* radical d'un substantif féminin.[29]

4.1.1. Ces deux exemples n'ont pas été rapprochés par Saussure, qui a indiqué chaque fois une preuve différente de la valeur linguistique du signe zéro. Mais les deux preuves sont valables pour l'un et pour l'autre. En effet, si le gén. plur. *žen-0* s'oppose à *žena, ženu,* etc., il n'est pas non plus identique à *žen-,* radical commun à tous les cas du paradigme; et si *phlog-0* n'est pas identique à la racine *phleg-/phlog-,* il s'oppose aussi à des thèmes à suffixe explicite *(phlegma, phlogmos).*

4.1.2. La non-identité de deux signes homophones *a* et *a-0* réside-t-elle dans la différence de sens? C'est ce que suggère la remarque : «Il faut distinguer *phleg-/phlog-* à sens général et *phlog-* à sens spécial».[30] Mais dans le manuscrit (R.), il y a une seconde remarque : «2° Dans *phlegma,* on pouvait appliquer la formule *phleg* x *ma,* tandis que dans *phlog-,* je n'ai rien à multiplier, ce qui est signe que la fonction est ici complète».

En d'autres termes, *phlog-* est un signe de même nature grammaticale que *phlegma(t)-,* thème nominal; sa fonction ne peut être la même que celle de la racine *phleg-/phlog-.* C'est cette différence de *fonction,* de valeur grammaticale par rapport à la racine — et l'identité corrélative par rapport à *phlegma,* etc. — qui est décisive et qui postule l'analyse *phlog-0.*[31]

4.2. Une langue non indo-européenne, où la structure du mot est différente, pourra présenter des faits analogues en apparence, mais non susceptibles de la même interprétation. A première vue, le couple turc

>boya-mak «colorier» : boya «couleur (artificielle)»

semble exactement parallèle à gr. $\varphi\lambda\acute{\epsilon}\gamma$-$\omega$: $\varphi\lambda\acute{o}\xi$.

En réalité, le rapport est inverse : c'est boya-, radical verbal, qui a un suffixe zéro; quant au substantif boya, c'est un monème qui ne contient pas plus de suffixe que de désinence zéro.[32]

5. Conclusion

Nous nous trouvons en face de deux conceptions inconciliables. Ou bien il est impossible qu'un monème, comme tel, s'oppose à un syntagme, et alors les signes zéro se multiplient à l'infini. Ou bien le signe zéro est postulé (ou exclu) par la structure du signe linguistique.

La notion d'opposition a pris, dans la linguistique contemporaine, une place qui ne saurait être trop large. Il est certain que deux signes quelconques d'une langue donnée peuvent être dits opposés: leur caractère de signes linguistiques appartenant à un même système constitue déjà une «base de comparaison»; et s'il n'existe pas d'opposition concevable entre le libre arbitre et un encrier,[33] il y en a une entre les substantifs français encrier et libre arbitre.

Mais la tâche de la linguistique ne se borne pas à constater que chaque signe d'un système s'oppose à tous les autres. Il s'agit, dans l'infinité des oppositions réalisables, de discerner des degrés et un ordre d'importance: les oppositions proportionnelles sont plus essentielles au système que les oppositions isolées; les différences des signifiés, plus que celles des signifiants (on pourrait imaginer que tous les verbes latins aient passé dans la première conjugaison sans que la structure de la langue en soit notablement atteinte); plus les signes sont rapprochés par la forme et par la valeur, plus les oppositions qui les distinguent importent au système — et c'est là que l'analyse rencontre des signes zéro.

Quand Saussure enseignait que «la langue peut se contenter de l'opposition de quelque chose avec rien»,[34] il était loin, apparemment, de se douter qu'il allait susciter des légions de fantômes. Nous voudrions les avoir rendus au néant.

Notes

[1]*Cours de linguistique générale,* 2me. éd. (CLG²), p. 123-124; 163.
Dans son article *Signe zéro* (Mélanges Ch. Bally, 1939, p. 143-152), M.
Jakobson a cherché dans le plan des signifiés la contrepartie du signifiant zéro. Mais le degré zéro d'une différence sémantique n'est pas un
signe zéro dans le sens ordinaire du terme.

[2]*Linguistique générale et linguistique française,* 2me. éd. (LGLF²),
§ 125; 245. Cf. aussi § 174 A,2: dans «dépendez ce tableau», il y aurait
ellipse du régime réclamé par le préfixe *dé-*.

[3]*Copule zéro et faits connexes,* BSL XXIII (1922), p. 1-6.

[4]LGLF² § 220. Sur l'agglutination: CLG² p. 242 ss.

[5]LGLF² p. 159-164.

[6]*Qu'est-ce qu'un signe?* Journ. de psych., avril-mai 1939, p. 167
(l'ellipse est un signe zéro); LGLF² § 127 (signe zéro, à propos d'une
«ellipse contextuelle»); id. § 245: l'ellipse est un représentant zéro (Cf.
R. Jakobson, *Signe zéro,* p. 149: «L'ellipse est donc *signe anaphorique*
(ou *déictique*) *zéro*»).

[7]*La grammaire des fautes,* 1929, p. 120-121. Les exemples de
«sous-entente» de la p. 124 seraient pour Bally des «ellipses de situation».

[8]LGLF² § 246.

[9]CLG² p. 186-187.

[10]LGLF² § 244, et *Copule zéro . . . ,* déjà cité (note 3).

[11]Exemple commenté dans CLG² p. 191.

[12]*La phrase nominale,* BSL 46 (1950), p. 19-36, en particulier p. 27.

[13]LGLF² § 244 et 587.

[14]LGLF² § 248 (le texte porte, par erreur: *ce suffixe* au lieu de: *ce
signe*), et pour les exemples, § 252-254.

[15]LGLF² § 254 (p. 164). Cf. J. Kurylowicz, *Dérivation lexicale et
dérivation syntaxique,* BSL 37 (1936), p. 79 ss.

[16]*Zeitschrift für Phonetik,* 4 (1950), p. 162.

[17]Le signifié, en revanche, peut être complexe: dans *žen*, la désinence zéro contient par cumul le cas et le nombre.

[18]J. Cantineau, *Les oppositions significatives,* CFS 10 (1952), p. 27.
J'élargis la définition de M. Cantineau en incluant dans l'opposition proportionnelle les variantes sémantiques, même isolées (*amer: amertume
= beau: beauté, doux : douceur.* etc.).

[19]*Saussure contre Saussure?* CFS, 9 (1950), p. 7-28.

[20]Lettre du 9 juin 1950.

[21]CLG² p. 180 ss., et le commentaire de ce passage par R. S. Wells,
De Saussure's system of linguistics, Word 3 (1947), p. 9.

[22]LGLF² § 207-208; 225.

[23]Sur le syntagme *'a'mā*, combinaison d'une racine *'my* avec un
schème *'af'alu*, v. J. Cantineau, *Racines et schèmes* (Mélanges W. Mar-
çais, 1950, p. 119 ss.); sur le signifié de *jument*, A. Meillet, *Linguistique historique et linguistique générale,* II (1936), p. 128-134.

[24]C. Bazell, *Note on contradictory analyses*, CFS 8 (1949), p. 15-20.

[25]*Problems of morphemic analysis*, Language, 23 (1947), p. 328-329.

[26]H. Kazandjian, *Grammaire améliorée de l'arménien moderne* (en arm.), Istanbul 1926, p. 158, signale que le mot *ənger* «camarade» n'a la désinence -*oč* qu'au gén-dat. (abl. *ənger-e*), ce qui confirme mon analyse.

[27]Cf. CLG² p. 123. La désinence zéro est déjà mentionnée dans le *Mémoire sur le système des voyelles* (Recueil, p. 182).

[28]Cf. CLG² p. 163.

[29]CLG² p. 255. Ce passage est tiré du premier cours (1906-1907), et l'expression suffixe zéro ne figure pas dans le manuscrit (R.); mais dans son cours d'*Etymologie grecque et latine*, professé en 1911-1912, Saussure distingue de la racine le «thème», et constate qu'il existe en indo-européen des thèmes «formés par l'addition de zéro suffixe» (ms. B. p. 10).

[30]CLG² p. 255. Le manuscrit (R.) porte: «sens indéterminé; sens déterminé».

[31]C'est là sans doute ce que Bally a voulu dire en écrivant (LGLF² § 248): «il est inconcevable que *marche* et *calcul* soient réduits au radical verbal».

[32]Dans sa *Grammaire de la langue turque* (1921), § 242, J. Deny a bien vu la différence entre un nominatif latin ou grec et le «cas absolu» du substantif turc. Il croit pourtant devoir dire: «Le mot sans désinence, ou mieux: avec désinence zéro».

[33]L'exemple est de Troubetzkoy, *Grundzüge* . . . , p. 69 de la trad. française de J. Cantineau (*Principes de phonologie*, 1949).

[34]CLG² p. 124.

DE LA THÉORIE DU SIGNE AUX TERMES DU SYSTÈME*

Si une langue est un système de signes, ce qui n'est plus guère contesté, il faut bien qu'on puisse dégager les *termes* de ce système. Tel paraît être, pour Saussure, le premier objet de la linguistique synchronique.[1] Quelle méthode, quels critères convient-il d'employer? Les éléments d'une réponse sont épars dans trois chapitres du *Cours de linguistique générale*, intitulés: Nature du signe linguistique (1re partie, ch. I); Les entités concrètes de la langue (2e partie, ch. II); Rapports syntagmatiques

Cahiers Ferdinand de Saussure 22 (Genève: Librairie Droz, 1966), pp. 53-68.

et rapports associatifs (2e partie, ch. V). Cette dispersion n'est pas le fait des éditeurs du *Cours*: Saussure a envisagé sous trois angles différents le problème des entités de la langue.

1. La définition qu'il a donnée du signe linguistique[2] est d'abord celle du signe en général. La relation arbitraire du signifiant au signifié n'est pas particulière au langage: il y a d'autres signes arbitraires que ceux-là. Ce qui leur est propre, en revanche, c'est le caractère linéaire du signifiant.

Comme exemples, Saussure a pris des mots simples: *arbor; bœuf, sœur, cher, juger*. Il aurait pu prendre tout aussi bien des signes complexes: mots composés, groupes de mots, phrases. Rien, en effet, dans la définition, ne limite l'étendue du signe. La figure qui le représente:

est celle d'une chose finie, isolable, d'une entité. Toutefois, le cercle qui enferme signifiant et signifié doit marquer avant tout leur union nécessaire: une suite de sons ou de syllabes dénuée de sens ne serait pas un signifiant, ni une idée sans support verbal un signifié. Mais rien d'extérieur, de matériel par exemple, n'entre dans la constitution du signe: il n'existe que par cette union de deux éléments, l'un et l'autre psychiques.

1.1. Saussure a donc envisagé d'abord le phénomène sémiologique dans son essence, non dans ses manifestations particulières.

En effet, chaque fois qu'on utilise un signe, le signifiant est réalisé, c'est-à-dire rendu perceptible: un feu rouge s'allume; un disque avec une flèche est placé à un certain endroit; une phrase, un mot est prononcé ou écrit. Du même coup, le signifié se trouve mis en relation avec le moment, le lieu, les personnes. On peut dire que le signe devient alors un *signal*: la différence par rapport au signe immatériel apparaît bien dans le cas où un mot constitue à lui seul le signal: *Danger. Fragile. Ralentir*, etc. C'est cela qui fonde et justifie une distinction entre langue et parole, plus généralement entre code et message: «Le «signe» appartient à la langue conçue comme système de «valeurs», entités abstraites en conditionnement mutuel. Le «signal» appartient à la langue conçue comme instrument des interactions humaines, ce qui est tout autre chose».[3]

1.2. Dans ses derniers cours, Saussure a opposé la *valeur* à la *signification*.[4] Les notes des étudiants, sur ce point, ne sont pas bien claires, et on a pu en proposer plus d'une interprétation. Comme les valeurs sont fixées par les relations des signes dans le système, il semble logique de rapporter la signification à la parole.

1.2.1. C'était l'idée de Charles Bally:[5] il entendait par valeur «le concept virtuel attaché au mot dans la mémoire, sans aucun contact avec la réalité»; par signification, le «reflet linguistique» de la «représentation sensorielle actuelle». En conséquence, «c'est seulement dans la parole, dans le discours, que le signe, par contact avec la réalité, a une signification [...], et c'est seulement dans la langue, à l'état latent, que ce même signe déclenche un faisceau d'associations mémorielles qui constituent sa valeur [...]» (p. 194-195). La valeur n'est donc rien de plus que le signifié (p. 199); la signification inclut la référence du signe à la chose pensée.

1.2.2. Plus récemment, André Burger est revenu sur la question.[6] Pour lui, ce qui oblige à distinguer la signification de la valeur, c'est, bien que Saussure ne l'ait pas dit expressément, le fait très général de la polysémie: «La polysémie n'est pas un phénomène exceptionnel, elle est inhérente à la nature même de la langue» (p. 7). Or il faut bien que les variétés sémantiques d'un mot (par exemple, *mouton*, dans *tondre un mouton, manger du mouton*) soient contenues dans sa valeur et en découlent: sinon, l'identité du signe s'évanouirait. Mais il faut aussi qu'elles ne risquent pas de se confondre: autrement, la communication en serait gênée. «Comment se distinguent les différentes significations d'un même signifié, Saussure ne l'a pas dit explicitement, sans doute parce que la chose va de soi: c'est évidemment les rapports syntagmatiques, dans le discours, qui font apparaître, à chaque fois, la signification voulue» (p. 8). Ainsi, les significations dépendent de la valeur; elles se réalisent dans la parole:[7] elles appartiennent donc à la langue. Les significations d'un mot, par exemple, ce sont

les diverses *acceptions* de ce mot: des variétés sémantiques
«reçues», c'est-à-dire inscrites dans le code linguistique.

1.2.3.   On voit qu'André Burger, tout en situant, comme
Bally, la signification dans le «discours», en conçoit tout autrement le rapport avec la valeur.   Il rejoint probablement la conception de Saussure lui-même; et sur ce point, je lui rends volontiers les armes.   Toutefois, l'idée de Bally mériterait d'être
retenue: il est exact que, dans la parole, les signifiés s'accor-
dent à la réalité du moment, et il y a peut-être avantage à appeler signification ce qui résulte de cet accord.   Bally a pris
comme exemples des noms communs: *arbre, bœuf,* etc., ce qui
l'a amené à définir la valeur comme un «concept virtuel».   L'argumentation eût été plus incisive s'il avait considéré, par exemple, le cas des formes modales et temporelles, ou des noms
propres de personnes, des pronoms personnels, des déictiques,
etc.,[8] où l'écart entre la valeur (le signifié) et la signification
est bien plus sensible.

On peut donc reconnaître une *valeur* à chacun des éléments
qui appartiennent au système d'une langue, y compris les phonèmes, l'accent, etc.   La signification, en revanche, est d'abord
une propriété de l'énoncé.   Elle ne procède pas uniquement des
valeurs utilisées pour la composition du message, c'est-à-dire
du signifié de phrase: elle dépend aussi de la situation, des relations des interlocuteurs, de leurs préoccupations communes.
Il peut arriver que la signification et le signifié de phrase coïncident: c'est le cas d'énoncés tout impersonnels et généraux,
comme *la terre tourne* ou *cinq et cinq font dix.*   Dans l'usage
ordinaire du langage, cette coïncidence est rare.   D'autre part,
des énoncés différents peuvent produire la même signification:
dans une circonstance donnée, je peux dire indifféremment, de
telle personne: *un de mes amis* ou *un ami à moi;* de tel événement: *la séance commencera à huit heures et demie,* ou: *... à
vingt heures trente.*   On ne peut pas dire que les signifiés soient
identiques, puisque les signes ne le sont pas.

1.3.   De tout ceci, il n'est pas encore possible de déduire
une analyse du système.   On voit seulement que des signes
comme *sœur, juger,* etc., entrent dans des assemblages très
divers, mais non quelconques, qui sont aussi des signes: *sœur
aînée, une âme sœur, frère et sœur, la sœur de Paul,* etc.

2. Le principe d'une analyse réside dans le caractère linéaire du signifiant.[9] La première opération est de délimiter dans une chaîne parlée (un énoncé) des *unités* de langue, c'est-à-dire des «tranches de sonorité» (on dirait aujourd'hui: des segments) qui soient des signifiants. Ce qui permet et justifie la délimitation, ce n'est pas la succession ou l'agencement des phonèmes, puisque la même tranche /sŏr/, qui correspond à une unité dans /frɛresŏr/ ou /lasŏrdəpol/, ne serait, dans /profesŏr/, qu'une découpure arbitraire. Il est vrai que, dans bien des langues, certains indices formels, tels l'accent, les particularités de l'initiale ou de la fin de mot, l'harmonie vocalique, etc., marquent des divisions dans la chaîne. Mais ceci est accessoire. C'est sur le signifié que doit se régler la délimitation des unités: «Une délimitation correcte exige que les divisions établies dans la chaîne acoustique (α, β, γ...) correspondent à celles de la chaîne des concepts (α', β', γ'...)»,[10] c'est-à-dire à celles du signifié de phrase, puisqu'on néglige la signification dès qu'on envisage l'énoncé comme un «document de langue», non comme un acte de communication: on ne retient que les valeurs.

La correspondance se vérifie par la comparaison avec d'autres chaînes, partiellement semblables. Une unité apparaît alors comme le plus petit segment commun à plusieurs chaînes, par ailleurs différentes: /sŏr/ɛne/, /frɛre/sŏr/, /la/sŏr/dəpol/, etc., ou, inversement, comme le plus petit segment qui différencie une chaîne d'autres chaînes, par ailleurs semblables: /la/sŏr/dəpol/: /la/kuzin/dəpol/, etc.[11] Cette double vérification est utile dans les cas d'homophonie: pour être sûr que *force*, dans *la force du vent*, n'est pas la même unité que *force*, dans *il me force à parler*, il n'est pas indifférent de noter que les unités substituables forment des séries hétérogènes: *la force (violence, vitesse...) du vent: il me force (oblige, invite...) à parler.*

2.1. Dans le passage cité, il est question de la «chaîne des concepts». L'expression ne surprend pas. En fait, elle est singulière. Il va de soi que *concepts* dénote ici, faute d'un meilleur terme, les signifiés des unités. Mais s'il est naturel de décrire comme une chaîne le signifiant d'une phrase ou de n'importe quel signe complexe, en raison de son caractère linéaire, en est-il de même du signifié? Le signifié de phrase n'est pas simplement la somme des signifiés partiels, correspondant aux unités alignées: il procède à la fois de ces derniers et de l'agencement des unités, de leurs rapports dans la phrase. Or ces rapports ne jouent pas toujours entre unités contiguës: rien de plus banal, en français, que des phrases comme: *Vous ne m'avez peut-être pas tous approuvé,* ou en allemand, comme: *Schlägst du denn einen anderen Tag vor?* Beaucoup de langues usent ainsi de signes discontinus. Une inversion dans l'ordre des termes peut aussi être imposée *(Je lui parle,* en regard de: *Je parle à mon voisin)* ou admise *(La joie que m'a causée cette nouvelle,* en regard de: *la joie que cette nouvelle m'a causée),* sans que le rapport varie.

Le membre de phrase, la phrase simple (la proposition) ont, dans les langues modernes surtout, une structure qui normalement est conçue et comprise d'un seul coup. Le destinataire d'un message peut très bien en reconnaître et en saisir la structure sans en comprendre tous les termes: ainsi dans les phrases d'un exposé technique, ou dans une locution qui contient des mots désuets *(je n'en ai cure, vous aurez maille à partir avec lui).* On a pu s'amuser à fabriquer des phrases absurdes, dont la structure grammaticale est parfaitement claire, comme *Colourless green ideas sleep furiously.*[12] On a produit aussi, ce qui est plus sérieux, des exemples de «phrases homonymes». Deux cas sont à distinguer: ou bien les unités alignées ne sont pas les mêmes, comme dans l'exemple donné par Saussure: /sižlaprã/ *(Si je la prends; si je l'apprends).* Il y a simplement homophonie, mais non identité des signifiants. Ou bien les signifiants sont identiques, mais les mêmes unités, disposées dans le même ordre, représentent deux structures différentes: *Il en est tombé* (de la neige; quelqu'un, du haut d'un toit).[13] Comme dans les cas d'homonymie ordinaire, l'identification du signe dépend de la situation ou du contexte. Dans le passage suivant, le contexte donne le change sur la structure de la seconde phrase: «Il (Commodien) nous apprend *qu'il a vécu* longtemps dans l'erreur, *qu'il a fréquenté* les temples [...] et *qu'il est revenu* à la vérité par la lecture de la loi. Il ajoute *qu'il appartient* à ceux qui se sont longtemps égarés de montrer le chemin aux autres, quand ils l'ont eux-mêmes trouvé».[14]

On peut supposer que la chaîne des concepts implique la structure. Mais alors, est-elle vraiment parallèle à la chaîne acoustique? L'expression n'est au fond qu'une image, et on ne confondra pas la démarche du grammairien qui analyse un document de langue avec l'opération du locuteur qui formule un message, ou celle de l'auditeur (ou lecteur) qui le comprend: avec l'encodage ou le décodage, comme on dit aujourd'hui. Il est bien difficile de dire dans quelle mesure ces opérations sont graduelles: on vient de citer des faits qui les supposent plutôt globales, dans les limites de la phrase simple. Mais les termes d'une énumération, par exemple, doivent bien être enregistrés successivement, comme les phrases d'un discours. On sait aussi les effets que produisent, dans les langues qui s'y prêtent, les variations de l'ordre des mots: cela suppose, chez l'auteur et le destinataire d'un message, un certain sentiment de son déroulement. On ne fait qu'indiquer ici en passant un problème qui relève d'abord de l'étude de la parole. Mais pour la description de la langue même, il serait utile de savoir quels assemblages de signes sont toujours pensés globalement, lesquels se laissent construire et interpréter de façon progressive: cela touche à la question du syntagme.

L'analyse, en tout cas, est libre de progresser de segment en segment; et puisqu'elle ne vise qu'à délimiter des unités, le résultat peut être figuré par deux chaînes parallèles, celle des «tranches de sonorité» et celle des «concepts». Représentation toute provisoire, car il faudra encore classer ces unités, qui sont très diverses, et formuler des règles d'assemblage qui permettent de recomposer les phrases analysées et d'en former de nouvelles.

2.2. Est-il vraiment nécessaire d'appliquer à tous les cas la méthode de délimitation? Beaucoup d'unités sont souvent délimitées effectivement par des coupures dans la chaîne, des pauses: appositions, par exemple, ou termes d'une énumération, sans parler du cas fréquent où le message se réduit à une seule unité: *Mouton* à l'étalage d'un boucher; *chant*, dans la lecture du palmarès d'un conservatoire;[15] (Comment trouvez-vous ce spectacle?) — *Médiocre*, etc. Il y a aussi délimitation effective quand une unité fait l'objet d'un message renvoyant au code:[16] *le mot juger; Comment dit-on sœur en russe? Chariot ne prend pas deux r*, etc. Dans l'écriture, une unité peut être distinguée de son entourage par des procédés typographiques (italiques, gesperrt, guillemets).

Ces faits ont leur importance. Mais d'abord, les emplois qu'on vient d'évoquer conviennent aussi bien à des signes complexes qu'à des signes simples. De plus, ils sont propres à

certaines sortes d'unités, alors que la méthode de délimitation
doit permettre de les inventorier toutes, y compris celles qui
ne sont pas effectivement isolables.

2.3. Aussi bien, la méthode que Saussure a appliquée, dans
son dernier cours, à des exemples pris au français lui avait
d'abord servi à résoudre le problème posé par la morphologie
des langues indo-européennes anciennes: à démontrer, en
d'autres termes, que les *sous-unités*, c'est-à-dire les segments qu'on distingue dans les mots dérivés et fléchis, ne sont
pas des abstractions imaginées par les comparatistes, mais
sont — ou ont été, dans un état de langue antérieur — des entités
linguistiques réelles, au même titre que les unités alignées
dans une chaîne de parole.[17] Les raisons qu'on a d'analyser,
par exemple, *désir-eux* ou *in-succès* ne sont pas radicalement
différentes de celles qui font qu'on distingue plusieurs unités
dans *la force du vent* ou *à bout de force* : dans les deux cas, la
délimitation se règle sur le signifié.

2.3.1. Toutefois, les conditions de l'analyse ne sont pas du
tout les mêmes. Dans le cas des mots composés ou dérivés,
des formes fléchies, l'assemblage est compact: il n'admet ni
pause ni insertion entre les sous-unités, ni variation de l'ordre.
Il en résulte que la comparaison, ici, ne sert plus seulement à
vérifier la délimitation: elle en est la condition même. C'est
la comparaison avec des formes partiellement semblables qui
permet, ou même impose l'analyse: faute de formes comparables, aucune analyse n'est possible.[18]
Si la morphologie est régulière, les sous-unités se délimitent sans peine: on les retrouve identiques dans toutes les
formes comparables. C'est le cas, en général, dans une langue
comme le turc. Si la morphologie est diversifiée, comme dans
les langues indo-européennes, les formes comparables peuvent
suggérer des analyses différentes, et la délimitation des sous-
unités est alors incertaine: comment délimiter, par exemple,
radical et désinence dans lat. *ciuis*, N sg., en regard du G
ciuis? On n'y parviendrait qu'en posant soit deux radicaux,
ciui- et *ciu-* en distribution complémentaire:

  ciui-s (N sg.), *ciui-um*
  ciu-is (G sg.), *ciu-em, ciu-es,*

soit une désinence de N sg. *-is (ciu-is)* en alternance avec *-s*
(urb-s, par-s). Le signifié s'accommode de l'un comme de

l'autre, et l'analyse n'est ici rien de plus qu'une astuce de grammairien.

On dira que, dans les cas de ce genre, la marge d'incertitude est du moins limitée: les formes comparables autorisent *ciui-s* ou *ciu-is* et excluent toute autre division. Mais dans d'autres cas, aucune division n'est permise: **chev-al*, **chev-aux*, par exemple, n'est pas plus admissible que **ci-uis*. Et on se heurte enfin à des séries de formes éminemment comparables, comme *œil, yeux;* angl. *man, men; take, took,* etc., dans lesquelles rien ne peut être délimité, et qu'il faut donc bien considérer comme des *monèmes*.[19]

La situation inverse peut être illustrée par des formes du verbe latin, celles de l'imparfait, par exemple. La délimitation des sous-unités y est aussi nette qu'on peut le souhaiter: *ama-ba-m, dele-ba-m, i-ba-m...*, et donc: *ag-e-ba-m, audi-e-ba-m*. On a ainsi un segment *-e-*, sans aucune contrepartie définissable du côté du signifié. On pourrait éliminer l'anomalie en imaginant, ici encore, des variétés du radical *(ag-/ age-)* ou du suffixe *(-ba-/ -eba-):* il faudrait alors poser des règles de distribution, ce qui ne servirait, en fin de compte, qu'à compliquer la description des conjugaisons latines. Il est vrai que ce risque serait, pour beaucoup de linguistes, plus excitant que décourageant. Mais au nom de quoi dénierait-on à ce segment *-e-* le statut de sous-unité qu'on reconnaît à ses voisins? Il est en effet porteur d'une certaine valeur, qui n'est pas celle d'un phonème, comme /a/ ou /g/ dans cette même forme *agebam,* mais qui n'est pas non plus un signifié. Or il serait facile de montrer que la figure saussurienne du signe, qui s'applique à *agebam* comme à toute autre forme du paradigme latin, n'est pas applicable sans plus aux sous-unités: cette figure suppose en effet que le signe est isolable.

Il y a bien une correspondance entre les segments du signifiant *agebam* et les caractères du signifié, tels qu'on les enumère à l'école en définissant la forme verbale: 1re p. sg. de l'indicatif imparfait actif de *agere*. Mais cette correspondance est indirecte: il n'est pas nécessaire qu'on ait autant de segments que de traits sémantiques; et ces derniers sont donnés, non dans l'ordre linéaire des segments, mais ensemble, comme les traits pertinents qui constituent les phonèmes. Les sous-unités ne sont donc que des divisions du signifiant, fondées sur la comparaison des formes parallèles, et justifiées par l'ensemble des caractères du signifié.[20] Si on veut les appeler des «signes», ce sera par extension et pour simplifier: en fait, ce sont des composants de signes. Dès qu'on désintègre l'assemblage, les valeurs qu'ils portent s'évanouissent, ce qui n'arrive pas quand on isole de son entourage un mot simple comme *sœur, cher* ou *juger*. En aucun cas, *ag-* ou *age-* ou *-bam* ne pourrait servir de signal.

2.3.2. Dans ses leçons sur l'analyse subjective et la délimitation des sous-unités,[21] Saussure n'a pas utilisé l'image des deux chaînes parallèles, qui apparaît dans le 3e cours, à l'occasion des exemples français. En distinguant unités et sous-unités, il a tenu compte de la différence entre deux types de signes complexes qu'on peut appeler, faute de mieux: assemblages syntaxiques et assemblages morphologiques. La division traditionnelle de la grammaire en morphologie et syntaxe, fondée sur la notion un peu fuyante de *mot,* est contestable, et lui-même en a fait la critique. Cette division s'applique tout de même assez bien à des langues comme le grec ancien ou le latin, pour lesquelles elle a été conçue; plus difficilement aux langues modernes, où le statut de certaines unités, des articles, par exemple, ou des verbes auxiliaires, se laisse mal définir dans ce cadre. Toutefois la différence qu'on a relevée, et qui réside dans les conditions de l'analyse délimitative, empêche d'abandonner sans plus la distinction classique entre mots et divisions du mot (radical, suffixe, préfixe, etc.) pour y substituer les monèmes: il faudra toujours distinguer des classes d'unités.[22]

Pas plus que la délimitation, le classement ne peut se fonder sur des caractères purement formels, c'est-à-dire sur l'examen des signifiants sans égard aux signifiés. Mais un classement idéologique ne donnerait pas non plus une idée du code linguistique, qui est essentiellement une grammaire.[23] La méthode de délimitation, en revanche, suggère la voie à suivre. En comparant des chaînes de parole différentes, où se retrouve une même unité (*la force du vent, une force herculéenne, à bout de force, employer la force,* etc.), on est amené à observer les rapports de celle-ci avec les unités voisines et à en définir les fonctions dans la phrase, le groupe de mots, voire dans le mot. On constatera seulement que, dans ce dernier cas, le rapport est invariable et la fonction unique: ainsi pour *in-* dans *insuccès, impatience, incompréhension,* etc. D'autre part, en comparant *la force du vent* avec *la violence du vent, la vitesse du vent*, etc., ou *défaire* avec *faire, refaire, contrefaire, surfaire*, on aperçoit le principe d'un classement linguistique: l'identité de fonction définit une classe d'unités, et plus généralement, de signes, puisqu'un signe analysable, comme *vitesse*, appartient à la même classe qu'un monème comme *force*.

3. Dans les trois cours de linguistique générale, il est question des *rapports* qui font qu'une langue n'est pas une nomenclature, une collection de signes totalement arbitraires, mais un système, et qui, d'une manière ou d'une autre, réduisent la part de l'arbitraire par la solidarité qu'ils établissent entre les termes de ce système.[24]

Il y a deux sortes de rapports: ceci est constant, mais l'expression varie quelque peu. Saussure a d'abord opposé l'ordre discursif *(signi-fer)* à l'ordre intuitif *(signifer : fero)*. Dans son 2e cours, il désigne comme les deux sphères de rapports le discours et la mémoire: dans le discours, les mots (ou les unités) se groupent en syntagmes *(quadru-pes; désir-eux; que vous dit-il?)*; dans la mémoire, en familles *(dominus, domini, dominum...; désireux, soucieux, malheureux...)*. Il y a donc des rapports syntagmatiques, qu'on peut appeler aussi discursifs, et des rapports associatifs, ou intuitifs. Enfin, en 1911, Saussure oppose la coordination syntagmatique à la coordination associative, les assemblages *in praesentia (contre tous; contremarche; magnanimus)* aux assemblages *in absentia (contremarche : contre; magnanimus : animus : anima : animal)*, et il montre que ces coordinations ont pour effet de limiter l'arbitraire.

3.1. Les rapports syntagmatiques sont directement observables: ils s'établissent dans le discours, c'est-à-dire dans la chaîne de la parole.[25] Pour les étudier et les décrire, on n'aura donc, semble-t-il, qu'à prendre des énoncés où les unités auront été délimitées. Mais comment déceler les rapports associatifs, dont les termes ne sont pas donnés ensemble? Dans ses deux premiers cours, Saussure a indiqué un critère: tout rapport associatif repose sur la combinaison d'un élément constant de forme et de sens avec un élément variable. C'est ce qui se passe dans la flexion et la dérivation régulières, d'où sont pris les exemples. Mais la formulation est trop restrictive: prise à la rigueur, elle ne se vérifierait pas dans des

séries telles que *cheval : chevaux; savoir : saurai : su;* angl.
take : took, etc. On ne peut pas dire, en effet, que *chev-* ou *s-*
ou *t-k* sont des éléments constants de forme et de sens. A
moins que, par éléments, on doive entendre autre chose que des
sous-unités: mais alors quoi?

Toujours selon le même critère, des signes simples ne
sauraient être associés qu'à leurs dérivés ou composés: *désir:
désireux; animus: animal, magnanimus.* Il y aurait association
entre *neuf* et *dix-neuf, vingt-neuf, neuf cents,* mais non entre
neuf et *dix, vingt* ou *cinquante.*

On comprend que la règle ainsi formulée ne reparaisse pas
dans le 3e cours. Là, outre les associations fondées sur l'identité du radical *(enseignement: enseigner)* ou de l'élément for-
matif *(enseignement: armement...),* Saussure en reconnaît
d'autres par les signifiés seuls. Celles-ci font-elles partie du
système de la langue? Il faudrait alors qu'on puisse les distinguer des simples associations d'idées, comme *aiguille, fil,
coudre,* etc.[26] Dans l'exemple qui en est donné *(enseignement:
instruction, apprentissage),* l'association sémantique joue entre
des signes de même classe. Ce n'est sans doute pas fortuit:
Saussure ajoute qu'il peut même y avoir association de tous les
substantifs.

3.2. C'est probablement dans la morphologie qu'il faut
chercher l'origine de la théorie des rapports associatifs. Ils
sont tout d'abord apparus à Saussure sous l'aspect de séries
flexionnelles *(dominus, domini...; enseigner: enseignons...)*
ou de classes de dérivés *(désireux, chanceux, malheureux...).*
En réalité, dans les deux cas, on a affaire à des *paradigmes:*
toute classe de dérivés repose en effet sur une relation identique entre deux signes: le mot de base et le dérivé *(désir:
désireux; chance: chanceux,* etc.) et ceci importe plus au système que le nombre des dérivés existants. L'unité d'un paradigme consiste dans les variations ou modifications régulières
du signifié: celles du signifiant ne sont pas nécessairement régulières. Tous les verbes français, par exemple, déploient
sous des formes diverses un même système de modes, de
temps, de personnes; et les valeurs des formes irrégulières
sont rigoureusement homologues de celles des formes normales. De même, dans *amer: amertume,* le rapport est identique à celui de *doux: douceur, faible: faiblesse,* etc., en dépit
du fait que la forme du dérivé est unique en son genre.

Dans son dernier cours, Saussure a élargi sa conception des rapports associatifs. De ce qui a été noté par ses étudiants, on est tenté de conclure, avec les éditeurs du *Cours*, qu'«un mot quelconque peut toujours évoquer ce qui est susceptible de lui être associé d'une manière ou d'une autre».[27] L'idée d'un système s'accommode mal d'une formule aussi vague. On devra plutôt retenir l'association, indiquée par Saussure, de tous les substantifs. Et pareillement, de tous les verbes, de tous les numéraux cardinaux, etc. En d'autres termes, l'identité de fonctions, qui seule permet de classer les signes linguistiques, constitue aussi un lien associatif entre signes de même classe, ou de même sous-classe (en français, par exemple, le genre introduit une division dans la classe des substantifs). A son tour, l'identité de fonctions découle d'un trait sémantique, commun aux membres de la classe: c'est ce caractère du signifié qu'on exprime en disant, par exemple, que *théière, princesse, victoire, différence,* etc., sont des substantifs féminins.

3.3. On a ainsi reconnu deux réseaux d'associations: celles qui engendrent les paradigmes de flexion et de dérivation, et celles qui fondent les classes et sous-classes de signes. Dans le mécanisme de la langue, les premières conditionnent les *transformations* possibles de l'énoncé. A cet égard, il faut marquer l'importance de la dérivation, qui englobe — ou devrait englober, dans une grammaire bien faite, les formes nominales du verbe (infinitifs, gérondifs, participes), aussi bien que les noms d'action et d'agent: le rôle de ces formes est capital dans ce qu'on appelle la «grammaire transformative». Quant aux associations par classes, elles conditionnent les *substitutions* possibles à l'intérieur de l'énoncé. «Tout le mécanisme de la langue roule autour d'identités et de différences».[28] L'identité est d'abord celle des signes mêmes, ou des unités délimitables, comme le radical *enseign-* ou le suffixe de nom d'action *-ment (enseignement).* Mais l'existence de sous-unités homophones (enseigne-*ment*/lente-*ment;* angl. teach-*er*/strong-*er*) suffit à montrer que l'identité réside essentiellement dans les valeurs. Elle dépend des fonctions et des rapports: des fonctions pour les membres d'une même classe; des rapports associatifs pour les séries de même paradigme.

Ce point n'a pas toujours été clair pour Saussure. Dans son premier cours, il hésitait à reconnaître une association entre des formes comme lat. *regibus* et *lupis,* dont les signifiants

n'ont rien de commun. En 1911, à propos des diverses formes
du génitif en latin, il constate qu'il y a là «la conscience d'une
certaine valeur, qui est la même et qui dicte un emploi identique». Cette valeur est fixée par l'identité des rapports dans
les déclinaisons parallèles, variétés du même paradigme: de
rex à *regis,* la modification du signifié est la même que de *dominus* à *domini.*[29] On peut invoquer aussi, bien sûr, l'identité
de fonctions: *regis* peut être substitué à *domini* dans le même
entourage. Mais l'identité des fonctions résulte de celle des
rapports. Un paradigme de dérivation, on vient de le dire (3.2),
est plus essentiel au système que la série des dérivés qui y
sont conformes, puisque le paradigme inclut tous les dérivés
possibles. Ceci est également vrai des formes flexionnelles:
le paradigme de la déclinaison latine, par exemple, importe
plus, pour la valeur du génitif, que la classe de signes qu'on
pourrait constituer en réunissant toutes les formes de génitif
connues: *regis, ciuis . . .; domini, lupi, filii . . .,* etc.

3.4. Dans les séries paradigmatiques comme dans les
classes de signes, les membres peuvent être aussi bien des
monèmes que des signes complexes. Il n'est pas rare que tous
les membres d'une série flexionnelle soient des signes complexes *(j'aime, j'aimais, j'ai aimé . . .).* Dans un paradigme dé-
rivationnel, seul le mot de base peut être, mais n'est pas nécessairement, un monème. Il apparaît donc qu'en délimitant
les unités on ne définit pas, du même coup, les *termes* du système.

Les termes sont aussi en jeu dans les rapports syntagmatiques. La question se pose de savoir si les termes de syntagmes sont les mêmes que ceux des séries ou des classes associatives, ou s'ils réclament une autre définition: si par exemple
on doit dire, comme il est d'usage, qu'il y a dans tout syntagme
autant de termes que d'unités délimitables. Il y aurait lieu,
probablement, de revenir sur la notion même de syntagme, qui
est loin d'être aussi clairement définie qu'on ne l'imagine.[30]
Mais cela mènerait loin.

4. On conclura, de tout ce qui précède, que les expressions
saussuriennes de *signe, unité* et *valeur* ne se recouvrent pas
exactement. Un signe peut être formé de plusieurs unités; les
unités délimitables ne sont pas toutes des signes, mais toutes
représentent des valeurs. Il n'y a sans doute pas de signe qui

ne soit une valeur complexe, non seulement parce qu'il unit un signifié et un signifiant, mais parce que le signifié d'un mot n'est jamais simple: autrement, il n'y aurait pas de différence, par exemple, entre le verbe anglais *walk* et le substantif *walk*. Rien n'empêche, d'ailleurs, d'appeler signes simples (ou monèmes, si on préfère) ceux dont le signifiant est indécomposable.

Notes

[1]Troisième cours (1910-1911), dernières leçons. Résumé dans R. Godel, *Les sources manuscrites du Cours de linguistique générale*, Droz 1957, p. 89-92. On y renvoie ici par le sigle SM.

[2]*CLG*, 1re partie, ch. I. Pour le paragraphe sur l'arbitraire du signe, voir le texte critique établi par R. Engler, *Kratylos* IV. 2 (1959), p. 128-131.

[3]E. Benveniste, dans *Zeichen und System der Sprache*, II. Band, Akademie-Verlag, Berlin 1962, p. 93.

[4]Deuxième cours, *Introduction*, CFS 15 (1957), p. 48-49. Pour le 3e cours, voir n. 1.

[5]*L'arbitraire du signe. Valeur et signification*, FM VIII (1940), p. 193-201.

[6]*Significations et valeur du suffixe verbal français* - ę -, CFS 18 (1961), p. 1-15.

[7]«Ce n'est pas la valeur qui se réalise dans la parole, mais les significations» (p. 8).

[8]R. Jakobson, *Shifters, Verbal Categories, and the Russian Verb*, 1.3 et 1.5, Harvard University 1957. Sur les noms propres, voir aussi H. Frei, *Désaccords*, 7. CFS 18, p. 49-51.

[9]*CLG*, 2e partie, ch. II. Cf. H. Frei, *Critères de délimitation*, Word 10 (1954), p. 136-145.

[10]*CLG*, ib. § 2, p. 150 (146). Cf. les formulations citées dans *SM* p. 214-215.

[11]Le second critère a été indiqué par E. Buyssens, *Mise au point de quelques notions fondamentales*..., CFS 8 (1949), p. 58-59. Il n'est pas utilisé dans le chapitre du *CLG* sur les entités concrètes de la langue; mais on verra plus loin que Saussure ne l'a pas méconnu.

[12]Trouvaille, souvent citée, de N. Chomsky, *Syntactic Structures*, La Haye 1957, p. 15.

[13]E. Buyssens, *Les langages et le discours*, Bruxelles 1943, § 61. Exemple repris (avec d'autres) dans *Speaking and thinking*. A Symposion edited by G. Révész, Amsterdam 1954, p. 155.

[14]G. Boissier, *La fin du paganisme*, 3e éd (1898), vol. II, p. 29. Pas d'italiques, bien entendu, dans le texte original.

[15]Ces exemples montrent que synonymes *(champ, chant)* ou acceptions se distinguent même en l'absence de contexte: la situation, en principe, suffit à l'identification d'un signe simple.

[16]R. Jakobson, op. cit. 1.4.

[17]*SM*, p. 40-42 (N 7); 210-211 (citations).

[18]Deuxième cours, *Introd.*, CFS 15, p. 85; pour le 1er cours: *SM*, p. 58-59 (Le classement intérieur). Cf. *CLG*, 2e partie, ch. VI, § 2, p. 183-185 (177-179)

On remarquera qu'une sous-unité apparaît tout ensemble comme le plus petit segment commun aux formes comparées (ainsi *dé-* dans *défaire, déplacer, déranger...*) et comme le plus petit segment différenciateur *(défaire : refaire, faire...)*, Cf. n. 11.

[19]Terme proposé par H. Frei, CFS 1 (1941), p. 51-53, pour désigner «tout signe dont le signifiant est indivis», donc les unités et sous-unités saussuriennes. Ce terme semble utile: Saussure a usé trop librement de celui d'unité (*SM* p. 208); et on ne suivra pas volontiers E. Buyssens, qui réserve «signe» à l'unité linguistique indécomposable (voir la critique de H. Frei, *Lingua* 12 (1963) p. 423-428).

[20]Cf. ma discussion sur des formes arméniennes, CFS 11 (1953), p. 38. Mario Lucidi a proposé de distinguer *signe* et *hyposème: L'equivoco de «l'arbitraire du signe». L'iposema*, Cultura Neolatina X 1, Modena 1950, p. 185-208. Je dois à l'amabilité de Rudolf Engler la connaissance de cet article remarquable, publié dans une revue généralement ignorée des linguistes.

[21]*CLG*, Appendices aux 3e et 4e parties, B (d'après le 1er cours). Saussure a fait aussi, au semestre d'été 1910, un cours de *Morphologie.*

[22]CFS 15, p. 37. Cf. *CLG*, p. 159-160 (154).

[23]Cf. H. Frei, *Ramification des signes dans la mémoire*, CFS 2 (1942), p. 15, n. 3.

[24]*SM* p. 58 (Le classement intérieur); 72-73 (Divisions dans le champ synchronique [CFS 15, p. 79-84]); 89-90 (Les mots comme termes d'un système). Cf. *CLG*, 2e partie, ch. V; VI § 1 et 2.

[25]CFS 15, p. 79.

[26]Pour la raison que j'ai donnée ailleurs (*SM* p. 248), je ne fais pas état des associations par simple communauté (ou ressemblance) d'images auditives.

[27]*CLG* p. 180 (174).

[28]Troisième cours, D p. 196 (*SM*, p. 83). Cf. *CLG*, p. 156 (151).

[29]Cf. *SM*, p. 139-141.

[30]Voir mon compte rendu de G. F. Meier, *Das Zero-Problem in der Linguistik*, dans *Kratylos* VIII (1963), p. 163 et 168. Dans un article tout récent sur *Le mot* («Diogène», N⁰ 51, 1965, p. 39-53), A. Martinet écrit: «On désigne, sous ce terme [de syntagme], tout groupe de plusieurs signes minima» (p. 51), et plus loin: «Dans *Jean part demain*, il n'y a pas de syntagme, mais trois monèmes qui épuisent l'énoncé» (p. 53).

EDMOND SOLLBERGER

NOTE SUR L'UNITÉ LINGUISTIQUE*

1. Ferdinand de Saussure a insisté sur l'importance du problème de l'unité linguistique.[1] Il s'agit, en effet, d'un problème capital. La science du langage se trouve dans la situation paradoxale de ne pas savoir exactement sur quelles unités elle opère. Or il est évident que la linguistique moderne, qui manifeste toujours plus nettement une tendance à emprunter aux sciences exactes leur démarche et leur expression, a besoin de déterminer ses unités autant que la mathématique ou la physique les leurs.

2. Définition de l'unité linguistique selon Saussure: «une tranche de sonorité qui est, à l'exclusion de ce qui précède et de ce qui suit dans la chaîne parlée, le signifiant d'un certain concept».[2]

3. Partant de cette définition, on peut poser que l'unité linguistique doit, *a priori,* avoir les propriétés suivantes:

3.1. Etre un *signe,* puisque ni le signifiant ni le signifié n'existent par eux-mêmes mais uniquement par leur association dans le signe.[3] D'emblée, on exclut donc aussi bien le phonème que l'élément, quel qu'il soit, qui, selon certaines écoles, lui correspond sur le plan du signifié.

3.2. Appartenir à la *langue.* Dans tout système, l'unité doit avoir un caractère d'universalité, être à l'abri des contingences locales, temporelles, subjectives. Si l'on choisissait l'unité linguistique parmi des éléments relevant exclusivement de la parole, on courrait le risque de la voir soumise à

Cahiers Ferdinand de Saussure 11 (Genève: Librairie Droz, 1953), pp. 45-46.

l'accidentel.[4] C'est précisément la raison pour laquelle Saussure n'a pas retenu la phrase comme unité linguistique.[5]

3.3. Pouvoir être *isolée* avec certitude, faute de quoi elle ne pourrait servir de base à un classement des éléments du langage. Et c'est pourquoi Saussure n'a pas reconnu au «mot» la qualité d'unité linguistique.[6]

4. En dernière analyse, il n'y a que deux sortes de signes linguistiques : le *syntagme* et le *monème.*

4.1. La phrase, dont on a dit, *supra* 3.2., qu'elle ne pouvait être l'unité linguistique, n'est qu'un cas particulier de syntagme. Dès lors, si l'on refuse cette qualité à un type de syntagme, force est bien de la refuser aux autres. On ne voit pas trop quels critères on invoquerait pour prendre comme unité linguistique tel type de syntagme à l'exclusion des autres. Il faudrait donc assimiler l'unité linguistique au syntagme en général. Mais alors les conditions énoncées *supra* 3.2. et 3.3. ne seraient pas remplies: si certains syntagmes appartiennent à la langue,[7] il en est en revanche bien d'autres qui relèvent exclusivement de la parole. Et d'autre part, on se heurte, pour la délimitation du syntagme à des difficultés analogues à celles qui compliquent celle du «mot».

4.2. Le syntagme étant éliminé, c'est, *ipso facto,* le monème qui doit être pris comme unité linguistique.

4.2.1. H. Frei, qui a forgé le terme de *monème,* le définit: «tout signe dont le signifiant est indivis»,[8] «... dont le signifiant ne peut s'analyser syntagmatiquement»,[9] «... dont le signifiant est insécable, c'est-à-dire n'est pas divisible en signifiants plus petits».[10]

4.2.2. Le monème ainsi défini recouvre bien la définition saussurienne de l'unité linguistique (*supra* 2.), et il possède incontestablement les trois propriétés qui doivent, *a priori,* la caractériser (*supra* 3.).

Notes

[1]Voir CLG p. 148 sqq. (je cite d'après l'édition originale de 1916).
[2]CLG p. 150.

[3]Cf. CLG p. 148.

[4]CF. CLG p. 31.

[5]CLG p. 152-153.

[6]CLG p. 151-152. Il opère néanmoins sur les mots, ceux-ci donnant de l'unité linguistique «une idée approximative qui a l'avantage d'être concrète»; ce sont des «spécimens équivalents des termes réels d'un système synchronique» (CLG p. 164).

[7]Cf. CLG p. 178-179.

[8]CFS 1 (1941) p. 51.

[9]*Word* 4 (1948) p. 69 n. 24.

[10]*Zs. f. Phonetik* 4 (1950) p. 162 n. 4. — Il ajoute qu'il est pour le linguiste «un instrument commode parce que mesurable et nombrable *à la manière de l'atome chimique*» (CFS 1 [1941] p. 52; c'est moi qui souligne).

FÉLIX KAHN

PHONÉTIQUE ET GRAMMAIRE COMPARATIVES POUR L'ENSEIGNEMENT DE L'ALLEMAND DANS LES ÉCOLES PRIMAIRES ET SECONDAIRES DE LANGUE FRANÇAISE (PRÉAMBULE)*

Dans l'enseignement des langues, même la méthode directe est souvent en même temps plus ou moins comparative et préventive. En général, le maître ne s'attardera pas longtemps aux faits de la langue étrangère qui sont semblables à ceux de la langue maternelle des élèves. Des personnes de langue française n'ont pas de peine à imiter la prononciation de mots allemands comme *Schal* et *voll,* parce que les faits phoniques de ces mots existent en français dans *châle* et *folle.* Le maître insistera davantage sur des mots comme kann, Tee, Pol en faisant bien entendre le souffle par lequel se terminent les consonnes initiales de ces mots, afin de prévenir que les élèves ne les prononcent comme les mots français canne, thé, pôle. Mais il ne saurait trop insister sur la force de l'accent d'intensité si caractéristique de l'allemand, parce que le français n'a pas d'opposition d'accent comparable à celle qui existe entre übersetzen "passer" ou "faire passer de l'autre côté" et übersetzen "traduire." Dans les cas où les élèves ont presque tous le même parler maternel, le professeur de langues devrait donc non seulement pratiquer et connaître la langue qu'il enseigne et le parler maternel des élèves avec ses particularités locales, mais encore être conscient des ressemblances et des différences entre les deux langues. Il devra faire assimiler avec un soin tout particulier les faits de la langue étrangère qui n'existent pas ou guère dans le parler maternel ou qui en diffèrent, afin que les élèves n'y substituent pas des faits voisins

---

Cahiers Ferdinand de Saussure 16 (Genève: Librairie Droz, 1958-1959), pp. 33-34.

propres à leur parler à eux. Aussi la première et la troisième
et dernière partie de cette étude exposeront-elles dans l'ordre
inductif les principaux faits phoniques et grammaticaux allemands qui n'ont pas d'équivalent exact en français. D'autre
part, comme dans nos écoles primaires et secondaires les
élèves apprennent la langue étrangère non seulement avec
l'aide du maître, mais encore avec un manuel, ils ont tendance
— malgré toutes les précautions de leur professeur — à se laisser influencer par les imperfections de l'orthographe et à lire
les conventions orthographiques de l'allemand à la manière de
celles du français. Aussi la seconde partie de ce travail
examinera-t-elle les rapports entre la prononciation et l'orthographe.